Kai Sina
Kollektivpoetik

Quellen und Forschungen zur Literatur- und Kulturgeschichte

Begründet als

Quellen und Forschungen
zur Sprach- und Kulturgeschichte
der germanischen Völker

von

Bernhard Ten Brink und
Wilhelm Scherer

Herausgegeben von

Ernst Osterkamp und
Christiane Witthöft

98 (332)

De Gruyter

Kollektivpoetik

Zu einer Literatur der offenen Gesellschaft in der Moderne
mit Studien zu Goethe, Emerson,
Whitman und Thomas Mann

von

Kai Sina

De Gruyter

Entstanden ist dieses Buch im Rahmen eines
Feodor Lynen-Forschungsstipendiums der Alexander von Humboldt-Stiftung.
Die Drucklegung wurde durch Mittel aus dem Wissenschaftspreis
der Fritz-Behrens-Stiftung gefördert.

ISBN 978-3-11-077703-1
e-ISBN (PDF) 978-3-11-060701-7
e-ISBN (EPUB) 978-3-11-060603-4
ISSN 0946-9419

Library of Congress Control Number: 2019948553

Bibliografische Information der Deutschen Nationalbibliothek

Die Deutsche Nationalbibliothek verzeichnet diese Publikation in der Deutschen
Nationalbibliografie; detaillierte bibliografische Daten sind im Internet
über http://dnb.dnb.de abrufbar.

© 2021 Walter de Gruyter GmbH, Berlin/Boston
Dieser Band ist text- und seitenidentisch mit der 2019 erschienenen gebundenen
Ausgabe.
Druck und buchbinderische Verarbeitung: CPI books GmbH, Leck

www.degruyter.com

„Goethe und Amerika, Goethe als Amerikaner – es ist eine verblüffende Zusammenziehung und Vorstellung."
   Thomas Mann: *Goethe und die Demokratie* (1949)

Inhalt

Vorbemerkungen

1. Offene Gesellschaft und Poetik der Mitte 1
2. Einheit und Vielheit 14
3. Einfluss und Transfer 22
4. Forschung und Hermeneutik 27

I. Goethe

1. „Kollektivwesen" Goethe 39
2. Dumont, Hederich, Kunckel, Tizian: Quellen 42
3. Mannigfaltigkeit und Moderne: Kontexte 55
4. *Ueber Kunst und Alterthum:* Poetik 71
5. „Von Goethe": Individualität und Kollektivität 101

II. Emerson

1. *The Making of America* – und Weimar 109
2. Goethe, transatlantisch: Reflexionen 114
3. Emersons *Journals:* Poetik 137
4. „we but quote": Das amerikanische Genie 143

III. Whitman

1. Sohn von Manhattan, „être collectif" 147
2. Nähe und Distanz: Relationen 150
3. *Song of Myself:* Poetik 166
4. „Talking back to Whitman": Resonanzen 188

IV. Thomas Mann

1. „Das Getümmel überall aufnehmend":
   Mit Whitman gen Westen 195
2. Erzählstruktur und Stimmenvielfalt: *Der Zauberberg* 201
3. Zwischen den Gegensätzen: *Von deutscher Republik* 222
4. Kollektivität und Moderne: Abgrenzungen und Schlüsse 239

Schlussbetrachtungen

1. Ein „Verhältnis des Anagramms" 251
2. Das „schwierige Ganze" 257
3. Die „Haltung" des Kollektiven 260

Siglen und Abkürzungen 265
Quellen- und Literaturverzeichnis 267
Abbildungsnachweise 281
Register 283
Dank 289

Vorbemerkungen

1. Offene Gesellschaft und Poetik der Mitte

Goethe als Nationaldichter der Vereinigten Staaten? Wer sich das repräsentativ besetzte Organisationskommitee der im Sommer des Jahres 1949 in Aspen, Colorado abgehaltenen *Goethe Bicentennial Convocation* anschaut, kann sich dieses Eindrucks kaum erwehren. Man habe für die Planung der Festveranstaltung anlässlich des großen Goethe-Jubiläums, so informiert eine vorab gedruckte Broschüre, „a [...] grouping of the nation's outstanding citizens from business, industry, education, the professions, government, music and letters" zusammengebracht – „men and women sympathetic to the intellectual and cultural requirements of the world community."[1] An der Spitze dieser Auswahl: der ehemalige US-Präsident Herbert C. Hoover, der als Schirmherr der Veranstaltung fungiert, und der langjährige Kanzler der University of Chicago sowie führende Bildungstheoretiker des Landes Robert M. Hutchins, der als wichtigster Begründer des für das College-Studium in den Vereinigten Staaten über Jahrzehnte hinweg prägenden *Great Books Program* gilt.[2]

Tatsächlich ist das aus führenden Wirtschaftsvertretern, einflussreichen Akademikern, renommierten Musikern und Schriftstellern (wie dem Nobelpreisträger und Neuamerikaner Thomas Mann) sowie hohen Vertretern aus Justiz, Politik und Verwaltung gebildete *board of directors* nicht anders als erlesen zu bezeichnen (Abb. 1). Und dies gilt ähnlich auch für das über zwei Wochen ausgedehnte Programm der Feierlichkeiten, an der über 2000 Menschen aus elf verschiedenen Nationen und fast sämtlichen Bundesstaaten der USA teilnahmen.[3] „Rarely in the world has such a galaxy of scholars been assembled to discuss the state of the world in terms of

---

1 [Goethe Bicentennial Foundation:] Goethe Bicentennial Convocation and Music Festival 1949, [Chicago] 1949, S. 1.
2 Vgl. das Kapitel „Hutchins and the Power of Chicago" in Mark Greif: The Age of the Crisis of Man. Thought and Fiction in America 1933–1973, Princeton/Oxford 2015, S. 37–40.
3 Steve Wickes: Why Goethe? Why 1949? Why Aspen?, 14. Januar 2013, URL: <https://www.aspen-institute.org/videos/why-goethe-why-1949-why-aspen> Vgl. außerdem den Bericht von Erich Funke: The Goethe Year (1949) in the USA, in: The German Quarterly 24.1 (1951), S. 22–31.

Abb. 1: „a grouping of the nation's outstanding citizens"

literature, philosopy and humanity", schrieb dazu eine begeisterte Journalistin der *Chicago Tribune* in einer Ankündigung.[4] So konnte als Festredner neben dem Star-Intellektuellen José Ortega y Gasset und dem Pulitzer-Preisträger Thornton Wilder der „philosopher-doctor-musician-theologian"[5] Albert Schweitzer gewonnen werden, dessen erste und einzige Reise in die Vereinigten Staaten ihn aus dem zentralafrikanischen Re-

---

4   Fanny Butcher: The Literary Spotlight, in: Chicago Sunday Tribune, 19. Juni 1949, Teil 4, S. 7.
5   [Goethe Bicentennial Foundation:] Goethe Bicentennial Convocation and Music Festival, S. 12.

genwald ausgerechnet nach Aspen führte – ein spektakulärer Coup. Der Höhepunkt des musikalischen Rahmenprogramms war der Auftritt von Artur Rubinstein gemeinsam mit dem *Minneapolis Symphony Orchestra* unter der Leitung von Dimitri Mitropoulos.

Das amerikanische Interesse an Goethe, das sich in der wissenschaftlich kaum noch beachteten Aspen-Konferenz eindrucksvoll niederschlägt, entspringt nicht bloß dem Willen zu antiquarischer Traditionspflege.[6] Vielmehr lässt sich bei genauerer Betrachtung eine *intellektuelle Nähebeziehung* zwischen den Vereinigten Staaten und Goethe ausmachen, was besonders prägnant in einem Radiogespräch zum Ausdruck kommt, das im unmittelbaren Umfeld der Jubiläumsveranstaltung geführt wurde. Teilnehmer der für den Sender NBC produzierten Sendung *The University of Chicago Roundtable* war, neben dem bereits genannten Robert M. Hutchins und dem Philologen George N. Shuster, der Theologe Reinhold Niebuhr, dessen intellektueller Einfluss auf den amerikanischen Liberalismus bis heute spürbar ist – so etwa in der nachdrücklichen Bezugnahme Barack Obamas auf Niebuhr als „one of my favorite philosophers".[7] So kommt es bereits am Anfang des unter dem Titel *Goethe and the Unity of Mankind Today* geführten Gesprächs zu einem aufschlussreichen Dialog zwischen Hutchins und Niebuhr; sein Gegenstand ist das für Goethes Leben, Denken und Schreiben charakteristische Grundverhältnis von Individualität und Kollektivität, von Partikularität und Totalität:

> MR. NIEBUHR: [H]e [also Goethe] has the sense of the wholeness of the individual and the wholeness of a universal culture.
>
> Now, I think that the individual independence is always there. Perhaps that is his real greatness – that he wants a universal form of life which does not annul the independence of the individual, the uniqueness, and the spontaneous goodness of any particular part in a world culture. I do not know that anybody has ever combined these two emphases better than he has.

---

6   Die überaus reiche Geschichte der amerikanischen Goethe-Rezeption und der Rezeption der deutschen Literatur in den USA insgesamt ist seit längerer Zeit bereits eingehend erforscht. Siehe hier nur die weiterhin einschlägigen Standardwerke von Henry A. Pochmann: German Culture in America. Philosophical and Literary Influences 1600–1900, Madison 1957, sowie Stanley M. Vogel: German Literary Influence on the American Transcendentalists, New Haven 1955.
7   David Brooks: Obama, Gospel and Verse, in: The New York Times, 26. April 2007, S. A25. Vgl. zu Obamas Niebuhr-Rezeption weiterführend James T. Kloppenberg: Reading Obama. Dreams, Hope, and the American Political Tradition, Princeton 2011, S. 119–121.

Mr. Hutchins: The whole and the parts.
Mr. Niebuhr: The whole and the part.[8]

Goethe erscheint in diesem kurzen Dialog als intellektueller Gewährsmann, ja als regelrechte Personifikation des Wappenspruchs im 1782 eingeführten großen Siegel der Vereinigten Staaten, dessen ideengeschichtliche Wurzeln ihrerseits bis in den Neuplatonismus zurückreichen: *E pluribus unum*.[9] Aber worum geht es Niebuhr genau? Er spricht von der Unabhängigkeit des Individuums, von der Würde des Einzelnen, der in einen Gesamtzusammenhang eingebunden ist, ohne sich zugleich in ihm aufzuheben („not annul"). Die Formulierung ist dabei unscharf genug, um sowohl als ein individuelles Bildungskonzept („life") wie als globale Gesellschaftsidee („world culture") verstanden zu werden – und darum nicht zuletzt als ein impliziter Kommentar zur nervös gespannten Weltlage im Jahr 1949: Im gleichberechtigten Verhältnis der Teile und des Ganzen, des Einzelnen und der Gemeinschaft erkennen die Diskutanten des *Roundtable* einen genuin westlichen Ansatz,[10] der nicht nur als Antwort auf den nationalsozialistischen Faschismus, sondern auch als freiheitsgewährender Gegenentwurf zum Menschen- und Gesellschaftsbild des Sowjetkommunismus verstanden wird.

Zur Debatte steht, mit einem anderen Wort, was Karl Popper 1945 aus der Erfahrung des Faschismus heraus als *offene Gesellschaft* bezeichnet hat. Er meint damit eine zwischen Sozialität und Individualität bzw. Organizität und Partikularität vermittelnde Gesellschaftsform, die als einziger Weg zur nachhaltigen Gewährleistung von Freiheit und Menschlichkeit begriffen wird – während demgegenüber die Rückwendung zur geschlossenen Gesellschaft, „zum heroischen Zeitalter der Stammesgesellschaft", in letzter Konsequenz zu „Inquisition, Geheimpolizei und ro-

---

8 Goethe and the Unity of Mankind Today. An NBC Radio Discussion by Robert M. Hutchins, Reinhold Niebuhr and George N. Shuster, in: The University of Chicago Roundtable [Transkript] 579, 24. April 1949, S. 1–11, hier S. 5 f.

9 Zu den philosophischen Wurzeln des Teil-Ganzes-Problems, die in der Formel *E Pluribus unum* mitklingen, und zu den sich wandelnden Semantisierungen des Wappenspruchs im Laufe der US-amerikanischen Zeit- und vor allem Literaturgeschichte siehe die Ausführungen bei W.C. Harris: E Pluribus Unum. Nineteenth American Literature and the Constitutional Paradox, Iowa City 2005, S. 1–36 und S. 195–202.

10 „Goethe [...] lived in the constructive, optimistic, culture-building tradition of the classics and of western Europe" – so formuliert der Mitdiskutant George N. Shuster (Goethe and the Unity of Mankind Today, S. 6).

mantisierte[m] Gangstertum" führen müsse.¹¹ Der jüdische Exilant Karl Popper wusste freilich nur zu gut, worauf er sich mit diesen Worten bezog, aber dennoch rekurriert seine Aussage nicht nur auf den – an keiner Stelle seines Buches explizit genannten – Nationalsozialismus, sondern ebenfalls auf den – ebenfalls nicht ausdrücklich angesprochenen – Kommunismus.

Vor diesem Hintergrund zeigt sich, dass die intellektuelle Essenz, die sich für Niebuhr und Hutchins mit dem Namen Goethe verbindet, in einen Zusammenhang eingefügt wird, den die neuere Forschung als *Cold War Literature* bezeichnet.¹² In ihrem Zentrum steht vielfach – und zwar nicht nur in den Vereinigten Staaten, sondern auch in Deutschland – die Frage nach einer gesellschaftlichen Neubestimmung des Humanitätsdenkens auf literarischem Wege. Die aufflammende Debatte über die Funktion der *Great American Novel* ist ebenso in diesem Kontext zu sehen wie der emphatische Rekurs auf Goethe im Rahmen der Aspen-Konferenz.¹³ In Hutchins eigenem Tagungsbeitrag heißt es entsprechend in einem geradezu erbaulichen Sinne:

> Goethe's [...] faith in the goodness of humanity, is the solid ground beneath the feet of those who refuse to be drawn into the morass of cynicism and despair. This faith is a creative force, a force that can make us better than we are and that will lead others to have trust in us und to become better than they have been.¹⁴

Dieser erstaunlich ungebrochene Zugriff auf Goethe im Zeichen einer neuen Humanität nach 1945 mag aus deutscher Perspektive zumindest erstaunen, ja vielleicht sogar erschrecken: So weist Ernst Osterkamp mit Recht auf das „gänzlich[e] Unvermögen" der Tagungsteilnehmer in Aspen hin, „auch nur die Frage an sich heranzulassen, ob die humanistische Tradition durch den Zivilisationsbruch der Jahre 1933 bis 1945 beschä-

---

11 Karl Popper: Die offene Gesellschaft und ihre Feinde [engl. Orig. 1945], Bern 1957, Bd. 1, S. 228–286, hier S. 286.
12 Vgl. etwa Andrew Hammond (Hg.): Cold War Literature. Writing the Global Conflict, London/New York 2006.
13 Vgl. zu diesem Debattenzusammenhang eingehender Daniel Carranza/Kai Sina: Goethe, „the last universal man". Zur amerikanischen Erfindung eines neuen Humanismus nach 1945, in: ‚Humanismus' in der Krise. Debatten und Diskurse zwischen Weimarer Republik und geteiltem Deutschland, hg. von Matthias Löwe und Gregor Streim, Berlin 2017, S. 253–267.
14 Robert M. Hutchins: Goethe and the Unity of Mankind, in: Goethe and the Modern Age. The International Convocation at Aspen, Colorado 1949, hg. von Arnold Bergstraesser, Chicago 1950, S. 385–402, hier S. 401 f.

digt worden sei."[15] Ohne diesen Einwand entkräften zu wollen, darf hier eine spezifische Kontextgebundenheit zumindest der amerikanischen Beitragenden aber nicht aus dem Blickfeld geraten. In ihrem Versuch, Goethes Humanitätsideal für die Nachkriegsepoche zu aktualisieren, berufen sich Hutchins und Niebuhr nämlich auf eine spezifisch amerikanische Goethe-Rezeption, die bis in die Epoche der *American Renaissance*, des neuenglischen Transzendentalismus und namentlich bis zu Ralph Waldo Emerson zurückreicht.[16]

In seinen für die kulturelle Begründung der Vereinigten Staaten äußerst wirkmächtigen Schriften geht Emerson wiederholt auf die in Goethes Spätwerk entfaltete Idee des Kollektiven ein: ‚Kollektiv' ist für Goethe, so resümiert das *Goethe-Wörterbuch*, all das, was „heterogen, aus einzelnen Elementen, Teilen bestehend", dabei aber zugleich „völlig zur Einheit verschlungen ist" – im Sinne eines „Verband[es] der disparatesten Einzelnheiten".[17] Für Emerson ist diese Idee in gleich mehrfacher Hinsicht von Belang: Wie lässt sich angesichts ihrer konstitutiven Bezogenheit auf die Philosophien, die Literaturen, die Wissenschaften der europäischen Welt überhaupt so etwas wie eine Kultur der Vereinigten Staaten im allgemeinen und einheitlichen Sinne denken? Indem Emerson das Heterogene, Kompilatorische und dabei notwendig Zitathafte zum Programm erhebt, transformiert er die Goethe'sche Idee des Kollektiven zum amerikanischen Kulturprinzip schlechthin: „Our country, customs, laws, our ambitions, and our notions of fit and fair", so heißt es in dem Essay *Quotation and Originality*, „these we never made, we found them ready-made; we but quote them."[18]

Von hier aus also noch einmal zurück zur eingangs aufgeworfenen Frage. Goethe als Nationaldichter der USA? Eines zumindest lässt sich im Sinne einer ganz vorläufigen, im heuristischen Sinne zu verstehenden Leitthese festhalten: In der Idee des Kollektiven *überschneiden* sich die amerikanische Grunderfahrung der kulturellen Heterogenität und Goethes

---

15 Ernst Osterkamp: Humanismus und Goethe-Feier 1932/1949. Kontinuität und Diskontinuität, in: Streim/Löwe (Hg.): ‚Humanismus' in der Krise, S. 23–38, hier S. 35.
16 F.O. Matthiessen: American Renaissance. Art and Expression in the Age of Emerson and Whitman [1941], London 1965. Vgl. zu Matthiessens Standardwerk die kritische Revision bei Jay Grossmann: Reconstituting the American Renaissance. Emerson, Whitman, and the Politics of Representation, Durham/London 2003.
17 GWb, Bd. 5, Sp. 510.
18 CW VIII, S. 314 f.

späte Gedankenfigur, und zwar im Sinne eines Frage-Antwort-Verhältnisses, eines Zusammenhangs von Problem und Lösung.[19] Im Kern geht es hierbei um das, was in dieser Studie in Anlehnung an den tschechischen Literaturtheoretiker Lubomir Doležel – der sich seinerseits auf eine lange philosophische Tradition und dabei vor allem auf Aristoteles bezieht[20] – als ‚Mereologie' bezeichnet werden soll: um eine komplexe, mitunter auch paradoxe Teil-Ganzes-Relation.[21]

Zu beachten ist hierbei nun allerdings, dass die kulturelle Herausforderung von der poetischen keineswegs zu trennen ist, was auch der Literaturhistoriker W.C. Harris betont, wenn er „the one and the many" als ein Problem „of American social *and* literary formation" bezeichnet.[22] Ausgehend von der unausgesprochenen Prämisse, dass literarische Texte in einer komplementären Beziehung zur sozialen Ordnung stehen (sollten) und damit ihrerseits ein *fait social* repräsentieren,[23] stellt sich für Emerson die Frage nach einer originären amerikanischen Dichtung, und auch in dieser Hinsicht zieht er Goethe – wiederum zitierend und entsprechend in Anführungsstrichen – als seinen Gewährsmann heran:

> „Every one of my writings has been furnished to me by a thousand different persons, a thousand things: wise and foolish have brought me, without suspecting it, the offering of their thoughts, faculties, and experience. My work is an aggregation of beings taken from the whole of Nature; it bears the name of Goethe."[24]

Goethes späte Selbstbeschreibung als „an aggregation of beings" zitiert Emerson an gleich mehreren und zentralen Stellen seiner Schriften. Bei

---

19 Vgl. zur Problemgeschichte als einem heuristischen Verfahren der Literaturgeschichte Dirk Werle: Frage und Antwort, Problem und Lösung. Zweigliedrige Rekonstruktionskonzepte literaturwissenschaftlicher Ideenhistoriographie, in: Scientia Poetica 13 (2009), S. 255–303.
20 „Mereology (from the Greek μερος, ‚part') is the theory of parthood relations: of the relations of part to whole and the relations of part to part within a whole." Achille Varzi: [Art.] Mereology, in: The Stanford Encyclopedia of Philosophy (Spring 2016 Edition), hg. von Edward N. Zalta, URL: <http://plato.stanford.edu/archives/spr2016/entries/mereology>
21 Lubomir Doležel: Geschichte der strukturalen Poetik. Von Aristoteles bis zur Prager Schule. Aus dem Engl. von Norbert Greiner, Dresden/München 1999, S. 5–12.
22 Harris: E pluribus unum, S. 1; Hervorhebung K.S.
23 Ebd., S. 3.
24 CW VIII, S. 314 (*Quotation and Originality*). Weitere Belegstellen für dieses Zitat nenne ich in der Einführung zu Kapitel II.

Goethe selbst lautet der 1832 in einem Gespräch mit Frédéric Soret formulierte Satz so:

> Zu meinen Werken haben Tausende von Einzelwesen das ihrige beigetragen, Toren und Weise, geistreiche Leute und Dummköpfe, Kinder, Männer und Greise, sie alle kamen und brachten mir ihre Gedanken, ihr Können, ihre Erfahrungen, ihr Leben und ihr Sein; [...]; mein Lebenswerk ist das eines Kollektivwesens, und dies Werk trägt den Namen Goethe."[25]

Wichtig ist hierbei, dass dieser von Emerson wiederholt aufgegriffene Goethe-Satz eher in seiner poetologischen Bedeutung als im biografischen Sinne ernstgenommen wird. Zurückzuführen ist dies auf Sarah Austin, die ungemein produktive englische Übersetzerin von Victor Cousin, Leopold von Ranke – und eben Goethe: Aus dessen Aussage zu „meinem Lebenswerk" wird in ihrer recht freien Übertragung, die sich in dem Band *Characteristics of Goethe* findet, kurzerhand „mein Werk", „my work".[26] Der Autor als Kollektivwesen tritt in dieser Logik hinter sein Œuvre zurück.

Aber was zeichnet dieses „Werk" nun konkret, also in poetischer Hinsicht aus? Aus einer unübersehbaren Vielheit der Dinge von Menschen und aus der Natur bildet sich das Werk, das mithin nicht als streng geschlossene Einheit erscheint, sondern vielmehr als locker gefasste, kompilatorische Form angelegt ist. Emerson spricht mit Blick auf Goethe explizit von „the looseness of many of his works",[27] ohne dies nur latent abwertend zu meinen. Anders gesagt: Was sich hier abzuzeichnen beginnt, ist eine *Poetik der Mitte*, die offen, oder besser: die elastisch genug ist, um Mannigfaltiges in sich zu integrieren, ohne zugleich den Anspruch der Einheitsbildung in Gänze aufzugeben. Für Emerson findet das, was Niebuhr an Goethe als so einzigartig beschreibt („he wants a universal form of life which does not annul the independence of the individual"), also eine unmittelbare Entsprechung in dessen Werk, und eben darin sollte es ein Vorbild geben für eine künftige amerikanische Literatur: Emersons großer Essay über *Goethe, or, the Writer* ist nichts anderes als ein Aufruf an die Schriftsteller der Vereinigten Staaten zur literarischen Goethe-Nachfolge.[28]

---

25 FA II/11, S. 521 f. Ich werde auf diese Passage eingehend in Kap. I zu sprechen kommen.
26 Sarah Austin: Characteristics of Goethe: From the German of Falk, von Müller, etc., London 1833, Bd. 3, S. 76 f.. Emerson hat diesen Band im Februar 1834 aus dem „Boston Athenaeum" entliehen (vgl. JMN VI, S. 113).
27 CW IV, S. 165 (*Goethe, or, the Writer*).
28 Dazu in dieser Studie Kap. II.2b.

Damit ist in einigen ersten, noch sehr groben Strichen umrissen, worum es in diesem Buch gehen soll: um die *ideen- und literarhistorische Genese, Transformation und literarische Produktivität* einer kollektiven Poetik; um die *transatlantischen Bezüge*, in denen sich der Bildungsgang einer poetologischen Denkfigur vollzieht und zugleich in literarische Formen umsetzt; um den *mittleren Charakter* dieser Poetik zwischen Einheit und Vielheit, dezentrierter Offenheit und werkhafter Geschlossenheit. In der Gesamtsicht läuft dies auf die Rekonstruktion einer innovativen Spielart der modernen Literatur hinaus, die von der Forschung bislang allenfalls punktuell,[29] nicht aber historisch umfassend und systematisch differenziert in den Blick genommen worden ist: Nach dem Begriff ‚kollektive Poetik' oder ‚Kollektivpoetik' sucht man in den einschlägigen Lexika und Nachschlagewerken, den Handbüchern und Übersichtsdarstellungen der Literaturwissenschaft nämlich ebenso vergeblich wie nach entsprechenden Synonyma.

Die vorliegende Arbeit beruht auf konkreten, das heißt philologisch nachweisbaren Einflussrelationen zwischen Autoren der deutschen und der amerikanischen Literaturgeschichte. Die Grundstruktur des Buches ergibt sich aus einem erzählerischen Ansatz, wobei ich den Begriff der ‚Erzählung' in einem ganz nüchternen, durchaus technischen Sinne verstanden wissen möchte: Es geht um genetische Kontakte zwischen einzelnen, nacheinander entstanden Werken (im Sinne einer temporalen *Auf*einanderfolge) und um die jeweiligen entstehungsgeschichtlichen Konsequenzen dieser Berührungspunkte (im Sinne einer kausalen *Aus*einanderfolge der zu betrachtenden Werke). Damit folge ich der narratologischen Minimaldefinition des Erzählbegriffes, wie sie von Tom Kindt und Tilmann Köppe resümiert worden ist: „Ein Text ist genau dann eine Erzählung, wenn er von mindestens zwei Ereignissen [oder hier: zwei Werkentstehungen] handelt, die temporal geordnet sowie in mindestens einer weiteren sinnhaften Weise [hier: durch werkgenetischen Kontakt] miteinander verknüpft sind."[30] Dass ich erzählerische Ansätze auch jenseits dieses engen, narratologisch gefassten Zuschnitts für ein prinzipiell legitimes Darstellungsverfahren der Wissenschaft halte, sei aber ebenfalls nicht

---

29 In Kap I. werde ich mich eingehend mit Safia Azzounis anregender Studie über *Kunst als praktische Wissenschaft* (2005) befassen, die über den Begriff des Kollektiven eine Analogisierung von Goethes Schriftenreihe *Zur Morphologie* und seinem Roman *Wilhelm Meisters Wanderjahre* vorschlägt – dies allerdings unter bewusster Aussparung des Modernitätsproblems.

30 Tilmann Köppe/Tom Kindt: Erzähltheorie. Eine Einführung, Stuttgart 2014, S. 43–64 hier S. 43.

verschwiegen: Das hermeneutische Potential der Anekdote, das von den Theoretikern des New Historicism programmatisch reflektiert worden ist, aber auch die *grand narratives* der neueren Globalgeschichte, die durch die postmoderne Infragestellung nicht etwa „obsolet", sondern vielmehr „bewusster erzählbar" gemacht worden sind,[31] stellen dies unter Beweis.

Der Ausgangspunkt meiner so verstandenen Erzählung ist der späte Goethe (Kap. I), dessen Idee und Umsetzung einer kollektiven Poetik anhand einschlägiger Selbstaussagen (und deren bis in die Frühe Neuzeit zurückreichenden Quellen) im Einzelnen nachgezeichnet werden. Ins Blickfeld geraten hierbei nicht allein zentrale Bestandteile des Goethe'schen Spätwerks wie der zweite Teil des *Faust* und *Wilhelm Meisters Wanderjahre*. Der Fokus meiner Untersuchung wird sich vor allem auf das von der Forschung bislang eher stiefmütterlich berücksichtigte, erst jüngst mit einer großen Ausstellung im Frankfurter Hochstift gewürdigte[32] Zeitschriftenprojekt *Ueber Kunst und Alterthum* richten, das sich als journalförmige Spielart einer kollektiven Poetik begreifen lässt. In diesem Zusammenhang werden die germanistischen Versuche, die programmatische Heterogenität von Goethes Spätwerk über den naturkundlichen Ansatz der ‚Morphologie' einer auf zweiter Stufe angelegten Synthese zuzuführen (im Sinne einer der „unendlichen Formenvielfalt" übergeordneten „ideellen Einheit"),[33] eingehend zu prüfen sein. Dies gilt auch für die neuere und gegenwärtig recht breit diskutierte These, Goethe sei ein strategischer „Virtuose des Gesamtwerks",[34] die den problematischen, ja regelrecht prekären Charakter tendenziell unterschätzt, der sich für Goethe mit der Idee eines ganzen, in sich geschlossenen Werks verbindet.

---

31 Jürgen Osterhammel: Die Verwandlung der Welt. Eine Geschichte des 19. Jahrhunderts, München 2008, S. 19. Siehe zum Erzählen als Instrument zur Darstellung analytisch gewonnener Befunde auch die kurze Bemerkung bei Köppe/Kindt: Erzähltheorie, S. 63.

32 Siehe zu der 2016 veranstalteten Ausstellung den von Hendrik Birus, Anne Bohnenkamp und Wolfgang Bunzel herausgegebenen Katalog: Goethes Zeitschrift *Ueber Kunst und Alterthum*. Von den *Rhein- und Mayn-Gegenden* zur Weltliteratur, Göttingen 2016.

33 Hierzu allerdings skeptisch Jonas Maatsch: Morphologie und Moderne. Zur Einleitung, in: Morphologie und Moderne. Goethes ‚anschauliches Denken' in den Geistes- und Kulturwissenschaften seit 1800, hg. von dems., Berlin/Boston 2014, S. 1–15, hier S. 2.

34 Steffen Martus: Werkpolitik. Zur Literaturgeschichte kritischer Kommunikation vom 17. bis ins 20. Jahrhundert, Berlin/New York 2007, S. 461–496.

Nun führen „die Tore und Straßen" von Weimar bekanntlich „nach allen Enden der Welt"[35] – und so folglich auch nach Concord, Massachusetts, wo Emerson Goethes Überlegungen zum Problem des Kollektiven mit größtem Interesse zur Kenntnis nimmt (Kap. II). Aber woher genau rührt dieses Interesse – und was folgt aus ihm? Einerseits überträgt Emerson die Idee des Kollektiven auf die Kultur des jungen Amerika, und zwar mit Blick auf ihre charakteristische Nicht-Originalität, das heißt auf ihre Abhängigkeit von den als übermächtig empfundenen europäischen Traditionen. Andererseits erkennt er im Kollektiven die Chance auf eine im engeren Sinne amerikanische Literatur, die ihren heterogenen Charakter offen ausstellt, ja zum Prinzip erhebt – ein Ansatz, den er zum Beispiel in seinem bereits genannten Essay *Quotation and Originality*, vor allem aber in den umfangreichen Bänden seiner *Journals* auch selbst erprobt. Die Grundfrage, wie sich diese programmatische Aufwertung des Zitathaften mit Emersons emphatischer Forderung nach amerikanischer *Self-Reliance* verträgt („insist on yourself; never imitate"),[36] wird den argumentativen Kontrapunkt meiner Überlegungen bilden.

Aus Emersons Neuengland führt der weitere Rezeptionsweg in die Großstadt, genauer gesagt nach Manhattan (Kap. III). Zwar hat Walt Whitman Goethes Werk durchaus auch selbst zur Kenntnis genommen, was sich besonders eindrücklich in seinen Besprechungen der Übersetzung von *Dichtung und Wahrheit* sowie einigen weiteren, teils anerkennenden, teils klar ablehnenden Kommentierungen niederschlägt. Seine poetische Adaptation des kollektiven Ich im berühmten *Song of Myself* – mit seinem Zentralvers „I am large .... I contain multitudes"[37] – vollzieht sich aber nicht unmittelbar, sondern vermittelt, nämlich durch Emersons Schriften, in die sich Goethes Selbstbezeichnung als „an aggregation of beings" auch jenseits ihrer konkret-manifesten Zitation tief eingetragen hat. Formalen Ausdruck findet dies in Whitmans experimenteller Lyrik, vor allem im vieldiskutierten Verfahren der Katalogisierung, das dem intermediären Charakter des Kollektiven literarisch Rechnung trägt. Im Zuge dessen kommt es zu einer wichtigen Zuspitzung der ursprünglichen Kollektividee, die zwar schon bei Goethe von einer Haltung der Liberalität gekennzeichnet war, nun aber in konkreter politischer Hinsicht interpretiert wird: als poetische Chiffre für Demokratie.

---

35 So Goethe im Gespräch mit Johann Peter Eckermann am 15. September 1823 (FA II/12, S. 47).
36 CW II, S. 83 (*Self-Reliance*).
37 LGW, S. 709, V. 1316.

Ausgehend von Emerson und Whitman lässt sich abschließend der transatlantische Rücktransfer der Kollektividee aus der Neuen in die Alte Welt nachvollziehen (Kap. IV). Anders als die meisten deutschen Whitman-Rezipienten seit der Jahrhundertwende, die sich mehrheitlich für den hymnischen, den naturemphatischen oder auch den homoerotischen Zug der *Leaves of Grass* begeisterten (wie die Expressionisten Johannes Schlaf und Arno Holz etwa), zeigte sich Thomas Mann in erster Linie an Whitmans Vorstellung einer ‚schwärmerischen Demokratie' interessiert, die er seit Beginn der zwanziger Jahre kurzerhand in eins setzt mit seiner Hoffnung auf eine ‚neue Humanität'. Dies lässt sich nicht allein an den Lesespuren in den entsprechenden Bänden seiner Nachlassbibliothek erkennen, sondern ist auch an seinen Arbeiten der hier entscheidenden Werkphase abzulesen – und zwar in strukturellem Zusammenhang: Während im *Zauberberg*, in dessen zerklüfteten Produktionsprozess Thomas Manns folgenreiche Whitman-Lektüre mitten hineinfällt, die Vielstimmigkeit der modernen Welt als ein unlösbares und darin letztlich gewalterzeugendes Problem verhandelt wird, lässt sich die Rede *Von deutscher Republik* mit ihrer ausdrücklichen Bezugnahme auf Whitman als ein auf genau dieses Problem bezogener Lösungsansatz verstehen: als entschiedenes Plädoyer für eine demokratische Polyphonie, das sich von allen restaurativen, monarchistischen, bellizistischen und chauvinistischen Absolutheitsanprüchen losgesagt hat. Dabei lässt sich ein naheliegender Verdacht schon vorwegnehmend ausräumen: Der Roman steht ausdrücklich *nicht* in einem gleichsam defizitären Verhältnis zur Rede, weil in ihm scheitern muss, was in der Rede gelingen soll. Die plastische Darstellung der Unlösbarkeit in der Literatur und der rhetorisch versierte Lösungsansatz im Vortrag repräsentieren vielmehr zwei verschiedene Reaktionsmöglichkeiten auf ein und dieselbe Problemkonstellation.

Außerdem lässt sich gerade anhand der Republikrede die komplizierte Beziehung des Kollektiven zur romantischen Theorie diskutieren, die bei Thomas Mann namentlich mit Novalis ins Spiel gebracht wird. Denn so unzweifelhaft auch das romantische Gemeinschaftsmodell auf einer – wie Manfred Engel mit einer allgemeinen Formel bestimmt – „Freisetzung der Individualität im Wissen um die Bindung an das Ganze" beruht,[38] so klar muss doch in zumindest einer Hinsicht zwischen der Idee des Kollektiven und der Romantik mit ihrem charakteristischen Einheitsstreben unterschieden werden. Ausschlaggebend hierfür ist der *regulative Charakter* des

---

38 Manfred Engel: Der Roman der Goethezeit, Bd 1: Anfänge in der Klassik und Frühromantik. Transzendentale Geschichten, Stuttgart/Weimar 1993, S. 393.

romantischen Denkens, das heißt seine Ausrichtung auf eine zwar gedachte, tatsächlich aber nur annäherungsweise realisierbare Überführung der als dissoziiert erfahrenen Gegenwart in einen neuen Zustand der wiederhergestellten Einheit.[39] Eine dergestalt geschichtsphilosophische Überformung aber – und sei es im prozessual-ironischen Sinne der Romantiker – weist der kollektivpoetische Ansatz gerade nicht auf. An ihre Stelle rückt vielmehr eine heterogenitätstolerante Grundhaltung, die auf keine teleologische *Überwindung*, sondern vielmehr auf ein phänomenales *Erfassen* der modernen Wirklichkeit in der Vielheit ihrer diversen Erscheinungsformen hinauswill. Auch wenn bestimmte romantische Denkfiguren der Idee des Kollektiven ähneln mögen, was Thomas Mann denn auch zu seiner kurzschlussartigen Ineinssetzung von Novalis und Whitman bewegt: Der Aspekt der geschichtsphilosophischen Perspektivierung, die in der Romantik vornehmlich in einer von Herder und Schiller vorgeprägten *historia tripartita* in Erscheinung tritt, liefert ein sicheres Unterscheidungsmerkmal dieser zwei divergenten Positionen.

Bevor ich mich den Einzelstudien widmen kann, bedarf es noch einiger theoretischer und methodischer Vorbemerkungen, die zugleich der genaueren wissenschaftlichen Einordnung meines Vorhabens dienen können. Nacheinander werde ich mich den folgenden drei Aspekten widmen: auf dem Wege einer Begriffsbestimmung dem bereits angesprochenen Verhältnis von *Teilen und Ganzem, Einheit und Vielheit*, das nicht nur in Bezug auf die transatlantische Fragestellung von zentraler Bedeutung ist, sondern zugleich eine Anbindung der hier gestellten Frage an die Moderneforschung ermöglicht; dann dem Aspekt der *Einflussforschung*, der in der Vergangenheit vielfach Kritik erfahren hat, und zwar sowohl von literaturwissenschaftlicher wie auch von kulturhistoriographischer Seite, ohne allerdings in der philologischen Praxis an Geltung verloren zu haben; und schließlich dem Status der *transatlantischen Literaturgeschichte* und der Frage nach den Chancen und Problemen einer transnationalen Erweiterung des nationalphilologischen Paradigmas für die neueren Literaturwissenschaften.

---

39 Zum „Zukunftsziel" der Romantik als einer „regulativen Idee" vgl. Hans-Joachim Mähl: Die Idee des goldenen Zeitalters im Werk des Novalis. Studien zur Wesensbestimmung der frühromantischen Utopie und zu ihren ideengeschichtlichen Voraussetzungen, Heidelberg 1965, S. 249.

2. Einheit und Vielheit

Kollektivpoetik also. Zumindest der zweite Teil des Kompositums, der Begriff der Poetik, lässt sich ohne größere Probleme klären. Als brauchbar hat sich hier eine Begriffsbestimmung von Michael Titzmann erwiesen, der unterscheidet zwischen einer *expliziten Poetik* – gemeint sind damit die schriftstellerischen Reflexionen über „die Rolle des Autors und Bedingungen und Strukturen seiner Produktion, die Strukturen der Texte selbst, ihre Relationen zu anderen Künsten, ihre Korrelationen mit der sozialgeschichtlichen Realität oder dem epochalen Denksystem, die Rolle der Rezipienten, ihre Praxis der Textverarbeitung, die Wirkung der Texte auf sie" – und einer *impliziten Poetik*, die ermittelt wird über die „Rekonstruktion einer nirgends ausgesprochenen P[oetik], d.h. eine Rekonstruktion der einem Text(korpus) zugrundeliegenden literar[ischen] Normen und Regeln, aufgrund derer die Texte bzw. das Korpus produziert werden können."[40]

In meinen Analysen wird es um beide Dimensionen gleichermaßen gehen, wobei ich prinzipiell voraussetze, dass sich zwischen der expliziten und impliziten Poetik sowohl Koinzidenzen wie auch Divergenzen ergeben können. Der literarische Text *und* seine Kommentierung gehorchen jeweils eigenen Gesetzmäßigkeiten, was mit der Behauptung eines bloßen Umsetzungs- oder Übertragungsverhältnisses – ein argumentatives Grundmuster der Literaturwissenschaft – in aller Regel nicht angemessen berücksichtigt wird. Dass es sich damit auch verbietet, die intensive Auseinandersetzung mit den literarischen Texten durch den Hinweis auf die schriftstellerischen Selbstaussagen abzukürzen oder sogar zu umgehen, versteht sich von selbst. Gänzlich aus der wissenschaftlichen Textbetrachtung auszuschließen sind die poetologischen Kommentierungen der Autoren dennoch nicht: einerseits, weil sie als ein distinkter Forschungsgegenstand behandelt werden können, der sich hinsichtlich seiner ästhetischen, ethischen, sozialen usw. Prämissen befragen lässt; und andererseits, weil nach Döblin der „Autor [...] durchaus nicht hundert Prozent Idiot in Bezug auf sein Werk [ist]"[41] und seine Äußerungen deswegen oft fruchtbare Anregungen für die hermeneutische Analysetätigkeit enthalten.

---

40 Michael Titzmann: [Art.] Poetik, in: Literaturlexikon. Begriffe, Realien, Methoden, hg. von Volker Meid, Gütersloh/München 1993, S. 216–222, hier S. 216.
41 Alfred Döblin: Schriftstellerei und Dichtung, in: ders.: Schriften zur Ästhetik, Poetik und Literatur, hg. von Erich Kleinschmidt, Olten/Freiburg 1989, S. 199–209, hier S. 200.

Schwieriger verhält es sich mit dem ersten Bestandteil des Begriffskompositums, mit dem Begriff des Kollektiven. Entgegen der landläufigen Verwendung in der Literaturwissenschaft bezieht sich der Kollektivbegriff in dieser Studie nämlich ausdrücklich nicht auf kollaborative Formen der literarischen Praxis, wie sie in den letzten Jahren vor allem unter dem Etikett der ‚kollektiven Autorschaft' untersucht worden sind – angeregt sowohl durch poststrukturalistische Ansätze der Autorkritik als auch durch eine Konjunktur entsprechender Literaturexperimente im digitalen Raum.[42] Klar abzugrenzen ist er aber auch von jener gesellschaftstheoretischen Überformung, deren begriffsgeschichtliche Wurzeln in der politisch-ökonomischen Literatur aus der zweiten Hälfte des 19. Jahrhunderts liegen: Der um 1855 erstmals auftauchende Begriff *collectivisme* dient revolutionären Theoretikern wie Michail Bakunin zunächst als „Ersatzwort" für ‚Kommunismus'; später bürgert er sich dann als Leitkategorie eines „kommunistischen Erziehungsideals" ein.[43]

Worum soll es in diesem Buch über Kollektivpoetik stattdessen gehen? Eines jedenfalls liegt mir fern, nämlich eine „Wortgebrauchspolitik",[44] die entgegen der etablierten Begriffsverwendung eine neue Terminologie festzusetzen versucht. Das Kerninteresse dieser Arbeit ist nicht vordringlich begrifflicher, sondern vielmehr literatur- und ideengeschichtlicher Art, und es ergibt sich aus der Sache selbst, hier einen anderen und eigenen Kol-

---

42 Sehr deutlich wird dies bei Michael Gamper: Kollektive Autorschaft/Kollektive Intelligenz 1800–2000, in: Jahrbuch der deutschen Schillergesellschaft 45 (2001), S. 380–403, zur Verknüpung von Roland Barthes' Autorkritik mit den „Schreibpraktiken im Internet" insb. S. 380–384. Ein reges Forschungsinteresse hat in den vergangenen Jahren aber auch die ‚Werkstatt' des späten Goethe geweckt. Siehe hierzu beispielhaft die neueren Arbeiten von Franziska Lenz: Kollektive Arbeitsweisen in der Lyrikproduktion von Goethe: „Nur durch Aneignung fremder Schätze entsteht ein Großes", Würzburg 2013, sowie Daniel Ehrmann: „unser gemeinschaftliches Werk". Zu anonymer und kollektiver Autorschaft in den „Propyläen", in: Goethe-Jahrbuch 131 (2014), S. 30–38.
43 Anton Rauscher: [Art.] Kollektivismus, Kollektiv, in: Historisches Wörterbuch der Philosophie, hg. von Joachim Ritter und Karlfried Gründer, Bd. 4: I–K, Darmstadt 1976, Sp. 884–886, hier Sp. 885. Der programmatische Status des Kollektivbegriffs im Kontext des Marxismus wird rekonstruiert bei Peter Jehle: [Art.] Kollektiv, in: Historisch-kritisches Wörterbuch des Marxismus, hg. von Wofgang Fritz Haug u. a., Bd 7/II: Knechtschaft bis Krise des Marxismus, Berlin 2010, Sp. 1108–1116.
44 Solche Versuche scheinen in der Praxis ohnehin regelmäßig zu scheitern, wie Hermann Lübbe plausibel darlegt: Wortgebrauchspolitik. Zur Pragmatik der Wahl von Begriffsnamen, in: Herausforderungen der Begriffsgeschichte, hg. von Carsten Dutt, Heidelberg 2003, S. 65–80.

lektivbegriff konturieren zu müssen. Ich will entsprechend mit der Frage nach dem zur Debatte stehenden Gegenstand des Kollektiven beginnen, um dann seiner – sich bei Hutchins und Niebuhr abzeichnenden, aber schon bei Emerson und Goethe angelegten – gesellschaftsbezogenen Semantik nachzugehen. Die Frage nach der zugrundeliegenden Vorstellung von ‚Moderne' ist dabei gleichermaßen von zentraler Bedeutung.

Zunächst: Kollektivität meint in dieser Arbeit ein *formales Prinzip*, das sich in einem literarischen Text realisiert, und zwar im Verhältnis von Vielheit (der literarischen Berücksichtigung einer Überfülle partikularer Einzelheiten) und Einheit (der literarischen Formgebung dieser partikularen Überfülle). Damit deutet sich bereits an, dass hier begriffsgeschichtlich noch vor das 19. Jahrhundert, also auf die etymologischen Wurzeln des Kollektivbegriffs (lat. *colligere*) zurückgegangen werden muss: Worum es hier geht, ist das ‚Zusammenlesen' der Teile und ihre Überführung in das Ganze einer irgendwie geordneten ‚Sammlung'.

Der mereologische Charakter der kollektiven Poetik kann sich literarisch ganz unterschiedlich zum Ausdruck bringen. Beispielhaft sei hier auf Goethes *Faust* verwiesen: Für Albrecht Schöne besteht die „unerhört modern anmutende poetologische Grundkonzeption"[45] der Tragödie nämlich gerade darin, eine schier unübersehbare „Weltfülle"[46] an Motiven, Themen, Figuren nicht nur in sich zu integrieren und in ihrer forcierten Vielfalt auszustellen, sondern zugleich „durch ein vielfältig verklammerndes und verstrebendes Verweisungsgefüge [zusammenzuhalten]."[47] Vielheit und Einheit treten im *Faust* also in eine spannungsreiche Teil-Ganzes-Relation, die Schöne explizit auf Goethes Überlegungen zu einer Poetik des Kollektiven bezieht: „Für keines der Einzelwerke seines Œuvre gelten sie so entschieden wie für dieses Lebenswerk."[48]

Eine vergleichbare Grundspannung lässt sich in Whitmans beständig revidiertem und erweitertem Haupt- und Lebenswerk *Leaves of Grass* ausmachen, dessen formales Kernprinzip aus der antiken Epik entlehnt ist, nämlich der Katalog. Die auf den ersten Blick durch das schlichte Prinzip des Nacheinanders organisierten Folgen unzähliger Einzelbeobachtungen aus dem modernen Großstadtleben bilden zweifellos keine fest und klar strukturierten Einheiten. Bei genauerer Betrachtung zeigt sich allerdings,

---

45 FA I/7.1, S. 47.
46 FA I/7.1, S. 29.
47 FA I/7.1, S. 53.
48 FA I/7.1, S. 27. Eingehender zu Schönes *Faust*-Interpretation in dieser Studie Kap. I.3.

dass die Kataloge in ihrer gezielten Kontrastierung, in ihren Rahmungen und Perspektivierungen der integrierten Einzelheiten sehr wohl gewisse Formprinzipien aufweisen (dazu mehr in Kap. III). Die *Leaves* sind also weder ein geschlossenes Werk noch eine dissoziierte Ansammlung textueller Fragmente. Whitman bezieht mit seinem Text eine poetische Stellung des Intermediären und unterläuft so nicht nur damalige Vorstellungen von lyrischer und epischer Versdichtung, sondern auch ein geläufiges Unterscheidungsraster der modernen Literaturwissenschaft.

Über den Formaspekt hinaus verbinden sich Konstellationen wie diese nicht selten mit entsprechenden Ideen literarischer Kreativität und Originalität, ja möglicherweise sogar – wie im Falle Goethes oder auch Whitmans – mit der Konzeptualisierung des Dichters als eines Kollektivwesens: eines auf universellen Empfang eingestellten Subjekts, in dem sich die Vielheit der Eindrücke, Wahrnehmungen, Sichtweisen nicht etwa aufheben, sondern zur personalen Einheit verdichten. Der kollektive Text erscheint damit nicht als eine ästhetische Option unter anderen, sondern als Umsetzung eines spezifischen Selbst- und Weltkonzepts, dessen Virulenz bis in die Gegenwart hinein – und über die Literatur im engeren, also schriftlich fixierten Sinne hinaus – belegbar ist. Die am deutlichsten erkennbaren Spuren führen über einflussreiche Whitman-Rezipienten wie Jack Kerouac und vor allem Allen Ginsberg zum Spätwerk von Bob Dylan,[49] dessen oft szenisch angelegte Song-Monologe sich nicht allein durch eine extensive Stimmenvielfalt auszeichnen, sondern dessen Selbstaussagen ebenfalls in die Richtung des Kollektiven weisen: „The people in the songs are all me", stellt der Sänger 2009 in einem Interview fest, und in der Tat: „Wie eigenartig [...] dieser Gebrauch von Singular und Plural ist, bemerkt man, wenn man die Gleichung umdreht: ‚Me are all the people in my songs'. Es klingt wie Walt Whitmans ‚I hear America singing' und, im *Song of Myself*, ‚I contain multitudes'" – so Heinrich Detering in seiner Analyse von Dylans später Songpoetry.[50]

---

49 Entsprechend die Rezeption des frühen Dylan aufseiten der Beat Poets: „Ginsberg had heard some of Dylan's songs and understood them as something much grander than imitative folk art or political storytelling, ‚an answering call or response to the kind of American prophecy that Kerouac had continued from Walt Whitman'" (Sean Wilentz: Bob Dylan in America, New York u.a. 2010, S. 43, siehe zur Konstellation Whitman/Dylan auch S. 167).

50 Heinrich Detering: Die Stimmen aus der Unterwelt. Bob Dylans Mysterienspiele, München 2016, S. 62 (dort auch der bibliografische Nachweis des oben angeführten Interviews). Dass sich Dylans Künstlerkonzept darüber hinaus in Verbindung mit Emersons Überlegungen zu *The Poet* und *Self-Reliance* bringen lässt –

Entscheidend ist nun, dass sämtliche der hier nur stichwortartig genannten Autoren, dass Goethe, Whitman und sicher auch Dylan ihre poetischen Ansätze aus der Auseinandersetzung mit ihrer jeweiligen Gegenwart entwickeln, die von ihnen gleichermaßen als komplex und darin als modern reflektiert wird. ‚Komplexität' meint dabei eine Multiplizität und Heterogenität an materiellen und ideellen, an äußeren und inneren Phänomenen, die sich für das Subjekt als herausfordernd, mitunter auch als überwältigend erweist.[51] Anders gesagt: Die irreduzible Mannigfaltigkeit der Realität ist für die angeführten Autoren eine *Prämisse*, die der Konzeption ihrer kollektivpoetischen Ansätze zugrunde liegt, und sie entsprechen damit in präziser Weise dem, was der amerikanische Kritiker Lionel Trilling als eine allgemeine Definition des Literarischen in der Moderne bestimmt: „[L]iterature is the human activity that takes the fullest and most precise account of variousness, possibility, complexity, and difficulty."[52]

Kollektivpoetische Texte sind also mehr als Phänomene der Intertextualität, wie sie von Julia Kristeva und Roland Barthes theoretisch konzipiert worden sind (auf die Berührungspunkte von Kollektivpoetik und Intertextualität werde ich später zu sprechen kommen).[53] Indem der kollektive Text die moderne Komplexität in poetische Formen von intermediärem Charakter überführt, plädiert er für eine nüchtern-bejahende Grundhaltung gegenüber der modernen Wirklichkeit. Dies geschieht in Gestalt einer „andere[n] Ästhetik",[54] die weder auf eine regressive Über-

---

darauf hat Mark Ford hingewiesen: Trust Yourself. Emerson and Dylan, in: Do You Mr. Jones? Bob Dylan with the Poets and Professors, hg. von Neil Corcoran, London 2002, S. 127–142.

51 Siehe zum Problemkomplex ‚Moderne und Komplexität' Karen Gloy: Komplexität. Ein Schlüsselbegriff der Moderne, München 2014. In dieser weiten Moderneauffassung, die das 19. und 20. Jahrhundert über nationale, sprachliche und kulturelle Grenzen hinweg umfasst, folge ich der weiterhin anregenden Studie von Marshall Berman: All that is Solid Melts into Air. The Experience of Modernity, New York 1988, hierzu das Kapitel „The Broad and Open Way", S. 5–12.

52 Lionel Trilling: The Liberal Imagination [1950], neu hg. von Louis Menand, New York 2008, S. xii. Dass sich Trilling hierbei auf die konkrete Situation im Amerika der Nachkriegszeit bezieht, schmälert nicht die Anschlussfähigkeit seiner Gedanken für die literaturwissenschaftliche Moderneforschung im Ganzen.

53 In Kap. I.2, II.2c sowie im zweiten Abschnitt der Schlussbemerkungen.

54 Nach solchen Formen fragt auch, vor allem mit Blick auf die Gegenwartskunst und -literatur, Dirk von Petersdorff in der gemeinsam mit Hans Magnus Enzensberger gehaltenen Poetikvorlesung: Wie soll man Geschichte(n) schreiben? Tübinger Poetik-Dozentur 2013, hg. von Dorothee Kimmich und Philipp Alexander Ostrowicz, Künzelsau 2014, S. 45.

windung noch auf eine emphatische Befürwortung der Moderne hinausläuft. Ihr zugrunde liegt vielmehr die Wahrnehmung der heterogenen, multiplexen Wirklichkeit als eines unhintergehbaren Normalzustandes – was nun allerdings der eingehenderen Diskussion bedarf.

In seinen diskursiven Überlegungen zum Verhältnis von Einheit und Vielheit kommt der Philosoph Odo Marquard auf die – „ultrapauschale",[55] wie er selbst einräumt – Unterscheidung zweier philosophischer Grundpositionen zu sprechen, die sich für ihn bis in die Antike, bis zu Parmenides und Platon, bis in die Sophistik, die Peripatetik und den Pyrrhonismus zurückführen lassen: auf die sich antagonistisch gegenüberstehenden Traditionen der „Einheits- oder Universalisierungsphilosophien" sowie der „Vielheits- oder Pluralisierungsphilosophien". In beiden Fällen handelt es sich, so stellt Marquard heraus, um intellektuelle Extrempositionen: Ausgehend von einem „Vorrang des Einen vor dem Vielen" deuteten die Einheitsphilosophien das Vorherrschen von Vielheit als einen „Unglücksfall", der „repariert" werden müsse: „[E]s muß universalisiert, totalisiert, globalisiert, egalisiert, emanzipiert, revolutioniert werden." Die Vielheitsphilosophen hingegen plädierten für den „Vorrang des Vielen vor dem Einen", was wiederum jede Form der Einheitsbildung als „Unglücksfall" erscheinen lasse. Die Folge: „Es muß detotalisiert, dezentralisiert, differenziert, pluralisiert, traditionalisiert, regionalisiert, individualisiert werden." Dabei tendiere das eine wie das andere intellektuelle Lager aus Marquards Sicht dazu, die komplexe Wirklichkeit der Moderne im Modus der Krise zu interpretieren: entweder, weil sie einen „Mangel an Einheit" erkennen, der ihrem Bestreben nach „Egalisierung und Universalisierung" entgegensteht, oder weil sie aufgrund eines „Mangel[s] an Vielheit" bedrohliche Tendenzen der „Vereinfachung und Uniformisierung" um sich greifen sehen.[56]

Ausgehend von dieser Konfliktlage skizziert Marquard eine (nicht unbedingt fernliegende) Drittoption, indem er die Moderne als einen Zustand der „Balance von Einheit und Vielheit" interpretiert, und zwar unter Rückgriff auf die von Joachim Ritter ausformulierte Kompensationstheorie. Sie beruht auf der Grundannahme, dass auf jeden Akt der „Vereinheitlichung" ein kompensatorischer Akt der „Pluralisierungen" folge, was zu einem sich ausbalancierenden Verhältnis beider Tendenzen

---

55 Odo Marquard: Einheit und Vielheit. Statt einer Einführung in das Kongreßthema, in: Einheit und Vielheit. XIV. Kongreß für Philosophie, hg. von dems., Hamburg 1990, S. 1–10, hier S. 2 (auch die folgenden Zitate).
56 Ebd., S. 3.

führe.⁵⁷ So werden beispielsweise die „entzaubernde Standardisierung" der Welt durch rechnende Wissenschaften, die globale Ökonomie und eine entindividualisierende Technik gleichsam *entschärft* durch die „moderne Ersatzverzauberung" des Ästhetischen: „Das Überraschungsdefizit der gleichförmig werdenden Wirklichkeit wird ausgeglichen durch die Vielheit der Kunstwerke, deren buntes Überraschungspotenzial und Faszinationspotenzial jetzt unverzichtbar wird."⁵⁸ An diesem Beispiel wird für Marquard nicht nur das Innovationspotenzial des Kompensatorischen ersichtlich (was die politisch motivierte Kritik an der Kompensationstheorie als einem kulturkonservativen Denkkonstrukt ins Leere laufen lässt),⁵⁹ sondern zugleich ein Grundprinzip der modernen Welt: „[K]eine Zeit zuvor hat so viel vereinheitlicht wie die Moderne; keine Zeit zuvor hat so viel pluralisiert wie die Moderne."⁶⁰

Es ist nun gar nicht zwingend notwendig, der erklärtermaßen globalen Kompensationstheorie⁶¹ mit ihrem aus heutiger Sicht vielleicht etwas befremdlichen Moderne-Optimismus unhinterfragt zu folgen, um mit Blick auf diese Studie eines festzuhalten: Das für die bei Marquard umrissene Modernekonzeption charakteristische Grundverhältnis – das sich ausbalancierende Verhältnis von Vervielfältigung und Vereinheitlichung – ist für kollektivpoetische Texte ebenfalls von konstitutiver Bedeutung. Ohne dass sich diese Texte auf die eine oder andere Weise vereinseitigen ließen, beruhen auch sie auf einer Beziehung von Einheit und Vielheit, die gerade nicht auf *Entgegensetzung*, sondern auf intellektuelle, soziale und ästhetische *Vermittlung* hinauswill. Dabei ist dieser Ansatz frei von der für die pauschalen Einheits- und Vielheitsphilosophien so typischen „Krisenaitiologie".⁶² Er beruht vielmehr auf einem „unemphatische[n] Ja"⁶³ zur modernen Welt, das ihre Unvollkommenheiten und Ungerechtigkeiten, ihre Schäden und Störungen keineswegs ignoriert oder gar akzeptiert, wohl aber das Wissen um ihre nie vollständige Eliminierbarkeit stets impliziert.

---

57 Ebd., S. 3 f.
58 Ebd., S. 4.
59 So besonders pointiert bei Herbert Schnädelbach: Kritik der Kompensation, in: Kursbuch 91 (1988), S. 35–45, hier S. 39.
60 Marquard: Einheit und Vielheit, S. 4.
61 Für Herrmann Lübbe lässt sich auf dem Wege der Kompensationstheorie „eine überwältigende Fülle von Phänomenen" der modernen (historischen) Kultur erschließen (Hermann Lübbe: Geschichtsbegriff und Geschichtsinteresse. Analytik und Pragmatik der Historie, Basel/Stuttgart 1977, S. 394).
62 Marquard: Einheit und Vielheit, S. 3.
63 Ebd., S. 8.

Genau dies meint übrigens auch Popper, wenn er von der „Last der Zivilisation" spricht, die man als Bewohner und Bewohnerin der offenen Gesellschaft unausweichlich zu tragen habe; es bezieht sich damit, wie Marquard recht abstrakt, auf „vermeidbares Leiden", auf „Verschwendung und unnötige Häßlichkeit", deren „Verbesserungen ebenso schwer zu erreichen sind, wie sie wichtig sind."[64] Aufgrund dieses Ambivalenzbewusstseins ist Marquards ebenso wie Poppers ‚Ja' zur modernen, offenen Gesellschaft eine zurückhaltende, aus der historischen Rationalität resultierende Zustimmung.

Das Verhältnis von Einheit und Vielheit, das in kollektivpoetischen Werken zum Tragen kommt, läuft entsprechend nicht auf einen positiven Appell hinaus, im Gegenteil: Jeder proklamatorische Gestus widerspricht der für diese Texte kennzeichnenden Vielstimmigkeit als einer unumgänglichen und vor allem unerlässlichen Voraussetzung des modernen Lebens. Der nüchtern-bejahende Grundzug der Kollektivpoetik, der sich nur bei Whitman zum Berauschten und Berauschenden emporhebt, kann vielmehr als ein impliziter Zuspruch verstanden werden: „daß man mit der eigenen Wirklichkeit seinen Frieden macht."[65]

Hieraus geht bereits hervor, dass dem Kollektivbegriff, der hier literarhistorisch rekonstruiert werden soll, ein *liberaler Grundcharakter* eigen ist, ganz entgegen seiner gesellschaftstheoretisch vorgeprägten Semantik also, von der oben kurz die Rede war. Und auch in dieser Hinsicht sind Marquards Ausführungen erhellend, seine ausdrückliche Wertschätzung einer „pluralisierenden Kommunikation" vor allem, in der „die Vielheit der Anderen" maßgeblich sei und auch bleiben müsse, „die Vielfalt ihrer Meinungen, Charaktere, Sitten, Geschichten, Sprachen." Die existenzphilosophisch voraussetzungsreiche Frage, ob man in dieser Akzeptanz tatsächlich einen Fall „kompensatorischer Mitmenschlichkeit" erkennen will, der unsere „Lebenseinzigkeit" ins Gleichgewicht setzt, muss hier nicht beantwortet werden.[66] Die im Rahmen dieser Studie vorzustellenden Texte zeigen, wie einerseits die *Polyphonie* zu den Grundbedingungen gerade des modernen Daseins und Schreibens gehört. Andererseits fragen sie nach Optionen einer *Vermittlung* des Divergenten. Im Wechselspiel läuft diese

---

64 Popper: Die offene Gesellschaft und ihre Feinde, Bd. 1. S. 266. Marquard und Popper formulieren übrigens gleichermaßen eine Variante von Niebuhrs ‚christlichem Realismus', der wiederum impulsgebend auf Obamas politisches Weltbild eingewirkt hat (Kloppenberg: Reading Obama, S. 119).
65 Marquard: Einheit und Vielheit, S. 8.
66 Ebd., S. 10.

Zweiseitigkeit auf ein von programmatischer Aufgeschlossenheit geprägtes, bei Whitman und Thomas Mann dann ausdrücklich als demokratisch bezeichnetes Diskursideal hinaus, das sich von der Leitidee eines ‚wahren Konsensus', die Jürgen Habermas ins Zentrum seiner Theorie des kommunikativen Handelns stellt, markant unterscheidet.[67]

3. Einfluss und Transfer

Für den historisch angelegten Hauptteil dieser Studie ist das, was in der Literaturwissenschaft als ‚Einfluss' bezeichnet wird, mit Lutz Danneberg verstanden als eine „literarische Beziehung" nach dem Muster „B ist von A beeinflußt in der Eigenschaft x",[68] von zentraler Bedeutung. Noch etwas genauer: Es geht im Folgenden einerseits um „Kausalreaktion[en]" im Sinne „direkter oder indirekter genetischer Kontakte", also um den nachweisbaren literarischen und intellektuellen Transfer von Goethe zu Emerson, Emerson zu Whitman, Whitman zu Thomas Mann; daraus wiederum resultieren andererseits gewisse „Ähnlichkeitsrelationen", die sich unter dem soeben umrissenen Oberbegriff einer ‚kollektiven Poetik' nachzeichnen und zusammenfassen lassen.[69]

Angesichts der in den vergangenen Jahrzehnten oft explizit formulierten, zum Teil aber auch nur latent mitschwingenden Kritik am Begriff des Einflusses bedarf ein solches Vorhaben allerdings der Rechtfertigung. Wo liegt hier das Problem? Vor allem zwei Kritikpunkte lassen sich voneinander unterscheiden:

Ein immer wieder vorgebrachter und für diese Studie durchaus herausfordernder Einwand zielt darauf, dass mit einer rein ‚positivistischen' Bestimmung von Quellen und Filiationen noch keine Literaturwissenschaft im vollen, also im analysierenden und interpretierenden Sinne zu machen sei. Im Vordergrund der sogenannten Einflussphilologie stehe nicht die „vergleichende Betrachtung" der Literatur unter „den jeweiligen historischen Bedingungen", sondern eher die „Vermehrung von Fakten um ihrer selbst willen", was wiederum in der Tendenz mit einer „Relativierung des Geschichtlichen" einhergehe.[70] Dieser Vorbehalt wird nicht selten an die fachgeschichtliche Entwicklung rückgebunden, vor allem an

---
67 Zu dieser Abgrenzung Näheres im Schlussteil der Studie.
68 Lutz Danneberg: [Art.] Einfluß, in: RLW, Bd. 1, S. 424–426, hier S. 424.
69 Ebd.
70 Alexander Nebrig/Evi Zemanek (Hg.): Komparatistik, Berlin 2012, S. 42.

Tendenzen des Strukturalismus und Poststrukturalismus, deren Vertreter für eine Abschwächung der „Einflußbeziehung" zu einem „Konzept der Intertextualität" plädierten.[71] Vor allem in der komparatistischen Literaturwissenschaft als einer ehemaligen Domäne der Einflussforschung hat dies starke, bis heute wahrnehmbare Spuren hinterlassen.[72]

Dieser kritischen Wahrnehmung liegt ein in der Tendenz verzerrtes Bild der literaturwissenschaftlichen Einflussforschung zugrunde, das nicht einmal die Verfahren des oft nur reflexhaft verworfenen Positivismus des 19. Jahrhunderts angemessen widerspiegelt:[73] Selbst Wilhelm Scherers programmatischer Aufsatz über *Goethe-Philologie* von 1877, hierzulande immerhin das wirkmächtigste Dokument des sogenannten Positivismus, versteht die philologische Tätigkeit ja keineswegs als eine bloße Anhäufung von Quellen, sondern will auf das „feinste geistige Verständnis" der „vergangene[n] Menschen und Zeiten" hinaus.[74] Es scheint mir daher kaum gerechtfertigt, den Terminus ‚Einfluss' aus dem Begriffsinventar der Literaturwissenschaft gänzlich herauszulösen, wie man es in aktuellen Nachschlagewerken mitunter beobachten kann,[75] und es trägt auch nicht

---

71 Danneberg: [Art.] Einfluß, S. 426. Kritik an der Einflussforschung erfolgte, fachgeschichtlich vorgelagert, auch vonseiten der Werkimmanenz und des *New Criticism*, deren Vertreter den literarischen Text als einen „Kosmos interner Bezüge" konzipierten, während „die ‚schlechte' Literatur kausal ‚infiziert' [bleibt]" und folglich „über [ihre] Entstehungsbedingungen ‚erklärt'" werden müsse (ebd., S. 426). Für die aktuelle literaturwissenschaftliche Debatte scheint mir das in dieser Kritik implizierte, radikale Autonomiepostulat allerdings nicht mehr ausschlaggebend.

72 Siehe dazu insgesamt den Abschnitt „Wege aus der (Einfluss-)Geschichte" in Nebrig/Zemanek (Hg.): Komparatistik, S. 42–49.

73 Zum germanistischen Klischee eines interpretationsfernen Positivismus und dem Problem seiner oft allzu pauschalen Abgrenzung von der sogenannten Geistesgeschichte siehe Tom Kindt/Hans Harald Müller: Dilthey gegen Scherer. Geistesgeschichte contra Positivismus. Zur Revision eines wissenschaftshistorischen Stereotyps, in: DVjs 74.4 (2000), S. 685–709. Die Tatsache, dass die Erforschung von Einflussrelationen *de facto* die „Grundlage" für den literaturwissenschaftlichen Positivismus darstellt (Danneberg: [Art.] Einfluß, S. 425), bleibt hiervon allerdings unberührt.

74 Der erste Absatz des Aufsatzes im Ganzen: „Die Philologie ist die schmiegsamste aller Wissenschaften. Sie ist ganz auf das feinste geistige Verständnis gegründet. Die Gedanken und Träume vergangener Menschen und Zeiten denkt sie, träumt sie nach. [...] Die Philologie ist allumfassend, allverstehend, allbeleuchtend" (Wilhelm Scherer: Goethe-Philologie [1877], in: ders.: Aufsätze über Goethe, Berlin 1886, S. 1–27, hier S. 1).

75 Siehe etwa das ansonsten so umfassend informierte, aus konzisen Einzelbeiträgen zusammengesetzte Begriffslexikon von Gerhard Lauer/Christine Ruhrberg (Hg.):

der gegenwärtigen literaturwissenschaftlichen Praxis angemessen Rechnung. In diese Richtung argumentiert beispielsweise Olav Krämer, wenn er darauf beharrt, dass „[d]ie Frage danach, *was* der Autor kannte und benutzte, [...] prinzipiell immer mit der Frage verknüpft werden [kann] (und [...] de facto häufig mit ihr verknüpft [wird]), *wie* und *wozu* der Autor die ihm bekannten Theorien, Konzepte oder Verfahrensweisen in seinen literarischen Werken gebrauchte."[76] Die hier genannte zweifache Blickrichtung – auf den philologisch greifbaren Befund *und* seinen interpretativen Gehalt also – wird auch für diese Arbeit bestimmend sein.

Ein weiterer Einwand zielt nicht in erster Linie auf die Literaturwissenschaft im Besonderen, sondern vielmehr auf die historische Einflussforschung im Allgemeinen. Im Kern dieser Kritik steht meist die traditionelle „Prägung" der zwischen Nationen und Kulturen vergleichenden Einflussforschung „durch den Dünkel des Eurozentrismus", das heißt vor allem „durch eine in Europa bis heute nicht restlos ausgerottete Vorstellung von einem [...] Kulturgefälle",[77] das sich zwischen ‚West' und ‚Ost' ebenso wie zwischen ‚Okzident' und ‚Orient', zwischen ‚Alter Welt' und ‚Neuer Welt' auftue.[78]

Lexikon Literaturwissenschaft. 100 Grundbegriffe, Stuttgart 2013. Der Terminus ‚Einfluss' ist hier nicht einmal im Sachregister verzeichnet.

76 Olav Krämer: Intention, Korrelation, Zirkulation. Zu verschiedenen Konzeptionen der Beziehung zwischen Literatur, Wissenschaft und Wissen, in: Literatur und Wissen. Theoretisch-methodische Zugänge, hg. von Tilmann Köppe, Berlin/New York 2011, S. 77–115, hier S. 83. In ähnlichem Sinne auch Georg Braungart/Till Dembeck: [Art.] Wissenschaft, in: Handbuch Literaturwissenschaft. Gegenstände – Konzepte – Institutionen, hg. von Thomas Anz, Bd. 1: Gegenstände und Grundbegriffe, Stuttgart 2007, S. 407–419, hier S. 409: „In der neueren Diskussion werden solche Kontextfragen [die Einflussrelationen zwischen Literatur und dem Kontext Wissenschaft; K.S.] häufig unter dem Etikett der ‚Einflussphilologie' abgewertet. Sie haben dennoch ihre Berechtigung und führen im Einzelfall zu überraschenden Resultaten."

77 Ich beziehe mich hier auf die sehr gute Rekonstruktion des Ansatzes von Matthias Middell: Kulturtransfer und transnationale Geschichte, in: Dimensionen der Kultur- und Gesellschaftsgeschichte. Festschrift für Hannes Siegrist zum 60. Geburtstag, hg. von dems., Leipzig 2007, S. 49–69, hier S. 53.

78 Detering macht die Folgen dieser normativen Voreinstellung an Thomas Mann und seiner Hinwendung zum amerikanischen Unitarismus deutlich, die jahrelang auf ein „frappierende[s] Desinteresse der Leser und Forscher" gestoßen sei. Den Grund hierfür sieht er in einem „transatlantischen Vorurteil [...], das den Fokus der Wahrnehmung" verändert habe, in einer „unreflektierten kulturellen Indifferenz gegenüber einer sehr amerikanischen Institutionsform des Religiösen" (Heinrich Detering: Thomas Manns amerikanische Religion. Theologie, Politik und Literatur im amerikanischen Exil, Frankfurt am Main 2012, S. 9).

Der in den achtziger Jahren durch Michel Espagne und Michael Werner entwickelte und jüngst von Karin Hoff und anderen für die literaturwissenschaftliche Komparatistik aktualisierte[79] Ansatz der Kulturtransferforschung will derlei Wahrnehmungsbeschränkungen dadurch entgegenwirken, indem er die Perspektive der traditionellen Einflussforschung gewissermaßen umzukehren versucht. In einer sehr viel nüchterneren Haltung wird nun danach gefragt, „warum sich eine Kultur Elemente einer anderen Kultur aneignet und dabei ihren eigenen Bedürfnissen anpasst" und „welche Interessen das selektive Interesse am Anderen beflügelt haben."[80] Einen ähnlichen Blick, wenn auch vor etwas anderem theoretischen Hintergrund, nimmt der amerikanische Germanist Paul Michael Lützeler ein, der sich dabei insbesondere auf die amerikanisch-deutschen Kulturverflechtungen bezieht: Nicht um „kulturelle Synthesen" soll es ihm bei deren Untersuchung gehen, so Lützeler, sondern um „wechselseitige[ ] kulturelle[ ] Einflüsse, wobei Komplementarität, Konkurrenz und Antagonismus zwischen den aufeinandertreffenden Komponenten mit ihren Eigenlogiken erhalten bleiben."[81]

In eben diesem Sinne geht es in diesem Buch ausdrücklich *nicht* darum, die ‚besondere Relevanz', die ‚herausragende Bedeutung' der europäischen oder gar der deutschen Kultur für die intellektuelle und literarische Gründungsphase der Vereinigten Staaten herauszuarbeiten. Erreicht wäre damit nichts anderes als die Fortschreibung einer für den Kulturtransfer des 19. Jahrhunderts kennzeichnenden nationalen Überheblichkeit.[82] Stattdessen soll hier anhand eines Problems der transatlantischen Literaturgeschichte *erstens* ein fruchtbares Produktivitätsverhältnis mit reziprokem Charakter dargestellt werden; die deutsche und die amerikanische Literatur tauchen dabei gleichermaßen als Sender und Empfänger auf, als Ausgangs- und Zielpunkt von intellektuellen und literarischen Transferprozessen.[83] Ohne in einen Widerspruch zur literaturwissen-

---

79 Karin Hoff/Anna Sandberg/Udo Schöning (Hg.): Literarische Transnationalität. Kulturelle Dreiecksbeziehung zwischen Skandinavien, Deutschland und Frankreich im 19. Jahrhundert, Würzburg 2015, darin programmatisch die Einleitung der Herausgeber S. 11–22.
80 Middell: Kulturtransfer und transnationale Geschichte, S. 54.
81 Paul Michael Lützeler: Transatlantische Germanistik. Kontakt, Transfer, Dialogik, Berlin/Boston 2013, S. IX.
82 Vgl. Osterhammel: Die Verwandlung der Welt, S. 1295.
83 Hierin folge ich Udo Schöning: Die Internationalität nationaler Literaturen. Bemerkungen zur Problematik und ein Vorschlag, in: Internationalität nationaler Literaturen, hg. von dems., Göttingen 2000, S. 9–43, hier S. 19.

schaftlichen Einflussforschung im oben skizzierten Sinne zu geraten, geht es mir dabei *zweitens* um Prozesse der kulturellen Aneignung und Anpassung – und auch dies nicht nur von der einen zur anderen Seite des Atlantiks, sondern wiederum in wechselseitiger Perspektive: um Emersons ‚amerikanische' Goethe-Auslegung, um Thomas Manns ‚deutsche' Whitman-Interpretation.

Der denkbare Einwand, dass mit Blick auf diese Konstellation nicht von einem Kulturtransfer im starken Sinne gesprochen werden könne, weil sich der skizzierte Austauschprozess im kulturellen Binnenraum des Westens vollzogen habe, liegt dabei nur scheinbar nahe und zeugt außerdem von einer tendenziell geschichtslosen Sichtweise: Vor den neunziger Jahren des 19. Jahrhunderts gab es schließlich weder den Begriff noch das ideelle Konzept des Westens im Sinne eines Zivilisationsmodells von transatlantischer Reichweite. „Vom Westen zu reden", so begründet dies der Globalhistoriker Jürgen Osterhammel, „setzt [...] die kulturelle und weltpolitische Gleichrangigkeit zwischen Europäern und Nordamerikanern voraus. Eine solche Symmetrie war bis zur Jahrhundertwende [...] nicht sichergestellt."[84] Im Bereich der Literatur etwa bedurfte es zunächst angemessener Kommunikationsmöglichkeiten und der Herausbildung eines transatlantischen Publikationsnetzwerks, um entsprechende Austauschprozesse überhaupt möglich zu machen.[85]

Um für diese langanhaltende Fremdheit nur zwei Beispiele aus dem Kontext dieser Studie anzuführen: Die amerikanischen Transzendentalisten um Emerson entdecken die deutsche Literatur für sich als etwas ganz Neuartiges, ja Unbekanntes. Der 1841 im ersten Jahrgang des transzendentalistischen Leitorgans *The Dial* erschienene Aufsatz von Theodore Parker zur deutschen Literatur – schlicht *German Literature* betitelt – trägt noch den Charakter einer grundlegenden Einführung; es geht in ihm um „the fairest, the richest, the most original, fresh and religious literature of all modern times."[86] Und noch mehr als acht Jahrzehnte später muss Thomas Mann in der Republikrede einen rechtfertigenden Umweg über die deutsche Romantik, namentlich über Novalis' Idee eines ‚pluralen Ich'

---

84 Osterhammel: Die Verwandlung der Welt, S. 143.
85 Zu diesem Kontext vgl. Daniel Göske: The Literary World in the „American Renaissance" and the International Context of American Studies, in: The International Turn in American Studies, hg. von Marietta Messmer und Armin Paul Frank, Frankfurt am Main 2015, S. 271–301, hier S. 295.
86 Theodore Parker: German Literature, in: The Dial. Magazine for Literature, Philosophy, and Religion 1.3 (1841), S. 315–339, hier S. 320.

nehmen, um seinem nationalgesinnten Publikum Whitmans Idee einer ‚schwärmerischen Demokratie' nahebringen zu können.

Allein diese beiden punktuellen Beobachtungen verdeutlichen, wie unangemessen es zumindest in historischer Hinsicht wäre, allzu pauschal eine kulturelle Homogenität innerhalb der westlichen Hemisphäre vorauszusetzen. Und wahrscheinlich hat sich dies bis in die Gegenwart auch nur unwesentlich geändert: „There has always been a latent antagonism between Europe and America", so stellt die transatlantische Intellektuelle Susan Sontag 2003 in einer Rede heraus, „one at least as complex and ambivalent as that between parent and child."[87]

4. Forschung und Hermeneutik

Diese Arbeit versteht sich als Beitrag zu einer „von nationaler Mythisierung befreite[n], international perspektivierte[n] oder die internationale Perspektive zumindest angemessen berücksichtigende[n] Literaturgeschichtsschreibung."[88] Ihr besonderer Fokus liegt auf Fragen der transatlantischen Literaturbeziehungen, die bislang nur in einzelnen Bausteinen, das heißt vor allem in Bezug auf individuelle Konstellationen – mit Blick auf Emersons Auseinandersetzung mit Goethe oder Whitmans Rezeption im Kontext der deutschen Literatur um 1900 etwa – erschlossen worden ist. Ausgehend von der Schilderung dieser eher unbefriedigenden Forschungslage und ihres kulturgeschichtlichen Hintergrunds will ich mich nun der prinzipiellen Frage nach den Bedingungen, den Vorzügen und Schwierigkeiten einer international perspektivierten Literaturgeschichtsschreibung widmen.[89]

Die Erforschung der historischen Literaturbeziehungen zwischen den USA und Deutschland und ihrer spürbaren Nachwirkungen bis in die Gegenwart hinein gehört fraglos nicht zu den Schwerpunktinteressen der gegenwärtigen Literaturwissenschaft. Warum aber ist das so? Und seit

---

87 Susan Sontag: Acceptance Speech, in: Friedenspreis des Deutschen Buchhandels 2003, hg. vom Börsenverein des Deutschen Buchhandels, Frankfurt am Main 2003, S. 7–13, hier S. 7.
88 Schöning: Die Internationalität nationaler Literaturen, S. 19.
89 Damit steht diese Studie im Kontext eines gegenwärtig expandierenden Forschungsfeldes, vgl. für die US-amerikanische Literatur etwa Wai Chee Dimock: Through Other Continents. American Literature across Deep Time, Princeton 2008, sowie für die deutschsprachige Literatur Sandra Richter: Eine Weltgeschichte der deutschsprachigen Literatur, München 2017.

wann? Das Argument, dass die entsprechenden *Fakten* von der älteren Forschung bereits umfänglich dargelegt worden sind (zu nennen ist hier vor allem Henry A. Pochmanns enzyklopädisches Standardwerk über *German Culture in America* von 1957), kann das Desinteresse an ihrer literaturwissenschaftlichen *Auswertung* schließlich nicht hinreichend erklären.

Der beste Kenner der hier in Rede stehenden Materie und ihrer Erforschung, der Wissenschaftshistoriker und Humboldt-Forscher Kurt Mueller-Vollmer, umreißt ein sehr allgemeines Problem und, damit verbunden, eine wissenschaftliche Aufforderung:

> There is good reason for me boldly to intrude upon a territory that fell almost into oblivion among Germanists by the year 1916 and that Americanists have since then, totally undeservedly, I believe, reserved for themselves and that in effect has been thoroughly ignored by both. For what is at stake is a sizable and rich territory of some relevance and importance in the cultural and literary history of the United States and that of the interaction between German and American culture as well. It warrants our full attention.[90]

Mueller-Vollmers Anmerkungen benennen den aus historischer Sicht sicher maßgeblichen Grund, warum sich so etwas wie eine deutsch-amerikanische Literaturgeschichtsschreibung bislang nicht als distinkter Forschungsbereich der Literaturwissenschaft herausbilden konnte. Noch im Jahr 2002 fragte ein von Winfried Fluck und Werner Sollors herausgegebener Sammelband insistierend nach „German? American? Literature?"[91] Aber die mit dem Eintritt der Amerikaner in den Ersten Weltkrieg vollzogene Abgrenzung von den/dem Deutschen, die als harter Bruch mit einem über das gesamte 19. Jahrhundert hinweg vorherrschenden „[f]avorable image of Germany, the Germans, German culture"[92] in den USA zu bewerten ist, kann dieses zurückhaltende wissenschaftliche Interesse wohl nicht in Gänze erklären. Entscheidend ist hier zudem die von Mueller-Vollmer eher als Nebenaspekt beschriebene Gegenüberstellung von „Germanists" und „Americanists". Er verweist damit auf ein disziplinäres Grundproblem, nämlich die wissenschaftliche Orientierung am

---

90 Kurt Mueller-Vollmer: „Every Ship Brings a Word". Cultural and Literary Transfer from Germany to the United States in the First Half of the Nineteenth Century, in: KulturPoetik 3.2 (2003), S. 155–172, hier S. 155.
91 Winfried Fluck/Werner Sollors (Hg.): German? American? Literature? New Directions in German-American Studies, New York u. a. 2002.
92 Wulf Koepke: Lifting the Cultural Block: The American Discovery after World War I – Ten Years of Critical Commentary in the Nation and the New Republic, in: The Fortune of German Writers in America, hg. von Wolfgang Elfe u. a., Columbia, SC 1992, S. 81–98, hier S. 81.

Paradigma der ‚Nationalphilologie', die für die Amerikanistik über viele Jahrzehnte verbindlich war[93] und in der Germanistik weiterhin aufrechterhalten wird: Die seit 1945 in Deutschland betriebene Einrichtung von Lehrstühlen und Instituten für Vergleichende Literaturwissenschaft bzw. Komparatistik[94] hat daran ebenso wenig ändern können wie die zumindest theoretisch konsensfähige Kritik am Konzept der ‚Nationalliteratur'[95] oder auch die Einrichtung einschlägiger Sonderforschungsbereiche wie etwa dem an der Universität Göttingen zur „Internationalität nationaler Literaturen".[96] Anders als für die heutige Geschichtswissenschaft, in der globalhistorische Ansätze mit bisweilen „missionarischer Emphase"[97] vorangetrieben werden, anders auch als für die neueren Amerika-Studien, die in den letzten Jahren einen veritablen *international turn* vollzogen haben,[98] gilt für die Germanistik weiterhin der Grundsatz: „Universitär eingebettete Nationalphilologien bilden den institutionellen Rahmen der Literaturwissenschaft."[99] Dies wiederum hat weitreichende Auswirkungen auf die etablierten Gegenstände und Fragestellungen des Faches, und zwar un-

---

93 Vgl. Daniel Göske: The Literary World in the „American Renaissance", S. 271–273.
94 Zur Geschichte der Komparatistik in Deutschland siehe den konzisen Überblick von Rüdiger Zymner [Art.]: Deutschland und der deutsche Sprachraum, in: Komparatistik-Handbuch, S. 34–39.
95 Markus Winkler: [Art.] Nationalphilologien und Komparatistik, in: Komparatistik-Handbuch, S. 190–193, hier S. 191: „Die gegenwärtige Geltung des alten ‚nationalsprachlichen' Einteilungskriteriums lässt sich indes längst nicht mehr wissenschaftlich, sondern nur noch wissenschaftsorganisatorisch begründen", vor allem also mit Blick auf die Aufgabe und Notwendigkeit der Deutschlehrerausbildung.
96 Bereits in diesem Zusammenhang wurde darauf hingewiesen, dass Komparatistik und Neuphilologie „mehr oder weniger nebeneinander bestehen und nicht miteinander" (Schöning: Die Internationalität nationaler Literaturen, S. 9).
97 Sebastian Conrad/Andreas Eckert: Globalgeschichte, Globalisierung, multiple Modernen: Zur Geschichtsschreibung der modernen Welt, in: Globalgeschichte. Theorien, Ansätze, Themen, hg. von dens. u. a., Frankfurt am Main/New York 2007, S. 7–49, hier S. 7.
98 Dazu die Beiträge in Marietta Messmer/Armin Paul Frank (Hg.): The International Turn in American Studies, Frankfurt am Main 2015.
99 David Wellbery: Interpretation versus Lesen. Posthermeneutische Konzepte der Texterörterung, in: Wie international ist die Literaturwissenschaft? Methoden- und Theoriediskussion in den Literaturwissenschaften. Kulturelle Besonderheiten und interkultureller Austausch am Beispiel des Interpretationsproblems (1950–1990), hg. von Lutz Danneberg und Friedrich Vollhardt in Zusammenarbeit mit Hartmut Böhme und Jörg Schönert, Stuttgart/Weimar 1996, S. 123–138, hier S. 123.

geachtet der allgemeinen Einsicht in die eben *nicht* bloß nationalkulturell bestimmten Entstehungsbedingungen der Literatur. Hierzu hat Dieter Lamping – als Komparatist und Germanist zugleich – mit Klarheit und Nachdruck festgestellt: „Mit der Erkenntnis der Internationalität der Literatur machen sie" – gemeint sind die Literaturwissenschaftler und Literaturwissenschaftlerinnen – „in ihrem Alltag zu wenig ernst."[100]

Dem sich hier abzeichnenden Defizit soll mit der vorliegenden Studie zumindest punktuell abgeholfen werden. Sie versteht sich als Beitrag zu dem noch wenig ausdifferenzierten, bislang vor allem auf Austauschprozesse innerhalb der anglophonen Welt bezogenen Forschungsfeld der *Transatlantic Literary Studies*.[101] Impulsgebend für dieses Vorhaben waren mehrere neuere Forschungsbeiträge. Zu nennen sind hier nicht nur einige Studien zu Thomas Mann, die sich erstmals wirklich ernsthaft mit seiner einlässlichen Anverwandlung der amerikanischen Kultur auseinandersetzen,[102] sondern auch mehrere Sammelbände, deren Beitragende sich mit diversen Aspekten des Literatur-, Wissenschafts- und Kulturtransfers zwischen den USA und Deutschland in den letzten zwei Jahrhunderten befassen.[103]

Anzuführen ist in diesem Zusammhang auch der unter dem Titel *Deutscher Geist. Ein amerikanischer Traum* erschienene Doppelessay von Ernst Osterkamp und David Wellbery, der Anregungen zu vielfältigen – und vielfach noch unerforschten – Aspekten der transatlantischen Literaturgeschichte enthält.[104] Auf die Arbeiten von Kurt Mueller-Vollmer, die 2015 unter dem Titel *Transatlantic Crossings and Transformations* gesam-

---

100 Dieter Lamping: Die Idee der Weltliteratur. Ein Konzept Goethes und seine Karriere, Stuttgart 2010, S. 137.
101 Siehe zu diesem Forschungsfeld die Grundlagentexte in Susan Manning/Andrew Taylor (Hg.): Transatlantic Literary Studies. A Reader, Baltimore 2007.
102 Neben Detering: Thomas Manns amerikanische Religion ist hier vor allem hinzuweisen auf Hans Rudolf Vaget: Thomas Mann, der Amerikaner. Leben und Werk im amerikanischen Exil 1938–1952, Frankfurt am Main 2011.
103 Vgl. Lynne Tatlock/Matt Erlin (Hg.): German Culture in Nineteenth-Century America. Reception, Adaptation, Transformation, Rochester, NY u. a. 2005; Georg Gerber/Robert Leucht/Karl Wagner (Hg.): Transatlantische Verwerfungen – Transatlantische Verdichtungen. Kulturtransfer in Literatur und Wissenschaft 1945–1989, Göttingen 2012; Frank Trommler/Elliott Shore (Hg.): The German-American Encounter. Conflict and Cooperation Between Two Cultures 1800–2000, New York u. a. 2001 (darin die Beiträge von Brent O. Peterson und Werner Sollors zu Aspekten der Literaturgeschichte).
104 Ernst Osterkamp/David Wellbery: Deutscher Geist. Ein amerikanischer Traum, Marbach 2010.

melt erschienen sind, verweisen die Autoren dabei gleich mehrfach: In der Vielzahl der Fragen, die in seinen Arbeiten aufgriffen werden (etwa zur Stellung der deutschen Kultur im Kontext des amerikanischen Transzendentalismus, zur Genese der Nationalliteraturen bei Johann Gottfried Herder und George Bancroft oder zur amerikanischen Übersetzungskultur in der ersten Hälfte des 19. Jahrhunderts), ist dieses Buch ohne Zweifel das neue Standardwerk auf dem Gebiet der transatlantischen Literaturgeschichtsschreibung.[105]

Die Frage nach Ansätzen der transatlantischen Literaturforschung impliziert die allgemeine Frage nach der Internationalität des literaturwissenschaftlichen Arbeitens, die zumindest in Deutschland regelmäßig Gegenstand fachinterner Debatten ist.[106] Der vermutlich jüngste Beitrag zu diesem Problem, erschienen 2015 in einem DVjs-Sonderheft zur *Lage der Literaturwissenschaft*, stammt von Glenn W. Most.[107] Sein Argument: Die Kultur und mit ihr die Literaturwissenschaft befänden sich gegenwärtig an einer Art Scheitelpunkt des Globalisierungsprozesses, der eine Ausweitung des nationalliterarischen Gegenstandsbereiches im Sinne einer bei Goethe und Erich Auerbach konzeptualisierten Weltliteratur geradezu unausweichlich erscheinen lasse.[108]

Aus zwei Gründen kann die optimistische Prognose, die hier formuliert wird, nicht recht verfangen: Einerseits provoziert Mosts extrem weiter historischer Bezugsrahmen („in the last centuries") die ebenso schlichte wie naheliegende Nachfrage, warum es in den vorangegangenen Jahrhunderten denn noch nicht zu der von ihm heute prognostizierten Entwicklung in den Literaturwissenschaften gekommen sei – und warum sich dieser Prozess in den unterschiedlichen philologischen Disziplinen mit stark divergierender

---

105 Kurt Mueller-Vollmer: Transatlantic Crossings and Transformations. German-American Cultural Transfer from the 18th to the End of the 19th Century, Frankfurt am Main 2015. Dieser Studie zur Seite zu stellen wäre allenfalls noch Lynn Tatlocks *German Writing, American Reading. Women and the Import of Fiction 1866–1917* (Columbus, OH 2012), die allerdings von einem spezifischeren, nämlich buchhistorischen Interesse getragen ist.
106 Siehe in diesem Zusammenhang etwa die Beiträge in Danneberg/Vollhardt (Hg.): Wie international ist die Literaturwissenschaft?
107 Glenn W. Most: Criticism and Crisis, in: DVjs 89.4 (2015), S. 602–607.
108 „The massive transfers of populations and cultural contents engendererd in the last centuries, and especially in the last decades, by the effects of colonialism, international travel and commerce, and war, genocide, and poverty, have fulfilled on a global scale, often at a terrible human cost, the vision of world literature that Goethe and Auerbach invoked as conceptual ideas" (Most: Criticism and Crisis, S. 603 f.).

Geschwindigkeit vollzieht (auf das Beispiel der neueren Amerika-Studien habe ich bereits hingewiesen). Andererseits bleibt bei ihm das zumindest für Deutschland wichtigste Gegenargument unberücksichtigt, wonach die Nationalliteratur ihr Fortleben „einer strukturellen Kopplung von Wissenschafts- und Erziehungssystem"[109] verdankt, die traditionellerweise eben mit einer „politisch-kulturellen Orientierung am Nationalen"[110] einhergeht (Stichwort: Deutschunterricht).

Überzeugender scheint es mir daher, die unbestrittenen Vorzüge einer Ausweitung des nationalliterarischen Blicks *von der Sache her*, das heißt aus der literaturwissenschaftlichen Praxis heraus zu begründen. Das bedenkenswerteste Argument führt in den Kernbereich des Verstehens literarischer Texte überhaupt. Für David Wellbery ist eine nationalphilologisch geprägte Disziplin wie die Germanistik – betrieben „innerhalb der Nation, deren Literatur sie zum Gegenstand" hat, wobei hier erweiternd der deutschsprachige Sprachraum im Ganzen mitberücksichtigt sei – allenfalls geringem „Legitimationsdruck" ausgesetzt.[111] Warum aber ist das so? Eben weil das Tun dieser Spielart von Literaturwissenschaft „eingebunden [ist] im Kontext nationaler Tradition(en)" und somit „den selbstverständlichen Charakter aller traditionell legitimierter Handlungen" habe; die Forschungspraxis der Nationalphilologie sei daher von vornherein *unproblematisch*, während die Situation des in einem „fremden nationalen Kontext" arbeitenden Literaturwissenschaftlers durch eine viel stärkere Rechtfertigungsnot gekennzeichnet sei: „[K]eine dem Tun des Wissenschaftlers vorgeordneten, durch übergreifende pragmatische Verbindlichkeiten stabilisierten Kriterien bestimmen darüber, was relevant oder irrelevant ist; solche Kriterien müssen vielmehr immer wieder neu herausgebildet werden."

In dieser Herausforderung erkennt Wellbery aber nicht etwa einen beklagenswerten Nachteil, sondern vielmehr einen deutlichen Vorzug. Er betont vor allem den Aspekt der „Fremdheit", der für ein angemessenes Verständnis von Literatur – nicht allein im Kontext der Literaturwissenschaft – von entscheidender Bedeutung sei: „Wer Literarisches in einem fremden Kontext – gleichsam als Exilphänomen, weltlos – erfährt, erfährt

---

109 Holger Dainat: Zwischen Nationalphilologie und Geistesgeschichte. Der Beitrag der Komparatistik zur Modernisierung der deutschen Literaturwissenschaft, in: Germanistik und Komparatistik. DFG-Symposion 1993, hg. von Hendrik Birus, Stuttgart/Weimar S. 37–53, hier S. 53.
110 Winkler: [Art.] Nationalphilologien und Komparatistik, S. 190.
111 Wellbery: Interpretation versus Lesen, S. 123 f. (auch die folgenden Zitate).

es literarischer." Wellbery setzt ein bestimmtes Konzept von ästhetischer Erfahrung voraus, die dadurch gekennzeichnet sei, „daß sie ohne vorgeordnete Kriterien der Relevanz auskommt, ihre Kriterien aus dem Nexus des Textes selber gewinnen muß; dadurch, daß ihre Selektionen durch keine ihrem immanenten Vollzug vorgeordneten pragmatischen Regelungen getragen werden." Eine der argumentativen Schlussfolgerungen, die sich daraus ergeben, liegt nun recht nahe: „Literatur im Kontext einer internationalen Diskussion" – und hier darf ergänzt werden: im Kontext internationaler Traditionen – „wissenschaftlich erforschen, heißt, sie gegen den aufgefächerten, vielfältigen Horizont ihrer möglichen Fremdheiten erfahren, heißt, die Fremdheit von Literatur überhaupt zum Thema zu machen."

Es kommt nicht darauf an, ob man der mit Theodor W. Adorno hergeleiteten Theorie ästhetischer Erfahrung,[112] unbedingt folgen will. Dass der Fremdheitsaspekt die zentrale Voraussetzung für das hermeneutische Geschäft des Interpretierens darstellt, ist schließlich keine hypothetische Behauptung, sondern vielmehr ein theoretischer Grundsatz. Geht man im Sinne Hans-Georg Gadamers davon aus, dass „Fremdheit und Überwindung derselben" gleichzusetzen ist mit der „hermeneutische[n] Schwierigkeit" als solcher, so stellt die von Wellbery umrissene Konstellation zwar einen „gesteigerten Fall" dar, der aber nicht „qualitativ, sondern nur graduell von der allgemeinen hermeneutischen Aufgabe, die jeder Text stellt, unterschieden [ist]."[113] Liest man Gadamer mit Wellbery so zusammen, besteht der Vorzug einer Erforschung literarischer Texte im internationalen Kontext also darin, die nationalphilologische Vertrautheit mit ihnen zugunsten einer verstärkten Fremdheit abzuschwächen, ja sie vielleicht sogar aufzugeben – mit dem Ziel einer gesteigerten hermeneutischen Erfahrung und damit eines erneuerten, eines *besseren* Verstehens.

---

112 „Fremdheit zur Welt ist ein Moment der Kunst; wer anders denn als Fremdes sie wahrnimmt, nimmt sie überhaupt nicht wahr" (Theodor W. Adorno: Ästhetische Theorie, Frankfurt am Main 1970, S. 124, dazu Wellbery: Interpretation versus Lesen, S. 124).

113 Hans-Georg Gadamer: Wahrheit und Methode. Grundzüge einer philosophischen Hermeneutik [1960], Tübingen 2010, S. 391. Gadamer bezieht sich hier im Besonderen auf das Übersetzungsproblem, das aber „in der Tat Musterfunktion für die Hermeneutik und ihre Universalisierungsansprüche [genießt]" (Jean Grondin: Hermeneutik, Göttingen 2009, S. 64). Aufgrund dieser *prinzipiellen* Relevanz des Fremdheitsaspekts für die Hermeneutik kann ‚Fremdheit' demnach nicht als *spezifisches* Merkmal der komparatistischen Interpretationspraxis gelten (siehe dazu Tom Kindt: [Art.] Interpretation und Komparatistik, in: Komparatistik-Handbuch, S. 168–170, hier S. 170, mit weiteren Literaturhinweisen.)

Die vorliegende Studie eines Literaturwissenschaftlers und Komparatisten, der seinen Ausgangspunkt in der neueren Germanistik hat, versucht dies auf eigene Weise unter Beweis zu stellen: indem sie die ‚fremde' aus der Sicht der ‚eigenen' Literatur, die ‚eigene' aus der Sicht der ‚fremden' Literatur zu perspektivieren versucht, oder noch etwas konkreter: indem sie die amerikanischen Anverwandlungen des bei Goethe entwickelten Kollektivbegriffs bei Emerson und Whitman nachzeichnet, um nach der Rückwirkung der literarisch und kulturell adaptierten Idee in die deutschsprachige Literatur, besonders in Bezug auf das literarische und essayistische Werk von Thomas Mann, zu fragen.

Damit berührt diese Studie eine der Kernaufgaben der Literaturwissenschaft: die Aufgabe, auch solche Werke, die sich auf den ersten Blick fremd gegenüberstehen, nicht nur in eine vergleichende Perspektive zu rücken, sondern auch in einen systematischen Zusammenhang zu stellen. Wie kommt man von Goethes *Faust* zu Emersons *Journals*, von den *Leaves of Grass* zum *Zauberberg*? Mit diesem Bestreben folge ich einer Funktionsbestimmung der Literaturwissenschaft, die Richard Rorty in seinen breit wahrgenommenen – in diesem erhellenden Aspekt aber überraschenderweise kaum berücksichtigten – Überlegungen zu *Kontingenz, Ironie und Solidarität* so umreißt:

> Wir würden gern sowohl Blake wie Arnold, Nietzsche und Mill, Marx und Baudelaire, Trotzki und Eliot, Nabokov und Orwell bewundern können. Also hoffen wir auf Kritiker, die zeigen, wie Teile jeweils beider Partner zusammenpassen – oder in welcher Weise sie vielleicht Steine eines einzigen Mosaiks sein könnten. Wir hoffen, daß Kritiker diese Autoren so neubeschreiben können, daß der Kanon erweitert wird und daß sie uns damit eine Sammlung klassischer Texte geben, die so reich und vielfältig ist wie irgend möglich.[114]

Auch wenn mit Begriffen wie ‚Neubeschreibung' und ‚Erweiterung' des Kanons erfahrungsgemäß zurückhaltend operiert werden sollte, ist mit Rortys Worten doch eine basale Zielsetzung dieser Studie gut umschrieben, nämlich die Betrachtung einiger kanonischer, bislang aber nur zum Teil zusammengelesener Autoren und Werke als „Steine eines einzigen Mosaiks". Und sollte es auf diesem Wege gelingen, das Interesse jener liberal gesinnten Leserinnen und Leser zu wecken, von denen Rorty bei seinen Reflexionen ausgeht, jener Leser also, die sehr wohl eine tiefere und auch moralische Bedeutung darin erkennen, „Bücher im Kontext anderer Bü-

---

114 Richard Rorty: Kontingenz, Ironie und Solidarität, Frankfurt am Main [11]2016, S. 139.

cher, Gestalten im Kontext anderer Gestalten einzuordnen",[115] weil dadurch jede Festlegung auf nur *eine* abschließende Selbst- und Weltinterpretation hintergangen wird – sollte dies gelingen, so wäre diese Arbeit nicht umsonst getan.

---

115 Ebd., S. 138. Dass sich diese Funktionsbestimmung der Literatur und der Literaturkritik problemlos zusammenlesen lässt mit den hier bereits umrissenen Positionen Odo Marquards zeigt Barry Allen: Postmodern Pragmatism and Skeptical Hermeneutics: Richard Rorty and Odo Marquard, in: Contemporary Pragmatism 10.1 (2013), S. 91–111.

I. Goethe

1. „Kollektivwesen" Goethe

In einem Gespräch mit dem Schweizer Numismatiker und Privatgelehrten Frédéric Soret, das Goethe am 17. Februar 1832, also nur knapp einen Monat vor seinem Tod, im Weimarer Haus am Frauenplan führte, bekannte sich dieser zu einer kollektiven Kontur seines Lebenswerks. Das später berühmt gewordene Zitat ist ursprünglich in französischer Sprache überliefert, wird heute aber in der Regel in deutscher Übersetzung wiedergegeben – hier seien deshalb beide Versionen zitiert:

> Qu'ai-je fait? J'ai recueilli, utilisé tout ce que j'ai entendu, observé. Mes oeuvres sont nourries par des milliers d'individus divers, des ignorants et des sages, des gens d'esprit et des sots. L'enfance, l'âge mûr, la vieillesse, tous sont venus m'offrir leurs pensées, leurs facultés, leur manière d'être, j'ai recueilli souvent la moisson que d'autres avaient semée. Mon oeuvre est celle d'un être collectif et elle porte le nom de Goethe.

> Was habe ich denn gemacht? Ich sammelte und benutzte alles was mir vor Augen, vor Ohren, vor die Sinne kam. Zu meinen Werken haben Tausende von Einzelwesen das ihrige beigetragen, Toren und Weise, geistreiche Leute und Dummköpfe, Kinder, Männer und Greise, sie alle kamen und brachten mir ihre Gedanken, ihr Können, ihre Erfahrungen, ihr Leben und ihr Sein; so erntete ich oft, was andere gesäet; mein Lebenswerk ist das eines Kollektivwesens, und dies Werk trägt den Namen Goethe.[1]

Entscheidend ist zunächst, worauf sich Goethe mit diesen Sätzen gerade *nicht* bezieht, nämlich auf das Phänomen kollektiver Autorschaft, das er ebenfalls an unterschiedlichen Stellen anspricht und die er selbst intensiv praktizierte, was in der Forschung bereits eingehend untersucht worden ist.[2] Goethes Worte über das „Kollektivwesen" richten den Fokus auf andere Aspekte. Die zitierte Aussage enthält – in einer aperçuhaften Verdichtung, wie sie für Goethes Spätstil charakteristisch ist[3] – mindestens sechs grundsätzliche Aussagen über den Schriftsteller, die poetische Praxis und das literarische Werk:

---

1 Goethes Gespräche, Bd. 3/2, S. 839; FA II/11, S. 521 f.
2 Lenz: Kollektive Arbeitsweisen in der Lyrikproduktion von Goethe; Ehrmann: „unser gemeinschaftliches Werk".
3 Vgl. zur Formenvielfalt des Aperçu in Goethes Spätwerk die erhellenden Überlegungen von Hermann Schmitz: Goethes Altersdenken im problemgeschichtlichen Zusammenhang, Bonn 2008 (Reprint der Erstausgabe von 1959), S. 168–179. Schmitz geht auch auf die verschiedenen Selbstaussagen Goethes zur Form des Aperçu ein.

Erstens entwirft Goethe den Dichter als einen *adaptiven Menschen*, der nicht allein aus sich selbst heraus schöpft, sondern die herausragende Fähigkeit besitzt, sämtliche Eindrücke, die ihm „vor Augen, vor Ohren" kommen, produktiv weiter zu verarbeiten, und das bedeutet hier: sie in Kunst zu verwandeln. Diese poetologische Gedankenfigur impliziert zweitens ein Modell literarischer Produktivität: Das „Genie" nimmt seine gesamte Lebenswirklichkeit zunächst in sich auf, um sie daraufhin *wie durch einen Filter* in sein Werk eingehen zu lassen, und zwar in umgewandelter, gleichsam zur Reife gebrachter Form („so erntete ich oft, was andere gesät"). Kennzeichnend für diesen Ansatz ist drittens eine ebenso *egalitäre* wie *universelle Ausrichtung:* Schlichtweg „alles", was dem kunstschaffenden Genie begegnet – sei es persönlicher, gegenständlicher oder geistiger Natur, sei es außergewöhnlich oder alltäglich, sei es alt oder jung –, geht in das Werk des „Kollektivwesens" ein. Dieser Gedanke wiederum legt viertens nahe, dass der Autor mit einer nicht näher benannten *repräsentativen Geltung* ausgestattet ist: Er ist es, der für Viele und für Vieles spricht, die und das Teil seines Selbst und damit seines Werks geworden sind.[4] Auf den damit verbundenen Aspekt der Verkörperlichung kommt es fünftens an: Das „Können", die „Erfahrungen", das „Leben" und das „Sein", das „Tausende von Einzelwesen" mit sich bringen, all diese einzelnen Elemente werden Teile eines *organisch gedachten Zusammenhangs* („Kollektivwesen"), der sich darüber hinaus in einer namentlich bestimmbaren Person („Goethe") konkretisiert – womit schließlich und sechstens ein Modell *prozessualer Selbstkultivierung*, also von Bildung, impliziert wird.

Schon aus diesen ersten, vorläufigen Anmerkungen geht deutlich hervor, dass Goethes Selbstbeschreibung viel zu komplex ist, um kommentarlos als lebens- und werkgeschichtliches Fazit durchgehen zu können.[5] Genau diese Verwendung des Goethe-Satzes wird bislang aber meist

---

4   Im Kontext der Ordnung seiner umfangreichen Sammlungen wird Goethe den hier nur unter der Hand erkennbaren Repräsentativitätsanspruch auch ganz explizit formulieren: „Meine Nachlassenschaft ist so kompliziert, so mannigfaltig, so bedeutsam, nicht bloß für meine Nachkommen, sondern auch für das ganze geistige Weimar, ja für ganz Deutschland, daß ich nicht Vorsicht und Umsicht genug anwenden kann [...]. In diesem Sinne möchte ich diese meine Sammlungen *konserviert* sehen" (FA II/11, S. 335; Hervorhebung im Original). Zum modernen Phänomen des Nachlassbewusstseins, für das Goethe einer der wichtigen Impulsgeber ist, vgl. die Beiträge in Kai Sina/Carlos Spoerhase (Hg.): Nachlassbewusstsein. Literatur, Archiv, Philologie 1750–2000, Göttingen 2017.

5   Tatsächlich wäre schon an diesem Punkt Nüchternheit angebracht. Angesichts der ersten, noch eher umständlich formulierten Gesprächsfassung, die Soret zunächst notiert, muss nämlich von einer durchaus tiefgreifenden Überarbeitung des Zitats

favorisiert, was sich beispielhafte an der *Frankfurter Ausgabe* seiner Werke feststellen lässt, so etwa in den Kommentaren zum Zeitschriftenprojekt *Ueber Kunst und Alterthum* und zu den Briefen, Tagebüchern und Gesprächen der zwanziger bis dreißiger Jahre.[6] Vielleicht lässt sich die bisher etablierte Verwendung auf die große Suggestivkraft des Satzes zurückführen, der in seinem feierlichen Tonfall eher zum Staunen als zur Analyse einlädt? Aus dem Blick geraten ist bislang jedenfalls die Tatsache, dass die Idee des „Kollektivwesens" nicht nur auf einigen konkret bestimmbaren Quellen beruht, sondern auch in einem spezifischen werkgeschichtlichen Kontext steht.[7]

Dies im Einzelnen darzulegen, ist das Vorhaben der folgenden Untersuchung, und ich verbinde mit ihr insgesamt vier Thesen: 1. Mit der Idee des Kollektiven relativiert Goethe eine traditionelle Vorstellung von ästhetischer Harmonie und entschärft dadurch ein Grundproblem, das ihn im Alter beständig umtreibt, nämlich die als unaufhebbar erachtete

---

ausgegangen werden, und zwar weniger inhaltlich als stilistisch und rhetorisch: „Was wäre denn ich, was bliebe mir, wenn diese Kunst, Beute zu machen, für das Genie als erniedrigend betrachtet würde? Was habe ich denn getan? Ich sammelte alles [...] mein Lebenswerk ist das einer Vielheit von Wesen aus der ganzen Natur; es trägt den Namen Goethe." Die Fassung wird, mit Angabe der entsprechenden Belegstellen, zitiert in FA II/11, S. 903 f.

6 Vgl. FA I/20, S. 661 (Kommentar Birus); FA II/10 S. 671 (Kommentar Fleig). Eine Ausnahme bildet allerdings der *Faust*-Kommentar von Schöne (FA I/7.2, S. 27), auf den ich im Folgenden noch eingehend zu sprechen kommen werde.

7 Nicht alle, aber zumindest einige Ansatzpunkte, also Quellenverweise und werkinterne Parallelstellen, finden sich in Fleigs Kommentar zu den Briefen, Tagebüchern und Gesprächen Goethes in den letzten Jahren seines Lebens (FA II/11, S. 903 f.). Vgl. außerdem die knappen Hinweise bei Mathias Mayer: Selbstbewußte Illusion. Selbstreflexion und Legitimation der Dichtung im „Wilhelm Meister", Heidelberg 1989, S. 134–143. Eine elaborierte Kontextualisierung von Goethes Kollektivbegriff sowohl im Rahmen des literarischen Spätwerks als auch der naturwissenschaftlichen Publizistik findet sich bei Safia Azzouni: Kunst als praktische Wissenschaft. Goethes *Wilhelm Meisters Wanderjahre* und die Hefte *Zur Morphologie*, Köln u.a. 2011. Ich werde auf diese aufschlussreiche Studie noch zurückkommen, zunächst nur so viel: Ein Versuch der quellenmäßigen Kontextualisierung findet sich auch bei Azzouni nicht, mehr noch, Goethes vielschichtige Selbstbezeichnung gegenüber Soret, in der er einige Referenzen für seinen Kollektivbegriff anführt, findet überhaupt nur eher beiläufig Erwähnung (vgl. S. 205). Eingehender berücksichtigt werden allerdings einige auf die Poetik der *Wanderjahre* bezogenen Äußerungen (S. 33), von denen auch hier noch die Rede sein wird. Eine kursorische Problematisierung erfährt der Goethe'sche Kollektivbegriff hingegen bei Carsten Rohde: Spiegeln und Schweben. Goethes autobiographisches Schreiben, Göttingen 2006, S. 161 und S. 175 (Anm. 164).

Heterogenität und Fragmentiertheit seines Lebenswerks. Mit der weitgehenden Aufgabe seines Strebens nach werkförmiger Synthese löst er sich sogleich vom ästhetischen Programm der Weimarer Klassik. 2. Die in der Literaturwissenschaft häufig bemerkbare Tendenz zur Harmonisierung seines Lebenswerks, vor allem die Analogisierung mit dem naturkundlichen Modell der Morphologie, trägt Goethes eigener Vorstellung von kollektiver Ästhetik nicht angemessen Rechnung. 3. Mit der Idee des Kollektiven entwickelt der späte Goethe ein Modell von literarischer und intellektueller Kreativität, das seinem frühen Geniekonzept im Zeichen des Sturm und Drang diametral entgegensteht; an die Stelle der pathetischen Idee autonomer Schöpfung tritt nun das Bekenntnis zur vollständigen Heteronomie des Schriftstellers, zu seiner prinzipiellen Abhängigkeit von äußeren Einflüssen. 4. Dabei ist es Goethe nicht allein um poetologische und ästhetische Fragen zu tun; betrachtet man beispielsweise seine Zeitschrift *Ueber Kunst und Alterthum*, in der sich seine Kollektivpoetik besonders facettenreich realisiert, so wird deutlich: Es geht hier auch um ein Diskursideal; es geht im pragmatischen Sinne um die Frage, wie in einer modernen, ausdifferenzierten und global kommunizierenden Gesellschaft Verständigung und Vermittlung zwischen Individuen und Kulturen gelingen können.

2. Dumont, Hederich, Kunckel, Tizian: Quellen

Es liegt nahe, dass die Rede vom „Kollektivwesen" ihrerseits auf äußere Impulse und fremde Einflüsse zurückgeht. So hat die oben zitierte Passage, die mit der rhetorischen Frage „Was habe ich denn gemacht?" einsetzt, ein längeres Vorspiel, das Soret ebenfalls dokumentiert. In ihm legt Goethe die entscheidende Quelle seiner Überlegungen offen:

> Er kam dann auf Dumonts Memoiren zu sprechen, und ohne daß ich ihn darauf brachte, spottete er über die Wichtigtuerei der französischen Zeitungen, die gegen das Buch Sturm laufen, weil es offen darlegt, mit welch raffinierter Geschicklichkeit Mirabeau fähige Köpfe insgeheim auszunutzen und sich dienstbar zu machen verstand. „Die Franzosen wollen nun einmal in Mirabeau ihren Herkules sehen und haben damit auch ganz recht, aber sie vergessen, daß ein Koloß aus Teilen besteht, daß Herkules selbst ein Kollektivbegriff ist. Das größte Genie käme nicht weit, wenn es alles nur aus sich selbst schöpfen wollte! Was wäre denn das Genie, wenn ihm die Gabe fehlte, alles zu benutzen, was ihm auffällt, hier den Marmor, dort das Erz für seine Ruhmeshalle zu nehmen? Wenn man mir nicht bestätigte, Mirabeau habe die guten Gedanken der Männer aus seiner nächsten Umgebung sich anzueignen

verstanden, käme mir die ganze Geschichte von seinem beherrschenden Einfluß sehr unsicher vor. Ein junger Maler, und sei sein Talent noch so ursprünglich und wäre er überzeugt, alles nur kraft seiner eigenen Phantasie zu schaffen, kann, wenn er wirklich ein Genie ist, dieses Zimmer nicht betreten und die Bilder an diesen Wänden nicht sehen, ohne als ein ganz anderer, als er vordem war, und mit einem viel reicheren Ideenschatz von hier wieder fortzugehen.[8]

Gleich der erste Satz lässt sich als ein Quellennachweis verstehen: „Er kam dann auf Dumonts Memoiren zu sprechen". Die Rede ist von dem 1832 erschienenen Band *Souvenirs sur Mirabeau et les deux premières assemblées législatives*, verfasst von dem aus Genf stammenden Schriftsteller und Politiker Étienne Dumont, dem Großonkel Sorets, der zeitweise sehr engen Kontakt zum Grafen Mirabeau pflegte. Ein höchst interessierter Goethe erhält und liest die Biographie des berühmten Mannes noch in der Druckfahne, und er äußert sich begeistert – so etwa in einem Brief, wiederum an Soret, vom 9. Juni 1831: „Was soll ich aber von Herrn Dumonts Mittheilungen sagen? [...] Es gewährt ein Interesse ganz ohne gleichen [...]. In das Geheimste von Mirabeau hineinzusehen, ist des besten Dankes werth [...]. Ich könnte ganze Seiten lang noch so meinen freudigen Beyfall aussprechen."[9]

Jenseits dieser zwar freundlichen, aber kaum gehaltvollen Lobesworte: Was genau konnte Goethe in diesem Buch lesen? Im Gespräch mit Soret jedenfalls konzentriert er sich auf einen ganz bestimmten Aspekt der umfangreichen biographischen Darstellung, nämlich auf das Zusammengesetzt-Sein des „Genies" aus unübersehbar vielen, unterschiedlichen Versatzstücken und seine damit notwendig verbundene Abhängigkeit von externen Eindrücken und Einflüssen. Das wahre Talent Mirabeaus, sagt Goethe, habe darin bestanden, das Gesehene, Gelesene und Gehörte in sich aufzunehmen und es dem eigenen „Ideenschatz" einzuverleiben. Um genau diese Frage geht es im vierzehnten Kapitel der *Souvenirs*, das sich unter anderem, so die vorangestellte Zusammenfassung, mit dem „charakteristischen Wesenszug" des „Genies" auseinandersetzt („trait caractéristique de son génie").[10] Dabei nimmt Dumont weniger den Politiker als vielmehr den Schriftsteller Mirabeau in den Blick:

---

8 FA II/11, S. 521.
9 WA IV.48, S. 228 f.
10 Etienne Dumont: Souvenirs sur Mirabeau et les deux premières assemblées législatives, Paris 1832, S. 290.

> Si on le considère comme auteur, il faut bien convenir que tous ses ouvrages, sans exception, sont des pièces de marqueterie où il lui resterait peu de chose si chacun de ses collaborateurs reprenait sa part [...].
> Il se sentait absolument incapable d'écrire de suite, s'il n'était soutenu et guidé par un premier travail emprunté: son style, trop tendu, dégénérait bientôt en boursouflure, et il se dégoûtait du vide et de l'incohérence de ses idées; mais quand il avait un fonds et des matériaux, il savait élaguer, rapprocher, donner plus de force et de vie, et imprimer au tout le mouvement de l'éloquence. C'est ce qu'il appelait *mettre le trait* à un ouvrage [...].[11]

Mit seinem Hang zu einem angespannten, ja aufgedunsenen Stil („son style, trop tendu, dégénérait bientôt en boursouflure") und seiner zur Inkohärenz neigenden Denkweise („l'incohérence de ses idées") wäre Mirabeau aus sich heraus nie in der Lage gewesen, etwas Eigenständiges, womöglich Großes zu erschaffen, so Dumonts Urteil. Die bewundernswerte Fähigkeit dieses Schriftstellers bestehe vielmehr darin, dem fremden, vorgefundenen Material Kraft und Leben („force et de vie") eingehaucht und es sich mit Eloquenz zueigen gemacht zu haben. Daraus entstanden seien geniale „Intarsienstücke" („pièces de marqueterie"), die sich aus mannigfachen Einzelteilen unterschiedlichster Herkunft zusammensetzten.

Der Schluss, den Dumont aus diesen Ausführungen zieht, geht nun sehr weit – so weit, dass man sich wundern darf, dass die poststrukturalistischen Theoretiker der Intertextualität, dass Roland Barthes oder Julia Kristeva, nie auf die Konstellation Dumont/Mirabeau zu sprechen gekommen sind: „Der Text ist ein Gewebe von Zitaten aus unzähligen Stätten der Kultur" – dieser Kernsatz aus Barthes' *La mort de l'auteur* beschreibt die Kunst, das Talent und das Vorgehen Mirabeaus schließlich ganz treffend.[12] Und auch die Metaphorik des Körpers, die Dumont für seine Darstellung wählt, erinnert an gewisse Affinitäten des poststrukturalistischen Diskur-

---

11 Ebd., S. 275 f.; Hervorhebung im Original. „Wenn man ihn als Autor betrachtet, muss man wohl zugeben, dass alle seine Werke ausnahmslos Intarsienstücke sind, von denen ihm wenig bliebe, wenn jeder seiner Mitarbeiter seinen Teil zurücknähme [...]. Er fühlte sich vollkommen unfähig weiterzuschreiben, wenn er nicht von einer ersten geliehenen Arbeit unterstützt und geleitet wurde: Sein Stil, zu angespannt, verkam bald zu Blasen, und die Leere und Zusammenhangslosigkeit seiner Ideen ekelten ihn an; aber wenn er einen Ausgangspunkt hatte und Materialien, wusste er zu streichen, anzunähern, mehr Kraft und Leben und allem die Bewegung der Eloquenz zu geben. Das ist es, was er einem Werk *Charakter verleihen* nannte".

12 Roland Barthes: Der Tod des Autors [franz. Orig. 1968], in: Texte zur Theorie der Autorschaft, hg. von Fotis Jannidis u. a., Stuttgart 2000, S. 185–193, hier S. 190.

ses. Mirabeau wird in der Biographie mit Gauklern verglichen, die ein Papierstück in zahllose Teile zerreißen, die Schnipsel einzeln verschlucken, um daraufhin das Papier als Ganzes wieder aus ihrem Mund herauszuziehen: „Garat le comparait à ces charlatans qui déchirent un papier en vingt pièces, l'avalent aux yeux de tout le monde, et le font ressortir tout entier."[13] Eben darin bestehe die ebenso zweifelhafte wie faszinierende Fähigkeit Mirabeaus: in der Aufnahme des Fremden und seiner geradezu magischen, artistischen Verarbeitung zu etwas Eigenem, Neuem. Oder noch einmal in Dumonts Worten: „Il faisait emploi de tout: l'esprit des autres lui servait comme le sien. Il avait une faculté d'*intus-susception* miraculeuse: un mot qu'il venait d'entendre, un trait d'histoire, une citation devenaient aussitôt sa propriété."[14]

Was Dumont über Mirabeau schreibt, überträgt Goethe fast eins zu eins in seine Selbstbeschreibung als „Kollektivwesen", wodurch seine Worte *ihrerseits* den Eindruck eines intertextuellen Intarsienstücks erwecken, was allerdings vollkommen im Einklang steht mit ihrer inhaltlichen Aussage. Und doch ist damit noch nicht alles über die zugrundeliegenden Quellen des Zitats gesagt. Auffällig erscheint darüber hinaus der voraussetzungsreich wirkende und daher ebenfalls erklärungsbedürftige Satz, wonach die Franzosen in Mirabeau „ihren Herkules" erkennen wollten, der sich als „ein Koloß" aus „Teilen" zusammensetze, ja der selbst als „Kollektivbegriff" zu verstehen sei.

Goethe bezieht sich mit der Formulierung, ohne dass er es ausdrücklich markierte, auf das philologische Wissen seiner Zeit, wie er es seiner regelmäßig konsultierten Ausgabe von Benjamin Hederichs *Gründlichem mythologischem Lexikon* hat entnehmen können.[15] Dort geht es gleich zu

---

13 Dumont: Souvenirs sur Mirabeau, S. 282. „Garat verglich ihn mit diesen Scharlatanen, die ein Papier in zwanzig Stücke zerreißen, es vor den Augen aller herunterschlucken und es als Ganzes wieder auftauchen lassen." Darin besteht vermutlich die einzige, aber entscheidende Diskrepanz gegenüber dem poststrukturalistischen Denken: Am Ende des textuellen Verarbeitungsprozesses steht doch wieder ein *Ganzes*. Zur Frage nach der Modernität/Postmodernität des Kollektivenansatzes siehe meine resümierenden Anmerkungen am Schluss dieser Studie (unter der Überschrift „Das ‚schwierige Ganze'").
14 Dumont: Souvenirs sur Mirabeau, S. 282; Hervorhebung im Original. „Er machte Gebrauch von allem: Der Geist der anderen diente ihm wie der seine. Er hatte eine wundersame Fähigkeit der Aufnahme: Ein Wort, das er gerade gehört hatte, ein historisches Ereignis, ein Zitat wurden sofort zu seinem Eigentum."
15 „[S]tändig benutzt stand Hederichs *Gründliches mythologisches Lexikon* von 1770 auf Goethes Schreibtisch" – so informiert Schöne im *Faust*-Kommentar (FA I/7.2, S. 523).

Beginn des umfangreichen „Hercules"-Eintrags um den Namen des mythischen Helden – und um die Schilderung einer großen wissenschaftlichen Uneinigkeit. Woraus der Name nämlich „zusammen gesetzt" sein soll, wie es bei Hederich in lexikalischer Übereinstimmung mit Goethe heißt, das ist unter den Gelehrten alles andere als entschieden. Der Artikel referiert zunächst die einzelnen und durchaus gegensätzlichen Ansichten der Philologen:

> Nach der gemeinsten Meynung soll dieser [der Name ‚Herkules'; K.S.] von Ἥρα, **Juno**, und κλέος, **Herrlichkeit**, zusammen gesetzt seyn, weil nämlich dieser Held, durch den Haß und die Verfolgung solcher Göttinn, zu seiner Ehre und Herrlichkeit gelanget. Andere hingegen setzen ihn aus ἥρως, **Held**, und κλέος, zusammen, weil er gleichsam der Ruhm der Helden gewesen, oder leiten ihn auch von ἥρη her, so fern solches so viel, als die Luft bedeutet, weil er gleichsam ein himmlischer Mann gewesen. *Voss. Etymol.* in *Hercle, s. p. 287.* Indessen wollen doch einige solchen Namen gar für keinen griechischen erkennen, sondern [...] leiten ihn gar aus dem Deutschen oder Celtischen her, und setzen ihn aus **Heer** und **Carl** oder **Kerl**, oder **Keule** u.s.f. zusammen. *ap. Abel. Hist. Monarch. l. II c.*[16]

Die unterschiedlichen Ansätze zur Namensklärung haben in Hederichs Darstellung nur eines gemeinsam – aber dieses eine ist gerade entscheidend: Sie beruhen allesamt auf der Annahme, dass „Herkules" ein kompositorischer Name ist, dass es sich also, mit Goethe gesprochen, um einen „Kollektivbegriff" handelt, der unterschiedliche Lexeme in sich vereint. Aber Hederichs Lexikon konstatiert nicht allein den heterogenen, kompilatorischen Charakter des *Namens* „Herkules", sondern außerdem die hybride *Identität* des so Bezeichneten:

> Es kann aber **Herkules** nicht so wohl ein besonderer Namen einer Person, als viel mehr ein Ehren- oder Beynamen seyn. *Banier l. c.* Ihn sollen auch mehr als fünf und vierzig unterschiedene berühmte Helden geführet haben *Varro ap. Abel. l. c.* So soll der thebanische Herkules, als der berühmteste unter allen, und dem daher aller der übrigen Thaten insgemein allein zugeschrieben werden, eigentlich, nach einigen, **Alcäus**, *Diodor. Sic. lib. I. c. 10. p. 14.* nach andern aber **Alcides** geheißen haben, und zuerst von der Pythia, oder dem Orakel zu Delphi, **Herkules** seyn genannt worden, als er dasselbe gefraget, wo er seinen eigentlichen Aufenthalt in Griechenland nehmen solle. *Apollod. l. II. c. 3. §. 12.*[17]

---

16 So der Artikel „Hercvles" in Benjamin Hederich: Gründliches mythologisches Lexikon, Leipzig 1770, Sp. 1236–1258, hier Sp. 1236 f.
17 Ebd., Sp. 1237.

Aus den „fünf und vierzig" Helden wird der eine Held, „der berühmteste unter allen", nämlich der übermenschliche „Herkules": Eine ganz ähnliche Denkfigur erkennt Goethe in Dumonts Beschreibung des Grafen Mirabeau, die er überblendet mit seiner eigenen Selbstbeschreibung als „Kollektivwesen", das „Tausende von Einzelwesen" in sich vereint. In allen drei Fällen geht es, mit Goethe gesprochen, um ‚Kolosse aus Teilen'.

Neben dem expliziten Bezug auf Dumonts Biographie und dem impliziten Rekurs auf das in Hederichs Lexikon festgehaltene mythologische Wissen lassen sich, unter Einbeziehung weiterer Selbstaussagen, mindestens zwei weitere Quellen ermitteln, die Goethes Begriff des Kollektiven mitgeprägt haben. Hierbei handelt es sich einerseits um den auf einer Tizian-Zeichnung beruhenden Stich *Die Befreiung Angelicas durch Ruggero* von 1565, der von dem niederländischen Kupferstecher Cornelis Cort angefertigt worden ist. Andererseits bezieht sich Goethe auf die 1679 erschienene Studie *Ars Vitraria Experimentalis* des Alchemisten und Glasmachers Johann Kunckel.

Anlass zur Auseinandersetzung mit Corts Stich war ein Brief vom 17. März 1822, in dem Zelter seinen Freund Goethe um einen Rat ersucht:

> Unter den zehen Blättern von Tizian ist eins worüber ich mir aber den Kopf zerbreche. Es mag aus den Legenden sein. Ein rauchendes Gefäß zur Linken, zur Rechten der Totenkopf, dazwischen ein ruhendes Weib in Gesellschaft eines borstigen Drachens, ein geharnischter Reuter, auf feuerspeiendem Untiere aus Gewitterwolken auf eine Stadt daherfahrend, eine zerstörte Feste – sind mir nichts als Rätsel.[18]

Goethe antwortet auf Zelters Brief am 31. März mit einer Stellungnahme, die er später auch im dritten Heft des vierten Jahrgangs seiner Zeitschrift *Ueber Kunst und Alterthum* abdrucken wird, dort noch ergänzt um eine kurze Schlussbetrachtung.[19] Worum geht es in dieser Stellungnahme?

---

18 Der Briefwechsel zwischen Goethe und Zelter. Im Auftrag des Goethe- und Schiller-Archivs nach den Handschriften hg. von Max Hecker, Bern 1970, Bd. 2, S. 159.
19 FA I/21, S. 527–529 (*Kupferstich nach Tizian*). Die Tatsache, dass Goethe hier wie an anderen Stellen der Zeitschrift auf eine Lithographie zurückgreift, hat der Forschung mehrfach Anlass dazu gegeben, über die implizite Medienreflexion in *Ueber Kunst und Alterthum* nachzudenken. Im Kern geht es dabei, im Anschluss an Walter Benjamin, um Goethes Aufwertung der medial reproduzierten Kunst gegenüber der traditionellen Fixierung auf das Original-Kunstwerk. Ich verweise in diesem Zusammenhang nur auf den Artikel von Bernhard J. Dotzler: Über Kunst und Reproduzierbarkeit. Media & Science in Goethes *Ueber Kunst und Alterthum*, in: Versuchsanordnungen 1800, hg. von Sabine Schimma und Joseph Vogl, Zürich/Berlin 2009, S. 127–142, hierzu insb. S. 132–135.

Abb. 2: „bis an den Rand ausführlich gefüllt"

Goethe bemüht sich um eine Klärung des so „problematische[n] Bilde[s]", indem er zunächst eine allgemeine kunsthistorische Einordnung vornimmt. Die bildende Kunst seit dem dreizehnten Jahrhundert sei darum bemüht gewesen, in Abgrenzung zum „mumienhaft vertrockneten byzantinischen Styl", die Natur und die Wirklichkeit in ihrer ganzen, unübersehbaren Mannigfaltigkeit darzustellen. Dabei war dem Maler „nichts zu hoch und nichts zu tief, was er nicht unmittelbar an der Wirklichkeit nachzubilden getrachtet hätte". Gleich einer „Muster-Charte" sollte „alles dem Auge Erreichbare" in diesen Werken enthalten sein; sie durften geradezu „bis an den Rand bedeutend und ausführlich gefüllt seyn."[20]

Die Berücksichtigung heterogener Elemente, also „fremde[r], zum Hauptgegenstand nicht gehörige[r] Figuren und sonstige[r] Gegenstände",[21] sei dafür unvermeidlich, ja gerade kennzeichnend gewesen. In der bildenden Kunst würden ab dem späten Mittelalter, so Goethe, die Merkmale der Überfülle und der Unterschiedlichkeit zum ästhetischen Prinzip, und die künstlerische Umsetzung dieser neueren Auffassung könne an Corts Tizian-

---

20 FA I/21, S. 527.
21 FA I/21, S. 527.

Stich besonders klar nachvollzogen werden. Während die Figuren und Gegenstände, die auf ihm zu sehen sind, eine Drachentöter-Geschichte indizierten (die schöne, unbekleidete Frau, der bedrohliche Lindwurm, der herbeistürmende Ritter),[22] erscheine die sie umgebende Landschaft, mit ihrer Mischung antiker, mittelalterlicher und neuzeitlicher Architekturen, merkwürdig uneinheitlich, ja geradezu abwegig: eine „Ort- und Zeitverwechselung", wie Goethe konstatiert.[23]

Um ein beliebiges Arrangement, eine willkürliche Zusammenstellung des Nicht-Zusammenhängenden handele es sich hierbei jedoch nicht, im Gegenteil: „Denke man aber ja nicht das Ganze ohne die genaueste Congruenz, man könnte keine Linie verändern ohne der Composition zu schaden." Eben darin besteht Goethes Pointe: Gerade in seiner Uneinheitlichkeit ist dem Stich eine spezifische Form der Vollkommenheit eigen, und in diesem Zusammenhang fällt nun der für uns entscheidende Begriff: „Genug, ob wir gleich diese Composition erst als collectiv ansprachen, so müssen wir sie zuletzt als völlig zur Einheit verschlungen betrachten und preisen."[24] Der naheliegende Widerspruch von Heterogenität und Harmonie wird damit verworfen. Kollektiv angelegte Werke realisieren eine andere, eigene Form der ästhetischen Einheit und stehen dadurch in „direkter Konjunktion" mit Goethes „Ästhetik des Selbstseins",[25] wie sie in seiner Selbstbeschreibung als „Kollektivwesen" so prägnant zum Ausdruck kommt.

---

22 „Wie das zusammenhängt, sehen wir bald; denn zwischen gedachten Exuvien und jenem Götterbilde krümmt sich ein kleiner beweglicher Drache, begierlich nach der anlockenden Beute schauend. Sollten wir nun aber, da sie selbst so ruhig liegt und, wie durch einen Zauber, den Lindwurm abzuhalten scheint, für sie einigermaßen besorgt seyn; so stürmt aus der dürstersten Gewitterwolke ein geharnischter Ritter, auf einem abenteuerlichen feuerspeienden Löwen hervor, welche beide wohl dem Drachen bald den Garaus machen werden. Und so sehen wir denn, obgleich auf eine etwas wunderbare Weise, St. Georg, der den Lindwurm bedroht und die zu erlösende Dame vorgestellt" (FA I/21, S. 528). Tatsächlich handelt es sich hierbei um eine, allerdings durchaus naheliegende, Fehldeutung Goethes: Das eigentliche Sujet des Stiches bzw. der Zeichnung ist schließlich *Die Befreiung Angelicas durch Ruggero* nach Ariosts Epos *Orlando Furioso* (Johannes Grave: Der „ideale Kunstkörper". Johann Wolfgang Goethe als Sammler von Druckgraphiken und Zeichnungen, Göttingen 2006, S. 200). Auf die kunsthistorische Einordnung, die Goethe vorschlägt, hat diese Fehldeutung aber keine Auswirkungen.
23 FA I/21, S. 529.
24 FA I/21, S. 529.
25 FA I/21, S. 969 (Kommentar Greif/Ruhlig).

Die aufwertende Neubestimmung des Heterogenen hat weitreichende Folgen für das angemessene Verständnis dieser Art bildender Kunst. Der auf programmatische Weise disparate Charakter des Artefakts entlastet den Betrachter nämlich von der hermeneutischen Verpflichtung, „jedes Detail stringent auf ein gemeinsames Thema zu beziehen."[26] In dieser Logik hätte sich Zelter an Corts Stich nicht derart den Kopf zerbrechen müssen: Seine auflistende, katalogartige Beschreibung („[e]in rauchendes Gefäß zur Linken; zu Rechten der Totenkopf dazwischen ein ruhendes Weib in Gesellschaft eines borstigen Drachens" und so weiter) trägt dem ästhetischen Ansatz des Stiches zwar nur unbewusst, aber doch völlig angemessen Rechnung.

Einen vergleichbaren Zusammenhang, wenn auch nicht im Blick auf ein Werk der bildenden Kunst oder der Literatur, entdeckt Goethe in Kunckels Standardwerk der frühneuzeitlichen Glasmacherkunst, der *Ars Vitraria Experimentalis*. Dabei handelt es sich um ein Buch, das in seinem erklärten Vollständigkeitsanspruch zumindest auf den ersten Blick geradezu diffus anmutet. Worum geht es hier nicht alles?

Nehmen wir ausschnitthaft nur die Übersicht auf den ersten Teil der Abhandlung: Von den „allerkurtz-bündigsten Manieren" der „[v]ollkommene[n] Glasmacher-Kunst" über die „ausführliche[] Erklärung aller zur Glaskunst gehörigen Materialien und ingredientien" bis zur „Anzeigung der nöthigsten Kunst- und Handgrieffe; dienlichsten Instrumenta; bequemsten Gefässe" – Kunckels Buch folgt erkennbar nicht dem Prinzip der stringenten Argumentation, sondern der exzessiven Kumulation und Kompilation, und zwar mit dem großen Anspruch einer „vollständigen" Darstellung des behandelten Gegenstands.[27]

Das naheliegende Fazit, dem Band fehle es an innerer Struktur, zieht Goethe in seiner Rezension, die 1822 in den *Heften zur Naturwissenschaft überhaupt, besonders zur Morphologie* erscheint, nun allerdings nicht. Im Gegenteil macht für ihn die charakteristische Überfülle gerade seinen besonderen, einzigartigen Wert aus. Goethes durchaus wohlwollende Schlussfolgerung, die er auf seine ausführliche Inhaltswiedergabe folgen lässt, mutet ebenso überraschend wie erklärungsbedürftig an:

> Aus diesem kurzen Inhalts-Verzeichnis wird der sinnige Leser alsbald gewahr werden, wie ein kollektives aus vielen Teilen zusammengesetztes Werk durch

---

26 Grave: Der „ideale Kunstkörper", S. 201.
27 Johann Kunckel: Ars Vitraria Experimentalis, Oder Vollkommene Glasmacher-Kunst [...], Frankfurt am Main/Leipzig 1679, o.S. Vgl. hierzu die kurze Anmerkung bei Rohde: Spiegeln und Schweben, S. 164 (Anm. 325).

Abb. 3: „ein kollektives aus vielen Teilen zusammengesetztes Werk"

einen tüchtigen, erfahrenen, seiner Sache gewissen, praktisch ausgebildeten Mann zur Einheit umgeschaffet worden, und wir dürfen uns schmeicheln, daß aufmerksamen Kunstverwandten sich nur desto lieber und leichter mit dem Einzelnen zu befreunden willkommene Gelegenheit gegeben sei.[28]

Vor allem die erstgenannte Zuschreibung ist hier entscheidend: Im ‚tüchtigen' Menschen sieht der späte Goethe schließlich ein Ideal, das er mitunter sogar ins Religiöse überhöht – so etwa in einem Brief an Zelter vom 18. Juni 1831, in dem die Tüchtigen als „die Gemeinschaft der Heiligen" bezeichnet werden, „zu der wir uns bekennen."[29] Insofern kann es nicht verwundern, dass allein ein Mann wie Kunckel die Einheit eines zunächst so überfrachtet und unstrukturiert anmutenden Kompendiums wie der *Ars Vitraria Experimentalis* gewährleisten kann.[30] Mit anderen Worten: Die ‚heilige' Tüchtigkeit des Verfassers *transzendiert* die ‚profane' Heterogenität des Geschriebenen und lässt sie dadurch im ideellen Sinne als Einheit erscheinen.

Zugleich aber sei für Kunckels Werk kennzeichnend, so stellt Goethe heraus, dass die Details allesamt sichtbar bleiben, womit den Lesern die Gelegenheit gegeben wird, sich mit ihnen im Einzelnen, im Detail zu „befreunden." Damit gerät erneut, also wie schon im Falle des Cort-Stiches, die Frage nach der angemessenen Rezeption eines kollektiven Werkes in den Blick, und hierbei scheint Goethe die punktuelle, auf singuläre Elemente bezogene Wahrnehmung nicht nur hinzunehmen, sondern vielmehr zu befürworten. Die interessante Einzelstelle, das ansprechende Detail erhält dadurch gegenüber der konzeptionellen Gesamtstruktur ihre eigene Dignität.

Auf der – um entsprechende Anmerkungen Goethes zu Georg Friedrich Händel und Johann Caspar Lavater durchaus noch erweiterbaren[31] – Grundlage dieser Quellensichtung lässt sich der Blick auf das

---

28 FA I/25, S. 57 (*Johann Kunckel*).
29 Briefwechsel zwischen Goethe und Zelter, Bd. 3, S. 430. Vgl. dazu die Ausführungen in FA II/10, S. 672 f. (Kommentar Fleig).
30 Hiermit – also mit der Aufwertung des Kompendiums – bewegt sich Goethe in Nähe zu Friedrich Schlegels *Programm einer Poetik des Romans*, wie gezeigt wird von Matthias Buschmeyer: Epos, Philologie, Roman. Friedrich August Wolf, Friedrich Schlegel und ihre Bedeutung für Goethes „Wanderjahre", in: Goethe-Jahrbuch 125 (2008), S. 64–79, hier S. 78. Auf den Begriff des Kompendiums, der in den Aphorismen *Aus Makariens Archiv* explizit aufgegriffen wird, gehe ich in den Schlussbetrachtungen zu dieser Studie noch einmal ein.
31 Die entsprechenden Passagen werden zitiert und ausgewertet bei Mayer: Selbstbewußte Illusion, S. 134–143.

Konzeptuelle richten: Worum geht es Goethe in Bezug auf kollektive Werke? Oder zunächst andersherum gefragt: Worum geht es ihm hierbei gerade nicht? Kollektive Werke sind eines nämlich auf keinen Fall: weder systematisch angelegte Arrangements noch vollkommen unstrukturierte Kompilationen. Mit dem Kollektivbegriff bezeichnet Goethe eine „Poetik des Mittleren",[32] die auf schwachen Formen der Integration beruht.

Rasch wird dabei erkennbar, dass sich Goethes Kollektivbegriff sowohl auf literarische und bildkünstlerische Werke als auch auf deren Erschaffer beziehen kann, und zwar auf jeweils recht unterschiedliche Weise: Während Goethe im Blick auf Mirabeau den herausragenden Menschen, die exzeptionelle Persönlichkeit in den Vordergrund der Betrachtung rückt, fokussiert er in Bezug auf den bei Hederich vorgestellten Herkules die historische und begriffliche Genese der mythologischen Figur und ihres Namens; während er an Corts Stich nach Tizian allgemeine kunsthistorische Betrachtungen über das Phänomen der figuralen und motivischen Vielheit und ihrer kompositorischen Einheit anstellt, interessiert ihn an Kunckel und dessen Kompendium zur Glasmacherkunst gerade der einheitsstiftende Zusammenhang von Verfasser und Werk. Außerdem geht es in diesem Kontext auch um die Frage nach der Lektüre von kollektiven Werken, die nicht im klassischen hermeneutischen Sinne darauf zielen kann, die Teile und das Ganze in einen intelligiblen Gesamtzusammenhang zu bringen, sondern vielmehr das Einzelne in seinem Status *als* Einzelheit zu würdigen versteht.

Das heißt, die Abwertung der traditionellen Vorstellung von ästhetischer Werkharmonie geht bei Goethe mit einer dreifachen Aufwertung einher: einmal mit der Aufwertung des ‚tüchtigen' Verfassers, der das disparat anmutende Arrangement übergeordnet als Einheit erscheinen zu lassen vermag; dann mit der Aufwertung des einzelnen Teils, das im Verhältnis zum Ganzen von entscheidender Relevanz sein soll; schließlich mit der Aufwertung der Leser, die von der Last eines ganzheitlichen Werkverständnisses entbunden werden.

Dabei bündelt Goethes Selbstbezeichnung als „être collectif" eine ganze Reihe von poetologischen, ästhetischen, philologischen und kulturgeschichtlichen Reflexionen in sich, die historisch bis ins 13. Jahrhundert zurückreichen. Bei aller Modernität, die Goethes Idee in der Tat auszeichnet (dazu im folgenden Abschnitt mehr), sollte eines also auf keinen Fall aus dem Blick geraten: wie voraussetzungsreich das Konzept aus

---

32 Carlos Spoerhase: Das Format der Literatur. Praktiken materieller Textualität zwischen 1740 und 1830, Göttingen 2018, S. 625.

historischer Sicht eigentlich ist. Damit rückt schließlich die performative Dimension der Bezeichnung „Kollektivwesen" in den Vordergrund: Gemäß der Goethe'schen Vorstellung, dass „[n]ur durch Aneignung fremder Schätze [...] ein Großes [entsteht]",[33] erweist sich die Idee des „Kollektivwesens" selbst als zusammengesetzt aus Denkfiguren unterschiedlichster Herkunft; es handelt sich, anders gesagt, um einen genuinen „Kollektivbegriff".

Dies schließt eine individuelle Akzentuierung freilich nicht aus. So betont Goethe vor allem die liberale Grundhaltung des „Kollektivwesens", also seinen vorurteilsfreien, toleranten Charakter,[34] der in seinen Quellen zumindest nicht in dieser Ausdrücklichkeit zur Sprache kommt: Die „Tausenden Einzelwesen" erscheinen bei Goethe gerade nicht als bloßes Abstraktum, sondern werden zumindest ausschnitthaft benannt – und mit ihnen das, was sie zum „Kollektivwesen" beigetragen haben: „Toren und Weise, Männer und Greise"; „ihre Gedanken, ihr Können, ihre Erfahrungen, ihr Leben und ihr Sein".

Hieraus ergibt sich eine grundlegende Ambivalenz der Gesamtkonstellation: Durch die Integration der mannigfachen Einzelheiten gewinnt das „Kollektivwesen" einerseits an überindividueller Qualität. Dies allerdings bedeutet zugleich einen Verlust an persönlicher Autonomie: Nicht allein aus sich heraus erschafft der Künstler sein Werk, sondern aus dem, was er sich aus fremden Quellen anzueignen vermag, aus dem, was andere sagten, dachten, fühlten. Das „être collectif" ist also beides zugleich: *groß* in seiner adaptiven und integrativen Fähigkeit sowie repräsentativen Stellung; und *klein* in der radikalen Heteronomität seines künstlerischen Tuns. Die liberale Selbstbeschreibung des späten Goethe, seine bewundernswert offene Aufnahmebereitschaft, erscheint damit nicht zuletzt als kritische Antwort auf das Genie-Konzept des jungen Goethe mit seinem Pathos der schöpferischen Autonomie. Sein berühmt gewordener Satz gegenüber Eckermann vom Mai 1825 – „Man spricht immer von Originalität, allein was will das sagen! [...] Wenn ich sagen könnte, was ich alles großen

---

33 Der Satz steht im Kontext einer Abgrenzung vom Plagiarismus. Er lautet im Ganzen: „Gehört nicht alles, was die Vor- und Mitwelt geleistet, ihm [also dem Dichter; K.S.] de iure an? Warum soll er sich scheuen, Blumen zu nehmen, wo er sie findet? Nur durch Aneignung fremder Schätze entsteht ein Großes. Hab' ich nicht auch im Mephistopheles den Hiob und ein Shakespearisches Lied mir angeeignet? Byron war meist *unbewußt* ein großer Dichter, selten wurde er seiner selbst froh" (FA II/10, S. 229; Hervorhebung im Original).

34 Vgl. zu den verschiedenen Bedeutungsnuancen des Begriffs ‚liberal' bei Goethe GWb, Bd. 5, Sp. 1153–1155.

Vorgängern und Mitlebenden schuldig geworden bin, so bliebe nicht viel übrig" – ist ganz sicher auch dies: ein skeptischer Rückblick auf die Geschichte der eigenen Autorschaft.³⁵

3. Mannigfaltigkeit und Moderne: Kontexte

„Man versteht etwas, indem man es versteht als Antwort auf eine Frage; anders gesagt: man versteht es nicht, wenn man nicht die Frage kennt und versteht, auf die es die Antwort war oder ist" – so umschreibt Odo Marquard, im Anschluss an Hans-Georg Gadamer, die zentrale Bedeutung der Replikstruktur für das hermeneutische Geschäft des Interpretierens.³⁶ Die Frage, die hier zu stellen ist, muss demnach folgendermaßen lauten: Auf welche Frage war die Rede vom „Kollektivwesen" für Goethe die Antwort?

Ich will probeweise bei der gut dokumentierten Geschichte der Goethe'schen Werkausgaben ansetzen, genauer gesagt, bei der Herausgabe seiner zweiten Gesamtausgabe, die 1806 bis 1810 in zwölf Bänden bei Cotta erschienen ist.³⁷ Gerade dieses Vorhaben nämlich sorgte bei Goethe für nicht geringes Unbehagen. Nach der schockierenden Erfahrung der Plünderungen, die es in Weimar infolge der Schlacht bei Jena und Auerstedt im Oktober 1806 gegeben hatte, war Goethe einerseits fest entschlossen, seine Manuskripte möglichst rasch in buchförmige Gestalt zu überführen – und zwar aus ebenso schlichter wie drängender Verlustangst: „In jener unglücklichen Nacht waren meine Papiere meine größte Sorge, und mit Recht", schrieb er am 24. Oktober 1806 an seinen Verleger Cotta. „Denn die Plünderer sind in andern Häusern sehr übel damit umgegangen

---

35 FA II/39, S. 158. Vgl. zur kontrastiven Neubewertung des ‚frühen Goethe' durch den ‚späten Goethe' – auch mit Rekurs auf das „Kollektivwesen"-Zitat – den Aufsatz von Hendrik Birus: „Im Gegenwärtigen Vergangenes". Die Wiederbegegnung des alten mit dem jungen Goethe, in: Der junge Goethe. Genese und Konstruktion einer Autorschaft, hg. von Waltraud Wiethölter, Tübingen/Basel 2001, S. 9–23. Vgl. mit Bezug auf den Begriff des ‚Dankes' die Ausführungen zum Originalitätsdenken des späten Goethe von Rudolf Schottlaender: Goethes Formen der Hindeutung auf das „Schöpferische", in: Goethe-Jahrbuch 89 (1972), S. 62–80, hier vor allem S. 77–80.
36 Odo Marquard: Frage nach der Frage, auf die die Hermeneutik die Antwort ist [1981], in: ders.: Abschied vom Prinzipiellen. Philosophische Studien, Stuttgart 2010, S. 117–146, hier S. 118.
37 Vgl. dazu im Rahmen seiner übergeordneten Rekonstruktion werkpolitischer Konstellationen in der neueren deutschen Literatur Martus: Werkpolitik, S. 461–496.

und haben alles wo nicht zerrissen, doch umhergestreut. Ich werde [...] desto mehr eilen, meine Manuscripte in den Druck zu bringen."[38] Andererseits ergab sich aus der spezifischen Form der Werkausgabe, mit ihrer Anmutung von Einheit und Geschlossenheit, für Goethe ein zunächst unlösbares Problem. Am 22. Juni 1808 bekannte er offen gegenüber Zelter:

> Die Fragmente eines ganzen Lebens nehmen sich freylich wunderlich und incohärent genug neben einander aus; deswegen die Recensenten in einer gar eigenen Verlegenheit sind, wenn sie mit gutem oder bösem Willen das Zusammengedruckte als ein Zusammengehöriges betrachten wollen. Der freundschaftliche Sinn weiß diese Bruchstücke am besten zu beleben.[39]

Das, was in der Werkausgabe ‚zusammengedruckt' wird und somit zumindest äußerlich den Eindruck eines ‚Zusammengehörigen' erweckt, erscheint Goethe, in der selbsthistorisierenden Rückschau auf sein bisheriges Leben,[40] also wie ein bloßes Arrangement von ‚Bruchstücken', die sich von sich aus zu keiner größeren Einheit fügen wollen.[41] Goethe beschreibt damit, wenn man so will, einen performativen Widerspruch: Die Form der Gesamtausgabe, mit ihrer Ästhetik der Geschlossenheit, steht im unaufhebbaren Widerspruch zur Heterogenität („incohärent") und Fragmentiertheit („Bruchstücke") dessen, was darin versammelt werden soll. Der „freundschaftliche Sinn", auf den Goethe seine Leser stimmen will, mag vielleicht „beleben", was in der Edition seiner Werke an Verstreutem kompiliert worden ist – als Einheit zusammenbringen aber kann er es nicht.[42]

Das hier erkennbare Problem erweist sich für Goethe als resistent. So fügt er der neuen, nun insgesamt zwanzig Bände umfassenden Werkaus-

---

38 WA IV.19, S. 218.
39 WA IV.20, S. 85.
40 Zum Kontext der ‚Selbsthistorisierung' beim späten Goethe vgl. die Ausführungen bei Ernst Osterkamp: Einsamkeit. Goethe, die Kunst und die Wissenschaft im Jahrzehnt nach Schillers Tod. Eine werkbiographische Skizze, in: Ereignis Weimar – Jena. Gesellschaft und Kultur um 1800 im internationalen Kontext, hg. von Lothar Ehrlich und Georg Schmidt. Köln u. a. 2008, S. 101–115, hier insb. S. 111 ff.
41 Ähnlich war es Goethe bereits 1786 gegangen, als er seine Werke für seine Gesamtausgabe in acht Bänden überarbeitete; siehe dazu die Ausführungen in FA I/14, S. 998 (Kommentar Müller).
42 Hier weiche ich von Müllers aus meiner Sicht etwas voreiliger Bewertung ab, wonach in der von Goethe angestrebten ‚Belebung' bereits die Aufforderung einer ‚Zusammenfügung' des Bruchstückhaften durch den Leser zu erkennen sei (FA I/20, S. 996).

gabe, die zwischen 1815 bis 1819 erscheint, eine *Summarische Jahresfolge* seiner Schriften bei, in denen er (sich) seinen Lesern bekenntnishaft erklärt: „Dasjenige, was von meinen Bemühungen im Drucke erschienen, sind nur Einzelheiten, die auf einem Lebensboden wurzelten und wuchsen, wo Thun und Lernen, Reden und Schreiben unablässig wirkend einen schwer zu entwirrenden Knaul bildeten."[43] Diese Metaphorik verdient einen genaueren Blick: Einen gemeinsamen ‚Boden' gibt es für Goethe zwar, aus dem die einzelnen ‚Äste' herauswachsen, sein eigenes Leben nämlich, dessen Geschichte er zu diesem Zeitpunkt bereits in drei Teilen *Dichtung und Wahrheit* dargelegt hat. Und doch bilden die ‚Äste' nichts als ein undurchsichtiges ‚Gestrüpp', das sich nur eher künstlich in die allesverbindende Form einer vollständigen Werkausgabe bringen lässt. Die Rede ist also von poetischem Wildwuchs, von ästhetischer Wucherung, und wiederum erinnert dies an gewisse poststrukturalistische Gedankenfiguren, genauer: an die Metapher des ‚Rhizoms' bei Gilles Deleuze und Félix Guattari.

Dieser Aspekt wird in neueren Beiträgen zu Goethes Werkpraxis oft nicht in seiner ganzen Schärfe gesehen: wie unfest, ja geradezu heikel das Gebilde ‚Gesamtwerk' für diesen Autor eigentlich ist. Vor allem im Blick auf die in der germanistischen Forschung zuletzt vieldiskutierte ‚Werkpolitik', die Goethe betrieben habe, rückt dieser Aspekt in den Hintergrund. Das unbestrittene Problem „der Einheit des Gesamtwerks" erscheint dort nämlich vordringlich im Blick auf seine „Bewältigung": Goethe sei es bei der Konzeption seiner Werkausgaben um „die Provokation einer Lektürehaltung" gegangen, welche die sichtbare Heterogenität des Gesamtwerks nicht etwa als ästhetischen Makel betrachtet, sondern vielmehr als Vorzug anzuerkennen bereit ist.[44] Steffen Martus sieht darin ein zentrales Moment der von Goethe angestrebten „Leserlenkung bzw. Leserbildung [...], und dies angesichts eines Werks, das mit guten Gründen als disparat bezeichnet werden könnte".[45] Als Ideal werde derjenige Leser vorausgesetzt, der sich dem Werk mit einer „selektionslose[n] Form der Aufmerksamkeit"[46] zuwende, und hierbei wiederum habe Goethe insbesondere an seine professionellen, das heißt philologischen Leser gedacht – denn: „Uneinheitlichkeit eines Werks führt bei ihnen nicht dazu, dem Autor Unfähigkeit zur Einheitsbildung zu attestieren, sondern

---

43 WA I.42.1, S. 81.
44 Martus: Werkpolitik, S. 461.
45 Ebd., S. 493.
46 Ebd., S. 461.

sie dient dazu, ‚Interesse [zu] erregen und zu den mannigfaltigsten Gedanken Anlaß [zu] geben, die denn doch zuletzt an einem Ziele anzulangen die Hoffnung haben'".[47] In *dieser* Lesart erscheint Goethe tatsächlich als ein „Virtuose des Gesamtwerks".[48]

Nur: Die bei Martus beschriebene ‚Bewältigung' ist bei Goethe ebenso wenig ausdefiniert wie die Idee eines hermeneutischen ‚Ziels', also die Vorstellung einer kohärenten Einheit, die am Ende der selektionslosen Lese- und Verstehensbemühungen stehen könnte. Eher gelingt es Goethe, das Grundproblem einer Vereinheitlichung des Uneinheitlichen nachhaltig zu *entschärfen*, das heißt, die mereologische Grundspannung von Partikularität und Totalität, den Widerspruch faktischer Heterogenität und werkförmiger Homogenität als etwas Unabänderliches zu akzeptieren. Eben darin zeigt sich das für den späten Goethe so charakteristische Grundmotiv der Entsagung, das sich mit Arthur Henkel als „heitere[s] Geltenlassen" und „gelöste[r] Verzicht" verstehen lässt.[49] Es ist ein Gestus, der nicht weit entfernt ist von Marquards „unemphatische[m] Ja"[50] zur modernen Welt in ihrer unabänderlichen Widersprüchlichkeit und außerdem in völligem Einklang steht mit der subjekttheoretischen und werkästhetischen Idee des Kollektiven. Mit einer wirklich *emphatischen* Werkästhetik aber, wie sie in der Rede vom ‚Virtuosen des Gesamtwerks' anklingt, hat dies ebensowenig zu tun wie mit der Vorstellung einer sich liberal ausgebenden, zugleich aber machtbesetzten Antizipation eines ‚gehorsamen' Lesers.[51]

---

47 Ebd., S. 495. Das in den Satz integrierte Zitat stammt aus einem Brief Goethes an Karl Wilhelm Göttling vom 3. Dezember 1828 (WA IV.45, S. 71 f.). Zu beachten ist hierbei allerdings, dass sich Goethe mit dieser Formulierung nicht auf das Gesamtwerkproblem, sondern konkret auf die Poetik der *Wanderjahre* bezieht.
48 Martus: Werkpolitik, S. 461.
49 Arthur Henkel: Entsagung. Eine Studie zu Goethes Altersroman, Tübingen 1954, S. 2. Die neuere Diskussion zu Goethes Entsagungsbegriff wird resümiert bei Hans-Jochen Gamm: [Art.] Entsagung, in: Goethe-Handbuch, Bd. 4/1, S. 268–270.
50 Marquard: Einheit und Vielheit, S. 8.
51 Das Werk reklamiere Macht, so führt Martus mit Bezug auf Pierre Bourdieu und Niklas Luhmann aus, „ohne daß dies auf eine bloße Restriktion der Leser hinausläuft. Im Gegenteil: Die ‚Bindung' des Rezipienten muß in einer Situation nur vage überschaubarer Kommunikationsverhältnisse mit dessen ‚Befreiung' in ein positives Verhältnis gesetzt werden können und als Selbstverpflichtung einen liberalen Beiklang erhalten. ‚Macht' beruht eben auf der ‚Antizipation von Gehorsam'" (Martus: Werkpolitik, S. 8 f.).

Beispielhaft kommt dies in einem kleinen Verstext zum Ausdruck, der in Martus' Studie, soweit ich sehe, nicht berücksichtigt wird. Der erste Band der oben genannten Gesamtausgabe enthält, den traditionellen gattungspolitischen Konventionen entsprechend, die Gedichte. Eingeleitet wird der erste Teil der Sammlung, die Sammlung der Lieder, von einigen schlichten Versen unter dem Titel *Vorklage*, die weniger Bescheidenheitstopos als vielmehr Selbsterklärung sind:

> Wie nimmt ein leidenschaftlich Stammeln
> Geschrieben sich so seltsam aus!
> Nun soll ich gar von Haus zu Haus
> Die losen Blätter alle sammeln.
>
> Was eine lange weite Strecke
> Im Leben von einander stand,
> Das kommt nun unter einer Decke
> Dem guten Leser in die Hand.
>
> Doch schäme dich nicht der Gebrechen,
> Vollende schnell das kleine Buch;
> Die Welt ist voller Widerspruch,
> Und sollte sich's nicht widersprechen?[52]

„Die losen Blätter alle sammeln" – das ist zunächst einmal ganz buchstäblich zu verstehen, denn tatsächlich waren die Lieder, die hier zum Teil das erste Mal publiziert worden sind, zuvor vielfach auf verstreuten Zetteln notiert.[53] Gerade in diesem produktionsästhetischen Detail aber deutet sich das umrissene Problem erneut an: Die „losen Blätter" nicht nur zu „sammeln", sondern darüber hinaus „unter einer Decke" zu vereinen[54] – diese zweifache Bemühung scheint hier lediglich der Konvention geschuldet, dass Gedichte in der Regel nicht vereinzelt, sondern meist in buchförmigem Zusammenhang publiziert werden. Das ‚kleine Buch', das dem Leser mit der neuen Gedichtausgabe nun vorliegt, beruht für Goethe somit auf einer ‚großen Verstellung', die für ihn nur im Rekurs auf die Widersprüchlichkeit der Welt im Ganzen zu rechtfertigen ist. Dabei erweist sich die auf den ersten Blick nur rhetorisch wirkende Schlusswendung des Gedichts – „Die Welt ist voller Widerspruch, / Und sollte sich's nicht widersprechen?" – als präzise Vorausdeutung auf einen Kernsatz in

---

52 FA I/2, S. 11.
53 FA I/2, S. 930 (Kommentar Eibl).
54 Die Gedichtsammlung nähert sich damit dem von Goethe als „Aggregat" konzipierten Roman des Spätwerks an. Vom Roman als ‚Aggregat' wird auf den folgenden Seiten noch die Rede sein.

Whitmans *Leaves of Grass:* „Do I contradict myself? / Very well then ....
I contradict myself".[55] An genau diesem Punkt setzt auch Dirk von Petersdorff an, um überzeugend darzulegen, wie Goethe „die Kohärenz der ‚losen' Gedichtsammlung" negiert, um sich zugleich „offensiv zu Widersprüchen zu bekennen".[56] Dieser allgemeine Befund schließt aber noch zwei weitere Aspekte mit ein:

Das Problem, das Goethe in der Herausgabe seiner Werkausgaben umtreibt, wird durch eine schlichte Veränderung der Zielvorgabe wenn nicht gelöst, so doch zumindest entkrampft. Weil sich die antizipierte Idee einer allumfassenden Einheit des eigenen Werks (hier: der gesammelten Lieder) als Phantasma erwiesen hat,[57] wird nun die Heterogenität der lebenslangen Werkproduktion in den Vordergrund gestellt und mit ihr die Paradoxie, das vielgestaltige, uneinheitliche Werk in die Form einer geschlossenen Gesamtausgabe zu bringen. In ihr erkennt Goethe den angemessenen ästhetischen Ausdruck einer Welt, die ihrerseits voller Widersprüche ist.

Die Gedichtsammlung von 1815, und mit ihr die gesamte Werkausgabe, lässt sich insofern als das Produkt eines modernen Subjekts erkennen; eines Subjekts, das sich darüber im Klaren ist, dass die Welt ebenso wie das Werk nicht mehr durch ein „ideelles Substrat" zusammengehalten werden, dass sie also „ohne Zentrum" sind.[58] Eben darin gibt sich die epochale Stellung des späten Goethe zu erkennen:[59] Indem er die „Totalität als Illusion" verabschiedet, so lässt sich mit Wolfang Welsch argumentieren,

---

55 LGW, S. 707, V. 1314 f.
56 Dirk von Petersdorff: Was Götter und Geister noch zu sagen haben. Überlegungen zur Funktion religiöser Semantik in Goethes Lyrik, in: Jahrbuch des freien deutschen Hochstifts 2014, S. 24–47, hier S. 33.
57 Zu dieser Konstellation von Antizipation und Desillusionierung siehe Birus: „Im Gegenwärtigen Vergangenes".
58 Petersdorff: Was Götter und Geister noch zu sagen haben, S. 33. Dass sich Petersdorff mit seinem Modernebegriff auf Richard Rorty bezieht (ich denke hier an dessen in der deutschen Übersetzung unter dem Titel *Eine Kultur ohne Zentrum* veröffentlichte Essays) scheint mir evident, auch wenn dieser Bezug nicht explizit herausgestellt wird.
59 So betont schon Trilling im Blick auf das Zeitalter Goethes: „[T]he self that makes itself manifest at the end of the eighteenth century is different in kind, and in effect, from any self that had ever before emerged" (Lionel Trilling: The Opposing Self. Nine Essays in Criticism, New York 1955, S. ix).

formuliert er eine „Erfahrungslage", die sich als „Leitwissen" der modernen Welt begreifen lässt.[60]

Um dabei nun kein Missverständnis aufkommen zu lassen: Goethe ist weit davon entfernt, das Paradoxe als Weltzustand schlichtweg anzunehmen, ja diesen Zustand vielleicht sogar im postmodernistischen Sinne zu bejahen.[61] Es geht ihm vielmehr um die Rückbindung der Problemkonstellation an ein „Grundwahres": Während mit diesem Begriff in *Dichtung und Wahrheit* bekanntlich die Versöhnung von „Rückerinnerung" und „Einbildungskraft" durch die „Fiktion" gemeint ist,[62] so wäre dies in dem Gedicht *Vorklage* die Zusammenschau von Werk und Welt im Zeichen des Widerspruchs. Dass diese Analogiebildung auf keine harmonisierende Synthese hinauslaufen kann, die Goethe in seinen naturwissenschaftlichen Schriften,[63] aber auch in Teilen seiner späten Lyrik anstrebt,[64] liegt auf der Hand. Was wird hier stattdessen erreicht? Nicht mehr als die nüchterne Erklärung, dass in einer disparaten Welt mit einem ganzen, in sich geschlossenen Werk nicht mehr gerechnet werden darf.

Aus genau diesem Grund verbietet sich die rasche Entproblematisierung der skizzierten Konstellation durch den analogisierenden Rekurs auf Goethes morphologisches Denken, demzufolge „[i]n jedem lebendigen Wesen [...] das, was wir Teile nennen, dergestalt unzertrennlich vom Ganzen [ist], daß [es] nur in und mit demselben begriffen werden [kann]".[65] Zu dieser in der Goethe-Philologie häufig anzutreffenden Zu-

---

60 Welsch: Unsere postmoderne Moderne [1987], Berlin ⁷2008, S. 125. Der Verfasser bezieht sich dabei auf eine Selbstäußerung Goethes zum *Faust*, die sich mit dem Kerngedanken der *Vorklage* schlüssig zusammenlesen lässt: „Goethe [hat] mit Blick auf die Inkongruenz der Teile des ‚Faust' gesagt, gerade so, als Nicht-Ganzes, sei diese Dichtung wahr und bewegend. So habe sie nämlich Problemstruktur und damit die Struktur wirklichen Lebens: die Lösung steht aus" (ebd.).
61 Weshalb sich dieser Autor und sein Werk einer manchmal naheliegenden poststrukturalistischen Lektüre letztlich doch entzieht.
62 FA II/11, S. 209.
63 Ich folge in diesem Punkt der allgemeinen These von Albert Meier: „All diese [naturwissenschaftlichen; K.S.] Arbeiten speisen sich [...] aus der [...] Absicht, die Natur in ihrer Ganzheit aufzufassen und zu diesem Zweck mehr auf Synthese denn auf Analyse zu setzen" (Albert Meier: Goethe. Dichtung – Kunst – Natur, Stuttgart 2011, S. 171).
64 Vgl. zur Lyrik wiederum Dirk von Petersdorff: „Sie [die Umformulierung und eklektische Aktualisierung religiöser Rede; K.S.] stellt Einheit her, ermöglicht es, die Empirie als Zusammenhang zu begreifen" (Was Götter und Geister noch zu sagen haben, S. 46).
65 FA I/25, S. 15 (*Studien nach Spinoza*). Ich habe mir hier erlaubt, die etwas undurchsichtige Syntax des Goethe'schen Satzes behutsam zu modernisieren.

sammenführung von naturkundlichen und kunsttheoretischen Ausführungen im Zeichen eines „dynamische[n] Gestaltungskontinuum[s], in dem jede Form mit jeder anderen durch eine mehr oder weniger lange Reihe von Zwischenformen bruchlos verbunden ist",[66] merkt Doležel mit deutlicher Kritik an:

> Wenn wir [...] Goethes Literatur- und Kunstkritik näher betrachten, fällt auf, daß morphologische Bemerkungen selten sind und dann eher oberflächlich und vage ausfallen. [...] Ich glaube also, daß Goethe lediglich einige Begriffe und Formulierungen aus seinem morphologischen Modell als *façon de parler* über Literatur und Kunst übernahm. Eine derartige, nicht weiter vertiefte Begriffsverwendung deutet nicht gleich eine Poetik oder Ästhetik an oder hat sie damit gar ausgearbeitet.[67]

Damit ist eine durchaus einseitige Position formuliert, die in ihrem generellen Anspruch kaum haltbar sein dürfte. Ausgewogener argumentiert in diesem Punkt David Wellbery, wenn er nach der „Tragweite der morphologischen Betrachtungsweise auf dem Gebiet des Ästhetischen" fragt und hierbei vor allem die naturphilosophische Lyrik Goethes in den Blick nimmt.[68] Der Begriff der „Tragweite", des Geltungsumfangs also, ist in diesem Zusammenhang gerade entscheidend: Anzeichen dafür, dass Goethe sein als grundsätzlich bruchstückhaft empfundenes Lebenswerk, dass er diese „Formen im Plural" im Ganzen zurückführte auf eine „Entstehung aus dem Einen, welches sich in ihnen identisch hält"[69] – Anzeichen für eine dergestalt harmonisierende Neuperspektivierung des Disparaten gibt es meines Erachtens nämlich nicht. Und eine solche entspräche wohl auch nicht Goethes eigener Differenzierung zwischen gesetzmäßiger Natur- und ungebundener Kunstschönheit, wie er sie prägnant in der *Einleitung in die Propyläen* umreißt: „Die Naturschönheit ist den Gesetzen der Notwendigkeit unterworfen, die Kunstschönheit den Gesetzen des höchst

---

66 Hier allerdings mit erfreulich strengem Bezug auf Goethes Wissenschaftskonzeption Maatsch: Morphologie und Moderne, S. 2. Hinweise auf mehrere, vor allem neuere Forschungsbeiträge, die sich um die Erforschung der „Wechselwirkungen" des morphologischen Denkens mit Goethes Dichtung und Ästhetik befassen, finden sich dort auf S. 13 (Anm. 33).
67 Doležel: Geschichte der strukturalen Poetik, S. 73 f.
68 David Wellbery: Form und Idee. Skizze eines Begriffsfeldes um 1800, in: Morphologie und Moderne. Goethes ‚anschauliches Denken' in den Geistes- und Kulturwissenschaften seit 1800, hg. von Jonas Maatsch, Berlin/Boston 2014, S. 17–42, hier S. 18.
69 Ebd., S. 18.

gebildeten menschlichen Geistes; jene erscheinen uns gleichsam gebunden, diese gleichsam frei".[70]

Die Makrothese einer prinzipiellen Übertragbarkeit des morphologischen Denkens auf den Bereich der Kunst und der Literatur – ja, auf Goethes Gesamtwerk gar – scheint mir vor diesem Hintergrund wenig überzeugend. Oder um es in Wellberys idealtypischer Klassifikation des Formkonzepts zu sagen: Goethe reformuliert in seinen auf das Gesamtwerk bezogenen Reflexionen kein *endogenes Formprinzip*, verstanden als ein „Prozess des Sich-Herausbildens im Zusammenspiel von Varianz und Invarianz", sondern stattdessen ein *konstruktivistisches Formprinzip*, das gerade den „Differenzcharakter" der partikularen Einheiten in den Vordergrund stellt.[71]

In eben diesem Sinne ist die von Goethe explizit ins Spiel gebrachte Idee des Kollektiven, die in der Forschung bereits mit dem Konzept der Morphologie zusammengelesen wurde,[72] nicht nur in werkkonzeptioneller,

---

70 FA I/18, S. 477 (*Einleitung in die Propyläen*).
71 Wellbery: Form und Idee, S. 19.
72 Einen solchen Verbindungsversuch unternimmt Azzouni, indem sie darlegt, dass sich „das Kollektive" von der „Wissenschaft der Morphologie" herleitet (Azzouni: Kunst als praktische Wissenschaft, S. 241). Damit ist in der Tat auf einen wichtigen Zusammenhang hingewiesen: Geht man nämlich davon aus, dass das „Problem des Kollektiven" im „Sammeln und [im] Vereinigen von Gesammelte[m]" besteht (S. 11), so liegt es tatsächlich nahe, die „Zusammensetzungskunst" der Morphologie (S. 17) wenn auch nicht zwangsläufig im genealogischen, so doch zumindest in einem analogischen Verhältnis zu sehen. Mindestens drei relativierende Einwände scheinen mir hier jedoch geboten. 1. Die Idee des Kollektiven umfasst für Goethe sehr viel mehr als nur „das Sammeln und das Vereinigen" (S. 11); es handelt sich um ein höchst differenziertes ästhetisches und poetologisches Konzept. Ob unter Berücksichtigung der damit verbundenen Einzelaspekte (der ästhetischen Mannigfaltigkeit, der Aufwertung der Teile gegenüber dem Ganzen, der hermeneutischen Privilegierung des Einzelnen usw.) eine Analogisierung mit der Goethe'schen Morphologie wirklich tragfähig ist, wäre erst noch zu beweisen. 2. Die Morphologie scheint mir sehr viel stärker als die Idee des Kollektiven ein Streben nach Synthese zu implizieren, wiewohl auch dabei von keiner einfachen, die Diversifizität auflösenden Einheitsstiftung ausgegangen wird (S. 16 f.). Dass Goethe mit seiner Kollektivpoetik versucht, dem „nach dem Objektiven strebenden Denken Form zu geben" (S. 40), scheint mir insofern zumindest diskussionswürdig. 3. So nachvollziehbar der Verzicht auf die Diskussion der Goethe'schen Modernereflexion in pragmatischer Hinsicht auch sein mag (vgl. S. 11): Soweit es um Fragen der Disparität und Multiplizität der zeitgenössischen Kultur und des Wissens geht, führt Goethe entsprechende Überlegungen zum Prozess der Modernisierung *selbst* im Munde; sie sind daher, meine ich, für das Verständnis des Kollektiven unerlässlich.

sondern darüber hinaus in literarischer Hinsicht von richtungsweisender Bedeutung. Dies zeigt sich in einer Äußerung Goethes zu den *Wanderjahren*, in der er ausdrücklich auf die Idee des Kollektiven rekurriert. So schreibt er am 28. Juli 1829 an Rochlitz:

> In diesem Sinne empfand ich dankbar: daß Sie mir die Stellen bezeichnen wollen welche Sie in den neuen Wanderjahren sich angeeignet. Eine Arbeit wie diese, die sich selbst als kollektiv ankündiget, indem sie gewissermaßen nur zum Verband der disparatesten Einzelheiten unternommen zu sein scheint, erlaubt, ja fordert mehr als eine andere daß jeder sich zueigne was ihm gemäß ist, was in seiner Lage zur Beherzigung aufrief und sich harmonisch wohltätig erweisen mochte.[73]

Die Argumentationslinie verläuft ganz ähnlich wie in dem Gedicht *Vorklage*, nur dass hier außerdem – wie schon in den Anmerkungen zu dem Cort-Stich und in der Besprechung des Kompendiums zur Glasmacherkunst – die Frage nach der Rezeption berücksichtigt wird: *Wilhelm Meisters Wanderjahre* werden als ein Werk beschrieben, das „disparateste Elemente" zu einem Ganzen verbindet. Damit wiederum geht die Forderung an die Leser einher, sich diejenige „Einzelheiten" anzueignen, die ihnen „gemäß" erscheinen – und sich um das Große und Ganze des fraglichen Werkzusammenhangs weniger zu sorgen. Dies wird schon im ersten Satz des Briefes deutlich, in dem sich Goethe bei Rochlitz dafür bedankt, „daß Sie mir die Stellen bezeichnen wollen welche Sie in den neuen Wanderjahren

---

[73] FA II/11, S. 140. Ein weiterer Bezug auf den Kollektivbegriff im Zusammenhang mit der Umarbeitung der *Wanderjahre* zu der im Jahr 1829 erschienenen Ausgabe findet sich bei Eckermann: „Was aber alles dieses Bevorstehende noch lästiger machte, war ein Umstand, den ich nicht übergehen darf. Die fünfte Lieferung seiner Werke, welche auch die *Wanderjahre* enthalten soll, muß auf Weihnachten zum Druck abgeliefert werden. Diesen früher in Einem Bande erschienenen Roman hat Goethe gänzlich umzuarbeiten angefangen, und das Alte mit so viel Neuem verschmolzen, daß es als ein Werk in *drei* Bänden in der neuen Ausgabe hervorgehen soll. Hieran ist nun zwar bereits viel getan, aber noch sehr viel zu tun. Das Manuskript hat überall weiße Papierlücken, die noch ausgefüllt sein wollen. Hier fehlt etwas in der Exposition, hier ist ein geschickter Übergang zu finden, damit dem Leser weniger fühlbar werde, daß es ein kollektives Werk sei; hier sind Fragmente von großer Bedeutung, denen der Anfang, andere, denen das Ende mangelt; und so ist an allen drei Bänden noch sehr viel nachzuhelfen, um das bedeutende Buch zugleich annehmlich und anmutig zu machen" (FA II/12, S. 271; Hervorhebung im Original). Eckermanns Feststellung, es sei Goethe darum gegangen, „weniger fühlbar" werden zu lassen, dass die *Wanderjahre* „ein kollektives Werk" darstellen, leuchtet aber weniger ein: Das Kollektivprinzip bestimmt die Romanpoetik schließlich *konzeptuell*, was aus Goethes Selbstäußerungen zu dem Roman auch deutlich hervorgeht.

sich angeeignet." Die punktuelle, auf einzelne Passagen ausgerichtete Lektüre wird damit erneut gegenüber einer holistisch ausgerichteten Perspektive, einem ganzheitlichen Verständnis klar privilegiert.[74]

Beachtenswert ist an diesem Brief allerdings auch, was in ihm *nicht* zum Thema wird. Anders als in dem Prolog-Gedicht von 1815 sieht Goethe hier nämlich offenbar keine Notwendigkeit mehr, rechtfertigend auf den paradoxen Zustand der Welt im Großen und Ganzen zu verweisen. Im Gegenteil, der Brief wirkt in seinem rhetorischen Duktus sehr viel selbstverständlicher und darin gerade so, als sähe der Schreiber gar keine andere Möglichkeit mehr als die einer kollektiven Poetik, wie sie die *Wanderjahre* erklärtermaßen realisieren.

Vor diesem Hintergrund ist Goethes bereits angesprochener Versuch einer gattungsmäßigen Bestimmung seines Romans zu verstehen – nämlich als ein „Aggregat",[75] das als „ein Ganzes, bestehend aus unverbundenen Teilen",[76] konzipiert ist. Die mit dieser poetologischen Konzeption vollzogene Abgrenzung von Immanuel Kant, der zwischen den bloßen Teilen des Aggregats und dem vollendeten Ganzen des Systems scharf unterscheidet,[77] ist unzweifelhaft: Für Goethe ist das Aggregat angelegt zwischen

---

74 Die Enttäuschung, dass Rochlitz der stellenbezogenen Lektüre nicht nachgekommen ist, ist entsprechend groß. So äußert sich Goethe Monate später, am 18. Februar 1830, gegenüber Kanzler von Müller: „Rochlitzens Briefe, wie schön und lieb auch, förderten ihn [Goethe; K.S] doch niemals, seien meist nur sentimental. Bestimmte einzelne Mitteilung der durch die Wanderjahre empfangnen Eindrücke habe Rochlitz verweigert, statt dessen die alberne Idee gefaßt, das Ganze systematisch konstruieren und analysieren zu wollen" (FA II/11, S. 232).

75 FA II/11, S. 232.

76 Die Erkenntnis, dass das Konzept des Kollektiven mit der Idee des Aggregats markante Überschneidungen aufweist, lässt sich der Studie zu den *Wanderjahren* von Martin Bez entnehmen: Goethes „Wilhelm Meisters Wanderjahre". Aggregat, Archiv, Archivroman, Berlin/Boston 2013, hier S. 65. Von Kollektiven selbst ist in Bez' Studie allerdings nur beiläufig die Rede, nämlich im Rahmen seiner Ausführungen zum nicht-ausgewiesenen Zitieren in den *Wanderjahren* (S. 228). Das hermeneutische Potenzial, das Aggregat-Prinzip als poetische Umsetzung einer sehr viel allgemeineren Idee von Literatur und Autorschaft zu begreifen, die sich mit dem Kollektivbegriff verbindet, bleibt dadurch letztlich unausgeschöpft. Deutlich näher kommt Azzouni dieser umfassenden Beschreibung, indem sie das „Problem des Kollektiven" nicht nur für die *Wanderjahre*, sondern auch für die Hefte *Zur Morphologie* geltend macht (Azzouni: Kunst als praktische Wissenschaft, S. 36).

77 So lautet in der *Kritik der reinen Vernunft* die Einführung in das dritte Hauptstück der *Transzendentalen Methodenlehre*: „Ich verstehe unter einer Architektotnik die Kunst der Systeme. Weil die systematische Einheit dasjenige ist, was gemeine Erkenntnis allererst zur Wissenschaft, d. i. aus einem bloßen Aggregat derselben ein System macht, so ist die Architektonik die Lehre des Szientifischen in unserer

bloßer Partikularität und vollendeter Systematizität, als eine Sphäre des Mittleren und Vermittelnden.

Bei aller Aufwertung, die das Partikulare bei Goethe erfährt, ist also unbedingt zu berücksichtigen, dass Goethe das „Ideal der Ganzheitlichkeit" keineswegs aufgibt, ja dass er es mehr noch „respektiert".[78] In einem vieldiskutierten Brief an Rochlitz, in dem er auf die experimentelle Poetik der *Wanderjahre* zu sprechen kommt, findet er einen überzeugenden Begriff für das spannungsreiche Zusammenspiel von Partikularität und Totalität:

> Mit solchem Büchlein aber ist es wie mit dem Leben selbst: es findet sich in dem Komplex des Ganzen Notwendiges und Zufälliges, Vorgesetztes und Angeschlossenes, bald gelungen, bald vereitelt, wodurch es eine Art von Unendlichkeit erhält, die sich in verständige und vernünftige Worte nicht durchaus fassen noch einschließen läßt.[79]

Darin also besteht der „Komplex des Ganzen", den Goethe, wie es scheint, analog zum „Aggregat" konzipiert: Das „Büchlein" und das „Leben" sind zu einem „Ganzen" vereint, dies allerdings im Zustand einer großen Unübersichtlichkeit. Sie entziehen sich nicht nur jeder klaren Benennung und geschlossenen Darstellung, sondern auch dem Versuch einer gedanklichen Durchdringung und begrifflichen Erfassung.[80]

Von hier aus lässt sich nun einen Schritt weitergehen: Wie gestaltet sich diese Ambivalenz im literarischen Werk selbst aus? Neben den *Wanderjahren* gilt vor allem *Faust* als herausragende Verwirklichung einer kollektiven Poetik, wie Schöne in seinem Kommentar ausführlich darlegt hat. Charakteristisch hierfür sei nicht nur die schiere Masse, sondern auch die unübersehbare Vielfalt des kulturellen Wissens, das Goethe in sein Werk integriert habe. Schöne umreißt dies bezeichnenderweise in einem

---

Erkenntnis überhaupt, und sie gehört also notwendig zur Methodenlehre" (Immanuel Kant: Kritik der reinen Vernunft. Studienausgabe, hg. von Ingeborg Heidemann, Stuttgart 1966/2013, S. 839 bzw. A832/B860]. Eine eingehende ästhetikgeschichtliche Kontextualisierung der System/Aggregat-Differenz findet sich bei Spoerhase: Das Format der Literatur, S. 511–528.

78 Meier: Goethe, S. 294.
79 Goethe an Johann Friedrich Rochlitz, 23. November 1829 (FA II/11, S. 199). In Martus' Studie zur Werkpolitik wird diese Aussage, soweit ich sehe, nicht berücksichtigt.
80 Zu der hier hinzukommenden Idee einer vermeintlichen Nicht-Analysierbarkeit des Aggregats vgl. Bez: Goethes „Wilhelm Meisters Wanderjahre", S. 66–73. Dass gerade solche Vorstellungen und Behauptungen dazu angetan sind, das Interesse der Leser und insbesondere der Philologen zu provozieren, lässt sich freilich nicht ausschließen (siehe in diesem Sinne erneut Martus: Werkpolitik, S. 495 f.).

katalogartigen Darstellungsverfahren, wie es nicht nur ähnlich in Emersons Essays zu Goethe, sondern vor allem auch als poetisches Leitprinzip in Whitmans *Leaves of Grass* realisiert ist (dazu Nähere unter III.3b):

> Neben den Griechen und den Juden, deren antike Mythen und deren biblische Bücher die beiden Basiswerke der *Faust*-Dichtungen abgeben, und neben Dichtern aus vielen Weltgegenden und vielen Jahrhunderten haben auch zahllose andere (im eigentlichen oder in einem übertragenen Sinn des Wortes) ‚mitgeschrieben' an diesem Werk eines Kollektivwesens: Theologen und Philosophen und Naturwissenschaftler [...]; ebenso aber Politiker, Juristen und Wirtschaftswissenschaftler, Kriegstheoretiker auch, Techniker und Ingenieure oder Geschichtsschreiber, Philologen [...] und Lexikonverfasser [...]; selbst Baumeister und Bildhauer kamen hinzu, dann Maler vor allem und Zeichner [...].[81]

Entscheidend ist, dass die von Schöne beschriebene „Weltfülle" an Quellen und Bezügen „keineswegs so [im *Faust*] aufgegangen und unkenntlich geworden, so eingeschmolzen [ist], daß ihre Herkunft belanglos bliebe". Das Gegenteil ist vielmehr der Fall: Ein charakteristischer Hauptzug des Stückes erweise sich gerade darin, dass die „fremden Schätze [...] in erkennbarer Form aufbewahrt und auf eine herkunftsbezogen bedeutsame Weise eingesetzt worden [sind]."[82] Dies aber lässt sich nicht an einzelnen, als exemplarisch behaupteten Beispielen darlegen – die Überfülle ist hier schließlich Programm: Beginnend bei der Adaptation des alttestamentlichen Buches *Hiob* im „Prolog im Himmel" bis zu den letzten Versen der Szene „Bergschluchten, Wald, Fels", in denen Dantes *Divina Commedia* als „kommentierender Meta-Text"[83] aufgerufen wird, erweist sich Goethes *Faust* als ein riesenhaftes Konglomerat von Versatzstücken unterschiedlichster Provenienz. Es handelt sich, um an Dumonts Formulierung zu erinnern, um ein literarisches „Intarsienstück".

Es wäre nun allerdings unangemessen, die Tragödie poststrukturalistisch als ein bloß locker strukturiertes, sich selbst bearbeitendes Zitatgewebe, womöglich gar als ein bloß selbstreferenzielles Spiel mit Intertexten zu bezeichnen. Allein durch das „vielfältig verklammernde[] und verstrebende[] Verweisungsgefüge" an Motiven, Szenen und Bildern gibt sich Goethes Stück als eine konzeptuell angelegte Einheit zu erkennen.[84] In dieser Hinsicht betont Schöne insbesondere das für den Dramenaufbau konstitutive Prinzip der Wiederholung: die ‚Spiegelung' ganzer Szenerien

---

81 FA I/7.2, S. 28.
82 FA I/7.2, S. 28 f.
83 FA I/7.2, S. 815.
84 FA I/7.2, S. 53.

oder bestimmter Figurenchoreographien; das erneute Auftauchen abgewandelter Motive, Begriffe, Sinnbilder an unterschiedlichen Stellen des Werks; oder die Verbindung des Ganzen über unterschiedliche Distanzen hinweg durch bestimmte Redeweisen. Die Effekte, die sich aus diesen Verfahren ergeben, sind unterschiedlicher Art; sie fungieren als „Variationen, Kontrastphänomene, Analogie-Antithesen" und sorgen gemeinsam für eine Umklammerung der literarischen Gesamtkonzeption.[85]

Die umschriebene Vielheit der Bezüge gerät dadurch in ein Spannungsverhältnis zur Einheit der dramaturgischen Komposition, womit *Faust* insgesamt auf ein „Wechselverhältnis", eine „Polarität" hinausläuft, von der Goethe selbst bereits in anderem Zusammenhang gesprochen hat – „oder wie man die Erscheinungen des Zwiefachen, ja Mehrfachen in einer entschiedenen Einheit nennen mag."[86] In genau dieser „Polarität" findet das „être collectif" seine literarische Entsprechung.

*

In meiner bisherigen Darstellung habe ich vor allem eines zu betonen versucht: Das widersprüchliche Spannungsverhältnis von Einheit und Vielheit, wie es sich in der Rede vom „Kollektivwesen" verdichtet, wird bei Goethe nicht nur explizit problematisiert (beispielhaft im Kontext der Herausgabe seiner Werkausgaben), literarisch und poetologisch reflektiert (etwa in dem Gedicht *Vorklage* und in verschiedenen Selbstkommentaren, vor allem zu den *Wanderjahren*), sondern zudem literarisch produktiv gemacht (was Schöne im Blick auf *Faust* nachweist). Dabei lässt sich in der Gesamtschau – im zeitlichen Nacheinander der hier berücksichtigten Selbstäußerungen – zwar keine umfassende Bewältigung, wohl aber eine zunehmende Entschärfung des mereologischen Grundproblems ausmachen: Den Widerspruch, das als bruchstückhaft empfundene Lebenswerk in die ganzheitliche Form einer Werkausgabe zu bringen, relativiert Goethe durch eine Analogisierung: Die Welt *im Ganzen* ist ein Widerspruch – warum sollte dies nicht auch für die Literatur im Allgemeinen und das eigene Werk im Besonderen gelten? Zum Ausdruck kommt hier die Sichtweise eines modernen Subjekts, das den Glauben an einen allesverbindenden Zusammenhang, an ein Zentrum aller Dinge aufgegeben hat und sich nunmehr dem widmet, wozu es sich einzig in der Lage sieht, nämlich der Konstruktion eines „in sich zusammenhängende[n] Gebil-

---

85 FA I/7.2, S. 50 f.
86 FA I/18, S. 464 (*Einleitung in die Propyläen*).

de[s]",[87] sei es in Form des in Gesamtausgaben arrangierten Lebenswerks, sei es in literarischen Einzelwerken wie dem *Faust* oder den *Wanderjahren*. Und darin zeigt sich umgekehrt auch: Von einer *emphatischen* Werkästhetik, die Goethe von der Forschung oft zugeschrieben wird, ist diese *entsagende* Haltung doch recht weit entfernt.

Der beschriebene Zusammenhang lässt sich, anknüpfend an die abschließenden Bemerkungen zum vorigen Abschnitt, auch werkgeschichtlich rückbinden und dadurch noch klarer umreißen. Bereits in dem kunsthistorischen Schlüsseltext des jungen Goethe, dem Artikel *Von deutscher Baukunst* von 1773, wird der Aspekt der ästhetischen Pluralität und Heterogenität eingehend diskutiert, vor allem im Blick auf „die Rubrik *Gothisch*", die dem Verfasser zunächst als Sammelbegriff für allerlei „synonimische Mißverständnisse" erscheint – „Mißverständnisse, die mir von unbestimmtem, ungeordnetem, unnatürlichem, zusammengestoppeltem, aufgeflicktem, überladenem, jemals durch den Kopf gezogen waren." Dass es sich dabei um bloße Vorurteile handelte, offenbart sich Goethe in der Betrachtung des Straßburger Münsters: „Mit welcher unerwarteten Empfindung überraschte mich der Anblick, als ich davor trat."[88] Woraus aber resultiert diese Überraschung?

Ganz entgegen der negativen Erwartung ergeben die „unzähligen Teile", aus denen das Münster zusammengesetzt ist, eben kein „mißgeformte[s] krausborstige[s] Ungeheuer[]", sondern, im Gegenteil, ein durchaus harmonisches Arrangement, dessen individuelle Elemente in der „Abenddämmerung" gar „zu ganzen Massen schmolzen", wie der Betrachter seine Wahrnehmung im Rückblick schildert.[89] In diesem ästhetischen Effekt wiederum erweist sich für ihn „der Genius des großen Werkmeisters" (also Erwin von Steinbach), der „alles zweckend zum Ganzen" gestaltet habe, um nun in „Wonneruh" auf seine „Schöpfung" herabschauen und „gottgleich" feststellen zu können: „[E]s ist gut!"[90] Dabei ist für Goethe die individuelle Prägung von besonderer Bedeutung: Die „willkürlichsten Formen", aus denen das Münster zusammengesetzt ist, werden durch eine dahinter stehende „Empfindung" des

---

87 FA I/7.2, S. 53 (Kommentar Schöne).
88 FA I/18, S. 113 f.
89 FA I/18, S. 114.
90 FA I/18, S. 111 f.

Künstlers zusammengehalten und erscheinen so als ein „charakteristische[s] Ganze[s]".[91]

Dies ist der *erste* wichtige Unterschied zur Idee des Kollektiven: Die heterogenen Bauteile verschmelzen in der Betrachtung des Münsters buchstäblich, das heißt, sie verbinden, ja sie lösen sich auf, um dadurch eine neue, harmonische Ganzheit zu erzeugen. Im Gegensatz dazu fußt die kollektive Ästhetik gerade auf der Sichtbarkeit des Heterogenen, womit das ‚Zusammengestoppelte', das ‚Aufgeflickte' eine entschiedene Aufwertung erfährt.

Dies wiederum setzt *zweitens* einen vollkommen anderen Künstler- und Identitätsbegriff voraus: An die Stelle der natürlichen, individuellen Empfindung des gottgleichen Schöpfers, die zu einer Harmonisierung des Vielfältigen und Unterschiedenen führen soll, tritt die Vorstellung eines Künstlers, der als Schnittpunkt heterogener Einflüsse gedacht wird – und dies in seinem Kunstwerk erkennbar zum Ausdruck bringt. Die markante Veränderung der ästhetischen Reflexion zwischen dem jungen Goethe (in Bezug auf das Straßburger Münster) und dem späten Goethe (im Zeichen des Kollektiven) lässt sich in gerade diesem Punkt als ein Prozess der Selbstrelativierung (der Abkehr vom ich-fixierten Geniekult des Sturm und Drang), der Liberalisierung (der vorurteilsfreien Öffnung gegenüber fremden Einflüssen) und, vor allem, der Entemotionalisierung (der Herabstufung des individuellen Gefühls als Bedingung für die künstlerische Arbeit) begreifen.[92]

Wie genau diese poetologische und ästhetische Konstellation in Goethes Werk produktiv geworden ist, wurde bisher lediglich ansatzweise erforscht. Zu nennen ist vor allem Safia Azzounis Studie zu den *Wanderjahren* und den Heften *Zur Morphologie*, in der sie den Versuch unternimmt, Goethes Begriff des Kollektiven als Verbindungsglied zwischen naturwissenschaftlichen Arbeiten und poetischen Schreibweisen frucht-

---

91 FA I/18, S. 116f. Im Blick auf diese ästhetische Konstellation scheint mir der Rekurs auf Goethes morphologisch-organologisches Denken (z.B. bei Meier: Goethe, S. 171 f.) entsprechend eher angebracht als in Bezug auf die problembelastete Arbeit an den Werkausgaben (s. dazu bereits meine Abgrenzung oben).
92 Hierüber kann selbst die Tatsache nicht hinwegtäuschen, dass Goethe im Jahr 1823, im zweiten Heft des vierten Jahrgangs *Ueber Kunst und Alterthum*, durchaus wohlwollend auf seinen frühen Baukunst-Artikel zurückkommt. Entscheidend ist hier gerade jenes von Goethe entschuldigend angemerkte „Amfigurische[] in seinem Styl" (FA I/21, S. 484), das den frühen Aufsatz von den späten und durchaus nüchternen Ausführungen zur Kollektivästhetik unterscheidet.

bar zu machen.⁹³ Hieran will ich weiterführend ansetzen, indem ich ein Projekt Goethes in den Blick nehme, das nicht nur hinsichtlich seines Umfangs und der Dauer seiner Entstehung, sondern auch in Bezug auf seine geringe Berücksichtigung in der Forschung eine bedeutsame Sonderstellung einnimmt: die zwischen 1816 und 1832 in sechs Bänden erschienene Zeitschrift *Ueber Kunst und Alterthum*.

4. *Ueber Kunst und Alterthum:* Poetik

Wer von Goethes Spätwerk spricht, spricht in der Regel vom zweiten Teil des *Faust* und von *Wilhelm Meisters Wanderjahren*, von der *Trilogie der Leidenschaft* und vom *West-östlichen Divan*. Andere Bestandteile dieser Werkphase wurden in der Forschung bislang durchaus rudimentär berücksichtigt. Dies gilt sowohl für gewisse Teile der Lyrik als auch für die verschiedenen Publikationsprojekte Goethes, allen voran für die Zeitschrift *Ueber Kunst und Alterthum* – ein Vorhaben, das in der Vergangenheit nicht allein Missachtung, sondern mitunter auch Geringschätzung hervorgerufen hat: Georg Gottfried Gervinus' oft angeführtem Diktum, es handele sich um ein „Magazin der Unbedeutendheit",⁹⁴ ist die Goethe-Philologie lange Zeit gefolgt.⁹⁵ In diesem Sinne hat etwa Hans-Jürgen Schings noch Ende der neunziger Jahre betont: „[F]ür die von der weltliterarischen Teilnahmelust zurückgestuften deutschen Abteilungen der Zeitschrift war Gervinus' missgelauntes Wort [...] womöglich am Platze."⁹⁶

Dass die in unregelmäßigen Abständen veröffentlichte Zeitschrift tatsächlich sehr viel mehr ist als ein bloßer Steinbruch beiläufig entstandener literatur- und kunsttheoretischer Reflexionen – auf diesen Befund hat Hendrik Birus in seinem Kommentar zu der mit Anne Bohnenkamp, Stefan Greif und Andrea Ruhlig besorgten Integraledition der Hefte

---

93 Azzouni: Kunst als praktische Wissenschaft, hierzu insb. S. 33–41.
94 Georg Gottfried Gervinus: Geschichte der deutschen Dichtung, Leipzig 1874, Bd. 5, S. 792.
95 Und dies obwohl es sich hierbei um eine Position handelt, die ihrerseits der kritischen Historisierung bedürfte. So mit Rekurs auf die Verabschiedung der Goethe'schen „Kunstperiode" durch eine „junge Generation", der auch Gervinus angehört habe, bei Karl-Heinz Hahn: Goethes Zeitschrift „Ueber Kunst und Alterthum", in: Goethe-Jahrbuch 92 (1975), S. 128–139, hier S. 137.
96 Hans-Jürgen Schings: Das Wollen ist der Gott der Zeit. Goethe sucht die Weltliteratur in „Kunst und Altertum", in: Frankfurter Allgemeine Zeitung, 3. November 1999, S. 50.

nachdrücklich aufmerksam gemacht. Was in dieser bahnbrechenden Ausgabe erstmals zum Vorschein kommt, ging in früheren Editionen zugunsten „pseudo-systematische[r] Gruppierungen" wie *Schriften zur Kunst*, *Schriften zur Literatur* oder *Ästhetische Schriften* gänzlich verloren[97] – und wird auch in den entsprechenden Einträgen des *Goethe-Handbuchs* mit keinem Wort erwähnt:[98] der Status des Zeitschriftenprojekts als Goethes ‚unbekanntes Alterswerk', wie Birus schreibt, und darin zugleich als entschiedene Umsetzung einer ‚kollektiven Poetik'.[99] An diese Überlegungen will ich anknüpfen.

Zunächst aber eine Rückfrage: Was genau meint Birus, wenn er Begriffe wie ‚Alterswerk' und ‚Kollektivität' im Zusammenhang mit Goethes Zeitschrift ins Spiel bringt? Einerseits artikuliere sich in ihrer formalen Struktur, in ihrer kompositorischen Gestaltung ein deutlicher Werkanspruch: Die Einzelhefte stellten „konzeptionelle Einheiten mit klar erkennbaren Strukturen" dar, die sich mit Bezug auf Goethes poetisches Leitprinzip der ‚wechselseitigen Spiegelungen' in eine Reihe stellen ließen mit dem *West-östlichen Divan*, den *Wanderjahren* oder dem zweiten *Faust*.[100] Andererseits weist Birus auf einen starken Autorschaftsanspruch hin, den Goethe mit seiner Zeitschrift verbinde: Obwohl ein nicht unbeträchtlicher Teil der Artikel gar nicht aus seiner eigenen Feder stammen, verzichtet er in den allermeisten Fällen auf Verfasserangaben – und stellt

---

97 FA I/20, S. 660 (Kommentar Birus).
98 Besonders verwundert dies in Taubers kunstgeschichtlichem Beitrag, der Birus' These zwar zitiert, aber ohne nähere Prüfung sogleich wieder verwirft, um demgegenüber die Zeitschrift als ein „Organ antiromantischer Propaganda" (S. 428) zu profilieren, was wiederum der mitunter recht diffizilen, z. T. widersprüchlichen Auseinandersetzung Goethes mit der Romantik in *Ueber Kunst und Alterthum* (dazu weiter unten einige Anmerkungen) nicht gerecht wird (Christine Tauber: [Art.] Ueber Kunst und Altertum, in: Goethe-Handbuch, Bd. 3 der Supplemente, S. 414–429). Der Beitrag von Friedmar Apel und Stefan Greif nimmt ebenso eine Zergliederung der Zeitschrift vor – in „Schriften zur Kunst" und „Literarische Abhandlungen", die jeweils kursorisch abgehandelt werden. Der strukturelle Zusammenhang der Zeitschrift wie ihn Birus konstatiert, wird dadurch unterschätzt (Friedmar Apel/Stefan Greif: [Art.] Ueber Kunst und Altertum, in: Goethe-Handbuch, Bd. 3, S. 619–639).
99 Vgl. FA I/20, S. 659–662.
100 Hierin besteht schon die Kernthese der Arbeit von Rolf Hübner, der betont, dass Goethes Zeitschrift „dadurch, daß Altes und Neues, Vergangenes und Gegenwärtiges, Frühwerk und spätes Schaffen, Dichtung und bildende Kunst aufeinander bezogen sind, einander durchdringen, [...] fast werkartigen Charakter angenommen hat" (Rolf Hübner: Goethes Zeitschrift ‚Ueber Kunst und Alterthum'. Untersuchung und Erschließung, Diss. Jena 1968, S. 85).

jedem einzelnen Heft die ebenso selbstbewusste wie fragwürdige Bezeichnung *Von Goethe* voran. Diese gewagte Behauptung leuchte nur ein, so Birus unter Rückgriff auf das uns bekannte Zitat, wenn man sie von der Idee eines „être collectif" her denke.[101]

Mit diesen allgemeinen Hinweisen ist, so meine ich, nur recht wenig darüber ausgesagt, was die Kollektivpoetik der Zeitschrift eigentlich ausmacht, zumal sich Goethe mit seiner Rede vom Kollektivwesen ja gerade *nicht* auf Praktiken der kollektiven Autorschaft bezieht (ich habe auf die Gefahr dieser Fehldeutung bereits in den Vorbemerkungen zu dieser Studie hingewiesen). Außerdem ist zweifelhaft, ob mit einem starken Werkbegriff, wie er in Birus' Rede vom ‚Alterswerk' anklingt, die spezifische Eigenart des Mediums ‚Zeitschrift' hinreichend berücksichtigt wird: Man denke hier nur an die zeitlich offene Publikationsweise des Journals, die sich mit dem Konzept eines geschlossenen, ganzheitlichen Werkverbundes gerade nicht vereinbaren lässt.[102] Schließlich ist hier zu bedenken, dass Goethe seine Zeitschrift unbedingt in Heftform veröffentlicht sehen wollte, um so gerade den Charakter des Temporären und Ephemeren zu betonen: „Der Entschluß Gegenwärtiges heftweise herauszugeben, ward vorzüglich dadurch begünstigt, daß diese Blätter der Zeit gewidmet sind", so informiert der Herausgeber im ersten Heft des ersten Bandes.[103] Und in einem Brief an den Verleger Frommann hält Goethe sogar fest: „Geheftet wünsch ich sodann das Heftchen recht sauber, damit es die Leser eine Weile benutzen könnten eh es auseinander fiele".[104] Die hier erkennbare ‚programmatische Heftförmigkeit',[105] die *Ueber Kunst und Alterthum* auszeichnet, bildet den Gegensatz zu einer traditionellen Werkästhetik, die nach materialer Festigkeit und zeitlicher Überdauerung strebt.[106]

---

101 Vgl. FA I/20, S. 661 f.
102 Ich vereinfache Birus' nicht recht klare Position ein wenig. Denn obwohl er sogar im Titel seines Überblickskommentars von einem „Alterswerk Goethes" spricht, relativiert er dies an späterer Stelle: Die Hefte der Zeitschrift seien „‚fragmentarische Sammlungen' zur Aufnahme ganz disparater Aufsätze, Rezensionen, Aphorismen, Gedichte etc." (FA I/20, S. 664).
103 FA I/20, S. 92 (*Heidelberg*).
104 Goethe an Frommann, 27. Januar 1816 (WA IV.26, S. 233).
105 Spoerhase: Das Format der Literatur, S. 610.
106 Diesen Aspekt betont Thomé in seinem einschlägigen Artikel: „Im Kontext von Literatur und Literaturwissenschaft […] meint Werk […] das fertige und abgeschlossene Ergebnis der literarischen Produktion, das einem Autor zugehört und *in fixierter, die Zeit überdauernder Form* vorliegt, so daß es dem Zugriff des Produzenten ebenso enthoben ist wie dem Verbrauch durch den Rezipienten" (Horst Thomé: [Art.] Werk, in: RLW, Bd. 3, S. 832–834, hier S. 832; Hervorhebung

Inspirierend sind Birus' Anmerkungen aber trotz dieser Einwände, weil sie sich in zweierlei Hinsicht weiterdenken lassen, und zwar sowohl im Blick auf den strukturellen Aufbau der Zeitschrift wie auch ihre funktionale Ausrichtung. Dies sind die beiden Leitthesen meiner Untersuchung:

1. Stärker noch als die im engeren Sinne literarischen Spätwerke Goethes stellen die Hefte *Ueber Kunst und Alterthum* ihren formalen Status als kollektive Gebilde offensiv heraus. Jenseits der Frage nach den produktiven Bedingungen, die Birus mit dem Begriff des Kollektiven belegt, wird die Heterogenität und Multiplizität des zusammengesetzten Materials hier ebenso zum ästhetischen Prinzip wie die Konzeption eines heftförmigen Gesamtzusammenhangs – eines Gesamtzusammenhangs, der die ausgestellte Vielheit der Artikel übergeordnet als Einheit zusammenführt, ohne diese Vielheit zugleich aufzuheben. Dies trifft analog auf die Zeitschrift im Ganzen zu: Die lockere Folge von Einzelausgaben, die unregelmäßig im zeitlichen Nacheinander erscheinen, werden unter dem Gesamttitel der Zeitschrift in einen umfassenden Zusammenhang gestellt. Zur Beschreibung dieser mereologischen Grundkonstellation bietet sich weniger der Begriff des 'Werks' an; die Kollektivpoetik der Zeitschrift realisiert sich, wie ich zeigen will, in formalen 'Ensembles'.

2. Die Hefte führen vor, was Goethe unter der für ihn zentralen Idee der 'Aneignung' zu verstehen scheint: Die disparaten Beiträge in diesen Heften, die immer wieder durch zugesandte Bücher, Bilder und Briefe, aber auch durch verschiedenste Lektüren veranlasst worden sind, lassen sich als Reflexionsmedium dessen begreifen, was Goethe im konkreten Sinne „vor Augen, vor Ohren, vor die Sinne" kommt – und insofern das „être collectif" konstituiert. Der Zeitschrift ist also ein implizites Modell von Selbstkultivierung, von Bildung eingetragen.[107] In den Heften *Ueber Kunst und Alterthum* lässt sich das, woraus sich das Kollektivwesen zusammensetzt, Seite für Seite durchblättern.

Ausgehend von diesen stichworthaften Überlegungen will ich eine mögliche Lektüre der Zeitschrift *Ueber Kunst und Alterthum* vorschlagen.

K.S). Dazu in stärker historisierender Perspektive die Ausführungen bei Martus: Werkpolitik, S. 17 f.

107 Ich beziehe mich hier auf die prägnante Rekapitulation des Goethe'schen Aneignungsbegriffs von Schmitz: „Die Tätigkeit kann sich mit Ausbildung verbinden, indem sie die Lebensfülle des Menschen durch die Aufnahme und Verarbeitung des Stoffes der Außenwelt wachsen lässt; Goethe spricht dann von Aneignung. Sie setzt immer ein tätiges, ja produktives Verhalten des aneignenden Subjekts voraus, etwa eine eigene Zutat, wie bei der ‚Entelechie, die nichts aufnimmt, ohne sichs durch eigene Zutat anzueignen'" (Schmitz: Goethes Altersdenken, S. 384).

Dabei konzentriere ich mich auf ein einzelnes, ausgewähltes Heft, von dem seine Herausgeberin Anne Bohnenkamp schreibt, es handele sich um ein „besonders sorgfältig komponiertes" Exemplar[108] – und über das Goethe selbst festgestellt hat, es sei für seine „literarische Thätigkeit [...] von großem Werth".[109] Die Rede ist vom ersten Heft im sechsten Band der Zeitschrift (im Folgenden: KuA VI 1), das im Mai 1827 erschienen ist.

Es sei dabei ausdrücklich nicht behauptet, dass gerade diesem Heft eine exemplarische Bedeutung im Blick auf das Gesamtprojekt zukäme; dies wäre schon insofern unangemessen, als die Zeitschrift in ihrem Entwicklungsgang durchaus unterschiedliche Richtungen genommen hat: von ihrem regional orientierten Beginn, noch unter dem Titel *Kunst und Alterthum in den Rhein und Mayn Gegenden*, bis zu ihrer späteren Öffnung im Zeichen der internationalen Literatur in eben jenem Heft KuA VI 1, das Bohnenkamp als die erste weltliterarische Ausgabe der Zeitschrift bezeichnet.[110] Statt einer beispielhaft argumentierenden Analyse folge ich einer induktiven Denkbewegung, die allerdings darauf zielt, vom Einzelnen gewisse Rückschlüsse auf das gesamte Vorhaben zu ziehen, und zwar sowohl hinsichtlich seiner ästhetischen Qualität als auch seiner diskursreflexiven Dimension. Dies soll in drei Schritten geschehen: ausgehend von der Untersuchung der *formalen Heftstrukturen* über die Betrachtung der *meta-kommunikativen Beiträge* hin zur Bestimmung der gesprächsartigen, ja buchstäblich *geselligen Grundkonzeption* der Hefte. Von hier aus lässt sich dann zu einigen resümierenden Reflexionen über den kollektiven Zuschnitt des Goethe'schen Zeitschriftenprojekts im Allgemeinen und den zwei oben genannten Leitthesen im Besonderen überleiten.

a) Rahmung und Reihung

Ein „besonders wichtiges Heft", wie Bohnenkamp schreibt, ist KuA VI 1 nicht nur in Bezug auf die rezeptions- und forschungsgeschichtliche Bedeutung einzelner Artikel, die darin versammelt sind: der Vorabdruck aus Goethes Briefwechsel mit Schiller mit seinen folgenreichen Reflexionen *Ueber epische und dramatische Dichtung*, die Äußerungen zur Arbeit am zweiten Teil des *Faust* und der erste öffentliche Kommentar zum weit-

---

108 FA I/22, S. 1128.
109 Goethe an Cotta, 26. Januar 1827 (WA IV.42, S. 26).
110 Vgl. FA I/22, S. 1131. Ich werde auf diesen Aspekt im Folgenden noch ausführlich eingehen.

läufigen Problemfeld ‚Weltliteratur'. Von entscheidender Relevanz ist dieses Heft auch für das Zeitschriftenprojekt insgesamt, weil es dessen strukturellen Charakter besonders markant zur Entfaltung bringt: als „ein[ ] lockere[s], gleichwohl vielfältig aufeinander bezogene[s] Ensemble[ ]".[111] Bohnenkamps Kommentar enthält hinsichtlich der Struktur dieses „Ensembles" einige instruktive Anregungen, denen ich hier vertiefend und erweiternd nachgehen will.[112] Ich beginne mit der äußeren Heftrahmung, um dann auf einige interne Strukturprinzipien zu sprechen zu kommen.

Dem Heft ist, auf einem eigenen Blatt zwischen Inhaltsverzeichnis und innerer Titelseite, ein Motto vorangestellt; es lautet: „Das erste und letzte was vom Genie gefordert wird ist Wahrheitsliebe."[113] Auf der vacat gebliebenen Rückseite des inneren Titelblatts findet sich ein weiteres, inhaltlich nahezu gleichbedeutendes Motto: „Wer gegen sich selbst und andere wahr ist und bleibt besitzt die schönste Eigenschaft der größten Talente."[114] Damit wird das gesamte Heft unter eine Gesamtaussage gestellt, der zufolge die Wahrheit, das Streben nach ihr ebenso wie das Handeln in ihrem Sinne, als charakteristische Stärke der „größten Talente", als erste und letzte Forderung an das „Genie" erachtet wird.

Diese Aussage wird am Ende des Heftes wieder aufgegriffen, und zwar im Sinne einer Konkretisierung: Was eigentlich ist hier mit dem unscharfen Allgemeinbegriff der „Wahrheit" gemeint? Im vorletzten, recht kurzen Heftbeitrag, der unter dem Titel *Naturphilosophie* steht, liefert Goethe eine Bestimmung seines Wahrheitsbegriffs, wenn er beschreibt, „woran das Wahre vom Blendwerk am sichersten zu unterscheiden ist", nämlich: „[J]enes wirkt immer fruchtbar und begünstigt den der es besitzt und hegt; da hingegen das Falsche an für sich todt und fruchtlos daliegt, ja sogar wie eine Nekrose anzusehen ist".[115] Was die Wahrheit ist, zeigt sich demnach an der Wirkung, die sie hervorruft, und das heißt konkret: an ihrer Anregung zur Produktivität.

Was für eine Produktivität ist damit gemeint? Goethe bleibt hier abermals im Ungefähren, wenn er sich sowohl auf die wissenschaftliche

---

111 FA I/22, S. 1128 (Kommentar Bohnenkamp). Dass sich der Ensemble-Begriff ertragreich auf Goethes Lyriksammlungen – durchaus schon vor 1800 – beziehen lässt, betont Karl Eibl im Kommentar zu seiner Ausgabe der Gedichte 1756–1799 (FA I/1, S. 733 f.).
112 Vgl. FA I/22, S. 1128–1132.
113 FA I/22, S. 293.
114 FA I/22, S. 294.
115 FA I/22, S. 397.

Betätigung als auch auf die allgemeine Lebenspraxis und auf die Kunst bezieht. Wichtiger als die spezifische *Art* der Betätigung scheint ihm offenbar das *Ergebnis*, auf das sie letztlich hinausläuft: Als Wahrheit könne das nur das gelten, woraus sich „ein mannigfaltiges, vollständiges, hinreichendes Werk [...] entwickeln könne."[116]

Die hier vollzogene Einführung von Wertungsaspekten macht die Sache nicht einfacher; was als ‚mannigfaltig, vollständig, hinreichend' gelten darf, das lässt sich an objektiven Kriterien kaum festmachen. Aber gerade auf diesen subjektivistischen Charakter scheint es Goethe anzukommen: Der „geistreiche[ ] Beschauer" eines Kunstwerks wird „das Geistlose, woran alles Falsche krankt", mit sicherem Gespür „empfinden" – und sich von einer bloß „meisterhafte[n] Ausführung" durchaus nicht blenden lassen.[117]

Das auf den Beitrag über *Naturphilosophie* folgende Gedicht unter dem Titel *Warnung*, mit dem das Heft abschließt (und das bislang ausschließlich im Kontext der Goethe'schen Farbenlehre betrachtet worden ist), wendet sich ausdrücklich an die „Freunde" – gemeint sind in diesem publizistischen Zusammenhang die Leser der Zeitschrift. Gewarnt wird darin, gleich in der ersten Strophe, vor jener falschen Wahrheit, die im Artikel zuvor als „Nekrose" bezeichnet worden ist und hier nun weiterführend charakterisiert wird.

> Freunde, flieht die dunkle Kammer
> Wo man Euch das Licht verzwickt,
> Und mit kümmerlichsten Jammer
> Sich verschrobnen Bildern bückt:
> Abergläubische Verehrer
> Gab's die Jahre her genug,
> In den Köpfen eurer Lehrer
> Lasst Gespenst und Wahn und Trug.[118]

Anders als das „Genie" verfügen die „Freunde" offenbar nicht über das „Talent", das Wahre und Lebendige vom Falschen und Verwesenden zu trennen; im Gegenteil, sie bedürfen der imperativischen Aufforderung („lasst"), sich von den „verschrobnen Bildern" fernzuhalten – und damit von ihren bisherigen „Lehrern", die nichts als „Gespenst und Wahn und Trug" verbreitet haben. Die Metapher vom ‚verzwickten' Licht spielt hierbei einerseits und *ex negativo* auf eine der traditionsreichsten Metaphern des aufklärerischen Denkens an, die Goethe in seinem Titelblatt-

---

116 FA I/22, S. 396.
117 FA I/22, S. 396.
118 FA I/22, S. 397.

entwurf für die erste Zeitschriftenausgabe eigens ins Bild gesetzt hat (und die daraufhin von Johann Heinrich Meyer in die Stichvorlage übertragen wurde): auf die Metapher vom ‚Licht der Wahrheit'.[119] Andererseits ist das gleich im ersten Vers angeführte Wort von der ‚dunklen Kammer' bei Goethe eindeutig referenzialisiert: Gemeint ist der dunkle Experimentierraum Newtons, in dem dieser seine Versuche der Lichtspaltung durchführte – und den Goethe polemisch als „Materkammer" verurteilte, in dem die „Phänomene" inquisitorisch „vor die Jury des gemeinen Menschenverstandes" gebracht werden sollen.[120]

An die einleitenden Verse knüpft die zweite Strophe mit dem Ratschlag an, „der Natur die Ehre zu geben", und sie verbindet dies mit einer komplexen epistemologischen Idee:

> Wenn der Blick an heitern Tagen
> Sich zur Himmelsbläue lenkt,
> Bey'm Siroc der Sonnenwagen
> Purpurroth sich niedersenkt:
> Da gebt der Natur die Ehre,
> Froh, an Aug' und Herz gesund,
> Und erkennt der Farbenlehre
> Allgemeinen ewigen Grund![121]

Die metaphorische Bedeutung des Lichts, die in der ersten Strophe entfaltet wird, wird hier um eine physikalische Dimension erweitert. In den Farbwechseln des Tageslichts, von der „Himmelsbläue" der Tagesmitte zum

---

119 Vgl. zu Goethes Skizze für die Umschlagzeichnung und deren Umsetzung durch Johann Heinrich Meyer Paul Raabe: Goethes Umschlag zu „Kunst und Alterthum". Mit einem ungedruckten Brief und einer Skizze Goethes, in: ders.: Bücherlust und Lesefreuden. Beiträge zur Geschichte des Buchwesens im 18. und frühen 19. Jahrhundert, Stuttgart 1984, S. 251–256. Raabe sieht in der Umschlagzeichnung eine „symbolische Darstellung der Entdeckung der altdeutschen Kunstdenkmäler durch die Bemühungen und Bestrebungen der Zeit": „Schwert und Krummstab, Buch, Gefäß und Grabstein", auf die das hinter den Wolken hervorstrahlende Licht fällt, seien „Symbole der sterbenden Antike und des weltlichen und geistlichen Mittelalters" (S. 253). Dass dieses Licht auch im aufklärerischen Sinne zu deuten ist, wofür ich hier argumentiere, mag als eine Erweiterung der überzeugenden Ausführungen Raabes verstanden werden. Sie ließe sich noch stützen durch den Hinweis auf Diderots und D'Alemberts *Encyclopédie*, deren eindrucksvolles Frontispiz ebenfalls das Licht als Allegorie der ‚nackten Wahrheit' inszeniert. Dass dieser Vergleich fruchtbar sein könnte, wird auch durch den Eingangssatz des Artikels *Naturphilosophie* nahe gelegt, in dem Goethe explizit auf die *Encyclopédie* eingeht (FA I/22, S. 396).
120 FA I/25, S. 61 (*Älteres, beinahe Veraltetes*).
121 FA I/22, S. 397.

Purpurroth" der Abendsonne, offenbart sich eine Erkenntnis, die im ‚verzwickten Licht', in der ‚dunklen Kammer', von denen in Strophe 1 die Rede war, offenkundig nicht zu erlangen ist: die Wahrheit der „Farbenlehre", die hier, semantisch verdichtet, als „allgemeiner ewiger Grund" bezeichnet wird, womit ihr der Status einer letztverbindlichen, ja religiös anmutenden Gewissheit zugewiesen wird.[122] An die Stelle der irreführenden „Lehrer" aus der ersten Strophe, die nichts als „Aberglauben" verbreiten, das heißt an die Stelle von Newton mit seiner „düstern empirisch-mechanisch-dogmatischen Materkammer",[123] tritt nun die „Natur" höchst selbst, und ihr wiederum ist der Verfasser dieser Verse und Herausgeber der Zeitschrift *Ueber Kunst und Alterthum* in besonderer Weise verpflichtet: mit Blick auf die theoretische Begründung jener lichtgegebenen Wahrheit in seinem naturwissenschaftlichen Hauptwerk *Zur Farbenlehre* nämlich.[124]

Wie sich die Erkenntnis der „Farbenlehre" in der sinnlichen Wahrnehmung des Abendhimmels konkret zu erkennen geben soll, bleibt zunächst unklar und deutet auf einen Kernaspekt von Goethes Farbentheologie hin, den Schöne folgenderweise benannt hat: Es handle sich um eine „auf Intuition abgestellte, irrational eingefärbte, vorkritische Erkenntnistheorie", die sich im Rahmen der naturwissenschaftlichen Schriften „mit der leidenschaftlichen Präzision der Beobachtungen und der unermüdlichen Sorgfalt der Experimente" verbinde.[125] Über diesen Befund weiß die Goethe-Forschung heute allerdings etwas mehr: Demnach argumentiert Goethe hinsichtlich der Wesenserkenntnis von Naturerfahrungen keineswegs raunend oder dunkel, sondern auf der Grundlage einer

---

122 Vgl. zu dieser Charakteristik grundlegend Albrecht Schöne: Goethes Farbentheologie, München 1987, darin in diesem Zusammenhang vor allem das Kapitel „Die Wahrheitsfrage", S. 106–119.
123 FA I/25, S. 61 (*Älteres, beinahe Veraltetes*).
124 Man mag in Äußerungen wie diesen einen gewissen Hang zur „Selbstmonumentalisierung" erkennen (wie bei Dotzler: Ueber Kunst und Reproduzierbarkeit, S. 135). Man sollte diese Tendenz aber nicht überschätzen: Die Zeitschrift *Ueber Kunst und Alterthum* zielt programmatisch auf die Überschreitung ästhetischer, poetischer und vor allem nationaler Grenzen. Das schließt durchaus nicht aus, dass Goethe selbst und sein Werk in diesem Heft wiederholt Erwähnung finden. Das in diesen kommunikativen Zusammenhängen zur Sprache kommende ‚Ich' ist aber nicht das Zentrum aller Überlegungen, sondern deren Ausgangspunkt.
125 Schöne: Goethes Farbentheologie, S. 109.

an Spinoza und Kant anknüpfenden „Methodologie des intuitiven Verstandes".[126]

Einen vergleichbar intuitiv-rationalen Zusammenhang von Naturbetrachtung und Erkenntnisvermittlung entwickelt das in der Mitte des Heftes platzierte Gedicht *Der Pflanzenfreund aus der Ferne*. Es setzt sich aus insgesamt drei Strophen von jeweils acht Versen zusammen, die allerdings nicht von Goethe selbst, sondern von dem Botaniker Ernst Meyer stammen, der sich hierfür durch die Lektüre der *Metamorphose der Pflanzen* hat anregen lassen – er selbst bleibt aber namentlich ungenannt.[127] In Meyers gänzlich epigonalen Versen sind es nicht die farbgebenden Strahlen der Abendsonne, sondern die bunten „Blumen", die sich im Garten „Blüth' an Blüthe" drängen und die liebevolle Fürsorge des Gärtners mit besonderem Erkenntnisgewinn belohnen:

DER PFLANZENFREUND AUS DER FERNE
mit dem Bilde seiner Einsiedeley.

Hier wohn' ich unter Halmen, Blumen, Bäumen,
Und gehe sinnend oft die kleinen Wege,
Um die in zierlich abgemessnen Räumen
Sich Blüth' an Blüthe drängt bey treuer Pflege.
Und oft ergetz' ich mich in kind'schen Träumen
Dass sich in ihnen Gegenneigung rege:
Vergelten sie doch Liebe mit Vertrauen,
Durft' ich doch manch Geheimniss offen schauen.[128]

Es wird in diesen Versen nicht weiter spezifiziert, *wie* sich dem Sprecher-Ich „manch Geheimniss" offenbart. Sicher ist nur die Tatsache, *dass* es durch die Betrachtung der Pflanzen, die sich mit tiefer, zärtlicher Gewogenheit verbindet („Liebe"), zur Einsicht in eine bedeutungsvollere, naturgebundene Wahrheit kommt. Das Gedicht skizziert damit eine epistemologische Wechselwirkung, deren zugleich diffuse und selbstevidente Kausalität mit

---

126 So in resümierendem Anschluss an Eckart Försters philosophische Goethe-Deutung David E. Wellbery: Zur Methodologie des intuitiven Verstandes. Anmerkungen zu Eckart Försters Goethelektüre, in: Übergänge – diskursiv oder intuitiv? Essays zu Eckart Försters „Die 25 Jahre der Philosophie", hg. von Johannes Haag und Markus Wild, Frankfurt am Main 2013, S. 259–274. Hinzuweisen ist in diesem Zusammenhang außerdem auf Olaf L. Müllers umfassenden Versuch, die Goethe'sche Farbenlehre aus wissenschaftstheoretischer Sicht zu rehabilitieren: Mehr Licht. Goethe mit Newton im Streit um die Farben, Frankfurt am Main 2015.
127 Vgl. FA I/22, S. 1168 (Kommentar Bohnenkamp).
128 FA I/22, S. 348.

einem Satz aus den *Maximen und Reflexionen* am besten umschrieben ist: „Das Höchste wäre, zu begreifen, daß alles Factische schon Theorie ist. Die Bläue des Himmels offenbart uns das Grundgesetz der Chromatik. Man suche nur nichts hinter den Phänomenen; sie selbst sind die Lehre."[129] Die „grundgesetzliche Verlautbarung",[130] die Goethe in diesem Lehrsatz proklamiert, kommt in dem Gedicht über den *Pflanzenfreund aus der Ferne*, aber auch in den Versen der *Warnung* auf bildlich veranschaulichende Weise zum Ausdruck.

Nun ließe sich gewiss Eingehenderes über die Motti, den heftabschließenden Artikel, die beiden Gedichte und ihr paratextuelles Zusammenspiel sagen. Im Hinblick auf den hier in Frage stehenden *strukturellen* Aufbau des Heftes und die semantischen Implikationen, die sich daraus ergeben, seien hier nur drei eher allgemeine Befunde festgehalten:

Erstens. Das Heft KuA VI 1 ist insofern als Einheit konzipiert, als es gerahmt wird durch Motti sowie spruchartige, lyrische und essayistische Aussagen zum Verhältnis von ‚Wahrheit', ‚Talent' und ‚Genie' sowie ‚Produktivität'. Als Vorbild für diese Konzeption nennt Goethe gleich im ersten Satz seines heftabschließenden Artikels *Naturphilosophie* Diderots und D'Alemberts *Encyclopédie* und schreibt dazu: „Eine Stelle in D'Alembert's Einleitung in das große französische encyklopädische Werk, deren Uebersetzung hier einzurücken der Platz verbietet, war uns von großer Wichtigkeit; sie beginnt Seite X der Quart-Ausgabe, mit den Worten *A l'égard des sciences mathématiques*, und endigt Seite XI: *entendu son domaine.* Ihr Ende, sich an den Anfang anschließend, umfaßt die große Wahrheit".[131]

Zweitens. Dieser philosophiegeschichtliche Rekurs deutet darauf hin, dass Goethe nicht allein die strukturelle Einheit seines Heftes anstrebt. Durch die Rahmung wird der gesamte Inhalt, werden *sämtliche* Beiträge in KuA VI auf einen übergeordneten Wert bezogen – auf den Wert der Wahrheit.[132] Und auch in dieser Hinsicht scheint die *Encyclopédie* Goethe ein nachahmenswertes Beispiel zu geben: D'Alembert gehe davon aus, so Goethe, „daß [...] auf der Reinheit des Vorsatzes alles in den Wissenschaften beruhe." Aus diesem epistemologischen Gebot folgt für das eigene

---

129 FA I/13, S. 49.
130 Schöne: Goethes Farbentheologie, S. 106.
131 FA I/22, S. 396.
132 Der konkrete Zusammenhang der Rahmung mit dem Heftinhalt bleibt dabei unscharf. Dies aber ist im Blick auf die Beziehung von ‚Motto' und ‚Gesamttext' wohl eher die Regel als die Ausnahme.

Vorhaben: „Auch wir sind überzeugt daß dieses große Erforderniß nicht bloß in mathematischen Fällen, sondern überall in Wissenschaften, Künsten, wie im Leben Statt finden müsse."[133]

Drittens. Im Zuge dieser strukturell-semantischen Konzeptualisierung bringt sich der Herausgeber der Zeitschrift unterschwellig selbst ins Spiel: So wie die Einträge in der *Encyclopédie* orientieren sich auch die eigenen Arbeiten am Wert der „Wahrheit", an der „Reinheit des Vorsatzes" – dies gilt sowohl für die *Farbenlehre*, auf die hier rekurriert wird, als auch und vor allem für das vorliegende Heft *Ueber Kunst und Alterthum*. Die Zeitschrift erfährt dadurch eine persönliche Autorisierung: Es handelt sich um das Produkt einer intentional wirkenden, also einer produzierenden, auswählenden, gestaltenden Instanz.

Der äußeren Rahmung entspricht das innere Strukturprinzip des Heftes, also die konkrete Anordnung der einzelnen Beiträge. Bei genauerer Betrachtung des Heftes KuA VI 1 lässt sich feststellen, dass thematisch verwandte Beiträge zu Einheiten von unterschiedlichem Umfang segmentiert worden sind. Dabei verbindet Goethe systematische, literarische und gegenstandsbezogene Kategorisierungen, die allerdings nirgendwo expliziert werden – weder das hintangestellte Inhaltsverzeichnis noch das Gesamtverzeichnis des fünften und sechsten Zeitschriftenbandes sehen eine solche Untergliederung der Beiträge vor.[134] Dieser systematisch-strukturierte Aufbau des Heftes lässt sich am besten in einer differenzierten, nach Themen geordneten Übersicht darstellen, die (nahezu) sämtliche Beiträge berücksichtigt. Dabei sind diejenigen Artikel, die im direkten Nacheinander oder zumindest in einer gewissen räumlichen Nähe zueinander stehen, mit griechischen Buchstaben angeführt. Alle anderen sind den jeweiligen Themengruppen mit neutralen Spiegelstrichen zugeordnet. Zusätzlich ist denjenigen Artikeln, deren Titel nicht klar auf den jeweiligen Inhalt hindeuten, eine Kurzsynopse oder zumindest ein Textsortenhinweis beigefügt. Die Zusammenhänge, die sich im Lektüreprozess mehr oder weniger intuitiv erschließen, werden so transparent:

---

133 FA I/22, S. 396.
134 Vgl. FA I/22, S. 398 f. sowie S. 628–643. In Bezug auf das Gesamtverzeichnis ist zu konzedieren, dass die Artikel hinsichtlich der in ihnen verhandelten Kunstgattungen recht differenziert unterschieden und aufgelistet werden („Malerey", „Zeichnungen", „Musik", „Poetisches" usw.). Über die jeweilige Art der Auseinandersetzung, die einzelnen Themen und Fragestellungen, ist damit aber noch nichts ausgesagt.

POETIK
- α *Ueber epische und dramatische Dichtung, von Goethe und Schiller*
- α *Ueber das Lehrgedicht*
- – *Moderne Guelfen und Ghibellinen* [Beitrag zum konflikthaften Verhältnis von Klassik und Romantik]
- – *Le Tasse, drame historique en cinq actes, par M. Alexander Duval* [Ersterwähnung des Begriffs ‚Weltliteratur' in der Zeitschrift *Ueber Kunst und Alterthum*]
- β *Homer noch einmal*
- β *Nachlese zu Artistoteles' Poetik*

PHILOSOPHIE UND MORALISTIK
- α *Verhältniss, Neigung, Liebe, Leidenschaft, Gewohnheit*
- α *Aus dem Französischen des Globe* [zur Unterscheidung von Mythologie, Hexerei und „Feerey"]
- – *Naturphilosophie*

BILDENDE KUNST
- – *Steindruck*
- α *Bildende Kunst* [Sammelbesprechung, Teil 1]
- α *Bildende Kunst* [Sammelbesprechung, Teil 2]

WELTLITERATUR
- – *Uebersetzung zweyer persischen Gedichte des Seïd Ahmed Hatifi Isfahàni*
- α *Lorenz Sterne*
- α *The First Edition of the Tragedy of Hamlet* [Aufsatz anlässlich der 1823 wiedergefundenen Erstausgabe des Stückes]
- – *Nach dem Serbischen* [Gedichte in Übersetzung]
- – *Chinesisches* [Gedichte mit Kommentierungen in Übersetzung][135]
- γ *Neueste deutsche Poesie* [Über die Vielfalt der literarischen Neuerscheinungen und die sich daraus ergebenden Einordnungs- und Wertungsprobleme]
- γ *Serbische Gedichte* [Abhandlung]
- γ *Das Neueste Serbischer Literatur*
- γ *Bömische Poesie* [Abhandlung]

---

135 Zu diesem von der Forschung lange unterschätzten weltliterarischen Experiment Heinrich Detering/Yuan Tan: Goethe und die chinesischen Fräulein, Göttingen 2018.

γ *Wie David königlich zur Harfe sang* [Gedicht]
– *Hafis* [Gedicht]

HISTORISCHES

α *Die Bacchantinnen des Euripides* [Übersetzung der Verse 1242–1297 aus den *Bacchen* des Euripides]

α *Euripides' Phaeton* [zweiter Teil einer versuchten Rekonstruktion der fragmentarisch überlieferten Tragödie]

– *Von Gott dem Vater stammt die Natur* [Gedicht mit Bezug auf den 11. Gesang von Dantes *Inferno*]

GEGENWÄRTIGES

– *Oeuvres dramatiques de Goethe traduites de l'allemand*

α *Varenhagen von Ense's Biographien* [Besprechung]

α *Solger's nachgelassene Schriften und Briefwechsel* [Besprechung]

– *Helena. Zwischenspiel zu Faust* [ein Werkstattkommentar Goethes]

– *Stoff und Gehalt, zur Bearbeitung vorgeschlagen* [Besprechung und Anregung zur literarischen Auseinandersetzung mit zwei Neuerscheinungen, den *Mémoires historiques de Mr. le Chevalier Fontvielle de Toulouse* und den *Begebenheiten des schlesischen Ritters Hans von Schweinichen*]

Es ließen sich selbstredend andere Themenschwerpunkte setzen, die entsprechend zu einer divergierenden Gliederungsstruktur führen würden. Auch könnte man sicher noch andere thematische Gruppierungen benennen: Die Beiträge etwa, in denen sich Goethe mit seinem eigenen Werk oder dessen öffentlicher Wahrnehmung auseinandersetzt, ergäben einen zusätzlichen Unterpunkt. Aber auf derlei Differenzierungen kommt es zunächst nicht an. Wichtig erscheint vielmehr der allgemeine Befund, dass KuA VI 1 allenfalls auf den ersten Blick wie ein bloßes Sammelsurium thematisch unzusammenhängender Beiträge anmutet. Ohne den charakteristischen Eindruck der Heterogenität und Pluralität zurückweisen zu wollen, gibt sich bei genauerer Betrachtung des Heftes ein internes Strukturmuster zu erkennen. Dabei lassen sich zwei unterschiedliche Verfahren der Reihenbildung[136] voneinander unterscheiden: die stets nur zwei Beiträge umfassenden *Paarungen*, die sich in sämtlichen Themenbereichen finden

---

136 Siehe vergleichend zum Konzept der Reihenbildung im Kontext von Goethes Morphologie Eva Geulen: Serialization in Goethe's Morphology, in: Compar(a)ison. An International Journal of Comparative Literature 29 (2013), S. 53–70.

lassen, und die *Ballungen* mehrerer Stücke zu einer Art inhaltlichem Schwerpunkt. Letzteres ist hier aber einzig in Bezug auf den Themenkomplex ‚Weltliteratur' der Fall, der sowohl theoretisch verhandelt als auch in die Praxis überführt wird: durch mannigfache Übersetzungen aus der und Abhandlungen zur internationalen Literatur.

*

Die Ausführungen zur Rahmung und zur internen Strukturierung des Heftes KuA VI 1 überblickend, lässt sich ein erstes, für diese Untersuchung zentrales Ergebnis festhalten: Die heterogene Vielheit der Beiträge, die in diesem Heft versammelt sind, fügt sich sowohl mikrostrukturell (die Paarungen und Ballungen) wie makrostrukturell (die Rahmung) zu einer Einheit, ohne den Charakter des Disparaten dabei vollkommen aufzuheben. Das beschriebene Heft *Ueber Kunst und Alterthum* legt den Fokus weder auf das „große Ganze" noch auf das „kleine Teil", vielmehr ist es Goethe um „intermediäre Instanzen" zu tun.[137] Hierin liegt denn auch die entscheidende Verbindung der Zeitschrift zu anderen Teilen des Goethe'schen Spätwerks und insofern, wenn man so will, ihr beispielhafter Charakter: Hier wie dort geht es Goethe, mit Hermann Schmitz gesprochen, um „reichhaltige[] Synthesen", in denen sich „die Fülle des ideellen Gehalts erst angemessen offenbaren kann."[138]

---

137 Spoerhase: Das Format der Literatur, S. 471.
138 Schmitz: Goethes Altersdenken, S. 241. Gegenüber dieser Bestimmung scheint mir das in der Forschung mehrfach genannte, allerdings eher selten analytisch operationalisierte Schlagwort der ‚wiederholten' oder ‚wechselseitigen Spiegelungen' eher unscharf. Siehe dazu Dotzler: Ueber Kunst und Reproduzierbarkeit, S. 140; so allerdings auch schon bei Bohnenkamp (FA I/22, S. 963) sowie Birus (FA I/20, S. 664). Dies liegt auch daran, dass es sich bei diesem aus der Entoptik abgeleiteten Prinzip um ein durchaus enigmatisches Konzept handelt, dessen heuristischer Wert für die Untersuchung des vorliegenden Heftes bzw. der Zeitschriften im Ganzen keineswegs auf der Hand liegt. Das in diesem Zusammenhang immer wieder angeführte Goethe-Zitat lautet im Ganzen: „Da sich gar manches unserer Erfahrungen nicht rund aussprechen und direkt mitteilen läßt, so habe ich seit langem das Mittel gewählt, durch einander gegenüber gestellte und sich gleichsam in einander abspiegelnde Gebilde den geheimeren Sinn dem Aufmerkenden zu offenbaren" (FA II/10, S. 548). Goethe bezieht sich mit diesen Äußerungen, was oft übersehen wird, konkret auf seine Lyrik („Auch wegen anderer dunkler Stellen in früheren und späteren Gedichten möchte ich Folgendes zu bedenken geben", ebd.), was die Übertragung des Satzes auf andere, möglicherweise sogar sämtliche Konstellationen des Spätwerks eher fragwürdig erscheinen lässt. Siehe hier allerdings auch den Aufsatz *Wiederholte Spiegelungen* von 1823, in

Die Frage, die im Anschluss an die Strukturbeschreibung zu stellen ist, zielt auf die Funktion der auf Mesoebene angelegten Zeitschriftenpoetik. Für eine solche Rekonstruktion bedarf es allerdings keiner sehr aufwendigen hermeneutischen Operationen: Das in hohem Maße selbstreflexive Heft KuA VI 1 gibt nämlich eigens darüber Auskunft, welche Zielsetzungen sich mit seiner Strukturierung verbinden.

b) Versatilität und Polyphonie

Die metakommunikativen Passagen des Heftes, die zum Teil in die oben angeführten Beiträge integriert sind, bilden eine weitere Gruppierung und ergeben zugleich eine facettenreiche Erläuterung des Anspruchs, den Goethe konkret mit seinem Heft wie auch generell mit seinem Zeitschriftenprojekt verbindet. Dass die Gruppierung *in sich* einzelne Paarungen und Ballungen herausbildet, ist auch in der folgenden Übersicht nach dem oben eingeführten Schema (griechische Buchstaben = thematischer und räumlicher Zusammenhang zweier oder mehrerer Beiträge; Spiegelstrich = für sich stehender Einzelbeitrag) angezeigt:

α   *Aus dem Französischen des Globe* [darin Anmerkungen zur Notwendigkeit des interkulturellen Dialogs in Zeiten der räumlich entgrenzten Kommunikation]

α   *Homer noch einmal* [Kritik an einem „Zeitgeist", in dem sich „vielerley Widerstreit" aus „verschiedenen einander entgegengesetzten, nicht auszugleichenden Denk- und Sinnesweisen" beständig „auf's neue entwickelt"]

β   *Oeuvres dramatiques de Goethe traduites de l'allemand* [Hinweis auf den Autor des *Faust*, der die Vielheit des darin Geschilderten („man findet die Schilderungen aller menschlichen Gefühle") als Einheit („dieser Faust enthält ihn ganz") zu integrieren vermag]

---

dem Goethe das entoptische Prinzip auf den menschlichen Lebensgang bezieht: „Bedenkt man nun daß wiederholte sittliche Spiegelungen das Vergangene nicht allein lebendig erhalten, sondern sogar zu einem höheren Leben empor steigern, so wird man der entoptischen Erscheinungen gedenken welche gleichfalls von Spiegel zu Spiegel nicht etwa verbleichen sondern sich erst recht entzünden" (FA I/17, S. 371). Auch aus dieser Äußerung lässt sich, meine ich, kein ästhetisches Zentralprinzip des Goethe'schen Spätwerks ableiten.

β   *Der Pflanzenfreund aus der Ferne, mit dem Bilde seiner Einsiedeley*
    [lyrisch-allegorische Reflexion über das Mannigfache der Natur (illustriert am „bunten Haufen" der Blumen) und die Möglichkeit der Erkenntnis („manch Geheimniss offen schauen"), die sich daraus für den Betrachter ergeben]
β   *Le Tasse, drame historique en cinq actes, par M. Alexander Duval*
    [Anmerkungen zum heterogenen Charakter sowohl der Welt- als auch der Nationalliteratur und zu Möglichkeiten der interkulturellen Verständigung]
γ   *Solger's nachgelassene Schriften und Briefwechsel* [Schilderung einer idealen Verständigung zwischen Menschen und Meinungen, mit einem Hinweis auf den ebenfalls in KuA VI 1 abgedruckten Briefwechsel mit Schiller]
γ   *Moderne Guelfen und Ghibelline* [zum Konflikt von Romantikern und Klassikern, der nur aufgrund der Schärfe der Auseinandersetzung, nicht aber wegen inhaltlich divergierender Positionen unvereinbar scheint]
—   *Bemerkung und Wink* [über die zentrale Rolle von Periodika als Medien des Dialogs in der Moderne]

Kennzeichnend für gleich mehrere dieser Artikel – dies deutet sich in den beigefügten Kurzsynopsen an – ist die Bestimmung eines Zeitverhältnisses oder, genauer noch, eines Epochenbildes, vor dessen Hintergrund die Aufgabe und die Zielsetzung des Projekts *Ueber Kunst und Alterthum* allererst verständlich wird. Dies lässt sich beispielhaft anhand der ersten beiden Artikel zeigen, dem Artikel *Homer noch einmal* und dem Beitrag *Aus dem Französischen des Globe*, die Goethe offenbar auch selbst in Zusammenhang gesehen hat.[139]

Der Artikel zu Homer hebt an mit einer sehr allgemeinen Betrachtung zur Natur des Menschen und zum Phänomen des Streits:

> Es giebt unter den Menschen gar vielerley Widerstreit, welche aus den verschiedenen einander entgegengesetzten, nicht auszugleichenden Denk- und Sinnesweisen sich immer auf's neue entwickelt. Wenn eine Seite nun besonders hervortritt, sich der Menge bemächtigt und in dem Grade triumphirt, daß die entgegengesetzte sich in die Enge zurückziehen und für den Augenblick im Stillen verbergen muß; so nennt man jenes Uebergewicht den Zeitgeist, der denn auch eine Zeit lang sein Wesen treibt.[140]

---

139 Vgl. FA I/22, S. 1149 (Kommentar Bohnenkamp).
140 FA I/22, S. 328.

Der „Zeitgeist" ist das, was sich lauthals Geltung verschafft, was andere „Denk- und Sinnesweisen" schlichtweg übertönt und dadurch ins Abseits verdrängt. Diese autoritäre Form des Streits siedelt Goethe in einer entfernten Vergangenheit an, „[i]n den früheren Jahrhunderten" nämlich, in denen so „ganze Völker und vieljährige Sitten" zu „bestimmen" gewesen seien. Erst seit der jüngsten Vergangenheit („neuerlich") zeige sich nun eine „größere Versatilität" in diesem Bereich – dahingehend nämlich, „daß zwey Gegensätze zu gleicher Zeit hervortreten und sich einander das Gleichgewicht halten können, und wir achten dieß für die wünschenswertheste Erscheinung."[141] Es handelt sich hier um eine Haltung, die Goethe ähnlich im Blick auf sein Gesamtwerk formuliert und die hier bereits mit Bezug auf das Gedicht *Vorklage* umrissen wurde; sie ist gekennzeichnet durch eine entkrampfte Haltung gegenüber der unvermeidlichen Widersprüchlichkeit, durch eine – so ein Goethe'scher Leitbegriff – ‚Anerkennung'[142] von Pluralität und Heterogenität als Grundprinzipien der modernen Welt. Eines gilt es dabei im Umkehrschluss abermals zu betonen: Von irgendeinem Bestreben nach einer Aufhebung des „atomistisch zerstückelten Charakter[s] der empirischen Realität"[143] ist hier erneut keine Rede, im Gegenteil.

Ein besonders vielsagendes Beispiel für die gemeinhin erhöhte „Versatilität" der Gesellschaft erkennt Goethe in der traditionsreichen Debatte über die ‚homerische Frage'. Er führt aus: Während man sich längere Zeit schon daran gewöhnt habe, das Dichtersubjekt ‚Homer' und mit diesem sein ‚Werk' als „ein Zusammengefügtes, aus mehreren Elementen Angereihtes" anzuerkennen, werde gegenwärtig eher wieder dafür plädiert, sich „ihn als eine herrliche Einheit, und die unter seinem Namen überlieferten Gedichte als einem einzigen höheren Dichtersinne entquollene Gottesgeschöpfe vorzustellen."[144] Welcher Position soll man hier also folgen? So gestellt, lässt sich die Frage nicht eindeutig beantworten, und gerade darauf kommt es

---

141 FA I/22, S. 328.
142 Zum Begriff der ‚Anerkennung' bei Goethe vgl. die Belegstellen in GWb, Bd. 1, Sp. 518 f. Hier kommt es freilich weniger auf die juristischen Implikationen des Begriffs an als vielmehr auf jene Semantik, die das *Goethe-Wörterbuch* „im menschl Bereich iSv Respektieren, Beachtung" angelegt sieht. Ich beziehe mich hier auf entsprechende Sätze in den *Maximen und Reflexionen* – zum Beispiel: „Toleranz sollte eigentlich nur eine vorübergehende Gesinnung seyn; sie muß zur Anerkennung führen. Dulden heißt beleidigen." Oder auch: „Die wahre Liberalität ist Anerkennung" (beide FA I/13, S. 249).
143 Schmitz: Goethes Altersdenken, S. 241.
144 FA I/22, S. 328.

Goethe an. Der heutige „Zeitgeist" entfalte sich „mehrfältig unter verschiedenen Himmelsstrichen",[145] und dies soll hier meinen: Die Tatsache, dass zwei unvereinbare Lehrmeinungen nebeneinander stehen, bedarf nicht mehr der zwanghaften Klärung, sondern darf vielmehr hin- und angenommen werden. Genau das meint Goethe mit dem Wort von der „größeren Versatiliät": Aus dem Entweder-Oder im früheren Machtspiel der Meinungen und Ansichten ist in der ihm vor Augen stehenden Gegenwart ein entkrampftes Sowohl-als-auch geworden. Oder mit Schmitz' klarer Formulierung gesagt: Die neue Zeit, von der Goethe spricht, kennzeichnet der „Mut, [den] Zwiespalt zu ertragen", und ihn „nicht an eine schwärmerische Sehnsucht nach einseitiger Harmonie aufzugeben".[146]

Der unmittelbar vorangehende Artikel *Aus dem Französischen des Globe* ergänzt und erweitert diese kontrastive Zeitdiagnose. Der Verfasser dieses Beitrags, den Goethe für seine Leser übersetzt und mit einer kurzen Nachbemerkung versieht, geht zunächst vor allem auf die modernen Kommunikationsverhältnisse ein.[147] Gegenstand der Betrachtung ist dabei

---

145 FA I/22, S. 328.
146 Schmitz: Goethes Altersdenken, S. 242 (dort mit einem erhellenden Verweis auf vergleichbare Gedankenfiguren bei Hegel).
147 Die konkreten technischen und infrastrukturellen Aspekte werden dabei nicht eigens genannt, zumindest aber vom Übersetzer des Artikels, von Goethe also, sehr wohl mitgedacht. Dies legen entsprechende Aussagen aus den späten zwanziger Jahren nahe. Ausdrücklich äußert sich Goethe in dieser Richtung etwa in einem Brief an Thomas Carlyle vom 8. August 1828: „Der dritten Lieferung meiner Werke lege auch das neuste Stück von Kunst und Alterthum bey; Sie werden daraus ersehen daß wir Deutsche gleichfalls im Fall sind, uns mit fremden Literaturen zu beschäftigen. Wie durch Schnellposten und Dampfschiffe rücken auch durch Tages-, Wochen- und Monatsschriften die Nationen mehr an einander, und ich werde, so lang es mir vergönnt ist, meine Aufmerksamkeit besonders auch auf diesen wechselseitigen Austausch zu wenden haben. Doch hierüber möchte in der Folge noch manches zu besprechen seyn; Ihre Bemühungen kommen zeitig genug zu uns, den unsrigen sind auch schnellere Wege gebahnt; lassen Sie uns der eröffneten Communication immer freyer gebrauchen" (WA IV.44, S. 257). Mitunter nimmt diese Wahrnehmung einer zunehmenden Beschleunigung der modernen Lebensverhältnisse auch kulturkritische Züge an; bekannt ist der Brief an Zelter, vermutlich vom 6. Juni 1825: „Junge Leute werden viel zu früh aufgeregt und dann im Zeitstrudel fortgerissen; Reichthum und Schnelligkeit ist was die Welt bewundert und wornach [sic] jeder strebt; Eisenbahnen, Schnellposten, Dampfschiffe und alle möglichen Facilitäten der Communication sind es worauf die gebildete Welt ausgeht, sich zu überbieten, zu überbilden und dadurch in der Mittelmäßigkeit zu verharren. Und das ist ja auch das Resultat der Allgemeinheit, daß eine mittlere Cultur gemein werde, dahin streben die Bibelgesellschaften, die Lancasterische Lehrmethode, und was nicht alles" (WA IV.39, S. 216). In der

zunächst die Vergangenheit, die hier – genau wie in dem Stück zu Homer – als argumentative Kontrastfolie dient.

Wie also war es ‚damals'? In die entfernte Vergangenheit zurückblickend, umreißt der Verfasser das Bild einer großen, national gesinnten Einstimmigkeit: „Ein jedes [Volk] hatte nur Ein Wahres, Ein Gutes, Ein Schönes, das ihm eigen gehörte; und die unbedeutendsten Dinge, einmal unter diese Rubriken geordnet, betrachteten sie als unwandelbar entschieden".[148] Und wie ist es dagegen „heut zu Tage" – in einer Zeit, „wo die Nationen geneigt sind, eine durch die andere sich bestimmen zu lassen, eine Art von Gemeinde von gleichen Interessen, gleichen Gewohnheiten, ja sogar gleichen Literaturen unter sich zu bilden"?[149] Auf eine geradezu begeisterte Gegenwartsbeschreibung lässt der Verfasser eine wahrlich „große rhetorische Geste"[150] folgen, die Goethes eigenen Äußerungen zu diesem Themenkomplex[151] in gar nichts nachsteht: In heutiger Zeit, sollten die „Nationen", „anstatt ewige Spöttereyen untereinander zu wechseln, sich einander aus einem höhern Gesichtspuncte ansehen"; die

---

Gegenüberstellung dieser beiden Äußerungen zeigt sich die vonseiten der Forschung immer wieder beschriebene Grundambivalenz von Goethes Moderne-Wahrnehmung.

148 FA I/22, S. 324.
149 FA I/22, S. 324.
150 Lamping: Die Idee der Weltliteratur, S. 17.
151 Die bekannteste Äußerung zur Idee der Weltliteratur findet sich im Gespräch mit Eckermann vom 31. Januar 1827. Sie entspricht sowohl in ihrer Diktion als auch in ihrem Inhalt recht präzise der Formulierung, die Goethe aus dem *Globe*-Artikel übersetzt: „Aber freilich wenn wir Deutschen nicht aus dem engen Kreise unserer eigenen Umgebung hinausblicken, so kommen wir gar zu leicht in diesen pedantischen Dünkel. Ich sehe mich daher gerne bei fremden Nationen um und rate jedem, es auch seinerseits zu tun. National-Literatur will jetzt nicht viel sagen, die Epoche der Welt-Literatur ist an der Zeit und jeder muß jetzt dazu wirken, diese Epoche zu beschleunigen" (FA II/12, S. 224 f.). Weitere, ähnliche Formulierungen Goethes finden sich bei Lamping: Die Idee der Weltliteratur, S. 14–20, darin insbesondere zum programmatischen Heft KuA VI S. 19 f. Von all dem unberührt bleibt die Tatsache, dass sich Goethe wenige Jahre später sehr viel nüchterner zur Weltliteratur geäußert hat, wobei vor allem der Hintergrund einer zunehmenden Beschleunigung der sozialen Prozesse kritisch in die Bewertung einbezogen wird. So heißt es im Kontext einer Reihe von Aufzeichnungen aus den Jahren 1829/30: „Wenn nun aber eine solche Weltliteratur, wie bey der sich immer vermehrenden Schnelligkeit des Verkehrs unausbleiblich ist, sich nächstens bildet, so dürfen wir nur nicht mehr und nichts anderes von ihr erwarten als was sie leisten kann und leistet. Die weite Welt, so ausgedehnt sie auch sey, ist immer nur ein erweitertes Vaterland und wird, genau besehen, uns nicht mehr geben als was der einheimische Boden auch verlieh" (FA I/22, S. 866).

Herausforderung der heutigen Zeit bestehe darin, „aus dem kleinen Kreis, in welchem sie sich so lange herumdrehten, herauszuschreiten".[152] Damit sich die Bildung jener „Gemeinde" vollenden kann, die sich bereits in ersten Konturen abzeichne, bedürfe es also einer entschiedenen Horizonterweiterung – und, damit verbunden, der Verabschiedung nationalistischer Vorbehalte.

Goethe muss auf das vorliegende Heft *Ueber Kunst und Alterthum*, in dem der Beitrag *Aus dem Französischen des Globe* erscheint, nun gar nicht explizit hinweisen; dass sich der Beitrag metakommunikativ auf eben diese Publikation bezieht, steht außer Frage. Dies gilt vor allem mit Blick auf die verschiedenen Beiträge zur Weltliteratur, die darin versammelt sind: Das Herausschreiten aus dem national beschränkten Blickfeld, die Einbeziehung fremder Kulturen, wie es der von Goethe übersetzte Artikel empfiehlt, wird in ihm schließlich nicht nur theoretisch bedacht, sondern praktisch in die Tat umgesetzt, ja zu einem Programm.

Goethes Betrachtungen zur ‚homerischen Frage' stehen mit diesem Ansatz völlig in Einklang. Das Heft KuA VI 1, mit seinen „[g]anz disparate[n] Aufsätze[n], Rezensionen, Aphorismen, Gedichte[n]",[153] ist ein auf extensiver Polyphonie beruhendes Gebilde und zeugt eben darin von der „großen Versatilität" einer neuen Zeit. Auch die Funktion der heftstrukturierenden Paarungen und Ballungen erklärt sich vor diesem Hintergrund: Goethe setzt Texte aus verschiedenen Kulturen und Literaturen, setzt divergierende Meinungen und Haltungen in räumliche Beziehungen und bringt sie dadurch in ein über nationale, aber auch zeitliche Grenzen hinweg geführtes ‚Gespräch'.[154] Um hierfür nur ein Beispiel zu nennen: Die gattungstheoretischen Ausführungen *Ueber epische und dramatische Dichtung* werden in den unmittelbar daran anschließenden Anmerkungen *Ueber das Lehrgedicht* aufgenommen, um, nur unterbrochen durch den Homer-Beitrag, in der *Nachlese zu Aristoteles' Poetik* abermals zur Sprache zu kommen. Was sich damit entfaltet, ist ein virtueller ‚Dialog' zu Fragen der allgemeinen Poetik, an dem sich verschiedene ‚Stimmen' aus der Gegenwart und aus der Vergangenheit beteiligen – ein Gespräch außerdem, in dem nicht das widerspruchsfreie Ergebnis, sondern der Dialog als solcher entscheidend ist.[155]

---

152 FA I/22, S. 324.
153 FA I/20, S. 664 (Kommentar Birus).
154 Vgl. hierzu, den Zeitaspekt aussparend, FA I/22, S. 1130 und S. 1172 f. (Kommentar Bohnenkamp).
155 Ähnliche Beispiele finden sich in FA I/22, S. 1129 f. (Kommentar Bohnenkamp).

c) Geselligkeit und Vermittlung

Wie buchstäblich die Metapher des ‚Gesprächs' im Blick auf derlei interne Strukturprinzipien zu verstehen ist,[156] ja vor allem auch in welchem Sinne Goethe dieses ‚Gespräch' geführt wissen will, wird durch den epistolarischen Dialog mit Schiller angezeigt, der an erster Stelle im Heft abgedruckt ist und somit die Funktion einer Einleitung übernimmt. Auf diesen einführenden Briefwechsel kommt Goethe später im Heft auch selbst zu sprechen, und zwar im Rahmen seiner Rezension der nachgelassenen Briefe des Philologen und Philosophen Karl Wilhelm Solger. Bei dieser rückbezüglichen Kommentierung will ich ansetzen.

Zunächst: Was genau interessiert Goethe an Solgers Briefen, wie sie ihm in der nun erschienenen Nachlassausgabe vorliegen? Der Rezensent betont vor allem den gesprächsartigen Charakter jener Briefe, die Solger mit seinen Briefpartnern Ludwig Tieck und Friedrich von Raumer gewechselt habe:

> Die drey wichtigen Männer Solger, Tieck und Raumer unterhalten sich über ihr fortschreitendes Dichten und Trachten, Wollen und Thun, und so kommt, ganz ohne Vorsatz, ein vollständiges Bild eines edlen lebendigen Kreises zu Stande, einer Schraube ohne Ende, die in das Nächste eingreift und so das Fernste in Bewegung setzt. Der Kreis ist nicht abgeschlossen, ein und der andere Freund wird beyläufig mit aufgenommen [...].[157]

Diese Äußerung läuft auf eine charakteristische Ambivalenz hinaus: Das ‚vollständige Bild', das sich aus Solgers gesammelten Briefen ergibt, kontrastiert der ‚Schraube ohne Ende' (ganz im Sinne des hermeneutischen Zirkels) und der ‚Nicht-Abgeschlossenheit' des sich hier artikulierenden ‚Kreises'. Aber wie genau soll das gehen – ein Bild des Ganzen, wenn das Bild doch selbst ein unabgeschlossenes, offenes ist? Für Goethe wäre die Frage vermutlich falsch gestellt: Die gesprächsartige Offenheit des Brief-

---

156 Auch Hahn betont den Gesprächscharakter der Zeitschrift, bezieht sich dabei allerdings eher auf die intendierten Leser der Hefte als auf deren interne Strukturprinzipien: Die Hefte *Ueber Kunst und Alterthum* entsprächen, so Hahn, einer „Mitteilungsform [...], die die Bereitschaft zum Mit- und Weiterdenken wachrufen soll, ohne den Angesprochenen von vornherein festlegen zu wollen, sondern vielmehr gleichsam dessen eigenständige Antwort provozierend" (Hahn: Goethes Zeitschrift „Ueber Kunst und Alterthum", S. 135). Als trennscharfe Charakterisierung dient diese Aussage wohl eher nicht: Welcher Roman, welches Drama oder Gedicht will das nicht – die Leser „zum Mit- und Weiterdenken", zu „eigenständigen Antworten" anregen?
157 FA I/22, S. 359 f.

wechsels bildet aus seiner Sicht offenbar keinen Gegensatz zur Anmutung der Vollständigkeit, im Gegenteil, gerade *in* seiner Unabgeschlossenheit stellt sich die Anmutung von ganzheitlicher Harmonie ein. Dies wiederum erklärt sich durch den spezifischen Charakter der Kommunikation, wie sie in dem Briefband dokumentiert ist. Sie lässt sich am besten mit dem Begriff der ‚Geselligkeit' bezeichnen, den Goethe an unterschiedlichen Stellen und insbesondere mit Bezug auf die Briefkultur seiner Zeit in Anschlag bringt: im Sinne eines ‚geistigen Austauschs', einer ‚fördernden Teilnahme' mehrerer sich in ‚Verbundenheit' wissender Menschen im Bereich der Wissenschaft und auch der Kunst.[158]

Vor diesem Hintergrund verweist Goethe nun, wie oben angesprochen, auf seinen zu Beginn von KuA IV 1 abgedruckten Briefwechsel mit Schiller, den er ebenfalls in metakommunikativer Hinsicht verstanden wissen will:

> Darf ich doch auch in diesem Sinne Beyfall erwarten für das zu Anfang des gegenwärtigen Heftes mitgetheilte Rathschlagen zwischen mir und Schiller über einen wichtigen ästhetischen Gegenstand. Denn scheint es auch als wenn epische und dramatische Dichtung genugsam außer uns, vor uns stünden, daß man über deren Beurtheilung sich vereinigen könnte, so zeigt sich doch auch hier die Gewalt des Subjects: ein jeder dieser Freunde, indem er mit dem andern übereinstimmt, von ihm abweicht oder entgegenspricht, mit dem andern eins oder uneins ist, schildert sich am Ende doch nur selbst.[159]

Das „Rathschlagen", was epische und dramatische Dichtung im Einzelnen auszeichnen solle, erklärt sich demnach nicht aus sich selbst heraus, sondern provoziert eine kontroverse Auseinandersetzung, in der sich, wie Goethe schreibt, die „Gewalt des Subjects" zum Ausdruck bringt. Dies allerdings muss nicht notwendigerweise zu einem unerquicklichen Streit führen, sondern bietet vielmehr Anlass zu einer lebendigen, offenen, eben *geselligen* Kommunikation, aus der alle Beteiligten ihren Nutzen ziehen können. Voraussetzung dafür ist die aufgeschlossene Akzeptanz des Anderen in seinen je individuellen Ansichten, und dies wiederum setzt not-

---

158 GwB, Bd. 4, Sp. 72. Vgl. zum paradigmatischen Konzept der Geselligkeit im Kontext der Gesprächskultur des 18. Jahrhunderts die Studie von Markus Fauser: Das Gespräch im 18. Jahrhundert. Rhetorik und Geselligkeit in Deutschland, Stuttgart 1991. Fauser betont in seiner differenzierten Darstellung besonders die sich im frühen 18. Jahrhundert vollziehende Aufwertung der Geselligkeit „aus den Niederungen des materiellen Lebens" in den Rang einer „göttlichen Tugend" (S. 59–61). In der Verbindung „christlicher Nächstenliebe" und „aufklärerischer Menschliebe" (S. 61) erscheine die Geselligkeit als eine „Spielform der Vergesellschaftung" (Georg Simmel). Dies trifft prinzipiell auch auf das von Goethe im Blick auf Solger und seine Briefpartner umrissene Dialogprinzip zu.
159 FA I/22, S. 360.

wendig die Bereitschaft zur Relativierung der eigenen, als subjektiv erkannten Position voraus: als nur eine Möglichkeit in einem unabgeschlossenen und prinzipiell unabschließbaren Spektrum an Möglichkeiten.

Als geradezu anachronistisch bewertet Goethe demgegenüber den grabentiefen Streit zwischen Klassikern und Romantikern – wobei er stillschweigend ausblendet, dass er selbst an der Herausbildung dieser sachlich nur zum Teil schlüssigen Gegenüberstellung folgenreich beteiligt gewesen ist.[160] Ungeachtet dieses Selbstwiderspruchs, beschreibt Goethe in seinem Beitrag über *Moderne Guelfen und Ghibellinen* eine kommunikative Erstarrung, eine Verhärtung auf beiden Seiten, die gleichermaßen schädigende Auswirkungen zeitige. Goethe beschließt seinen Artikel, der als eine Rezension zweier Werke zur Mythologie begann, mit folgenden Bemerkungen:

> Genau betrachtet dürfte hier kein Streit seyn: denn die Alten haben ja auch unter bestimmten Formen das eigentlich Menschliche dargebracht, welches immer zuletzt, wenn auch im höchsten Sinne, das Gemüthliche bleibt. Nur kommt es darauf an, daß man das Gestalten der dichterischen Figuren vermannigfaltige und sich also dadurch der gerühmten Vortheile bediene, welche ein durch ein paar tausend Jahre erweiterter Gesichtskreis darbieten mag.

---

160 Und zwar gerade in der Zeitschrift *Ueber Kunst und Alterthum* – man denke hier nur an den bekannten, von Johann Heinrich Meyer verfassten Artikel über *Neudeutsche religios-patriotische Kunst* (FA I/20, S. 105–129) aus dem Jahr 1817, der auf eine polemische Verwerfung des romantischen Paradigmas hinausläuft. Die Frage, in welchem Maße die Zeitschrift *Ueber Kunst und Alterthum* der kritischen Auseinandersetzung mit der Romantik dient, wird in der Forschung allerdings unterschiedlich bewertet. Während etwa Hahn in der Romantikkritik ein „Hauptanliegen" (Goethes Zeitschrift „Ueber Kunst und Alterthum", S. 133) zu erkennen meint, kommt Wilhelm Voßkamp zu einer differenzierteren und darin überzeugenderen Einsicht: „Goethes Verhältnis zur neuen, romantischen Kunst- und Literaturtheorie entfaltet sich in einer vielperspektivischen Bandbreite zwischen Resignation, Polemik und Versuchen zum distanzierenden Ausgleich" (Wilhelm Voßkamp: „Jeder sey auf seine Art ein Grieche! Aber er sey's." Zu Goethes Romantikkritik in der Zeitschrift *Ueber Kunst und Alterthum*, in: Goethe und das Zeitalter der Romantik, hg. von Walter Hinderer und Alexander von Bormann, Würzburg 2002, S. 121–132, hier S. 121). Auch im Blick auf diesen Themenkomplex gilt allerdings: Eine eingehende Rekonstruktion der Auseinandersetzung Goethes mit klassischen und romantischen Tendenzen in der Zeitschrift *Ueber Kunst und Alterthum* steht bislang noch aus. Eine solche Untersuchung müsste dann unbedingt auch den meist unberücksichtigten, in KuA VI 1 abgedruckten Artikel über *Moderne Guelfen und Ghibellinen* in die Betrachtung mit einbeziehen, um dadurch die Ambivalenz, vielleicht sogar Widersprüchlichkeit der Diskussion angemessen zu erfassen.

Hier wäre nun Raum zu wünschen für eine umständlichere Ausführung, um beyden Parteyen ihre Vortheile nachzuweisen, endlich aber zu zeigen, wie eine gleich der andern Gefahr läuft, und zwar die Classiker, daß die Götter zur Phrase werden; die Romantiker, daß ihre Productionen zuletzt charakterlos erscheinen; wodurch sie sich denn beyde im Nichtigen begegnen.[161]

Das „eigentlich Menschliche" ist das „Gemüthliche" (hier im Sinne von „das Gemüt, das ganze Innere betreffend, seelisch"),[162] das war schon bei den „Alten" so. Nur bedingt der heutige, der „durch ein paar tausend Jahre erweiterte Gesichtskreis" eine „Vermannigfaltigung" der Perspektiven. Eben darin besteht das Problem im Streit von Klassikern und Romantikern: dass sie ihre Positionen gleichermaßen zu einer verbindlichen Norm im Feld der Kunst und Literatur erheben wollen, wodurch sie an den Bedingungen einer ausdifferenzierten Meinungskultur allerdings vorbeischreiben und ihren jeweiligen Geltungsanspruch letztlich schwächen. Ein erster Schritt einer Verständigung wäre ein positiver Wechselbezug: indem man sich der „Vortheile" des jeweils anderen bewusst würde.

Die metakommunikativen Anmerkungen, die Goethe in Bezug auf Solgers Briefe aufwirft und anhand der klassisch-romantischen Verwerfung näher charakterisiert, lassen sich auf das gesamte vorliegende Heft *Ueber Kunst und Alterthum* übertragen – und zwar in funktionaler Hinsicht. Oder etwas anders: Am besten lässt sich das Heft KuA VI 1 selbst als ein gesprächsartig angelegtes, im engeren Sinne ‚geselliges' Medium verstehen, das auf die Vermittlung eines heterogenen Spektrums an künstlerischen und kunstreflexiven Ausdrucksformen zielt. Vermittlung bedeutet dabei eines gerade nicht, nämlich die Aufhebung von Diversität, die Einebnung von Differenzen. Es geht Goethe stattdessen um eine Art höherer „geistiger Übereinstimmung", die sich einer „logischen Analyse" zwar entzieht,[163] deren konkrete Folgen für den Ansatz seines Zeitschriftenprojekts aber klar ersichtlich sind: Ziel ist die Ermöglichung einer *offenen Kommunikation*, in deren Rahmen prinzipiell jede ästhetische oder diskursive Haltung, Meinung, Überzeugung als gleichwürdig erachtet und entsprechend zur Geltung gebracht wird.

Eine besonders wichtige Funktion kommt diesem Ansatz hinsichtlich der Vielzahl an weltliterarischen Beiträgen zu.[164] Die Fülle, die Verschie-

---

161 FA I/22, S. 374.
162 GWb, Bd. 3, Sp. 1431.
163 Schmitz: Goethes Altersdenken, S. 243.
164 Das Folgende durchaus im Geiste der Ausführungen von Anne Bohnenkamp: „Versucht's zusammen eine Strecke." Goethes Konzept einer ‚Weltliteratur' als

denheit und das Nebeneinander der ästhetischen Positionen sind hier schließlich programmatisch. Aufschlussreich ist in diesem Zusammenhang der wiederum selbstbezügliche Beitrag *Le Tasse*, der durch ein französisches Drama in offensichtlicher Nachfolge des *Torquato Tasso* veranlasst worden ist – und aus denen Goethe hier keineswegs (nur) mit dem Ziel der Selbstdarstellung zitiert: „Die Mittheilungen, die ich aus französischen Zeitblättern gebe, haben nicht etwa allein zur Absicht, an mich und meine Arbeiten zu erinnern, ich bezwecke ein Höheres, worauf ich vorläufig hindeuten will."[165] Das ‚Höhere', von dem hier die Rede ist, erkennt Goethe in der Ablösung des Paradigmas ‚Nationalliteratur' durch das Paradigma ‚Weltliteratur' – das in seinen semantischen Implikationen, seinen historischen Voraussetzungen, seiner literarischen und auch literaturwissenschaftlichen Wirkung bereits so umfassend und erforscht ist,[166] dass ich mich hier auf seine spezifische Behandlung in KuA VI 1 konzentrieren darf.

Goethe beschreibt den epochalen Wandel mit folgenden Worten:

> Ueberall hört und lies't man von dem Vorschreiten des Menschengeschlechts, von den weiteren Aussichten der Welt- und Menschenverhältnisse. Wie es auch im Ganzen hiemit beschaffen seyn mag, welches zu untersuchen und näher zu bestimmen nicht meines Amts ist, will ich doch von meiner Seite meine Freunde aufmerksam machen, daß ich überzeugt sey, es bilde sich eine allgemeine *Weltliteratur*, worin uns Deutschen eine ehrenvolle Rolle vorbehalten ist. Alle Nationen schauen sich nach uns um, sie loben, sie tadeln, nehmen auf und verwerfen, ahmen nach und entstellen, verstehen oder mißverstehen uns, eröffnen oder verschließen ihre Herzen: dieß alles müssen wir gleichmüthig aufnehmen, indem uns das Ganze von großem Werth ist.[167]

Die Zeitdiagnose aus dem Beitrag zum *Globe* aufnehmend, konstatiert Goethe also das Aufkommen einer ‚allgemeinen Weltliteratur', und zwar im Rahmen eines kommunikativ gedachten Prozesses, der vielgestalte Formen annehmen kann („loben", „tadeln", „verstehen"). Die deutsche Literatur fungiert dabei als ein Verstärker: als eine zentrale Bezugsgröße, an der sich alle anderen Nationen im Positiven wie im Negativen, Affirmativen wie Kritischen abarbeiten können. Diesem großen, hohen Ziel zu

---

Form europäischer Geselligkeit?, in: Einsamkeit und Geselligkeit um 1800, hg. von Susanne Schmidt, Heidelberg 2008, S. 177–191.
165 FA I/22, S. 356.
166 Ich verweise hier nur auf die einschlägige Studie zu diesem Themenkomplex, nämlich Dieter Lampings *Idee der Weltliteratur* (2013), die resümierend auf die langanhaltende, umfangreiche Forschungsdiskussion Bezug nimmt.
167 FA I/22, S. 356 f. (*Le Tasse*); Hervorhebung im Original.

dienen, indem man auch die oberflächliche Ablehnung „gleichmüthig" hinnimmt – darin sieht Goethe die Herausforderung, die nun auf die Deutschen und ihre Schriftsteller zukommen werde.

Dabei wird deutsche Literatur keinesfalls als eine Art essenzieller, substrathafter Gegenpart zu der sich prozesshaft entfaltenden Weltliteratur verstanden, ganz im Gegenteil. Nur hat sie das, was sich im Bereich der internationalen Literatur gegenwärtig vollzieht, in der Vergangenheit bereits vollzogen.[168] Eben deshalb, und nicht aus irgendwelchen weseneigenen Vorzügen, falle ihr so etwas wie eine Vorreiterrolle zu.[169] Goethe schreibt:

> Ich sehe so viel Jahre als ein Mitarbeitender zurück, und beobachte, wie sich, wo nicht aus widerstreitenden doch heterogenen Elementen eine deutsche Literatur zusammenstellt, die eigentlich nur dadurch Eins wird, daß sie in Einer Sprache verfaßt ist, welche aus ganz verschiedenen Anlagen und Talenten, Sinnen und Thun, Urtheilen und Beginnen nach und nach das Innere des Volks zu Tage fördert.[170]

Ebenso wie die im Entstehen begriffene Weltliteratur ist die deutsche Literatur „zusammengestellt" aus „heterogenen Teilen", die lediglich durch eine gemeinsame Sprache miteinander verbunden sind; es handelt sich also auch, um auf den Leitbegriff dieser Studie zurückzukommen, um ein kollektives Phänomen. Als dichterischen ‚Aggregaten' eignet Werken wie den *Wanderjahren* oder *Faust* also auch eine selbstbezügliche Qualität: Das, was die deutsche Literatur im Ganzen auszeichnet, ihr Zusammengesetzt-

---

168 Peter Matussek konstatiert in seiner Einführung in Goethes Gesamtwerk, dass diese Besonderheit der deutschen Literatur, ihr „Vorteil der Vielseitigkeit", auf die „politische[] Situation nationaler Zerstückelung" zurückzuführen sei. Den entscheidenden Kontext sieht der Verfasser in Goethes kritischer Auseinandersetzung mit der Idee des an ihn selbst herangetragenen Etiketts des „Nationalschriftstellers" (Peter Matussek: Goethe. Zur Einführung, Hamburg ²2002, S. 192). In KuA VI 1 finden sich derlei weiterführende Reflexionen allerdings nicht.
169 Die Behauptung, dass Goethes „Ausrufung" der Weltliteratur aus der Wahrnehmung seiner *eigenen* Literatur im Ausland ausgeht, weshalb es sich um ein „genuin narzisstisches Konzept" handeln müsse (Dotzler: Ueber Kunst und Reproduzierbarkeit, S. 136), scheint mir unhaltbar. Zum einen: Goethes Äußerungen zur Wahrnehmung seiner Werke im Ausland (etwa in dem Artikel über *Torquato Tasso*) stellen zwar den Ausgangspunkt für seine Überlegungen dar, sie bleiben darin aber nicht verhaftet, im Gegenteil. Und zweitens ist es doch gerade der von Dotzler selbst ins Spiel gebrachte Jacques Lacan (S. 142), der den Narzissmus als eine Grunddisposition *aller* menschlichen Selbst- und Welterkenntnis bestimmt.
170 FA I/22, S. 357.

Sein aus Unterschiedlichem, wird in ihnen zum poetischen Prinzip, zum ästhetischen Programm.

Aber welche Art der Kommunikation soll der prozesshaft und kommunikativ gedachten Herausbildung von ‚Weltliteratur' dienlich sein? Vier schlichte, eingängige Verse, die in ihrer lakonischen Prägnanz fast an Erich Kästners neusachliche Gebrauchslyrik denken lassen, folgen unmittelbar auf den letzten Satz des Beitrags; sie dienen als resümierende Schlussfolgerung und metakommunikativer Kommentar zugleich:

> Anstatt dass ihr bedächtig steht,
> Versucht's zusammen eine Strecke;
> Wisst ihr auch nicht wohin es geht,
> So kommt ihr wenigstens vom Flecke.[171]

Die gemeinsame Bewegung, nicht die starre Andacht, eine Bewegung ohne vorherbestimmtes Ziel – darin besteht für Goethe die gegenwärtige Aufgabe für alle ‚Mitarbeiter' auf dem Feld des literarischen Lebens. Eine deutliche Betonung liegt dabei auf dem Adverb „zusammen": Das Gedicht weist hier zurück auf die im vorangegangenen Artikel beschriebene Notwendigkeit einer die nationalen Barrieren überwindenden Kommunikation.

Das vorliegende Heft erscheint so als das zeitgemäße Medium für ein weltliterarisches ‚Gespräch' im beschriebenen Sinne. Dabei aber kommt es nicht allein darauf an, *dass* Goethe eine Vielzahl an Beiträgen zur internationalen Literatur in sein Heft aufnimmt; entscheidend ist vor allem auch, *wie* er diese Beiträge konkret anordnet. Bei genauerer Betrachtung fällt nämlich auf, dass die locker arrangierte Sektion zur Weltliteratur (siehe hier nochmals die Übersicht oben) ihrerseits eine Rahmung aufweist – beginnend mit der *Uebersetzung zweyer persischen Gedichte des Seïd Ahmed Hatifi Isfahàni*, endend mit Goethes Gedicht auf den persischen Hauptdichter *Hafis*. Dazwischen finden sich insgesamt acht weitere Beiträge, die sich wiederum unterteilen lassen: in eine erste Gruppe mit Beiträgen zur englischen, chinesischen und serbischen Literatur, einen mittig angesiedelten Einzelbeitrag zur neuesten deutschen Poesie und eine zweite Gruppe mit Aufsätzen wiederum zur serbischen und auch zur böhmischen Literatur sowie mit dem Gedicht *Wie David königlich zur Harfe sang*. Die auffällige Positionierung des zunächst vereinzelt wirkenden Beitrags zur deutschen

---

171 FA I/22, S. 357. Dass dieses Gedicht nur zum Blattfüllen an diese Stelle hingesetzt wurde, wie Bohnenkamp in ihrem Kommentar als Möglichkeit erwägt (FA I/22, S. 1174), kann ich mir kaum vorstellen: Zu auffällig scheint mir die inhaltliche Korrespondenz mit dem vorangehenden Artikel *Le Tasse*.

Literatur genau in der Mitte der Sektion ist vor dem Hintergrund der Anmerkungen im Beitrag *Le Tasse* nicht verwunderlich, schließlich ist es gerade die deutsche Poesie, die für Goethe als ein produktives Zentrum der internationalen, interkulturellen Kommunikation fungieren soll.

Damit wiederholt sich in dieser Anordnung jene mereologische Konstellation, von der in dieser Arbeit in unterschiedlichen Zusammenhängen bereits die Rede war: Erneut entwirft Goethe einen ‚Komplex des Ganzen', mit Anfang, Mitte und Ende; dieser ‚Komplex' ist in sich jedoch so disparat, so heterogen, dass hieraus ein Spannungsverhältnis erwächst, das gerade nicht aufgehoben, sondern vielmehr offen herausgestellt wird. Seiner großen Idee von Weltliteratur ist diese Form vollkommen gemäß: Die gegenwärtige Literatur entfalte sich, um eine Formulierung aus dem bereits referierten Homer-Artikel zu übernehmen, „mehrfältig unter verschiedenen Himmelsstrichen", was in der heutigen Zeit einer „größeren Versatilität" nicht nur hinzunehmen, sondern entschieden zu befördern sei. Das vorliegende Heft, mit seinem Nebeneinander weltliterarischer Beiträge verschiedenster Herkunft, mit seiner Überschreitung der nationalen, ja sogar kontinentalen und kulturellen Perspektive, trägt dieser Idee in struktureller Hinsicht Rechnung: als ein zur Einheit verbundenes, zugleich vielstimmiges, offenes Gebilde.

Das besagte Gedicht *Wie David königlich zur Harfe sang*, das fast am Ende der Sektion ‚Weltliteratur' steht, lässt sich als selbstreflexive Erläuterung der zuvor entfalteten Konstellation begreifen; es kommt dabei vor allem auf das zweite Versquartett an:

> Von Pol zu Pol Gesänge sich erneun –
> Ein Sphärentanz harmonisch im Getümmel –
> Lasst alle Völker unter gleichem Himmel
> Sich gleicher Habe wohlgemuth erfreun![172]

‚Harmonisch im Getümmel, alle Völker unter gleichem Himmel' – entworfen ist damit das Bild einer pluralen, diversen Weltgemeinschaft, deren Kulturen im Einverständnis miteinander leben, ja sich geradezu in einer innigen Bewegtheit zur Einheit verbinden („Sphärentanz"). Wenn Goethe dabei vom „Getümmel" spricht (ein Begriff, der unwillkürlich an Fausts Wort vom „Gewimmel" denken lässt),[173] geht es ihm gerade nicht um ein quasi-mystisches Aufgehen des einzelnen Menschen, des einzelnen Volkes in einer gesichtslosen Menschenmasse, sondern um die Teilnahme an ei-

---

172 FA I/22, S. 390.
173 „Solch ein Gewimmel möchte ich sehn, / Auf freiem Grund mit freiem Volke stehn" (FA I/7.1, S. 446).

nem „festliche[n], bunte[n] Treiben",[174] auf das man sich einlässt, ohne sich in ihm aufzulösen: Das Einzelne bleibt im Ganzen erkennbar, das Mannigfache und Unterschiedene hebt sich nicht auf. Oder anders und mit erneutem Rekurs auf Schmitz: Mag sich die neue Zeit, wie sie Goethe beschreibt, auch durch eine inhärente „Zerrüttung" auszeichnen, so wirkt sie doch zugleich „als Chance einer neuen Harmonie" – und sei es eine „Harmonie in der Zerrissenheit".[175]

Inwieweit also ist KuA VI 1 das Medium für ein weltliterarisches ‚Gespräch', wie hier thesenhaft behauptet wurde? Analog zu seinem Briefwechsel mit Schiller, den Goethe in seiner Rezension von Solgers Briefen selbst kommentiert, oder dem unerquicklich verhärteten Konflikt von ‚Klassikern' und ‚Romantikern' steht auch hier der Gedanke der kommunikativen Vermittlung im Vordergrund; dies geschieht *erstens* durch ein Zur-Sprache-Bringen des jeweiligen literarischen Beitrags in seiner vollen Individualität und *zweitens* durch dessen Einbindung in eine inkludierende Form und übergeordnete ideelle Einheit.

„Man hat beobachtet", so hebt der Beitrag *Bemerkung und Wink* an, „daß es möglich sey ziemlich genau den geistigen Zustand einer Nation nach ihrer periodischen Literatur zu beurtheilen."[176] Welche „Nation" repräsentiert somit das hier besprochene Heft *Ueber Kunst und Alterthum* – oder sollte es zumindest seinem Anspruch nach repräsentieren? Man kann dies recht klar in einem Umkehrschluss beschreiben: Die Zeitschrift wendet sich gegen jenen Provinzialismus, den der Schriftsteller Milan Kundera in seinen Überlegungen zum Phänomen der Weltliteratur „as the inability (or the refusal) to see one's own culture in the large context" bestimmt.[177] So gesehen liegt Goethes Heft sehr wohl ein normativer Anspruch zugrunde:[178] Es soll als Umsetzung und Einübung in ein nichtprovinzielles, ein selbstbewusstes und zugleich weltoffenes Miteinander in Dingen der Literatur – und des zwischenmenschlichen Miteinanders im Allgemeinen – verstanden werden.

Vom Standpunkt dieser Reflexionen aus lässt sich nun der eingangs gelegte Faden, die Frage nach der kollektiven Poetik der Hefte *Ueber Kunst*

---

174 GWb, Bd. 4, S. 156.
175 Schmitz: Goethes Altersdenken, S. 242.
176 FA I/22, S. 374.
177 Milan Kundera: The Curtain. An Essay in Seven Parts. Translated from the French by Linda Asher, New York u. a. 2008, S. 37; Hervorhebung im Original hier getilgt.
178 So bereits, allerdings in sehr viel allgemeinerer Hinsicht, Hahn: Goethes Zeitschrift „Ueber Kunst und Alterthum", S. 132.

und Alterthum wieder aufgreifen und das gesamte Kapitel einem resümierenden Abschluss zuführen.

5. „Von Goethe": Individualität und Kollektivität

Nehmen wir die Bezeichnung *Von Goethe*, die dem Heft KuA VI 1 vorangestellt ist, streng beim Wort, so tun sich gleich mehrere Probleme auf: Geht es dem Herausgeber tatsächlich darum, die Autorschaft an sämtlichen Beiträgen, die das Heft versammelt, für sich zu beanspruchen? Dies wäre ebenso falsch wie unangemessen: Der lange Artikel *Steindruck* etwa stammt von Goethes regelmäßigem Zeitschriftmitarbeiter Johann Heinrich Meyer, die *Uebersetzung zweyer persischen Gedichte des Seïd Ahmed Hatifi Isfahàni* von einem heute unbekannten Übersetzer namens Scherer, das Gedicht über den *Pflanzenfreund aus der Ferne* wurde von Ernst Meyer verfasst – die Liste ließe sich weiter fortsetzen.

Eine andere, vielleicht naheliegendere Deutung: Die Präposition ‚von' bezieht sich lediglich auf Goethes Herausgabe der Zeitschrift. Dies allerdings wäre eine zumindest unscharfe und darin tendenziell missverständliche Formulierung, die man so nicht erwarten sollte, zumal nicht an einer derart herausgehobenen Stelle des Paratextes – Textauswahl hin, Gestaltungswille her. Demgegenüber leuchtet die von Birus vorgeschlagene und hier bereits skizzierte Deutung, der zufolge die Zeitschrift *Ueber Kunst und Alterthum* als Produkt eines „être collectif" zu betrachten sei, das lediglich unter dem Namen ‚Goethe' in Erscheinung trete, zwar prinzipiell ein, dies allerdings, anders als Birus meint, eben nicht in Bezug auf das seinerseits komplexe Problem der kollektiven Autorschaft.

Gehen wir also noch einmal zurück an den Anfang dieses Kapitels, das heißt zum Wortlaut des ausschlaggebenden Goethe-Zitats: Was genau konstituiert das Kollektivwesen? Es sind die „Gedanken", die an dieses Wesen von unterschiedlicher Seite herangetragen und in ihm fruchtbar werden („so erntete ich oft, was andere gesät"). Genau *dieses* produktionsästhetische Verfahren, so meine These, liegt dem hier untersuchten Heft zugrunde und wird in ihm zugleich transparent ausgestellt: Angeregt durch Bücher, Artikel, Briefe oder Lithographien präsentiert Goethe all das, was ihm „vor Augen, vor Ohren, vor die Sinne" kommt – und was daraus wiederum an Überlegungen und Betrachtungen für ihn folgten, und zwar in intellektueller und künstlerischer Hinsicht.[179] Auf diese allgemeine

---

[179] Dieser Zusammenhang wird in dem Artikel *Stoff und Gehalt*, der seinen Lesern

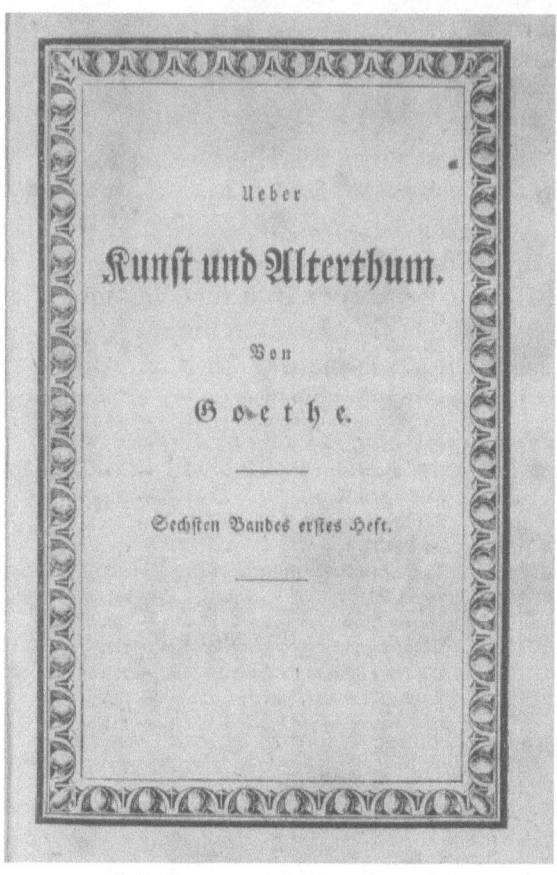

Abb. 4: „Von Goethe"

Zielsetzung Goethes hat – freilich ohne Bezug auf die Poetik des Kollektiven – bereits Hahn hingewiesen: „Jede Anregung, die für wert erachtet wurde, eingehender erörtert zu werden, gleichgültig, ob durch zeitgenössische Zeitschriften und Bücher übermittelt oder durch Briefe und Berichte von Zeitgenossen an ihn herangetragen, wurden [...] festgehalten und durch die eigene Zeitschrift ins Gespräch gebracht."[180] Ähnlich gilt das

---

zwei biographische Neuerscheinungen zur eigenen literarischen Bearbeitung vorschlägt, selbstbezüglich zum Thema (FA I/22, S. 392–395).
180 Hahn: Goethes Zeitschrift „Ueber Kunst und Alterthum", S. 134 f. Es geht hier also um mehr als um die Errichtung einer „schriftstellerische[n] Arche", in der Goethe festzuhalten sucht, was die beschleunigte Moderne mit sich fortzureißen

Prinzip der Sammlung und Verbreitung auch für die nicht eigenhändig verfassten Beiträge, die der Herausgeber in seine Zeitschrift aufgenommen hat: Nicht allein in ideeller, sondern auch in materieller Hinsicht „sammelte und benutzte" Goethe diese fremden Stücke, und zwar einerseits, um ihren Gehalt in das „Kollektivwesen" zu integrieren, andererseits, um sie in seine Zeitschrift aufzunehmen. Es handelt sich im Falle dieser Artikel um einen Akt der doppelten Aneignung.

Aber das Beschriebene lässt sich noch in einem weiteren Punkt auf Goethes späte Selbstbeschreibung beziehen. So wurde eingangs festgehalten, dass der Charakterisierung des „Kollektivwesens" ein egalitärer und universeller Zug eigne. Dies kommt in dem Heft KuA VI 1 ebenfalls zum Tragen, und zwar in programmatischer Hinsicht, wie ich hier im Blick auf den Themenkomplex ‚Weltliteratur' demonstriert habe: Der Auswahl des Einbezogenen scheint keine spezifische Wertung und damit verbundene Auswahl vorangegangen zu sein. Vielmehr erweckt sie den Eindruck entschiedener Offenheit, gerade auch gegenüber dem vermeintlich Abgelegenen und Beiläufigen.[181]

Dem wiederum trägt die Publikationsform ‚Zeitschrift' schlüssig Rechnung: Die inhaltliche Aufgeschlossenheit, die ihr zugrunde liegt, korrespondiert mit der formalen Nicht-Abgeschlossenheit des Mediums. Für Goethe handelt es sich um eine Kommunikationsform, die den Bedingungen einer ausdifferenzierten, im globalen Austausch stehenden Kultur, wie sie ihm erreicht scheint, nur angemessen ist.

Von hier aus lässt sich der Blick auf die kollektive Heft- und Zeitschriftenpoetik im Ganzen richten, die sich grundsätzlich durch ein mereologisches Spannungsverhältnis von Teilen und Ganzem, Vielheit und Einheit auszeichnet – und dies sowohl im *Einzelheft* (also im Verhältnis der mannigfachen Einzelbeiträge zur Rahmung durch Motti, Gedichte usw.) wie in der *Zeitschrift* insgesamt (im Verhältnis des ensembleartig konzi-

---

    droht (so die Deutung von Hendrik Birus: Le temps présent est l'arche du Seigneur. Zum Verhältnis von Gegenwart, Geschichte und Ewigkeit beim späten Goethe, München 2009, S. 25). Der von Birus herausgehobene Punkt scheint mir insofern unspezifisch, als er sich in seiner Allgemeinheit auf verschiedenste Phänomene des ‚späten Goethe' beziehen ließe – von der Archivpoetik der *Wanderjahre* über die Arbeit an den Werkausgaben bis zur Vorbereitung des eigenen Nachlasses. Damit ist freilich nicht gesagt, dass eine Untersuchung der Zeitschrift im Kontext der Herausbildung moderner Zeitstrukturen nicht sinnvoll wäre – im Gegenteil.

181 Diesen Aspekt betont (im Blick auf die Werkfragmente, Versuche, Arbeitsberichte, die Goethe in die Zeitschrift integriert) Hahn: Goethes Zeitschrift „Ueber Kunst und Alterthum", S. 134.

pierten Heftes und dem unabgeschlossenen Charakter des Mediums). In dieser Anlage wird beispielhaft ersichtlich, was Schöne mit Blick auf *Faust* in tausenden Einzelkommentaren allererst unter Beweis stellen musste,[182] nämlich das Zusammengesetzt-Sein des Ganzen aus heterogenen Teilen, der intermediäre Charakter der angewandten Strukturierungsverfahren – und der programmatische Status dieses Vorgehens.

Wichtig ist dabei allerdings die funktionale Dimension, die Goethe mit diesem Ansatz verbindet: Aus den Einzelheiten (zum Beispiel: den Beiträgen aus verschiedensten Literaturen) bildet sich das Ganze (zum Beispiel: die Weltliteratur), ohne sich darin zugleich aufzulösen und dadurch an Eigenständigkeit zu verlieren. Mit dem ästhetischen Ansatz des Kollektiven, wie er in Goethes spätem Zeitschriftenprojekt zum Ausdruck kommt, verbindet sich insofern ein Diskursideal, das sich auf den hier bereits genannten Begriff der Liberalität bringen lässt: Ohne sich wie andere publizistische Projekte um 1800 einem spezifischen ästhetischen oder ethischen Auftrag zu verpflichten,[183] beruht *Ueber Kunst und Alterthum* auf einem Prinzip der „pluralisierenden Kommunikation", in der die „Vielheit der Anderen" der maßgebliche Wertmaßstab ist, und praktiziert diese zugleich.[184] Goethes Zeitschrift ist, um auf Karl Popper zurückzukommen, das Kommunikations- und Reflexionsmedium einer offenen (Welt-)Gesellschaft.

Angesichts dieser Konstellation kann es nicht verwundern, dass es für den Amerikaner Ralph Waldo Emerson durchaus naheliegen musste,

---

182 Siehe dazu meine Ausführungen in Kap. 1.3.
183 Eben damit ist auch die grundlegende Differenz der Zeischrift zu anderen publizistischen Projekten um 1800 wie Goethes eigener Zeitschrift *Propyläen*, aber auch den *Horen* oder dem *Athenaeum* angedeutet. Von der Überzeugung, „dass es einen ‚höchsten und genauesten Begriff von Kunst' gebe", wie Ernst Osterkamp in Bezug auf Goethes Publizistik der hochklassizistischen Phase ausführt (Ernst Osterkamp: Neue Zeiten – neue Zeitschriften. Publizistische Projekte um 1800, in: ders.: „Der Kraft spielende Übung". Studien zur Formgeschichte der Künste seit der Aufklärung, hg. von Jens Bisky u. a., Göttingen 2010, S. 172–188, hier S. 182), ist in den Heften *Ueber Kunst und Alterthum* schließlich nichts mehr zu spüren. Hierin unterscheidet sich die Zeitschriftenidee des späten Goethe von einem Projekt wie den *Horen*, das „sich am Ideal der veredelten Menschheit" ausrichtete und seine Leser auf einen „zur Wahrheit und Schönheit führenden Bildungsweg" schicken wollte (ebd., S. 177). Ähnlich lässt sich Goethes Kunstpublizistik vom Leitmedium der romantischen Schule, vom *Athenaeum*, abgrenzen, das sich wiederum auf eigene Weise der „Veredlung der Menschheit" (ebd., S. 181) verschrieben hat.
184 Marquard: Einheit und Vielheit, S. 10.

Goethes Idee des Kollektiven mit dem amerikanischen Bestreben nach gesellschaftlicher Einheit unter Wahrung der kulturellen Vielheit zusammenzulesen. Wollte man eine Überschrift finden, die sich über das Goethe'sche Spätwerk im Allgemeinen wie über seine Zeitschrift *Ueber Kunst und Alterthum* im Besonderen setzen ließe, so wäre es schließlich diese: *E pluribus unum*.

II. Emerson

1. *The Making of America* – und Weimar

Ralph Waldo Emerson zeigte nicht allein an Goethes literarischen und autobiographischen Werken sowie naturwissenschaftlichen und -philosophischen Arbeiten anhaltendes Interesse, sondern auch, ja vielleicht sogar mehr noch an der Funktionsweise seines Geistes: „He was discernibly fascinated with the way Goethe's mind worked", stellt Robert D. Richardson hierzu in seiner großen Biografie *Emerson. The Mind on Fire* fest.[1] Es kann daher kaum verwundern, dass Goethes Selbstbekenntnis als Kollektivwesen in besonderem Maße Emersons Aufmerksamkeit auf sich gezogen hat. Genauer: Das für diese Studie als Ausgangspunkt dienende Gesprächszitat wird für ihn zu einer zentralen, wiederholt und zustimmend angeführten Referenzstelle. So findet es sich nicht nur in einer ausführlichen Lektürenotiz aus dem Jahr 1834[2] und in einem Vortrag über Geoffrey Chaucer von 1835,[3] sondern auch in dem Essay *Quotation and Originality*, der 1876 in dem Band *Letters and Social Aims* erschienen ist.[4] „Goethe frankly said", so leitet Emerson das Zitat dort ein, um daraufhin das Wort an den Genannten selbst zu übergeben:

> „What would remain to me if this art of appropriation were derogatory to genius? Every one of my writings has been furnished to me by a thousand different persons, a thousand things: wise and foolish have brought me, without suspecting it, the offering of their thoughts, faculties, and experiences. My work is an aggregation of beings taken from the whole of Nature; it bears the name of Goethe."[5]

Emersons Interesse an der Idee des Kollektiven wirft bei näherer Betrachtung durchaus Fragen auf. Der einflussreiche Philosoph der amerikanischen *Self-Reliance*, mit seiner programmatischen Leitforderung „insist on yourself; never imitate",[6] führt in seinen Schriften ausgerechnet und

---

1 Robert D. Richardson: Emerson. The Mind on Fire, Berkeley u. a. 1995, S. 222.
2 JMN VI, S. 113. Hier findet sich das Zitat in voller Länge. Ein späterer Eintrag greift den Kernsatz von Goethe noch einmal auf: „What is genius, but the faculty of seizing & turning to account every thing that strikes us; – of coordinating & breathing life into all the materials that present themselves [...]?" (JMN VI, S. 195).
3 EL I, S. 285 f.
4 Es handelt sich dabei um die Überarbeitung einer 1868 zuerst in *North American Review* erschienenen Fassung, in der sich das entscheidende Goethe-Zitat noch nicht findet. Ich zitiere hier nach dem Apparat der historisch-kritischen Werkausgabe (CW VIII, S. 313 f.).
5 CW VIII, S. 314.
6 CW II, S. 47 (*Self-Reliance*).

mehrfach Goethes Satz über das Kollektivwesen an. Wie aber passt das zusammen – die Forderung nach unabhängiger *Selbstentfaltung* des Einzelnen, die Emerson in imperativischen Kernsätzen wie „[b]uild, therefore, your own world"[7] formuliert, und die Überzeugung einer unumgänglichen *Fremdbestimmung* des menschlichen Geistes durch äußere Einflüsse, wie sie in Goethes Selbstbeschreibung zum Ausdruck kommt? Die Beantwortung dieser Frage, um die es auf den folgenden Seiten gehen wird, setzt einige Worte zur Kontextualisierung voraus.

Zunächst: Wie Emerson auf den zu seiner Zeit keineswegs allgemein bekannten Goethe-Satz stoßen konnte, lässt sich ohne größere Spekulationen klären. Richardson beschreibt Emersons ebenso einlässliche wie umfassende Beschäftigung mit Goethe so: „From 1828 on, when he began to read Goethe in German, through the mid-1840s and the drafting of his essay on Goethe [gemeint ist der große Essay *Goethe or, the Writer*, über den in diesem Kapitel noch eingehend zu sprechen sein wird], the famous German writer was virtually a daily presence in Emerson's life."[8] Und diese beharrliche Lektüre, ja dieses zeitweise tägliche Nachdenken über Goethe, das wesentlich durch den schottischen Übersetzer und Vermittler deutscher Literatur und Kultur in die anglophone Welt Thomas Carlyle angeregt wurde, hatte weitreichende Folgen, wie Richardson ebenfalls betont: „The effect of Goethe on Emerson is nearly impossible to overestimate."[9]

Es verwundert daher also nicht, dass Emersons Kenntnisse der Goethe'schen Werke und Selbstaussagen weit über das Einschlägige und Kanonische hinausreichen. Verblüffend scheint vor diesem Hintergrund vielmehr die Tatsache, dass ausgerechnet Harold Bloom, als maßgeblicher Theoretiker der literaturwissenschaftlichen Einflussforschung, von Emerson als autochthonem Nationalschriftsteller der Vereingten Staaten spricht; wie tief dessen amerikanisches Denken und Schreiben in den philosophischen und literarischen Traditionen der europäischen Welt verankert ist, gerät in dieser Perspektive weitgehend aus dem Blick: „Emerson is the mind of our climate", schreibt Bloom, „the principal source of the American difference in poetry, criticism, and pragmatic postphilosophy."[10] Tatsächlich aber kann die „amerikanische Umformulierung

---

7 CW I, S. 45 (*Nature*).
8 Richardson: The Mind on Fire, S. 221 f.
9 Ebd. S. 221.
10 So gleich in den ersten Sätzen seines Vorworts zu der von ihm herausgegebenen Textsammlung: Ralph Waldo Emerson. Modern Critical Views, New York 1985, S. 1.

klassischen Gedankenguts"[11] im Kontext des Transzendentalismus, die von Emerson, aber auch von Persönlichkeiten wie der Schriftstellerin, Übersetzerin und Feministin Margaret Fuller und dem unitarischen Theologen und Gelehrten Theodore Parker durchgeführt worden ist,[12] ohne den Einfluss Goethes nicht angemessen verstanden werden.

Unbestritten hingegen bleibt, dass Emerson in seinem programmatischen Essay *The Transcendentalist* nicht etwa Goethe, sondern vielmehr Immanuel Kant als wichtigsten Ideengeber der transzendentalistischen Bewegung herangezogen hat. Ohne der erkenntnistheoretischen Vernunftkritik in all ihren Verästelungen zu folgen,[13] bezieht er sich dabei in erster Linie auf das „ungeheuerliche Pathos der Autonomie", die „Emphase der subjektiven Selbstermächtigung", die sich aus seiner Sicht mit dem Namen Kant verbindet.[14] Aufs Ganze gesehen blieb ihm das „Projekt einer Selbsterkenntnis in den Sphären reiner Reflektion"[15] aber durchaus fremd.

Stattdessen richtete sich Emersons Hauptinteresse auf die wichtigsten Vertreter des deutschen Idealismus und der Romantik, auf Schelling, Fichte und Schlegel etwa – und allen voran eben auf Goethe.[16] In stiller Abgrenzung von der Kantischen Idee einer vor-empirischen *Erkenntnis* rückt

---

11 David Wellbery: Einblicke ins Archiv. Aus transnationaler und ästhetischer Perspektive, in: Osterkamp/Wellbery: Deutscher Geist. Ein amerikanischer Traum, S. 31–66, hier S. 65.
12 Ich komme in späteren Anmerkungen noch auf Fuller zurück, verweise aber bereits auf ihre zwei wichtigsten Beiträge zu Goethe: ihren Essay *Goethe* (in: The Dial 2.1 [1841], S. 1–41) sowie die Besprechung *Menzel's View of Goethe* (in: The Dial 1.3 [1841], S. 340–347). Vgl. hierzu weiterführend die materialreiche Göttinger Dissertation von Christel-Maria Maas: Margaret Fullers transnationales Projekt. Selbstbildung, feminine Kultur und amerikanische Nationalliteratur nach deutschem Vorbild, Göttingen 2006.
13 Vgl. zu Emersons Bezugnahme auf Kant Russell Goodmann: [Art.] Transcendentalism, in: The Stanford Encyclopedia of Philosophy (Fall 2015 Edition), hg. von Edward N. Zalta, URL: <http://plato.stanford.edu/archives/fall2015/entries/transcendentalism>
14 Dirk Padeken: „Genius Suffers no Fiction". Zur Goethe-Rezeption im amerikanischen Transzendentalismus, in: ZENAF Arbeits- und Forschungsberichte 1/2002, S. 45–65, hier S. 50.
15 Ebd.
16 Vgl. hierzu eingehend David Greenham: Emerson's Transatlantic Romanticism, New York 2006. Greenham leitet seine Untersuchung mit der These einer grundlegenden Skepsis Emersons gegenüber streng systematischen Formen des Philosophierens ein (dazu S. x–xii).

für ihn dabei insbesondere jene „wesenhafte Metabolie"[17] ins Blickfeld, die für Goethes Vorstellung eines subjektiven *Erfassens* so wesentlich ist und sich bisweilen mit der Idee einer buchstäblichen Verkörperlichung verbindet. So heißt es bei Goethe: „Der Mensch kennt nur sich selbst, insofern er die Welt kennt, die er nur in sich und sich nur in ihr gewahr wird. Jeder neue Gegenstand, wohl beschaut, schließt ein neues Organ in uns auf."[18] Die so umrissene Idee einer physiologischen Verbindung von Selbst und Welt, Ich und Natur war Emerson nachweislich bekannt, und sie erschien ihm offenbar derart aufschlussreich, dass er sie in seiner frühen Vorlesung über *The Individual* fast wörtlich zitierte: „[E]very object thereout unlocking some new faculty therein".[19] Aus dieser Übernahme wird bereits ansatzweise ersichtlich, warum Goethes Selbstbezeichnung als Kollektivwesen für Emerson eine solche Bedeutung erlangen konnte. Es ist der Akzent auf dem Wesenhaften, dem „être", das für ihn ein abstraktes und komplexes Grundprinzip der Weltaneignung auf einen Begriff bringt: Der Mensch erfasst, was er ist, und er ist, was er erfasst.[20]

Aus einem biographischen ebenso wie aus einem ideengeschichtlichen Blickwinkel ist die Konstellation Goethe/Emerson, die im Zusammenhang mit einer äußerst breiten Wahrnehmung deutschsprachiger Dichtung und Philosophie im Umfeld des Transzendentalismus zu sehen ist,[21] bereits hervorragend dokumentiert – verwiesen sei hier nur auf Stanley M. Vogels Grundlagenwerk über *German Literary Influence on the American Transcendentalists*.[22] Jenseits solcher Überblicksdarstellungen gibt es aber auch mehrere Einzelstudien, die Emersons Denken vor dem Hintergrund seiner Goethe-Rezeption interpretieren, sei es mit Blick auf Konzepte wie ‚Bildung' beziehungsweise ‚Self-Reliance',[23] die Konzeptualisierung von

---

17 Padeken: „Genius Suffers no Fiction", S. 54.
18 FA I/24, S. 595 f. (*Bedeutende Fördernis durch ein einziges geistreiches Wort*).
19 EL II, S. 181 (*The Individual*).
20 Zu dieser Doppelseitigkeit der „Aneignung" bei Goethe siehe Schmitz: Goethes Altersdenken, S. 384–389.
21 Die elaborierteste Darstellung dieses Rezeptionsverhältnisses findet sich derzeit bei Mueller-Vollmer: Transatlantic Crossings and Transformations, darin insbesondere die Kap. 2, 5, 6 und 7.
22 Vogel: German Literary Influence on the American Transcendentalists, S. 88–104; siehe darüber hinaus bei Pochmann: German Culture in America, S. 168 f.
23 Dazu weniger aus einfluss- als vielmehr aus diskursgeschichtlicher Perspektive Philipp Mehne: Bildung versus Self-Reliance? Selbstkultur bei Goethe und Emerson, Würzburg 2008.

‚Science' und ‚Ästhetik',[24] die Reflexion der modernen Welt[25] oder auch punktuelle Koinzidenzen im lyrischen Schaffen der beiden Autoren.[26]

Statt einer (erneuten) Rekapitulation dieser Ergebnisse im Sinne eines Gesamtbildes[27] wird es hier darum gehen, Emersons Auseinandersetzung mit Goethe in eine umgrenzte Perspektive zu rücken, und das bedeutet konkret: sie im Spannungsfeld seiner Reflexionen über Individualität und Kollektivität zu betrachten. Tatsächlich, so will ich zeigen, geht es Emerson in seiner zunächst widersprüchlich erscheinenden Anverwandlung des Goethe'schen Kollektivbegriffs nämlich gerade um eine Vermittlung von Einzelwesen und Kultur, Selbstentfaltung und Fremdeinfluss. Erst durch die umfangreiche Aneignung der kulturellen Mitwelt ist das Subjekt für ihn zur Entwicklung von *Self-Reliance* überhaupt in der Lage. Eingebettet ist dieser Gedanke in einen breit gespannten Reflexionszusammenhang: Mit dem Kollektiven verbindet sich für Emerson die allgemeine Frage, wie sich das Schreiben und Denken unter den Bedingungen einer sich stetig ausdifferenzierenden und komplexer werdenden Moderne verändert und gestaltet, was auch in formaler Hinsicht, also im Rahmen seiner eigenen Schreibverfahren, zum Ausdruck kommt. Nachvollziehen lässt sich dies in einem ersten Schritt anhand der fokussierten Lektüre jener Emerson-Texte, in denen von Goethe und dessen Kollektivbegriff explizit oder implizit die Rede ist. Hieran anschließend will ich dann Emersons *Journals* in den Fokus rücken, und zwar als eindrückliche Beispiele für eine diaristische Spielart der kollektiven Poetik.

---

24 Peter A. Obuchowski: Emerson and Science. Goethe, Monism, and the Search for Unity, Great Barrington, MA 2005; Vivian C. Hopkins: The Influence of Goethe on Emerson's Aesthetic Theory, in: Philological Quarterly 27–28 (1948), S. 325–344.
25 Gustaaf van Cromphout: Emerson's Modernity and the Example of Goethe, Columbia, MO 1990, S. 11.
26 Hierzu die allerdings noch ausbaufähigen Beobachtungen von J. Lasley Dameron: Emerson's „Each and All" and Goethes „Eins und Alles", in: English Studies. A Journal of English Language and Literature 67.4 (1986), S. 327–330.
27 Ein solches findet sich, mit einer kritischen Würdigung der einschlägigen Forschung, bei John A. McCarthy: Emerson, Goethe und die Deutschen, in: Goethe Yearbook 7 (1994), S. 177–193.

2. Goethe, transatlantisch: Reflexionen

Emerson entfaltet seine von Goethe ausgehenden Überlegungen zu Individualität und Kollektivität, Poetik und Moderne über einen Zeitraum von ungefähr fünfundzwanzig Jahren hinweg. Um den Entwicklungsgang dieser Reflexionen nachvollziehen zu können, bietet es sich an, die einzelnen Quellen im Verlauf ihrer Entstehung auszuwerten: von der frühen Vorlesung über Chaucer und dem Essay *Thoughts on Modern Literature* über die große Abhandlung *Goethe, or, the Writer* bis zu den Ausführungen über *Quotation and Originality*.

a) Lernen und Leben: *Chaucer* und *Thoughts on Modern Literature*

Emersons im Jahr 1835 gehaltene Lecture über Chaucer liest sich über weite Strecken hinweg ungewohnt trocken. Einerseits geht es in ihr um die Lebensgeschichte des englischen Dichters, andererseits um die Einflüsse auf sein Schreiben und um seine Wirkung in der Literaturgeschichte. Erst am Ende öffnet der Redner die Perspektive, um abstrahierend auf die basalen Prinzipien der menschlichen und dichterischen Welterschließung einzugehen.

„There never was an original writer": Emerson verneint die Frage nach den Möglichkeiten von literarischer Originalität, und er begründet diese Zurückweisung mit einem äußerst weiten, ja entgrenzten Einflussbegriff. Der Dichter sei, wie der Mensch im Allgemeinen, stets „a link in an endless chain"; sein ganzes Leben sei „universal receiving", sein Tun, in Bezug auf seine eigene Umwelt, „universal giving".[28] Herausragende Beispiele für dieses Wechselverhältnis von Apperzeption und Medialisierung findet Emerson in den Protagonisten der abendländischen Philosophie- und Literaturgeschichte: „Every great man, as Homer, Milton, Bacon, and Aristotle, necessarily takes up into himself all the wisdom that is current in his time."[29] Und damit gibt der Redner das Wort an jenen Dichter ab, den er zweifellos in genau dieser Reihe überragender Zeitgenossen nicht nur der Vorwelt, sondern auch der Mitwelt sieht. Goethes Aussage gegenüber Soret wird in der Chaucer-Vorlesung in voller Länge wiedergegeben, sie nimmt dadurch fast die Hälfte der gesamten Schlusspassage ein und erscheint so

---

28 EL I, S. 284.
29 EL I, S. 285.

als eine Art *conclusio* des zuvor Ausgeführten.³⁰ Im Anschluss daran folgen noch einige eher kursorisch gehaltene Ausführungen, die Goethes Begriff des Kollektiven von der Plagiatsidee abgrenzen und dann, in einer beherzten Wendung, auf Chaucer zurückführen.

Damit ist ein Problemfeld eröffnet, das Emerson in den kommenden Jahren intensiv beschäftigen wird. So kommt er bereits im Jahr 1840, in seinem in der zweiten Ausgabe von *The Dial* veröffentlichen Essay *Thoughts on Modern Literature*, auf die Frage nach dem Verhältnis von Individualität und Kollektivität, Wahrnehmung und Dichtung zurück. Goethe rückt in der Schlusspassage des Essays erneut in den Fokus, dies nun allerdings nicht mit Bezug auf das Kollektive. Stattdessen ist der Anteil der persönlichen und dabei auch kritischen Überlegungen zu Goethe in diesem Text größer als noch in der Lecture über Chaucer.

Die entscheidende Passage des Essays beginnt mit einem Superlativ: Nicht nur wie kein anderer Schriftsteller, sondern wie kein anderer Mensch („of all men") habe der „poet, naturalist, and philosopher, Goethe" die vielfältigen Denkrichtungen seiner Zeit in sich vereint („has united in himself in the most extraordinary degree"), ja sich diese Tendenzen im buchstäblichen Sinne angeeignet („he made his own").³¹ Darin liegt für Emerson die unschätzbare Leistung Goethes für seine Zeit; er vermochte den Zustand der modernen Diversität und Heterogenität zwar nicht aufzuheben, wohl aber in sich auszugleichen: „Geologist, mechanic, merchant, chemist, king, radical, painter, composer, – all worked for him, and a thousand men seemed to look through his eyes."³²

Emerson nimmt damit eine Position vorweg, die sich in der Goethe-Philologie erst im Laufe der letzten zwei Jahrzehnte des 20. Jahrhunderts durchgesetzt hat. In dieser Hinsicht kommt Albrecht Schöne, und zwar ohne Bezugnahme auf Emerson, zu einer auch in ihrer enumerativen Diktion ähnlichen Aussage, wenn er schreibt, dass „Theologen und Philosophen und Naturwissenschaftler [...]; ebenso aber Politiker, Juristen und Wirtschaftswissenschaftler, Kriegstheoretiker [...], Techniker und Ingenieure oder Geschichtsschreiber, Philologen [...] und Lexikonverfasser" am Kollektivwerk *Faust* „mitgeschrieben" hätten.³³ Emerson war in dieser Hinsicht der zeitgenössischen wie auch der kommenden Goethe-Philologie also durchaus voraus – und vielleicht liegt in gerade diesem

---

30 EL I, S. 285 f.
31 CW X, S. 113.
32 CW X, S. 113.
33 FA I/7.2, S. 28.

Innovationscharakter der Grund dafür, dass Thomas Mann in seiner Rede über *Goethe und die Demokratie* von 1949 ausdrücklich festhält, ihn habe das, „was seit Emersons Tagen [...] zur Erkenntnis der großen deutschen Erscheinung beigesteuert worden ist", sehr viel mehr „imponiert" als das „Spezialistentum[]" und die „imitatorische[] Jüngerschaft" der Nationalphilologen.[34]

Die implizite Pointe, auf die Emersons Ausführungen hinauslaufen, ist diese: Wo andere nur *eines* zu sein vermögen, vermochte Goethe *vieles in einem* zu sein.[35] Der Grund für diese außergewöhnliche Fähigkeit liege in Goethes immenser Lernbegabung („[h]e learned as readily as other men breathe") und seiner einzigartigen Zeit- und Weltgenossenschaft („[t]here was never a man more domesticated in this world than he"). Dies wiederum deutet für Emerson auf eine vollkomme Freiheit von aller hindernden Lebensangst hin: „He was not afraid to live."[36]

Ausgehend von dieser allgemeinen Charakterisierung betont Emerson vor allem zwei Aspekte, die Goethes Denken und Leben ausgezeichnet hätten. Zunächst spricht er von einem „deep realism", und das meint hier: Goethes starke Konzentration auf die Dinge in ihrer phänomenologischen Erscheinung („all objects he beheld") bei gleichzeitiger Durchdringung der für sie charakteristischen Entstehungsbedingungen („to find the cause why they must be what they are").[37] Zum anderen benennt er – und zwar eher intuitiv-wertend als sachlich-begründend – eine gewisse „vicious subjectiveness", die für Goethe wesensbestimmend sei. So umfassend und einlässlich dieser seine Welt in all ihrem phänomenalen Reichtum erschlossen habe, so wenig habe er umgekehrt die Menschen dieser Welt an sich teilhaben lassen: „No man was permitted to call Goethe brother. He hid himself".[38] Der „moralische Einfluss" („moral influence") des Menschen Goethe hat für Emerson darunter gelitten – eine Kritik, die sich vergleichbar auch bei Fuller findet[39] und später von Whitman in leicht abgeänderter Form aufgegriffen werden sollte.[40]

---

34 E 6, S. 104 f.
35 Bei Fuller heißt es in ähnlichem Sinne: „This man was true and wise, capable of all things" (Menzel's View of Goethe, S. 341).
36 CW X, S. 113 f.
37 CW X, S. 114.
38 CW X, S. 115.
39 „Of Goethe, as of other natures, where the intellect is too much developed in proportion to the moral nature, it is difficult to speak without seeming narrow, blind, and impertinent. [...] Naturally of a deep mind and shallow heart, he felt the

Für Emerson zeitigen beide Aspekte – Goethes durchdringende Aufnahmebereitschaft der Welt gegenüber wie auch seine latente Weigerung, die Mitmenschen an seiner eigenen Welt teilhaben zu lassen – deutliche Auswirkungen in der Literatur: Nein, über „[d]ramatic power, the rarest talent in literature", verfüge dieser Autor eher nicht.[41] Für Emerson ist Goethe kein starker Erzähler, der darauf zielte, die Leser unmittelbar anzusprechen und mitzureißen, sondern vielmehr „the king of all scholars", dessen eigentlich authentische Ausdrucksformen weniger literarischer Art seien. Genannt werden stattdessen seine Briefe, „which attest the incessant activity of this man to eighty years, in an endless variety of studies with uniform cheerfulness and greatness of mind."[42]

In genuin literarischer Hinsicht resultiert Goethes Selbst- und Welthaltung, so Emerson, in heterogen zusammengesetzten Werken wie den *Wanderjahren*, die sich zwar als überaus facettenreiche Analyse einer „highly accomplished society"[43] lesen ließen und darin erheblichen Erkenntnisgewinn ermöglichten. Aber die Begeisterung, Sinnlichkeit, ja *Geisteserweiterung*, die große Literatur hervorrufen könne, all dies bleibe hier aus: „We are not transported out of the dominion of the senses, or cheered with an infinite tenderness, or armed with a grand trust."[44] Angesichts dieser Leblosigkeit könne Goethe zumindest nicht uneingeschränkt als Vorbild für die Gegenwart dienen, wie Emerson, die Passage abschließend, mit einer dialektischen Wendung verkündet: „Let him pass. [...] Being so much, we cannot forgive him not for being more."[45] Die superlativische Begeisterung mündet so in eine imperativische Verabschiedung – und zugleich in den hier nur implizit formulierten Auftrag, die von Goethe entfachten, aber eben nicht in Gänze realisierten Hoffnungen in die literarische Tat umzusetzen.

In den Ausführungen zu Chaucer und den Überlegungen zur modernen Literatur deutet sich bereits an, was Emerson in den darauffol-

---

    sway of the affections enough to appreciate their working in other men, but never enough to receive their inmost regenerating influence" (Fuller: Goethe, S. 2).
40 Hierzu Eingehenderes im folgenden Kapitel.
41 CW X, S. 115.
42 CW X, S. 116. Es handelt sich hierbei um eine Wertschätzung, die mit Goethes eigener Sicht auf sein epistolarisches Werk durchaus korreliert. Dazu ohne Bezugnahme auf Emerson, aber ganz in dessen Sinne Albrecht Schöne: Der Briefeschreiber Goethe. 2., durchgesehene Auflage, München 2015, S. 25 f.
43 CW X, S. 117.
44 CW X, S. 117.
45 CW X, S. 118 f.

genden Jahrzehnten zu einer umfassenden Kultur- und Literaturtheorie der Moderne ausbauen wird: das Verhältnis von Originalität und Einfluss; der anthropologisch und zugleich poetologisch gedachte Aspekt der Apperzeption; der Status des Autors und seine Funktion in der Gesellschaft; schließlich die Forderung nach einer neuen amerikanischen Literatur. Und dabei wird bereits in diesen frühen Äußerungen deutlich: Goethes Kollektivbegriff hat für Emerson nicht allein illustrative, sondern außerdem explikative Funktion. Es scheint, als erschließe sich Emerson über Goethes Wort ein Grundprinzip nicht nur des Subjekts und der Kunst, sondern der Kultur im Ganzen. In eben diesem höchst allgemeinen Sinne hält er in seinem Notizbuch fest: „Culture. Nothing better can be said of it than Goethe's sentence about his own, in the ‚Characteristics' translated by Mrs Austin".[46]

b) Form und Funktion: *Goethe, or, the Writer*

Emersons unter dem Buchtitel *Representative Men* gesammelte Vorträge über Platon, Swedenborg, Montaigne, Shakespeare, Napoleon und Goethe sind von zwei Grundannahmen getragen, ohne deren Berücksichtigung die einzelnen Porträts kaum verständlich sind; sie seien daher zunächst kurz umrissen:

1. Es geht Emerson in seinen Porträts nicht um die geistige oder künstlerische ‚Überlegenheit' der von ihm vorgestellten Figuren im Verhältnis zu einer als mittelmäßig erachteten ‚Masse', sondern um ihre Beispielhaftigkeit, ihren Symbolcharakter – und allein in dieser Hinsicht um ihre *Repräsentativität*. Die porträtierten Figuren bringen für Emerson gewisse Grundeigenschaften des menschlichen Wesens zur vollen Blüte, wodurch sie zwar als herausragende, aber eben nicht als enthobene Individuen erscheinen. Der Begriff von Repräsentativität, den Emerson hier voraussetzt, hat also einen egalitären Zug: „Emerson believed in equality because he believed in the adequacy of the individual, of each individual", schreibt dazu Richardson. „Each great person represents, for Emerson, the full flowering of some one aspect of our common nature."[47] Besonders anschaulich geht das hier beschriebene Verhältnis von Individualität und Repräsentativität aus einem Satz in Emersons Shakespeare-Essay hervor: „Shakespeare is the only biographer of Shakespeare, and even he can tell

---

46 JMN XVI, S. 247.
47 Richardson: The Mind on Fire, S. 414.

nothing except to the Shakespeare in us, that is, to our most apprehensive and sympathetic hour."[48]

2. Der Band setzt bewusst mit einer Abhandlung zu Platon ein, dessen intellektuelles Weltverständnis für Emerson auf einem Prinzip der *Mereologie* beruht. Emerson schreibt: „Two cardinal facts lie forever at the base; the One; and the two. 1. Unity, or Identity; and, 2. Variety. [...] Oneness and Otherness. It is impossible to speak, or to think without embracing both."[49] Dieses zugleich fundamentale („base") und konstante („forever") Wechselverhältnis schlägt sich in Emersons Idee von Repräsentativität deutlich nieder: Über den Dichter William Shakespeare, um das oben genannte Beispiel aufzugreifen, lässt sich für ihn nicht nachdenken, ohne stets auch über den Shakespeare *in uns* selbst zu reflektieren („the Shakespeare in us"). Der/das Eine und der/das Andere bilden einen ebenso unauflöslichen wie spannungsreichen Zusammenhang.[50]

Vor dem Hintergrund dieser beiden Prämissen verwundert es eigentlich nicht, dass sich Emerson auch mit Goethe als einem *Representative Man* auseinandergesetzt hat. Liest man die hier skizzierten Ideen von Repräsentativität und Mereologie zusammen mit der von Emerson so hochgeschätzten Idee des Kollektiven, so lässt sich nämlich eine wesentliche Schnittmenge ausmachen: Hier wie dort geht es um das komplexe Verhältnis von ‚Oneness and Otherness', ‚Identity and Variety', es geht um die Beziehung zwischen ‚Tausenden von Einzelwesen' und einem singulären ‚Ich'. Emersons Goethe-Abhandlung, in der er die sich hier abzeichnende Konvergenz en détail ausführt, verdient daher besondere Aufmerksamkeit.

Dass ein Autorenporträt auf einer kritischen Zeitdiagnose beruht, ist nicht ganz selbstverständlich. Und doch geht es Emerson wesentlich darum: um eine Problematisierung der modernen Welt und den sich aus ihr herleitenden Auftrag des Schriftstellers. Goethe kommt dabei – dies klingt im Titel bereits an – eine vorbildhafte Stellung zu. Mueller-Vollmer fasst diese Doppelsemantik so zusammen: Für Emerson sei Goethe der „Kristallisationspunkt zum Verständnis der eigenen Epoche" und zugleich die

---

48 CW IV, S. 119 (*Shakespeare, or, the Poet*).
49 CW IV, S. 27 f. (*Plato, or, the Philosopher*).
50 Damit ist bekanntlich auf einen Kernpunkt in Emersons Denken insgesamt hingedeutet – und auf seine historischen Bezugspunkte in der antiken Philosophie. Weitere Referenzen für Emersons mereologisches Denken sind der deutsche Idealismus und die Romantik. Siehe hierzu das Kapitel „The One and the Many" in Greenham: Emerson's Transatlantic Romanticism, S. 168–200, in diesem Zusammenhang vor allem S. 169–171.

„Bezugsinstanz einer zukünftigen amerikanischen Literatur."[51] Aber worauf genau bezieht sich Emerson in seiner Zeitkritik, die zugleich auch eine Modernekritik ist?

Im Kern geht es ihm um das, was die heutige Forschung gewöhnlich mit dem (eher normativ besetzten) Begriff der ‚Dissoziierung' oder aber mit dem (eher deskriptiv verstandenen) Terminus der ‚Ausdifferenzierung' bezeichnet:

> There was never such a miscellany of facts. The world extends itself like American trade. We conceive Greek or Roman life, life in the Middle Ages, to be a simple and comprehensible affair; but modern life to respect a multitude of things which is distracting.[52]

An die Stelle der (vermeintlich) klar eingezirkelten, übersichtlichen und beständigen Kulturen der Antike und des Mittelalters, die als eine „Gegen-Neuzeit"[53] ins Spiel gebracht werden, ist demnach ein modernes Leben getreten, das sich prozesshaft und global ausdehnt: „The world extends itself". Dies wiederum manifestiere sich in einer stetig anwachsenden Diversität des Wissens („facts") und einer zunehmenden Pluralität der Dinge („things"). Dabei fällt auf, dass Emerson – ähnlich wie Goethe mit seinem Begriff vom ‚geistigen Handelsverkehr' – gerade auf die ökonomischen Verhältnisse der Zeit verweist, um die sich gegenwärtig vollziehenden Expansionsprozesse zu umschreiben. Genauer: Die moderne Wirtschaft dient Emerson als ein Vergleich („like"), der evident machen soll, was sich der konkreten Beschreibung zu entziehen scheint: die unaufhaltsame, weitstreuende Zunahme der „facts" und der „things" in der Moderne.

Die Auswirkungen dieses tiefgreifenden Prozesses auf den Menschen, auf seine Welt- und Selbstwahrnehmung, sind für Emerson absehbar. Der Einzelne sieht sich selbst und seine Welt lediglich noch in den zersprengten

---

51 Mueller-Vollmer: Transatlantic Crossings and Transformations, S. 225.
52 CW IV, S. 156.
53 Auf diese unbedingt auch rhetorisch zu verstehende Figur der Modernekritik weist Welsch nachdrücklich hin: „Zur Neuzeit gehört – formelhaft kurz gesagt – immer eine Gegen-Neuzeit" (Welsch: Unsere postmoderne Moderne, S. 74). Diese „Gegen-Neuzeiten" sind dabei ihrerseits als Imaginationen des Neuzeit-Diskurses zu verstehen: „Nicht bloß, weil sie an ihren dominant bleibenden Gegner gebunden sind [...], sondern auch, weil sie sowohl als Fermente von dessen Dynamik wirksam werden als auch – bei aller inhaltlichen Entgegensetzung – die formalen Charakteristiken der Neuzeit [...] ungebrochen übernehmen und unverändert reproduzieren" (ebd.).

Teilen eines ursprünglichen Ganzen: „the multitude see fragments".⁵⁴ Im Vergleich zu Goethes zwar ambivalenter, aber in weiten Teilen doch erstaunlich aufgeschlossener Moderneauffassung, setzt Emerson also einen anderen Akzent. In der Erfahrung des Verlusts, das heißt in der Fragmentierung einer historisch vorgängigen Totalität, artikuliert sich eine „Ganzheits-Melancholie", die für Welsch den Kern des romantischen Bewusstseins ausmacht: „Hunderte Erfahrungen des Endes der Ganzheit [...] – aber alle im Modus der Trauer und mit der Hoffnung, das Blatt noch einmal wenden zu können."⁵⁵

Nimmt man diesen Satz beim Wort, so stellt sich die weiterführende Frage, ob und wie sich die „Hoffnung, das Blatt noch einmal wenden zu können", im Falle Emersons artikuliert. Eine Schlüsselrolle fällt in diesem Zusammenhang Goethe zu, der ihm insofern tatsächlich „weniger [als] „Repräsentant[ ] der deutschen Kultur, als vielmehr der internationalen literarischen Moderne überhaupt"⁵⁶ erscheint. Emerson dazu:

> Goethe was the philosopher of this multiplicity, hundred-handed, Argus-eyed, able and happy to cope with this rolling miscellany of facts and sciences, and, by his own versatility, to dispose of them with ease [...].

In ähnlichem Sinne heißt es nur etwas später im Text:

> He was the soul of his century. [...] He had a power to unite the detached atoms again by their own law. He has clothed our modern existence with poetry.⁵⁷

Auffällig erscheint in diesen Äußerungen zunächst die Wechselseitigkeit, mit der hier von der modernen Welt die Rede ist: einmal als ein *Negativzustand* („a multitude of things which is distracting"), der zumindest in der Literatur kompensiert werden könne und solle („to unite the detached atoms again"); dann aber auch als eine *Produktivkraft* des Dichters, dessen Genie sich erst durch die Aufnahme und Verarbeitung dieser Vielheit entfalte, was ihn zugleich – „soul of his century" – der Klasse der repräsentativen Menschen zuordne.

Ich will die sich hier abzeichnenden zwei Aspekte aufgreifen und nacheinander untersuchen: zunächst und etwas knapper die theoretische Idee der Kompensation, die Emerson gänzlich im Sinne der Romantik

---

54 CW IV, S. 152.
55 Welsch: Unsere postmoderne Moderne, S. 175.
56 Mueller-Vollmer: Transatlantic Crossings and Transformations, S. 225.
57 CW IV, S. 156 f.

auszulegen scheint;⁵⁸ sodann und ausführlicher die Frage nach ihrer literarischen Umsetzung, die zurückführt auf die in dieser Studie bereits eingehend beschriebene intermediäre Poetik von Goethes Spätwerk wie auch auf das Konzept eines kollektiven Dichtersubjekts.

Emerson umreißt die Zielsetzung einer Kompensation der in unzählige Teile zersprengten Moderne in nur wenigen Sätzen. So problematisiert er zunächst die mangelnde Bereitschaft der heutigen Schriftsteller, jene vereinigende, versöhnende Aufgabe anzunehmen, die ihnen in ihrem Verhältnis zu der sich prozesshaft ausdehnenden Vielheit des modernen Lebens eigentlich zugedacht ist. Fest *in die* Gesellschaft integriert, komme den Schriftstellern das Bewusstsein ihrer exzeptionellen Aufgabe *für die* Gesellschaft nicht einmal mehr in den Sinn – eine schmerzhaft empfundene Leerstelle:

> Society has really no graver interest than the wellbeing of the literary class. [...] There have been times when he [the poet; K.S.] was a sacred person: he wrote bibles; the first hymns; the codes; the epics, tragic songs, Sibylline verses, Chaldean oracles, Laconian sentences, inscribed on temple walls. Every word was true, and woke the nations to new life. He wrote without levity, and without choice. [...] But how can he be honoured when he does not honour himself, when he loses himself in the crowd [...], ducking to the giddy opinion of a reckless public [...]; or write conventional criticism; or profligate novels; or, at any rate, write without thought and without recurrence by day and by night to the sources of inspiration?⁵⁹

Aus dieser allgemeinen Klage über die gegenwärtige Verweltlichung der Autorschaft („he loses himself in a crowd") und Verflachung der Literatur („conventional criticism", „profligate novels") leitet Emerson dann seinen Aufruf an die amerikanischen Schriftsteller ab.⁶⁰ Ihnen sind die feierlichen letzten Zeilen seiner Abhandlung gewidmet:

---

58 Dieser konkretisierende Hinweis ist insofern nötig, als Emerson bekanntlich selbst einen Kompensationsbegriff entwickelt, der allerdings eher im Sinne eines naturalistischen Prinzips zu verstehen ist: „Whilst the world is thus dual, so is every one of its parts. The entire system of things gets represented in every particle. There is somewhat that resembles the ebb and flow of the sea, day and night, man and woman, in a single needle of the pine, in a kernel of corn, in each individual of every animal tribe. The reaction so grand in the elements, is repeated within these small boundaries. For example, in the animal kingdom, the physiologist has observed that no creatures are favorites, but a certain compensation balances every gift and every defect" (CW II, S. 57, *Compensation*).
59 CW IV, S. 155.
60 Man denke hier auch an die bekannte Formulierung „I look in vain for the poet whom I describe" (CW III, S. 21, *The Poet*). In *The Over-Soul* formuliert Emerson

We too must write Bibles, to unite again the heavenly and the earthly world. The secret of genius is [...] to realize all that we know; in the high refinement of modern life, in arts, in sciences, in books, in men, to exact good faith, reality, and a purpose; and first, last, midst, and without end, to honour every truth by use.[61]

Entscheidend sind diese Zeilen auch, weil sie Emersons literarisches Kompensationsstreben näher spezifizieren. Im Kern geht es ihm um eine Versöhnung der dissoziierten Moderne („to unite again the heavenly and the earthly world") bei gleichzeitiger Berücksichtigung ihrer phänomenalen Vielheit („to realize all that we know"). Synthesebestrebung und Vielheitsbewusstsein bilden für Emerson also keinen Gegensatz, sondern treten in eine spannungsvolle Beziehung. Was es damit konkret auf sich haben soll, zeigt sich nun aber weniger in poetologischer als in literarischer Hinsicht, also mit Blick auf die Formensprache der so emphatisierten Literatur. Dies leitet vom Ansatz der Kompensation hin zum vielschichtigeren und daher eingehender zu befragenden zweiten Aspekt: zum Aspekt seiner poetischen Umsetzung.

Emerson geht in seiner Abhandlung auf mehrere Werke Goethes, in einer Bemerkung auch auf dessen Gesamtwerk ein. Dabei fällt eines auf den ersten Blick auf: Obwohl sich Goethes Werke generell durch ein Höchstmaß an Heterogenität auszeichneten, wie Emerson mehrmals betont, seien sie *trotzdem* dazu in der Lage, die oben beschriebene Kompensationsleistung zu erbringen. Präziser gesagt: Gerade in seiner offensichtlichen Disparität trägt Goethes Werk der modernen Welt, mit ihrer wachsenden Überfülle an Ideen und Dingen, literarisch Rechnung und erfüllt darin seine gesellschaftsbezogene Ausgleichsfunktion. Der Essayist schildert dies anhand einiger Beobachtungen zum *Faust*, in deren Zentrum der – später dann auch für Whitman entscheidende – Begriff der „multitude" steht:

> The Helena, or the second part of Faust, is a philosophy of literature set in poetry; the work of one who found himself the master of histories, mythologies, philosophies, sciences, and national literatures, in the encyclopaedical manner in which modern erudition with its international intercourse of the whole earth's population, researches into Indian, Etruscan, and all Cyclopean arts, geology, chemistry, astronomy; and every one of these kingdoms assu-

---

diesen Auftrag im Modus einer an der Romantik geschulten Kunstreligion: Der Autor erscheint hier als „the eternal ONE", in dem und in dessen Werk sich die „parts" und „particles" der modernen Lebenswelt zu einer neuen Totalität zusammenfügen (CW II, S. 160).

61 CW IV, S. 166 (*Goethe, or, the Writer*).

ming a certain aerial and poetic character, by reason of the multitude. [...] These are not wild miraculous songs, but elaborate forms, to which the poet has confided the results of eighty years of observation. This reflective and critical wisdom makes the poem more truly the flower of this time. It dates itself. Still he is a poet, poet of a prouder laurel than any contemporary, and under this plague of microscopes (for he seems to see out of every pore of his skin) strikes the harp with a hero's strength and grace.
The wonder of the book is its superior intelligence. In the menstruum of this man's wit, the past and the present ages and their religions, politics, and modes of thinking are dissolved into archetypes and ideas. What new mythologies sail through his head! The Greeks said, that Alexander went as far as Chaos; Goethe went, only the other day, as far; and one step farther he hazarded, and brought himself safe back.[62]

Für Emerson hat Goethe – die Historien, Mythologien, Philosophien, Literaturen und Wissenschaften in ihrer ganzen Vielheit überblickend – mit dem *Faust* also eine Summe gezogen. Die Tragödie wird hier als ein enzyklopädisches Werk gelesen, in dem sich eine genuin moderne Gelehrsamkeit („modern erudition") literarisch zum Ausdruck bringe: eine international und interdisziplinär orientierte Bildung, die auch dort, wo sie von der Vergangenheit spreche, stets auch auf die Gegenwart bezogen sei. Aus Emersons Sicht gelingt Goethe diese Aktualisierung dadurch, dass er die zeitgebundenen Denkweisen in ‚Archetypen und Ideen' überführe und dadurch ihr zeitunabhängiges, intellektuelles Potenzial herauszustellen vermöge.

Besonders wichtig ist der historische Vergleich, mit dem die Passage plastisch endet: Wie Alexander der Große habe sich Goethe dem Chaos ausgesetzt, dem unübersichtlichen Chaos des modernen Geisteslebens in seinem Fall. Im Gegensatz zum makedonischen Eroberer aber ist er sicher wieder ‚nachhause' zurückgekehrt: *He brought himself safe back.* Der Grund hierfür, so lässt sich schließen, liegt in der avancierten Form („elaborate forms"), in die Goethe die Fülle seiner Weltbeobachtungen gebracht hat – eine Form, in der sich die Mannigfaltigkeit und Widersprüche der Moderne nicht etwa aufheben, sondern, im Gegenteil, in der sie ästhetisch erst angemessen zum Tragen kommen. Damit ist eine Position formuliert, die sich mit Schmitz' prägnantem Wort von den „reichhaltige[n] Synthesen"[63] schlüssig zusammenlesen lässt. Emerson schreibt:

> This lawgiver of art is not an artist. Was it that he knew too much, that his sight was microscopic, and interfered with the just perspective, the seeing of the

---

62 CW IV, S. 157.
63 Schmitz: Goethes Altersdenken, S. 241.

whole? He is fragmentary; a writer of occasional poems, and of an encyclopaedia of sentences. When he sits down to write a drama or a tale, he collects and sorts his observations from a hundred sides, and combines them into the body as fitly as he can. A great deal refuses to incorporate: this he adds loosely, as letters of the parties, leaves from their journals, or the like. A great deal still is left that will not find any place. This the bookbinder alone can give any cohesion to: and hence notwithstanding the looseness of many of his works, we have volumes of detached paragraphs, aphorisms, *Xenien*, &c.[64]

„This the bookbinder alone can give any cohesion to", „the looseness of many of his works": Besser als mit diesen Formulierungen lässt sich Goethes auf mittleren Instanzen beruhende, zwischen fragmentierter Offen- und werkhafter Geschlossenheit angesiedelte Spätwerkpoetik, wie sie hier anhand von *Ueber Kunst und Alterthum* nachgezeichnet wurde, eigentlich nicht beschreiben. Oder anders: Gerade in Bezug auf Goethes Spätwerkpoetik entwickelt Emerson einen sehr anregenden Interpretationsansatz, von dem noch die heutige Forschung profitieren könnte. Ich will dies in einem Ausblick auf Adornos bis heute einschlägigen Beitrag zum *Spätstil Beethovens* umreißen, der sich zwar nur in einer kurzen, aber aussagekräftigen Passage auf Goethes *Wanderjahre* und den zweiten *Faust* bezieht.

„Die Reife der Spätwerke bedeutender Künstler", so beginnt Adorno seine Ausführungen,

> gleicht nicht der von Früchten. Sie sind gemeinhin nicht rund, sondern durchfurcht, gar zerrissen; sie pflegen der Süße zu entraten und weigern sich herb, stachelig dem bloßen Schmecken; es fehlt ihnen all jene Harmonie, welche die klassizistische Ästhetik vom Kunstwerk zu fordern gewohnt ist.[65]

Statt der „Harmonie", der „Süße" kennzeichne das Spätwerk also eine ‚Zerrissenheit', eine ‚Durchfurchtheit' und ‚Stacheligkeit'. Fragmentarische Partikularität und harmonische Totalität werden hier offenkundig als Gegensatz gedacht, der keine Zwischen- oder Graustufen kennt: ‚Harmonie' meint bei Adorno nichts anderes als die „Synthese"[66] von Teilen, während sich die ‚Zerrissenheit' als eine bloße Ansammlung von „Trümmer[n]" zum Ausdruck bringe.[67]

---

64 CW IV, S. 165.
65 Theodor W.: Adorno: Spätstil Beethovens [1937], in: ders.: Musikalische Schriften IV. Moments musicaux. Impromptus, Frankfurt am Main 2003, S. 13–17, hier S. 13.
66 Ebd., S. 17.
67 Ebd., S. 15.

Dies zeigt sich aber nicht allein in Beethovens späten Klaviersonaten, die Ausgangspunkt von Adornos Betrachtungen sind, sondern vergleichbar auch in Goethes *Wanderjahren* und im zweiten Teil des *Faust*, denen gleichermaßen ein charakteristischer „Stoffüberschuß" attestiert wird: „Vom Tode berührt, gibt die meisterliche Hand die Stoffmassen frei, die sie zuvor formte", nämlich als „Splitter, zerfallen und verlassen". Entsprechend fehle es diesen ästhetischen Gebilden – und damit kommen auch Adornos Reflexionen auf einen Kernbegriff der vorliegenden Studie – an einer „sichere[n] Mitte".[68] Ein ästhetischer Bereich zwischen der beklagten Dezentrierung und der als Ideal gesetzten Zentriertheit des Kunstwerks wird von ihm also nicht in Erwägung gezogen.

Dabei wäre gerade *dies* in Bezug auf Goethes Spätwerk angebracht. Das Streben nach werkästhetischer Totalität und das Interesse an mannigfachen Partikeln treten ihm in ein aggregathaftes Spannungsverhältnis, das sich weder zur einen noch zur anderen Seite hin auflösen lässt. Emersons Goethe-Porträt liest sich aus dieser Sicht fast wie eine vorwegnehmende Entgegnung auf Adorno: „[H]e" – also Goethe – „collects and sorts his observations from a hundred sides, and combines them into the body as fitly as he can".[69] Das klingt natürlich sehr viel weniger kapriziös als Adornos vielzitierte Behauptung, wonach „[i]n der Geschichte der Kunst" die Spätwerke als „die Katastrophen" erscheinen.[70] Vor dem Hintergrund der von Goethe selbst angestellten poetologischen Überlegungen aber (man denke hier nicht zuletzt an seine grundlegende Problematisierung des Konzepts Gesamtwerk) kommt Emersons nüchterne Bewertung der Sache selbst sehr viel näher.

Im Sinne dieser eher nüchternen Auffassung kann Goethe für Emerson denn auch kein Künstler im emphatischen Sinne (mehr) sein, verstanden als Schöpfer eines in sich harmonischen, eines ganzen und geschlossenen Werks. Als „lawgiver of art" setze Goethe vielmehr die Standards für eine andere und neue Kunst, die den Bedingungen der modernen Gegenwart insofern angemessen ist, als sie *einerseits* die Multiplizität des Beobachteten zu berücksichtigen versucht („combines"), ohne dabei *andererseits* das Inkommensurable („refuses to incorporate") der modernen Welterfahrung in den Hintergrund zu rücken, es gar zu leugnen.[71] Hier sei es dann Aufgabe der Buchbinder, eine allenfalls noch materiale Synthese des

---

68 Ebd., S. 16.
69 CW IV, S. 165.
70 Adorno: Spätstil Beethovens, S. 17.
71 CW IV, S. 165.

Fragmentarischen zu stiften – womit Emerson Goethes eigenen Problemreflexionen zur Bruchstückhaftigkeit seiner gesammelten Schriften, vor allem im Umfeld der Konzeption seiner Werkausgaben, erstaunlich nahekommt. Und er macht zugleich sehr deutlich, was die Literaturwissenschaft bis heute eher selten benennt, ja mitunter sogar unterschlägt, etwa indem sie die Pauschalthese kultiviert, Goethe sei „ein Pionier der morphologischen Ästhetik und Poetik":[72] Emerson betont das Zusammengesetzte, das Zerstreute des Goethe'schen Gesamtwerks.[73]

In dieses Bild fügt sich auch das produktionsästhetische Modell, das Emerson mit seinen poetologischen Anmerkungen verbindet. Im Mittelpunkt steht hierbei der für Goethes Idee des Kollektiven wesentliche Aspekt der Apperzeption, der hier allerdings zugleich mit einer Art Vitalisierung einhergehen soll. Dabei spricht der Essayist zunächst nicht vom Schriftsteller, sondern, wie bereits in seiner Chaucer-Lecture, vom Menschen an sich:

> [I]n man the report is something more than print of the seal. It is a new and finer form of the original. The record is alive, as that which it recorded is alive. In man, the memory is a kind of lookingglass, which, having received the images of surrounding objects, is touched with life, and disposes them in a new order. [...] The man cooperates.[74]

Das Verhältnis von Subjekt und Welt kennzeichnet demnach ein Filter- und Transformationsprozess, der sich zunächst in der *Aufnahme* des Wahrgenommenen („having received the images of surrounding objects"), dann in seiner *Verfeinerung* („new and finer form") und damit einhergehenden *Verlebendigung* („the record is alive") vollzieht.[75] „The man cooperates": Mit diesem Satz betont Emerson die Selbstkreativität des Subjekts, die über den bloßen Wahrnehmungsakt deutlich hinausgeht und folglich „more than print of the seal" sei.

Im Anschluss an diese anthropologischen Betrachtungen wendet sich Emerson dem Schriftsteller zu, dem er „exalted powers for this second

---

72 Doležel: Geschichte der strukturalen Poetik, S. 74 (in kritischer Abgrenzung zu dieser Position). Dazu bereits in dieser Studie Kap. I.3.
73 Neben *Faust* führt Emerson *Wilhelm Meister* als weiteren Referenztext an (vgl. CW IV, S. 160 f.).
74 CW IV, S. 151 f.
75 Hier sei nur am Rande darauf hingewiesen, dass auch Fuller das Verb „record" mehrfach ins Spiel bringt: Die Literatur sei „the record of life" (Fuller: Goethe, S. 4); oder auch: „[H]e [also Goethe] displays at the earliest age, a sense of his vocation as a recorder, the same which drew him afterwards to write his life into verse, rather than clothe it in action" (Fuller: Menzel's View of Goethe, S. 343).

creation" zuspricht. Mit Nachdruck hebt er dabei gerade jenen egalitären und universellen Zug hervor, der auch für Goethes Rede vom Kollektivwesen kennzeichnend ist:

> Whatever he beholds or experiences, comes to him as a model, and sits for its picture. [...] He believes that all that can be thought can be written, first or last; [...]. Nothing so broad, so subtle, or so dear, but comes therefore commended to his pen, and he will write. In his eyes, a man is the faculty of reporting, and the universe is the possibility of being reported. In conversation, in calamity, he finds new materials [...].[76]

Der Schriftsteller vollzieht demnach im Prinzip genau das, was alle Menschen qua ihres Wesens und immer schon vollziehen („in man"): Er nimmt in sich auf, er verfeinert und verlebendigt das jeweils Wahrgenommene. Der Unterschied liegt einerseits in der schieren Quantität: Emerson spricht, wohl durchaus im Sinne des in dem Essay *Nature* erdachten „transparent eye-ball", dem Dichter eine universelle Aufnahmefähigkeit zu.[77] Zum anderen bleibt er nicht bei der inneren Verfeinerung und Verlebendigung stehen, sondern bringt das Verarbeitete in eine äußere Form – in Schriftform nämlich: „he will write".

Hierbei ist nun aber noch einmal daran zu erinnern, dass der Akt der Verschriftlichung weder auf die bloße Darstellung von moderner Diversität noch auf ihre totalisierende Vereinheitlichung zielt. *The One and the Many* – das eine ist ohne das andere gar nicht zu denken, weshalb hier keine reine Synthese, keine Aufhebung der Vielheit zugunsten einer neuen Einheit angestrebt wird, sondern der spannungsvolle Wechselbezug von ‚Oneness and Otherness', ‚Identity und Diversity' stets und sicher erhalten bleibt.[78]

---

76 CW IV, S. 152.
77 Herausrechnen muss man bei dieser Bezugnahme allerdings den expliziten Verweis auf Gott. Wichtig ist hier wie dort der universelle Charakter der Wahrnehmung: „I become a transparent eye-ball. I am nothing. I see all. The currents of the Universal Being circulate through me; I am part or particle of God. The name of the nearest friend sounds then foreign and accidental. To be brothers, to be acquaintances, – master or servant, is then a trifle and a disturbance. I am the lover of uncontained and immortal beauty. In the wilderness, I find something more dear and connate than in streets or villages. In the tranquil landscape, and especially in the distant line of the horizon, man beholds somewhat as beautiful as his own nature" (CW I, S. 10).
78 Vgl. zu dieser komplexen Relation, die in den Kern des Emerson'schen Denkens führt, Greenham: Emerson's Transatlantic Romanticism, S. 168–200, hier vor allem S. 169–171, wo das Bedingungsverhältnis von Einheit und Vielheit prägnant beschrieben ist.

Die Nähe zu Karl Poppers Idee einer offenen, mithin zwischen Totalität und Diversität vermittelnden Gesellschaft liegt somit auf der Hand.

c) Identität und Erfindung: *Quotation and Originality*

Blickt man von den bisher referierten Reflexionen Emersons auf seine eigene Poetik, wie sie beispielhaft in *Goethe, or, the Writer* umgesetzt ist, gewinnt man den Eindruck eines impliziten Bruchs: Gemessen an dem, was Emerson über die Kontur der modernen Welt und Literatur sagt, erweist sich seine Goethe-Abhandlung in formaler Hinsicht nämlich als erstaunlich glatt – das heißt, dem Text fehlt jede Form einer manifesten Selbstreflexivität. Der zwei Jahrzehnte später veröffentliche Essay *Quotation and Originality* allerdings, der ebenfalls einige Passagen über Goethe enthält, liest sich in Abgrenzung dazu beinahe wie eine nachträgliche Einlösung: Nicht nur, dass Emerson das an Goethe beobachtete poetische Verfahren auf einen konkreten Begriff bringt; darüber hinaus setzt er die Praxis der extensiven Zitation in seinem Essay auch selbst um.

Die zunächst mäandernd wirkende Abhandlung über Originalität und Zitation beruht bei näherer Betrachtung auf einer recht klaren, in mehrere Einzelargumente untergliederbaren Argumentation. Um zu verstehen, welcher Status und welche Funktion dem ausdrücklichen Bezug auf Goethes Idee des Kollektiven dabei zukommt (und wie er in dem Text formal zum Tragen kommt), ist dieser Denkweg im Einzelnen nachzuvollziehen.

Emerson entwirft in seinem Essay einen entgrenzten, auf die Kultur als Ganzes erweiterten Zitatbegriff: „[I]n a large sense, one would say, there is no pure originality. All minds quote. Old and new make the warp and woof of every moment. […] By necessity, by proclivity, and by delight, we all quote."[79] Es geht hier offenbar nicht allein um die allumfassende Verabschiedung einer Idee von originärer Schöpfung, sondern darüber hinaus um die Notwendigkeit („necessity"), Neigung („proclivity") und sogar Freude („delight") im Bewusstsein der eigenen Zitathaftigkeit zu denken, zu sprechen, zu leben.[80]

---

79 CW VIII, S. 94.
80 Der Eindruck einer erstaunlichen Nähe zu den Ansätzen der Poststrukturalisten ergibt sich dabei schon durch die Wortwahl: Vom ‚Gewebe' („warp", „woof") als Metapher für die zitathaft strukturierte Kultur spricht, ohne Emerson zu nennen,

Diese unüberbietbare allgemeine, universelle Vorstellung leitet Emerson aus einigen begrenzten Teilbereichen der Kultur ab: aus der Literatur und Religion, der Mythologie und Philosophie. Der weite Bogen, den er dabei spannt, ist imposant; um hiervon einen angemessenen Eindruck zu geben, bedarf es eines längeren Auszugs, der seinerseits einer mehrere Seiten umfassenden Passage entstammt:

> Read in Plato, and you shall find Christian dogmas, and not only so, but stumble on our evangelical phrases. Hegel pre-exists in Proclus, and, long before, in Heraclitus. Whoso knows Plutarch, Lucian, Rabelais, Montaigne, and Bayle, will have a key to many supposed originalities. Rabelais is the source of many a proverb, story, and jest, derived from him into all modern languages, and, if we knew Rabelais's reading, we should see the rill of the Rabelais river. Swedenborg, Behmen, Spinoza, will appear original to uninstructed and to thoughtless persons. Their originality will disappear to such as are either well-read or thoughtful. For scholars will recognize their dogmas as re-appearing in men of a similar intellectual elevation throughout history. Albert, the „Wonderful Doctor"; St. Buonaventura, the „Seraphic Doctor"; Thomas Aquinas, the „Angelic Doctor" of the thirteenth century, – whose books made the sufficient culture of these ages, Dante absorbed and he survives for us. Reinhard the Fox, a German poem of the thirteenth century, was long supposed to be the original work until Grimm found fragments of another original, a century older. M. Le Grand showed that in the old Fabliaux were the originals of the tales of Molière, Lafontaine, Boccaccio, and of Voltaire.[81]

Die gelehrte Auflistung, das Konstatieren und Identifizieren von Parallelen, Prätexten und Palimpsesten hat in diesem Zusammenhang nur eine Funktion, nämlich zu demonstrieren, dass sich die Geschichte des Dichtens und Denkens immer schon als eine Geschichte des unausweichlichen Zitierens darstellt: „None escapes it. The originals are not original."[82] Genau dieses Kernprinzip soll nun, wie Emerson verallgemeinert, nicht allein für die Welt des Geistes und der Literatur gelten, sondern für *sämtliche* Bereiche des kulturellen Lebens: „We quote not only books and proverbs, but arts, sciences, religion, custom, and laws; nay, we quote temples and houses, tables and chairs."[83] Die Autorität, auf die sich Emerson bezieht, um seine weitreichende Behauptung zu belegen, ist ein vorgestellter Patentbeamter, für den eines völlig außer Frage steht: „The Patent Office Commissioner knows that all machines in use have been

---

auch Barthes: „Der Text ist ein Gewebe von Zitaten aus unzähligen Stätten der Kultur" (Barthes: Der Tod des Autors, S. 190).
81 CW VIII, S. 95.
82 CW VIII, S. 94.
83 CW VIII, S. 94.

invented and re-invented over and over".[84] Spätestens an diesem Punkt wird klar: Das Zitieren ist für Emerson kein exklusives Literatur-, sondern ein universell gültiges Kulturprinzip, das sich noch in der Sphäre des Alltäglichsten bemerkbar macht.

Dergestalt abstrahierend von der Geschichte auf die Gegenwart, von der Literatur auf die Alltagspraxis zu schließen, vermag Emerson nur, weil er das Zitieren als eine zeitunabhängige Konstante des menschlichen Daseins begreift. „The child quotes his father, and the man quotes his friend. Each man is a hero and an oracle to somebody, and to that person whatever he says has an enhanced value."[85] Das Zitieren knüpft sich für Emerson also an eine Idee von Bildung; im Zitieren vermag sich der lernbedürftige Einzelne mit den erfahreneren, als klüger erkannten Menschen zu verbinden. Dabei scheint der Essayist ein unwillkürliches Geschehen vorauszusetzen, und das bedeutet: Es geht ihm um keine bewusste, gezielte Praxis des Zitierens, verstanden als konkrete Übernahme vorgefundener Worte oder Sätze, ja es geht ihm nicht einmal ausschließlich um Verbales, sondern außerdem um Ideen, Attitüden, Imaginationen, also um höchst abstrakte Konzepte kognitiver Art. Das Kind spricht, denkt, fühlt seinem Vater nach, der Schüler dem Lehrer – ein aus Emersons Sicht ganz natürlicher Vorgang.

Was zeichnet vor diesem Hintergrund den Schriftsteller im Vergleich zu allen anderen Menschen aus? Es ist, wie Emerson schreibt, seine Fähigkeit zum ebenso intentionalen wie artistischen Umgang mit dem Zitat: „Genius borrows nobly."[86] Aus diesem Satz, der an Oscar Wildes bekannte Devise „Talent borrows, Genius steals" denken lässt, darf geschlossen werden: In der dichterischen Tätigkeit kommt der Mensch, als immer schon zitierendes Wesen, zu sich selbst. Aber Emerson geht darüber noch hinaus, denn in der kunstvollen Zitationspraxis besteht für den Schriftsteller die Möglichkeit, eine *Originalität zweiter Stufe* zu erreichen: „And

---

84 Das Zitat im Ganzen: „The Patent Office Commissioner knows that all machines in use have been invented and re-invented over and over; that the mariner's compass, the boat, the pendulum, glass, movable types, the kaleidoscope, the railway, the power-loom, loom, &c., &c., have been many times found and lost from Egypt, China, and Pompeii, down; that, if we have arts which Rome wanted, so also Rome had arts which we have lost; that the invention of yesterday of making wood indestructible by means of vapor of coal oil or paraffine, was suggested by the Egyptian method which has preserved its mummy-cases four thousand years" (CW VIII, S. 94).
85 CW VIII, S. 100.
86 CW VIII, S. 100.

what is Originality? It is being; being one's self; and reporting accurately what we see and are. Genius is, in the first instance, sensibility, the capacity of receiving just impressions from the external world, and the power of co-ordinating these after the laws of thought."[87] Das, was Emerson als ‚original power' bezeichnet, beruht also grundlegend auf dem, was er als ‚assimilating power' begreift – und der Fähigkeit, das Aufgenommene in eigene, individuelle Anordnungen künstlerischer Art zu bringen. In dieser originären Form des Zitierens artikuliert und konstituiert sich das Subjekt als distinkte Größe.

Ausschließlich um Selbstbildung geht es Emerson dabei aber keineswegs. Erfolgreich ist der Schriftsteller, wenn seine artistische Gestaltung des Zitierten den Leser buchstäblich entflammt und zugleich in der eigenen Weltwahrnehmung anzuleiten vermag: „If we are fired and guided […] we know him as a benefactor".[88] Der Schriftsteller wird hier also – charakteristisch für das Konzept der Kollektivpoetik – als ein Filter konzipiert: Er nimmt die Umwelt hochsensibel in sich auf, verarbeitet sie dann künstlerisch, um sie daraufhin wieder an eben diese Umwelt – an die Menschen, die in ihr leben – zurückzugeben. Was aber ist der allgemeine Nutzen, der sich für Emerson mit der Dichtung, den Dichtern verbindet? „They fit all our facts, like a charm."[89] Der Dichter umgreift, ja umspannt in seiner künstlerischen Tätigkeit also das Wissen seiner Zeit und trägt *dadurch* zur Welterkenntnis des Menschen bei. Dabei ist ein Punkt in unserem Zusammenhang unbedingt hervorzuheben, wenn auch zunächst im Hinterkopf festzuhalten: Auch in diesem Zusammenhang geht es Emerson offenbar um ein mereologisches Verhältnis, um die Beziehung der Teile („all our facts") zum Allumfassenden („fit […] like a charm").

In seinem souveränen Umgang mit dem Zitierten erscheint der Autor aber nicht nur als ein exzeptionelles, sondern mehr noch als ein exemplarisches Individuum. In seinem artistischen Umgang mit dem Aufgenommenen und Verarbeiteten gibt er ein allgemeines Beispiel, dem sich nachfolgen lässt. Diese Sätze, die auf ein Plädoyer hinauslaufen, stehen im letzten Absatz des Essays: „Only an inventor knows how to borrow, and every man is or should be an inventor. […] This vast memory is only raw material. The divine gift is ever the instant life, which receives, and uses, and creates".[90]

---

87 CW VIII, S. 105.
88 CW VIII, S. 100.
89 CW VIII, S. 100.
90 CW VIII, S. 107.

Es geht hier um die Überwindung der bloßen Apperzeption hin zu einem kreativen und vitalisierenden Umgang mit dem überlieferten Rohmaterial. Es geht, anders und mit einem Goethe'schen Begriff gesagt, um eine ‚Steigerung' des Menschen in seinem Dasein, nämlich zum Dichter seiner Selbst. In diesem Sinne setzt Emerson an die Stelle des abendländischen *individual* den amerikanischen *inventor*: Im Akt der bewussten, verlebendigenden Aneignung des rohen Materials noch einmal ‚Ich' zu sagen, wenngleich nicht als Originalsubjekt im traditionellen Sinne, sondern als Erfinder der eigenen Identität – darin besteht für Emerson die Möglichkeit zur Einwilligung in die unausweichliche Zitathaftigkeit des Daseins.

Die eingangs konstatierte Provokation, die aus amerikanischer Sicht im Begriff des Zitats angelegt ist, also das spannungsreiche Verhältnis von unabhängiger Selbstentfaltung und einer unausweichlichen Fremdbestimmung des Geistes durch externe Einflüsse, wird durch diese argumentative Wendung, diese Denkfigur einer Originalität zweiter Stufe, vielleicht nicht völlig aufgehoben, wohl aber deutlich entschärft. Und dies wiederum hat Auswirkungen auf die sehr amerikanische Befürchtung, im „Sumpf der eigenen Geschichtlichkeit"[91] zu versinken: Aus Emersons Sicht ist ein positiver Bezug auf die Vergangenheit möglich, ohne dadurch den Geltungsanspruch der Gegenwart in Frage stellen zu müssen – der „inventor" schöpft aus der Vergangenheit, um gestalterisch aufs Hier und Jetzt zu wirken. Entsprechend lautet Emersons *conclusio:* „The Past is for us, but the sole term on which it can become ours are its subordination to the Present."[92]

Mit diesem Satz rundet sich der unübersichtliche Denkweg, den Emerson mit seinem Essay durchschreitet, und doch blieb eine wesentliche Frage bislang unberücksichtigt: die Frage nämlich, wie sich die skizzierten Überlegungen zu Originalität und Zitation in Emersons eigenem Schreibverfahren niederschlagen.

Emerson ist, wie immer wieder und vollkommen zu Recht betont wird, ein äußerst formbewusster Philosoph. Seine Essays und Lectures verbinde, so beschreibt es Stanley Cavell in einer klassischen Abhandlung zu dieser Frage, eine große Sensibilität für das Schreiben und die Sprache, die sich mit einem recht weit gedachten Begriff von *poetry* belegen lasse. In diesem Zusammenhang nimmt Cavell nicht nur vergleichend Bezug auf Martin Heidegger und den Emerson-Verehrer Friedrich Nietzsche, sondern zudem

---

91 Padeken: „Genius Suffers no Fiction", S. 45.
92 CW VIII, S. 107.

auf einen weiteren herausragenden Protagonisten des amerikanischen Transzendentalismus, auf Henry David Thoreau:

> Emerson's and Thoreau's relation to poetry is inherently their interest in their own writing [...]. I do not mean their interest in what we may call their poems, but their interest in the fact that what they are building is writing, that their writing is, as it realizes itself daily under their hands, sentence by shunning sentence, the accomplishment of inhabitation, the making of it happen, the poetry of it.[93]

Für Cavell zeichnet sich Emerons, aber auch Thoreaus schreibende Tätigkeit also dadurch aus, dass sie sich im poetischen Prozess selbst reflektiert („their interest in the fact that what they are building is writing", „the poetry of it"). Auf diese Beobachtung kommt es mir besonders an. Prüft man den Essay *Quotation and Originality* nämlich hinsichtlich einer selbstbezüglichen Reflexionsebene, so sticht ein Aspekt besonders ins Auge, und das ist die auffällige Vielzahl, ja die regelrechte Überfülle an Zitaten.[94] Dies lässt sich beispielhaft an einem Abschnitt zeigen, der sich nicht zuletzt typographisch – durch seine eingerückten Textübernahmen, aber auch durch Kursivierungen sowie in Anführungszeichen gesetzte Werktitel – deutlich aus dem sonstigen Satzbild heraushebt. Um dies zu erkennen, bedarf es wiederum eines längeren Textauszugs:

> Many of the historical proverbs have a doubtful paternity. Columbus's egg is claimed for Brunelleschi. Rabelais's dying words, „I am going to see the great Perhaps," (*le grand Peut-être*) only repeats the „IF" inscribed on the portal of the temple at Delphi. Goethe's favorite phrase, „the open secret," translates Aristotle's answer to Alexander, „these books are published and not published." Madame De Staël's „Architecture is frozen music," is borrowed from Goethe's „dumb music"; which is Vitruvius's rule, that „the architect must not only understand drawing, but music." Wordsworth's hero acting „on the plan which pleased his childish thought," is Schiller's „Tell him to reverence the dreams of his youth," – and earlier, Bacon's „*Consilia juventutis plus divinitatis habent.*" In romantic literature, examples of this vamping abound. The fine verse in the old Scotch ballad of „The Drowned Lovers,"

---

93 Cavells Essay *Thinking of Emerson*, der zuerst 1979 in *New Literary History* erschienen ist, zitiere ich hier nach der ausgezeichneten und angesichts der weitverzweigten Forschungslage sehr hilfreichen Anthologie *Estimating Emerson. An Anthology of Criticism*, hg. von David LaRocca, London 2013, S. 681–695, hier S. 686.

94 Ich lege hier einen weiten bis entgrenzten Zitatbegriff zugrunde, wie ihn Emerson selbst voraussetzt. Das bedeutet konkret: Nicht nur die wörtlichen Übernahmen von Worten und Sätzen, sondern der freie Bezug auf Ideen, Imaginationen, Konzepte usw. soll hier als Zitat bezeichnet werden.

> „Thou art roaring ower loud, Clyde water,
> Thy streams are ower strang;
> Make me thy wrack when I come back,
> But spare me when I gang," –

is a translation of Martial's epigram on Hero and Leander, where the prayer of Leander is the same:

> „Parcite dum propero, mergite dum redeo."

Hafiz furnished Burns with the song of „John Barleycorn," and furnished Moore with the original of the piece,

> „When in death I shall calm recline,
> Oh, bear my heart to my mistress dear," &c.

There are many fables which, as they are found in every language, and betraying no sign of being borrowed, are said to be agreeable to the human mind. Such are the „Seven Sleepers," the „Gyges's Ring," „The Travelling-Cloak," „The Wandering Jew," „The Pied Piper," „Jack and his Bean-stalk," the „Lady Diving in the Lake and Rising in the Cave," – whose omnipresence only indicates how easily a good story crosses all frontiers. The popular incident of Baron Munchausen, who hung his bugle up by the kitchen fire, and the frozen tune thawed out, is found in Greece in Plato's time. Antiphanes, one of Plato's friends, laughingly compared his writings to a city where the words froze in the air as soon as they were pronounced, and, the next summer, when they were warmed and melted by the sun, the people heard what had been spoken in the winter. It is only within this century that England and America discovered that their nursery-tales were old German and Scandinavian stories; and now it appears, that they came from India, and are the property of all the nations descended from the Aryan race, and have been warbled and babbled between nurses and children for unknown thousands of years.[95]

Dass die allermeisten Sprichwörter, Fabeln, Kindergeschichten immer schon Zitationen anderer, historisch und räumlich mitunter weit entfernt hervorgetretener Sprichwörter, Fabeln, Kindergeschichten repräsentieren – Emerson betreibt einen bemerkenswerten Darstellungsaufwand, um diese im Kern doch recht simple Aussage zu belegen. Genau diese Formanstrengung ist hier aber bezeichnend: Offenbar interessiert Emerson weniger das individuelle, evidenzerzeugende Beispiel, das die Historizität der Textsorten, der Gattungen und Genres *pars pro toto* belegen könnte. Stattdessen erzeugt er einen Katalog[96] an genealogischen Einzelkonstella-

---

95 CW VIII, S. 97–99.
96 Die auf die *Ilias* und die antike Epik zurückverweisende Form des Katalogs wird bei Whitman zum poetischen Prinzip und wird auch in dieser Studie noch intensive Aufmerksamkeit erfahren (Kap. III.3b). Ersichtlich wird allerdings hier bereits, dass dieses Formprinzip seinen konkreten ideengeschichtlichen Hintergrund im

tionen, die er aus der mehrtausendjährigen Geschichte der Weltliteratur entnimmt. Es geht ihm, anders gesagt, um Evidenz durch Addition, um Einsicht durch Rekurrenz.

Aber das ist nur die eine Seite. Emerson trägt durch sein katalogartiges Vertextungsverfahren der übergeordneten These, dass die Menschen sich ihre Welt und das Selbst zitierend erschließen („we all quote"), auch selbstreflexiv Rechnung. Was dieser Essay an Einsichten über den komplexen Zusammenhang von *Quotation und Originality* zu vermitteln hat, bezieht und verdeutlicht er seinerseits an Zitaten, die er passagenweise in eine montiert wirkende Form bringt. Und dies betrifft auch – und zwar in noch gesteigertem Maße – die Bezugnahme auf Goethes Satz über das Kollektivwesen: In seinem Essay über das Zitieren zitiert Emerson einen Satz Goethes, der seinerseits vom Zitieren handelt – und damit das selbstreflexive Grundprinzip der kleinen Abhandlung scharfsinnig pointiert. Gegenüber all den anderen, den unzähligen Referenzen kommt dem Bezug auf Goethes Satz eine herausgehobene und doppelte Funktion für Emersons Abhandlung zu: Er *illustriert* nicht nur, was für Emerson in sachlicher Hinsicht entscheidend ist, sondern *kommentiert* zugleich das essayistische Verfahren, also das formale Prinzip, das ihm zugrundeliegt.

Emerson stellt mit seinem Essay offen aus, was er selbst vom Dichter verlangt. Wichtig ist hierbei aber der doppelte Bezugsrahmen: Emersons essayistische Selbstreflexion bezieht sich einmal auf den eigentlichen *Text*, dessen Gestalt und Gehalt auf dem Prinzip der Zitation beruhen. Zugleich aber geht es um das *Subjekt*, das sich im Akt der kreativen Zitataneignung als ein originäres Selbst allererst zu konstituieren vermag. Die recht offensiv ausgestellte Selbstreflexivität des Essays ist insofern eine zweifache; oder anders und noch einmal mit Cavell gesprochen, der in diesem Zusammenhang seinerseits auf einen Kernbegriff Emersons rekurriert: „Such writing takes the same mode of relating to itself as reading and thinking do, the mode of the self's relation to itself, call it self-reliance."[97]

Um die intellektuelle und werkgeschichtliche *Reichweite* dieser Konstellation für Emersons Schreiben und Denken zu ermessen, bietet es sich nun an, einen zumindest kurzen Blick auf jene Schriften zu werfen, von denen Bloom sagt, es handele sich um Emersons im eigentlichen Sinne

---

Idealismus der Transzendentalisten hat: „The fact that the transcendental catalogue is based upon the sense of the universe's spiritual unity in diversity makes it unique in Western literature (Lawrence Buell: Transcendentalist Catalogue Rhetoric: Vision versus Form, in: American Literature 40 [1968], S. 325–339, hier S. 334).

97 Cavell: Thinking of Emerson, S. 686.

‚authentisches Werk'.⁹⁸ Missverstehen sollte man diesen Begriff hier allerdings nicht: ‚Authentisch' an Emersons *Journals* ist vor allem die extensive, ja programmatische Zitation als Verfahren der Selbst- und Welterschließung.

3. Emersons *Journals:* Poetik

Emersons *Journals* bilden zweifellos den umfangreichsten Teil seines Gesamtwerks. Sie umfassen den Zeitraum von 1819 bis zu seinem Todesjahr 1882 und füllen in der maßgeblichen Edition sechzehn voluminöse Bände. Da es auf hermeneutischem Wege kaum möglich sein dürfte, zu widerspruchsfreien Gesamtaussagen über die Tausenden von Tagebuchseiten zu gelangen (und vor allem weil dies ihrer programmatischen Heterogenität widerspräche), will ich hier nur eine punktuelle Lektüre der Bände vornehmen. Nicht um die *Journals* im Ganzen soll es mir also gehen, sondern um die poetologischen Selbstkommentierungen, die in sie eingetragen sind – und um deren Nähe zu Goethes Idee des Kollektiven.

Ein in unserem Zusammenhang einschlägiger Eintrag findet sich im *Journal A*, das den Zeitraum von Dezember 1833 bis Dezember 1834 umfasst. Gleich auf den ersten Seiten findet sich darin ein selbstbezüglicher und programmatischer Satz:

> This Book is my Savings Bank. I grow richer because I have somewhere to deposit my earnings; and fractions are worth more to me because corresponding fractions are waiting here that shall be made integers by their addition.⁹⁹

Mindestens drei Aspekte sind in Bezug auf die in diesem Eintrag umrissene Tagebuchfunktion bemerkenswert: 1. Das Buch als ein ‚Sparkonto', auf dem die ‚Verdienste' der Arbeit angelegt werden, sodass sich mit der Zeit ein wahrer ‚Reichtum' anhäuft – Emerson umreißt hier in treffender Metaphorik ein persönliches Bildungskonzept. Wichtig ist dabei die implizierte Notwendigkeit: Ohne das Journal würden die ‚Verdienste' nicht gespart, und persönlicher Reichtum würde sich auch auf längere Sicht nicht einstellen. Außerdem ist das „because" in Emersons Satz zu beachten: ‚Ich werde reicher, weil ich einen Ort habe, um meine Ersparnisse anzulegen.' Das Tagebuch wird somit in eine *Kausalbeziehung* zum Prozess der per-

---

98 Harold Bloom: Mr. America, in: The New York Review of Books, 18. November 1983, S. 19–24, hier S. 20.
99 JMN IV, S. 250 f.

sönlichen Bildung gesetzt – als wäre es mit der bloßen Wahrnehmung und Erinnerung allein nicht getan. Dass es sich dabei um einen reziproken Vorgang handelt, zeigt sich in der schlichten Umkehrung des Satzes: ‚Weil ich meine Ersparnisse an diesem Ort anlege, werde ich reicher.' 2. Das Tagebuch versammelt erklärtermaßen nur die ‚Bruchteile', deren besonderer Wert allerdings darin besteht, dass sie die Möglichkeit zur Herstellung von Verknüpfungen in sich bergen; aus der ‚Hinzurechnung' des einen ‚Bruchteils' zum anderen können sich auf diesem Wege wieder ‚ganze Zahlen' ergeben. 3. Den von Emerson stets vorausgesetzten Lesern des Notierten – er nennt „oneself, a friend, a few friends, and God" als Adressaten und hat seine Tagebücher auch tatsächlich im Freundes- und Vertrautenkreis kursieren lassen[100] – fällt damit eine gewichtige Funktion zu: Sie sind es, die je für sich die ‚Bruchteile' zu einem ‚Ganzen' zusammenzusetzen haben. Der Text wird somit als *offen* konzipiert, als eine Sammlung von Einzelheiten, deren semantische Zusammenhänge der Leser frei erkunden darf.

Der erste, insgesamt vier Seiten umfassende Eintrag im *Journal A* setzt dieses Prinzip selbstreflexiv um. Dies aber lässt sich nur in der Gesamtsicht, das heißt unter Berücksichtigung des Tageseintrags im Ganzen erkennen – beginnend mit der ersten Seite, auf der sich gleich unter der Klassifikation („Journal A. 1833–4") und der Notiz einer offenbar noch zu klärenden Begriffsunterscheidung („Amber? Ambergis") der Eröffnungssatz aus dem Brief des Paulus an die Galater („Not of men neither by man") findet.[101] Hieran wiederum schließt sich unvermittelt ein Zitat aus Wordsworths *Sonnets dedicated to Liberty* an: „May I", so leitet Emerson selbst die Verse ein,

> consult the auguries of time
> And through the human heart explore my way
> And look & listen[102]

Im Anschluss an dieses Exzerpt bleibt die zweite Seite des Bandes frei, während auf der dritten jene oben angeführte programmatische Äußerung zu finden ist: „This Book is my Savings Bank", und so weiter. Bereits an dieser Stelle ergibt sich für den Leser also die Möglichkeit, zwei ‚Bruchteile' zu einer ‚ganzen Zahl' zusammenzusetzen: Was konkret enthält Emersons „Savings Bank", was versammeln die *Journals?* Eben genau das, was sich aus

---

100 Lawrence Rosenwald: Emerson and the Art of the Diary, New York/Oxford 1988, S. 78.
101 JMN IV, S. 250.
102 JMN IV, S. 250.

vielfältigen Zeiterkundungen („the auguries of time"), dem allseitigen ‚Sehen' und ‚Hören' („look & listen") ergeben hat – und sich beispielsweise in genau jenen, soeben zitierten Wordsworth-Versen selbst niederschlägt.

Hierauf folgen, und zwar noch auf derselben dritten Seite des *Journals A*, insgesamt acht Memoranda – von der bloßen Nennung einzelner Namen („Dr Reynolds") über einige anstehende Erledigungen („Dr Channing's works to Miss Lincoln", „Offering of Sympathy to Mrs Davis") bis zu schlichten Nennungen von Dingen („School books") oder auch Institutionen („Library of Ch. in Concord, N.H.").[103] Ein Zusammenhang dieser ‚Bruchteile' mit den zuvor genannten Fragmenten ergibt sich zunächst nicht.

Seite 4 des *Journals* setzt dann ein mit einem Zitat aus Martin Luthers Tischreden, das Emerson dem Band *Colloquia Mensalia or Dr. Martin Luther's Divine Discourses at his Table*, übersetzt von Henry Bell, entnommen hat: „‚In being silent & hoping consisteth our strength' – so Luther quotes Isaiah."[104] Dieser Satz lässt sich nun in gleich mehrfacher Hinsicht mit den vorherigen Notaten zusammenlesen: Nicht nur, dass sich Luthers „being silent" wie die präzise Ergänzung zu Wordsworths „look & listen" ausnimmt (im Sinne einer Haltung der ausschließlichen Aufnahme, des Sehens, Hörens und eben Schweigens). Außerdem korreliert die stumme, hoffnungsvolle Erwartung („being silent & hoping") locker mit der Beschreibung der in den *Journals* versammelten ‚Bruchteile', die ihrer semantischen Verknüpfung durch die Lesenden harren: „corresponding fractions are waiting here that shall be made integers by their addition." Zuletzt verweist der Begriff der ‚Hoffnung' aber auch voraus, das heißt auf die an das Luther-Zitat unmittelbar anschließenden Verse, die Emerson erneut einem Wordsworth-Sonett entnimmt:

> For every gift of noble origin
> Is breathed upon by hope's perpetual breath[105]

Die ‚gifts of noble origin', das sind sowohl bei Wordsworth als auch in der kompilatorischen Logik des Tageseintrags rein geistige Gehalte. Der ‚fortwährende Atem der Hoffnung', der über diese ‚Gaben' hinweggeht, steht dabei nicht nur in Zusammenhang mit Luthers Wort über das ‚Schweigen & Hoffen', sondern auch mit dem ‚Warten' der korrespondierenden ‚Bruchstücke' auf ihre ‚Zusammensetzung' durch die Leser. Das

---

103 JMN IV, S. 251.
104 JMN IV, S. 251.
105 JMN IV, S. 251.

heißt, in den am Schluss des Eintrags platzierten Wordsworth-Versen laufen die vorher gelegten thematischen Einzelfäden gleichsam zusammen und belegen so den semantischen Zusammenhang des Eintrags: als eine polyphon strukturierte und zugleich selbstreflexive Auseinandersetzung nicht nur mit der Funktion des Tagebuchs, sondern mit den kreativen Möglichkeiten des menschlichen Geistes überhaupt.

In diesem bewusst auf die Leser hin konzipierten Ensemble, das sowohl von einer gewissen Auswahl und Anordnung der einzelnen Einträge zeugt, dabei aber zugleich das Verstreute und Vereinzelte nicht unberücksichtigt lässt, bestätigt sich Lawrence Rosenwalds wertschätzende Beurteilung der *Journals* als „a formal achievement".[106] Zugleich aber – und darauf kommt es hier besonders an – entspricht dieser Ansatz präzise der Idee einer kollektiven Poetik, wie sie Emerson bei Goethe nachweislich kennengelernt und selbst treffend beschrieben hat: Einerseits bringen die *Journals* heterogenes Material in eine lockere, durchlässige Form und beruhen somit, wie auch Goethes Spätwerk, auf einer mereologischen Grundspannung. Andererseits stehen die Tagebücher in untrennbarem Zusammenhang mit einem Identitätskonzept, das nicht auf egozentrischer Selbstschöpfung im Sinne der traditionellen Genieästhetik, sondern vielmehr auf universeller Weltwahrnehmung, auf subjektiver Adaptationsfähigkeit beruht. In dieser Hinsicht bilden Text und Autor also einen engen Zusammenhang – einen Zusammenhang im Zeichen des Kollektiven.

Der für diese Studie einschlägige Satz, den Emerson nur wenige Monate später, im Februar 1834, in den von Sarah Austin übersetzen *Characteristics of Goethe* liest und sogleich in sein Notizbuch überträgt, ist für ihn also sehr viel mehr als nur die interessante Bemerkung eines bewunderten Dichters. Emerson erkennt in dem Zitat eine wortmächtige Bestätigung, eine hochrangige Beglaubigung des *eigenen* Denkens und Schreibens, wie es sich in seinen Tagebüchern manifestiert: „I have collected & turned to account all that I have seen heard observed" – dies gilt ohne Zweifel auch für das hinter den *Journals* stehende Subjekt; „[e]very one of my writings has been furnished to me by a thousand different persons, a thousand different things" – ließe sich Emersons Bekenntnis zum Kompilatorischen besser resümieren als mit diesem Satz?[107]

Tatsächlich untersucht auch Rosenwald ausgehend von Goethe die *Journals* – dies allerdings anders als ich es hier vorgeschlagen habe, nämlich auf dem Wege einer morphologischen Auslegung. Bezugnehmend auf

---

106 Rosenwald: Emerson and the Art of the Diary, S. xii.
107 JMN IV, S. 113.

Emersons unzweifelhafte Kenntnisse der Goethe'schen Morphologie, die sich unter anderem in seinem Essay *Humanity of Science* niederschlagen,[108] und in Abgrenzung von der argumentativen und formalen Geschlossenheit seiner Lectures und Essays, kommt Rosenwald mit Blick auf die *Journals* zu folgender Bewertung: „We have passages on art, on history, on self-reliance, on the poet, all in immediate succession, and our response is not a perception of how one in particular is related to another in particular but of how all are related to all."[109] In eben dieser universellen Verbundenheit, dieser umfassenden All-Einheit des Unterschiedenen („how all are related to all") erkennt Rosenwald das konkrete Verbindungsglied zwischen den *Journals* und der Morphologie. Den argumentativen Kern bildet hierbei die Analogisierung von natürlichen Prozessen und textuellen Verfahren: Genau wie sich „every part of a plant" als „a transformed leaf" verstehen lasse, so dürften auch die Tagebücher als „the disclosure of identity in variety" verstanden werden.[110]

Die *Metamorphose der Pflanzen* als Deutungsfolie für Emersons *Journals*? Mir scheint dieser Ansatz ebenso wenig überzeugend wie die zumeist doch eher pauschale Analogisierung von ‚Kunst' und ‚Morphologie' in der Goethe-Philologie – zum einen, weil hier ein homogenisierendes Prinzip auf den gesamten (!) Text der *Journals* appliziert wird, und zum anderen, weil die mereologische Kernambivalenz, die charakteristische Spannung von Teilen und Ganzem, Einheit und Vielheit in dieser Perspektive nicht nur abgemindert, sondern in letzter Konsequenz sogar aufgehoben werden soll.

Vor allem aber weisen Emersons selbstreflexive Bemerkungen in den Tagebüchern auf einen anderen Auslegungspfad. So stellt er in Bezug auf seine frühen Diarien aus der Rückschau fest: „[T]he truth speaker may dismiss all solicitude as to the proportion & congruency of the aggregate of his thoughts so long as he is a faithful reporter of particular impressions."[111] Weniger die hinter dieser Aussage stehende – und recht vage – Idee eines universellen Zusammenhangs von Makro- und Mikrokosmos („yet does the World reproduce itself in miniature in every event")[112] ist hier von

---

108 „It happened in our time that a German poet beholding a plant and seeing, as we may see in a pond-lily, a petal in transition from a leaf, exclaimed, And why is not every part of a plant a transformed leaf? a petal is a leaf, a fruit is a leaf, a seed is a leaf, metamorphosed" (EL II, S. 23 f.).
109 Rosenwald: Emerson and the Art of the Diary, S. 75.
110 Ebd., S. 74 f. (Die Formulierungen entnimmt Rosenwald aus Emersons *Humanity of Science* und Oscar W. Firkins Emerson-Studie von 1915).
111 JMV VII, S. 303.
112 JMN VII, S. 302.

besonderem Interesse als vielmehr der konkrete Begriff, den Emerson zur Benennung der fehlenden Kongruenz und Proportionalität seiner frühen Tagebücher ins Spiel bringt – denn es ist derselbe Begriff, den Goethe nicht nur in der poetologischen Reflexion der *Wanderjahre*, sondern auch in den (ins Englische übertragenen) Ausführungen zur Kollektivität seines Gesamtwerks und seiner Autorschaft anführt: ‚the aggregate', ‚der Aggregat'.

Die sich hier abzeichnende Koinzidenz lässt sich allerdings noch weiter präzisieren, nämlich durch die – ihrerseits durch Goethes Kollektividee inspirierten – Reflexionen über Originalität und Zitation. Mir geht es hierbei um insgesamt drei Aspekte:

1. In *Quotation and Originality* wie auch in den *Journals* geht Emerson von einer vollkommenen Heteronomie des Subjekts durch äußere Eindrücke und Wahrnehmungen aus; auf der Grundlage seines sehr weiten, ja entgrenzten Zitatbegriffs hält er in seinem Essay fest: „[T]here is no pure originality. All minds quote."[113] In den Tagebüchern kommt dies nicht nur in der sehr großen und darin auffälligen Anzahl buchstäblicher Zitate zum Tragen, sondern auch in der Konzeption des Subjekts als einer ausschließlich aufnehmenden, auf universellen Empfang eingestellten, insofern grundsätzlich heteronomen Instanz: „look & listen", „being silent".

2. Die Aufgabe der Dichter besteht entsprechend darin, das mannigfache Weltwissen der Moderne in allen Einzelheiten zunächst wahrzunehmen und sodann noch einmal zusammenzubringen: „They fit all our facts, like a charm."[114] Insofern ist der universelle Charakter der Apperzeption und Notation, der sich in Emersons *Journals* umfangreich artikuliert, von essenzieller Bedeutung. Die für kollektivpoetische Entwürfe bestimmende Grundspannung – *The One and the Many* – ist daher auch für die Tagebücher konstitutiv.

3. Dabei tragen die *Journals* der Forderung Rechnung, dass es mit der allumfassenden Wahrnehmung und Dokumentation des „raw material" allein noch nicht getan ist; um als Individuum Originalität zu erreichen, bedarf es außerdem der kreativen Anverwandlung, der gezielten Formgebung: „The divine gift is ever the instant life, which receives and uses and creates".[115] Aus dem immer schon gegebenen ‚being', das den überfordernden Eindrücken der Welt mehr oder minder hilflos gegenüber steht, wird so ein ‚inventor', ein ‚genius' sogar: „Genius is, in the first instance,

---

113 CW VIII, S. 94.
114 CW VIII, S. 100.
115 CW VIII, S. 107.

sensibility, the capacity of receiving just impressions from the external world, and the power of co-ordinating these after the laws of thought".[116]

4. „we but quote": Das amerikanische Genie

Thomas McFarland hat die Frage, ob und wie sich die moderne Idee autonomer Selbstrealisation mit der schlechthin gegebenen Abhängigkeit von immer schon Gedachtem, Gesagtem, Gefühltem vereinbaren lässt, eingehend diskutiert.[117] Er bezieht sich dabei auf einen Satz aus Emersons *Quotation and Originality*, der auch schon in dieser Studie – und zwar gleich auf den ersten Seiten der Vorbemerkungen – angeführt worden ist:

> Our knowledge is the amassed thought and experience of innumerable minds: our language, our science, our religion, our opinions, our fancies we inherited. Our country, customs, laws, our ambitions, and our notions of fit and fair, – all these we never made, we found them ready-made; we but quote them.[118]

McFarland beschreibt ausgehend von dieser Passage, wie in Emersons Denken die Ermächtigung des Ich zum Erschaffer einer neuen Welt in Widerspruch gerate zu der für eben dieses Ich immer schon charakteristischen Zitathaftigkeit. Vor dem Hintergrund der hier unternommenen Analyse ist demgegenüber allerdings zu betonen, dass Emersons Diktum „insist on yourself; don't imitate" keineswegs als Forderung an das Subjekt zu verstehen ist, sich autochthon aus sich selbst heraus zu verwirklichen, im Gegenteil. Emerson besteht vielmehr darauf, dass Apperzeption und Appropriation die Eigenständigkeit des Subjekts nicht behindern, sondern anregen, befördern, *befeuern* sollen. Den wohl folgenreichsten Ausdruck findet dies in Emersons kulturell überaus wirkmächtiger Rede *The American Scholar*, in der es an entscheidender Stelle um den Zusammenhang von Büchern und Bildung, Lektüre und Aneignung geht: „Books are the best of things, well used; abused, among the worst. What is the right use? [...] They are for nothing but to inspire. [...] The one thing in the world of value, is, the active soul. [...] In this action, it is genius".[119]

---

116 CW VIII, S. 105.
117 „[B]oth the need for originality and its conditions of attenuation [...] constitute together that inescapable cultural dilemma [...] that we have called the originality paradox" (Thomas McFarland: Originality & Imagination, Baltimore/London 1985, S. 30).
118 Ebd.
119 CW I, S. 56.

Die vorangehende Analyse wollte zeigen, dass Emerson eine nachdrückliche Zustimmung für diese Bestimmung des Genies – und zugleich eine Bestätigung für seine eigene Denk- und Schreibpraxis, wie sie in den *Journals* plastisch zum Ausdruck kommt – bei Goethe gefunden hat: „The greatest genius will never be much worth", so hält dieser in jenem berühmten, von Emerson exzerpierten und zitierten Gespräch mit Soret fest, „if he pretends to draw exclusively on his own resources. What is genius, but the faculty of seizing & turning to account everything that strikes us; – of co-ordinating & breathing life into all the materials that present themselves [...]?"[120] In unmittelbarem Anschluss an diese Selbstreflexionen des späten Goethe vermag Emerson das von McFarland beschriebene Problem zwar nicht vollends zu bewältigen, aber doch klar zu entschärfen. Er löst den Widerspruch zwischen Originalität und Individualität auf der einen, Traditionsfixierung und Sozialität auf der anderen Seite auf, indem er diese Pole in ein produktives Wechselverhältnis setzt: Ohne die persönliche Anverwandlung des kollektiven Weltwissens ist *Self-Reliance* nicht denkbar; andersherum muss diese Anverwandlung, um fruchtbar wirken zu können, dem Subjekt stets individuell gemäß sein.

Die implizite Pointe dieser Äußerung ist aus denkgeschichtlicher Sicht ebenfalls von Interesse: Entgegen der kritischen Bewertungen, die das Konzept des Einflusses im Rahmen der idealistischen Bewegungen des 18. Jahrhunderts erfahren hat (etwa im Geniekult des Sturm und Drang, auf den Goethe mit dem Kollektivbegriff rückblickend antwortet),[121] bemüht sich Emerson um eine Vermittlung, die sowohl die Geltung der Kultur und der Geschichte als auch die Möglichkeit und die Pflicht des Einzelnen zur Selbstrealisation betont. Liegt es nicht nahe, darin eine moderne Konkretisierung des von Thomas Jefferson in der *Declaration of Independence* formulierten amerikanischen Grundrechts auf „Life, Liberty and the pursuit of Happinnes" zu sehen?[122]

---

120 JMN VI, S. 113; EL 1, S. 285 f. (*Chaucer*).
121 Siehe Kap. I.3.
122 Thomas Jefferson: Declaration of Independence, in: The Declaration of Independence. Four 1776 Versions, hg. von Whitfield J. Bell, Philadelphia 1976, S. 9. Zur Konstellation Jefferson/Emerson vgl. Kenneth J. Winkleman: A Matter of Principle: The Influence of America's Declaration of Independence on Post-Declaration Literature, in: McNair Scholars Research Journal 10.1 (2014), S. 81–92, hier insb. S. 85 f.

III. Whitman

1. Sohn von Manhattan, „être collectif"

Die Kernbegriffe, die Emerson in seiner Beschreibung der modernen Welt und des modernen Subjekts immer wieder und an entscheidenden Stellen verwendet, lauten „miscellany", „multiplicity", „multitude". Goethe erscheint ihm in diesem Zusammenhang als „the philosopher of this multiplicity", als derjenige, der vorbildhaft dazu in der Lage gewesen sei, die unübersichtliche Vielheit der modernen Welt in poetische Formen zu überführen, ohne sie darin zugleich aufzuheben, ja sie allererst literarisch zur Geltung zu bringen – im zweiten Teil des *Faust* vor allem. Damit schreibt Emerson Goethes eigene Konzeption des Dichters als eines „Kollektivwesens" nahezu ungebrochen fort und verbindet sie zugleich mit der in seinen Schriften vollzogenen Erfindung einer genuin amerikanischen Kultur und Literatur.

Selbst wenn man die allgemein bekannte Tatsache zunächst ausblendet, dass Emerson als entscheidender Impulsgeber und intellektueller Wegbereiter für den amerikanischen Nationaldichter Walt Whitman gilt,[1] ist es von der in dieser Studie bislang umrissenen Konstellation aus nur ein kleiner Sprung zu den *Leaves of Grass*, die nämlich schon in der zeitgenössischen Wahrnehmung in engem Zusammenhang mit Goethes Werk gesehen worden sind: „There are just two great modern books", schreibt ein Bewunderer an Whitman: „Faust and Leaves of Grass".[2] Aber worin genau besteht diese hier eher intuitiv behauptete Nähe?

Ich will mit einem Anfangsverdacht einsetzen und dazu noch einmal an den Beginn dieser Studie, also zu Goethes später Selbstbeschreibung zurückgehen: „Mein Lebenswerk ist das eines Kollektivwesens, und dies Werk trägt den Namen Goethe." Der in diesem Satz formulierte Gedanke von universeller Inklusion und egalitärer Inkorporation findet sich ähnlich auch bei Whitman, und zwar im poetologischen Kernstück der *Leaves*, dem *Song of Myself*. An einer späten Stelle in diesem Langgedicht beschreibt sich das lyrische Ich, das sich dem Leser zuvor ausdrücklich als „Walt Whitman" vorgestellt hat, mit einem schillernden Vers: „I am large ....

---

[1] Diese Konstellation ist so eingehend und ausführlich erforscht, dass hier der Verweis auf zwei neuere Publikationen hinreichen darf: einerseits auf John Michael Corrigan: American Metempsychosis. Emerson, Whitman, and the New Poetry, New York 2012, andererseits auf Grossmann: Reconstituting the American Renaissance.

[2] In einem Gespräch vom 25. September 1888 zitiert Whitman diesen Satz aus einem Brief von Richard Maurice Bucke (WWC 2, S. 378).

I contain multitudes".[3] Diese verblüffende Koinzidenz ist nun aber nicht bloß akzidenteller Natur, sondern das Ergebnis einer konkret bestimmbaren Einfluss- und Analogierelation. Dies sind meine beiden Leitthesen:

1. Mit der Idee des Dichters als eines Mediums, in dessen *einer* Stimme sich die Stimmen *vieler* Menschen bündeln, eignet sich Whitman die von Goethe entwickelte und bei Emerson aufgegriffene Idee des Kollektiven an. Zugleich wird diese Idee auch bei Whitman literarisch produktiv, worin sich denn auch die konstatierte Nähe der *Leaves of Grass* zu Goethes zunächst denkbar fernliegendem *Faust* offenbart: Auf jeweils eigene Weise sind beide Werke poetische Ausdrucksformen eines kollektiven Dichtersubjekts und darin herausragende Beispiele für eine kollektive Poetik der Moderne.

2. Goethe und Whitman treffen sich nicht nur in ästhetischer, sondern auch in formaler Hinsicht. So geht es in den *Leaves* nicht allein um die Entwicklung einer innovativen literarischen Form, die den Bedingungen der Moderne angemessen Rechnung trägt, sondern außerdem um die Etablierung und Exemplifizierung eines Diskursideals, das bei Whitman nur wenig anders akzentuiert ist als bei Goethe: An die Stelle der ‚Geselligkeit', die sich im liberal-dialogischen Grundprinzip der Zeitschrift *Ueber Kunst und Alterthum* beispielhaft artikuliert (Kap I.4), tritt bei Whitman eine enthusiastisch vorgetragene Idee von ‚Demokratie', an die Jahrzehnte später Thomas Mann in seiner politischen Konversion vom kriegsbefürwortenden Monarchisten zum nüchternen Verteidiger der Weimarer Republik wird anschließen können (Kap. IV.3).

In der neueren Whitman-Philologie ist die sich hier abzeichnende Konstellation bislang unberücksichtigt geblieben.[4] So intensiv sich die

---

3   LGW, S. 709. Die künftigen Zitate aus Whitmans *Leaves of Grass* werden unter Angabe des/der jeweiligen Verse/s (hier V. 1316) im Fließtext nachgewiesen. Bezugspunkt meiner Ausführungen ist dabei die Erstausgabe von 1855; die nur punktuellen Rückgriffe auf die anderen Fassungen des Werkes sind jeweils markiert. Whitmans intrikate Fassungspoetik lässt sich sehr gut in der *Encyclopedia of Walt Whitman* nachvollziehen, in der jede einzelne Fassung – von der Erstausgabe von 1855 über die Editionen von 1856, 1860, 1867, 1871/72, 1876, 1881/82 bis zur sogenannten *Deathbed Edition* von 1891/92 – mit ihren jeweiligen Umarbeitungen in Einzelartikeln berücksichtigt wird. Wie sich Whitmans Fassungspoetik speziell im Blick auf den hier in Rede stehenden *Song of Myself* niederschlägt, zeigt am besten der Fassungsvergleich von Edwin H. Miller: Walt Whitman's „Song of Myself". A Mosaic of Interpretations, Iowa City 1989.
4   Dies wohl nicht zuletzt aufgrund einer lange recht einseitigen Fixierung auf Emerson als dem entscheidenden Impulsgeber für Whitmans Poetik. Zu diesem

Literaturwissenschaft mit der Frage nach der Whitman-Rezeption in der deutschsprachigen Literatur und Kultur befasst hat (weiterhin einschlägig ist die Studie von Walter Grünzweig),[5] so unzusammenhängend und vor allem nur oberflächlich ist bislang in umgekehrter Blickrichtung die produktive Rezeption der deutschsprachigen Dichtung und Philosophie aufseiten Whitmans untersucht worden.[6] Obwohl bereits Floyd Stovall in seiner weiterhin sehr hilfreichen Studie *The Foreground of „Leaves of Grass"* mit Nachdruck auf den hohen Stellenwert von Herder und Hegel, Goethe und Heine für Whitmans Poetik hingewiesen hat – eine systematische Untersuchung dieser Beziehungen muss bis heute als Desiderat gelten.[7] Dies bestätigt auch der Blick in das einschlägige Handbuch: So weist die von J.R. LeMaster und Donald Kummings herausgegebene *Encyclopedia of Walt Whitman* zwar zu jedem der hier beispielhaft genannten Autoren einen kurzen Eintrag auf (und stützt somit Stovalls allgemein bleibende Relevanzbehauptung),[8] ohne allerdings den jeweiligen Einfluss auf Whitmans Denken und Schreiben wirklich präzise benennen zu können. Dass die den Einträgen angefügten Literaturlisten auf keine oder nur vereinzelte und außerdem recht alte Beiträge verweisen,[9] stützt den Verdacht eines weitgehenden Desinteresses der bisherigen Forschung an den zwar als wichtig erachteten, aber dennoch nie eingehender analysierten deutschen Bezugsgrößen des amerikanischen Dichters Walt Whitman.

Um meiner thesenhaften Behauptung – der in Relation zu Goethe stehenden Konzeption von Subjekt und Kollektiv, Form und Dialog in

---

forschungsgeschichtlichen Problem vgl. Kenneth Price: Whitman and Tradition. The Poet in his Century, New Haven/London 1990, S. 36 f.

5   Walter Grünzweig: Walt Whitmann [sic]. Die deutschsprachige Rezeption als interkulturelles Phänomen, München 1991.

6   Vgl. demgegenüber Gary Schmidgall: Containing Multitudes. Walt Whitman and the British Literary Tradition, London 2014. Zur Vielfalt der nationalen und internationalen Einflüsse auf Whitman siehe außerdem den Überblick von Sam Worley: [Art.] Influences on Whitman, in: Whitman Encyclopedia, S. 312–315.

7   Floyd Stovall: The Foreground of ‚Leaves of Grass', Charlottesville, VA 1974, darin die Abschnitte S. 129–137 (zu Goethe), S. 184–204 (zu den deutschen Philosophen) und S. 222–230 (zu Heine).

8   Vgl. mit Blick auf die genannten Autoren die jeweils recht kurzen Artikel (zu Hegel, S. 271 f., zu Heine, S. 272 f., zu Herder, S. 273, und zu Goethe, S. 256) in der *Whitman Encyclopedia*.

9   Siehe die entsprechenden Literaturhinweise in Kai Sina: „Wir sind viele". Zum Konzept dichterischer Kollektivrede bei Goethe, Ralph Waldo Emerson und Walt Whitman, in: Comparatio. Zeitschrift für Vergleichende Literaturwissenschaft 5.2 (2013), S. 181–203.

Whitmans poetologisch-selbstreflexivem *Song of Myself* – im Einzelnen nachzugehen, bedarf es zunächst einiger Grundlagenarbeit. Dies betrifft an erster Stelle die Quellen: Whitmans erstaunlich zahlreiche Aussagen zu Goethe sind, der umrissenen Forschungssituation entsprechend, in weiten Teilen noch unerschlossen und verdienen daher eingehende Aufmerksamkeit.

2. Nähe und Distanz: Relationen

An welchen Stellen und auf welche Weise überkreuzen, treffen, überlagern sich die poetischen Reflexionen von Goethe und Whitman – und welche Rolle spielt dabei Emerson? Die Quellen, die sich zur Beantwortung dieser Frage eignen, sind reichhaltig. Es finden sich im Einzelnen: einige handschriftliche Notizen, die Whitman zu Goethe anfertigt und die auf ein schwieriges Nähe-Distanz-Verhältnis hindeuten; seine wohlwollenden Besprechungen der englischen Übersetzung von *Dichtung und Wahrheit*, die auf eine partielle Überschneidung der Subjektentwürfe in Goethes Autobiographie und im *Song of Myself* hinweisen; schließlich ein ausführlicher Brief an Emerson vom August 1856, der einige indirekt vermittelte Goethe-Impulse erkennen lässt, vor allem hinsichtlich des Ensembles als eines literarischen Formprinzips. In der Gesamtsicht dieser Quellen, so will ich zeigen, lassen sich nicht nur die von Goethe herkommenden Einflussfaktoren für Whitmans Kollektivpoetik identifizieren; darüber hinaus zeichnen sich in ihnen auch die Konvergenzen und Divergenzen der individuellen Entwürfe in einigen Grundzügen ab.

a) „my opinion of Goethe": Nachgelassenes

Wer im digital verfügbaren *Walt Whitman Archive* den Begriff „Goethe" in die Suchmaske eingibt, stößt sogleich auf eine höchst aufschlussreiche Quelle: ein insgesamt zwei Blätter umfassendes, doppelseitig beschriebenes Manuskript unter dem Titel *Goethe's Complete Works*.[10] Die Handschrift enthält einige im Jahr 1856 niedergeschriebene Anmerkungen zu Goethe und dessen Werk; sie formulieren, wie der Schreiber gleich im ersten Satz konkretisierend ankündigt, „my opinion of Goethe". Hier der erste Ab-

---

10 Walt Whitman: [Goethe's Complete works], in: The Walt Whitman Archive, URL: <http://whitmanarchive.org/manuscripts/marginalia/annotations/duk.00184.html>

schnitt des Notats in der diakritischen Edition des Whitman-Archivs (weil die zahlreichen Korrekturen, Hinzufügungen, Durchstreichungen für den weiteren Argumentationsgang nicht unwesentlich sind, werden sie hier mitabgedruckt):

> Here is now, (January 1856) my opinion of Goethe:
> Had I not better read more of Goethe, before giving an „opinion"?
> He is the most profound reviewer of Life known. – To him life, things, the mind, death, people, are all studies, dissections, exhibitions. –These ~~departments~~ he enters upon ~~in modes not comparable with any previous excellence, but~~ with unequalled ~~grandeur and~~ ᶜᵒᵒˡⁿᵉˢˢ ᵃⁿᵈ depth of penetration. – ~~In the work of~~ ᴬˢ a critic he stands apart from all men, and criticises them. – He is the first great critic, and the fountain of modern criticism. –
> Yet Goethe will never ~~be dear to men~~ ʷᵉˡˡ ᵇᵉˡᵒᵛᵉᵈ ᵒᶠ ʰⁱˢ ᶠᵉˡˡᵒʷˢ – Perhaps he knows too much. I can fancy him not being dear to well beloved of Nature for the same reason. – A calm and mighty person whose anatomical considerations of the body are not enclosed by superior considerations, makes the perfect surgeon and operator upon the body upon all occasions. – So Goethe operates well upon the world .... his office is great .... what indeed is greater? – He shall have the respect and admiration of the whole.[11]

Der profundeste Kenner des Lebens, ein universeller Erforscher des Menschlichen, der erste große *critic* der Weltliteratur, eine unerschöpfliche Quelle für die moderne Philologie – all diese Fähigkeiten und Geltungen mag Whitman Goethe offenbar gern zugestehen, ja für all dies gebühre ihm der Respekt und die Bewunderung der ganzen Welt. Das hieran anschließende „Yet" wirkt allerdings schwer. Goethes „unerreichte Kühle" („unequalled coolness"), seine kritische Distanz („he stands apart from all men, and criticises them"), seine gewissermaßen *chirurgische* Haltung der Welt und den Menschen gegenüber („the perfect surgeon") verhindere jedes Nähegefühl: „Yet Goethe will never ~~be dear to men~~ well beloved of his fellows."[12] Whitman schließt hier offenkundig an jene Kritik an, die sich ähnlich in Emersons Schriften findet und deren Kernsatz in dieser Studie bereits zitiert wurde: „No man was permitted to call Goethe brother."[13]

Zu beachten ist nun allerdings der einleitende Kommentar, der offenbar später auf das Blatt eingetragen worden ist: „Had I not better read more of Goethe, before giving an ‚opinion'"? Der reifere Whitman scheint dem jungen Whitman hier ins Wort zu fallen, um dessen kritisches Pauschalurteil angesichts mangelnder Werkkenntnis zu relativieren. Hieraus

---

11 Whitman: [Goethe's Complete works], Blatt 1ʳ.
12 Whitmans nachträgliche Korrektur (aus dem universellen „men" zum etwas spezifischeren „beloved fellows") ändert an der Semantik der Aussage nur wenig.
13 CW X, S. 115. Siehe dazu Kap. II.2.

ergeben sich (mindestens) zwei weiterführende Anschlussfragen. Zum einen: Woher genau rührt Whitmans Bedürfnis nach einer derart klaren, von ihm selbst im Rückblick als überpointiert bewerteten Abgrenzung? Die Behauptung, dass Goethes Werke selbst dazu Anstoß gegeben haben könnten, liegt schließlich eher fern, soweit man dem selbstkritischen Nachtrag Glauben schenken darf. Und zum anderen: Was lässt sich jenseits der deutlichen Ablehnung in Whitmans Aufzeichnungen über dessen tatsächliche Auseinandersetzung mit Goethe sagen?

Die erste Frage, die Frage nach dem funktionalen Charakter von Whitmans Abgrenzung also, beantworten die Aufzeichnungen in ihrem weiteren Verlauf selbst:

> Feb. 18 '56 – There is one point of the Goethean philosophy which at once without appeal and forever incapacitates it from suiting America or the forthcoming years.; – It is that the cardinal Goethean doctrine too, that the artist or poet is to live in art [an?] or poetry alone apart from affairs, politics, facts, vulgar life, persons, and things – seeking his „high ideal."
>
> Feb. 22. Goethe is never carried away by his theme – he is always master. – He is the head person saying to a pupil, Here, see how well this can be done.[14]

Whitman formuliert hier das Kernargument seiner Goethe-Kritik, die sich als implizite Zuspitzung der bereits von Emerson, wenn auch sehr viel zurückhaltender benannten „vicious subjectiveness"[15] verstehen lässt: Für Whitman steht Goethes vermeintlich selbstbezogene und darin buchstäblich weltfremde Kunst- und Literaturauffassung in einem unaufhebbaren Widerspruch zur geistigen Verfassung der Neuen Welt. In einer beherzten Verallgemeinerung des Klassizisten Goethe, „[who] has studied the antique",[16] betont Whitman vor allem eines, nämlich dessen vermeintlich *unamerikanische* Selbst- und Weltwahrnehmung.[17] Dies wiederum geht mit dem Vorwurf der emotionalen Nüchternheit („Goethe is never carried away") und charakterlichen Distanziertheit („he is always master") einher, verschärfend noch ergänzt durch den Hinweis auf einen autoritären Hang zum Belehrenden („the head person saying to a pupil").[18]

---

14 Whitman: [Goethe's Complete works], Blatt 2ᵛ.
15 CW X, S. 115.
16 Whitman: [Goethe's Complete works], Blatt 2ᵛ.
17 Die Kritik an Goethe als unamerikanisch drückt sich auch in seiner ablehnenden Charakterisierung Goethes als „a cultivated German aristocrat" (Whitman: [Goethe's Complete works], Blatt 4ᵛ) aus.
18 Aber derlei Äußerungen zu Goethe beschränken sich nicht bloß auf persönliche Notizen. In seiner programmatischen Schrift *A Backward Glance O'er Travel'd Roads*, die der 1889 erschienenen Edition der *Leaves* vorangestellt ist, bezieht sich

Auffällig ist nicht zuletzt die bemerkenswerte Vehemenz dieser Äußerungen, die den Eindruck erweckt, es gehe Whitman um einen *bewussten* Akt der Distanzierung: so nachdrücklich hebt er den Gegensatz zu Goethe hervor – nämlich als unwiderlegbar („without appeal") und unaufhebbar („forever"). Dieses Bedürfnis aber wird nur verständlich, wenn man sich vor Augen hält, welche außerordentliche Stellung Goethe in Whitmans Amerika zukam: Für die nach dem Britisch-Amerikanischen Krieg, dem sogenannten Zweiten Unabhängigkeitskrieg zwischen 1812 und 1815, einsetzende Erfindung einer amerikanischen Nationalidentität wird die neu entdeckte deutsche Kultur bald zur wichtigsten Orientierungsgröße und mit ihr an herausgehobener Stelle Goethe.[19] Erst vor diesem Hintergrund wird Whitmans entschiedene Absetzbewegung wirklich nachvollziehbar: Für sein großes Projekt, die Selbsternennung zum repräsentativen Nationaldichter,[20] ist die Emanzipation von fremden Literaturen, zumal von ausländischen Großautoren, geradezu konstitutiv. Whitmans Distanzierung von Goethe erscheint als nationalpatriotische Spielart der „Anxiety of Influence" (Harold Bloom).

b) Das kosmologische Ich: *Dichtung und Wahrheit*

Angesichts dieser Ausgangslage, die für die amerikanische Kultur zumindest des frühen und mittleren 19. Jahrhunderts und ihr Verhältnis zu

---

Whitman auf das, „what Herder taught to the young Goethe, that really great poetry is always (like the Homeric or Biblical canticles) the result of a national spirit, and not the privilege of a polish'd and select few" (LGW, S. 484). Folgt man dieser etwas konstruiert anmutenden Entgegensetzung von universellem Nationalgeist und elitärer Subjektfixierung, so stand sich Goethe für Whitman schlicht selbst im Weg.

19 Die deutsche Kultur, so beschreibt dies Mueller-Vollmer, lieferte „für die Herausbildung der nationalen und kulturellen Identität der jungen Republik [die] wesentlichen Ingredienzien" – mit folgenreichen Auswirkungen im Bildungswesen, in den Wissenschaften, in der Geschichtsschreibung, in Theologie, Philosophie, Literatur und Dichtung (Mueller-Vollmer: „Every Ship Brings a Word", S. 155). Vgl. zu Goethes herausgehobener Stellung in diesem Kontext auch van Cromphout: Emersons Modernity, S. 2, und meine Ausführungen in Kap. II.1.

20 Zu diesem selbstzugewiesenen und von der Literaturgeschichte bis heute fortgeschriebenen Status die Untersuchung von Edward Whitley: American Bards. Walt Whitman and Other Unlikely Candidates for National Poet, Chapel Hill 2010.

Europa charakteristisch ist,[21] erscheint es zunächst fernliegend, ausgerechnet in Weimar nach möglichen Einflüssen, vielleicht sogar nach Wurzeln von Whitmans Poetik zu suchen. Demgegenüber ist aber einzuwenden, dass mit den angeführten Nachlasspapieren, die sich durch spätere Gesprächsaussagen leicht ergänzen ließen,[22] nur wenig über die tatsächliche Auseinandersetzung Whitmans mit Goethe ausgesagt ist. Entsprechend ergibt sich im Lichte der bislang vorliegenden philologischen Befunde ein ganz anderes, ja konträres Bild. In diesem Sinne stellt Stovall gar fest, Whitmans Interesse an Goethe habe zwischen 1846 und seinem Tod im Jahr 1892 zu keinem Zeitpunkt wirklich nachgelassen.[23] Der Beginn dieser jahrzehntelangen Beschäftigung lässt sich für den Philologen derart klar datieren, weil Whitman in diesem sowie in dem darauf folgenden Jahr die von Parke Godwin übersetzte *Autobiography of Goethe. Truth and Poetry: From my Life* (Band 1 und 2 erschienen 1846, Band 3 und 4 im Jahr 1847) gelesen und ihr sogar zwei kurze, wohlmeinende Besprechungen im *Brooklyn Daily Eagle* gewidmet hat.[24]

---

21 Mit explizitem Hinweis auf Whitman wird dies beschrieben von Susan Sontag: „There has always been a latent antagonism between Europe and America, one at least as complex and ambivalent as that between parent and child. [...] Alexis de Tocqueville, who visited the young nation in 1831 and returned to France to write ‚Democracy in America' [...] and D.H. Lawrence, who, eighty years ago, published the most interesting book ever written about American culture, his influential, exasperating ‚Studies in Classic American Literature', both understood that America, the child of Europe, was becoming, or had become, the antithesis of Europe. Rome and Athen. Mars and Venus. The authors of recent popular tracts promoting the idea of an inevitable clash of interests and values between Europe and America did not invent these antitheses. Foreigners brooded over them – and they provide the palette, the recurrent melody, in much of American literature throughout the 19th century, from James Fenimore Cooper and Ralph Waldo Emerson to Walt Whitman, Henry James, William Dean Howells, and Mark Twain" (Susan Sontag: Acceptance Speech, S. 7). Vgl. zu diesem Problemkomplex die Studie von Günter Leypoldt: Cultural Authority in the Age of Whitman. A Transatlantic Perspective, Edinburgh 2009.
22 Siehe in diesem Kontext etwa jene Gesprächsnotiz vom November 1888, in der Whitman zunächst zwar das Bildungskonzept Goethes durchaus bewundernd anerkennt, um es jedoch gleich darauf – und erneut – wegen seiner exklusiven Ausrichtung auf das ‚Ich' zu verwerfen (WWC 3, S. 159 f.).
23 Stovall: The Foreground of ‚Leaves of Grass', S. 129–137, hier S. 132.
24 Beide abgedruckt in: The Uncollected Poetry and Prose of Walt Whitman, hg. von Emory Holloway, Garden City, NY 1921, Bd. 1, S. 132 und S. 139–141. Die Besprechung des ersten Bandes nimmt in Holloways Edition – mit umfangreicher Erläuterung des Herausgebers in der Fußnote – knapp eine Druckseite in Anspruch, während die Besprechung des zweiten Bandes nur sieben Druckzeilen

In seiner ersten Rezension, der ein Jahr später eine zweite, sehr viel kürzere Besprechung folgen sollte, hebt Whitman einen Befund besonders klar hervor: dass nämlich Goethes autobiographische Schriften zwar aus den unzähligen Einzelheiten des Erlebten und Erfahrenen hervorgegangen seien, sich aber erfreulicherweise nicht damit begnügten, die Einzelheiten als bloße Einzelheiten *wiederzugeben*, wie es in konventionellen autobiographischen Schriften nur allzu oft geschehe. Vielmehr sei es Goethe geradezu vorbildhaft gelungen, sein Leben trotz, ja gerade in seiner unübersehbaren Vielfalt als Einheit zur Darstellung zu bringen:

> What a prodigious gain would accrue to the world, if men who write well would as much think of writing LIFE, as they (most of them) think it necessary to write one of the million things evolved from life – Learning![25]

Die syntheseartige Darstellung des Erlebten in einem übergeordneten Ganzen („LIFE") setzt allerdings einen Prozess der künstlerischen Formgebung voraus, den Whitman in seiner Besprechung ebenfalls benennt (wenn auch nicht näher erläutert). Er spricht hierbei von einem Verfahren des Zuschnitts und der Rahmung: „This Life of Goethe – this famous *Wahrheit und Dichtung* [sic] – seems shaped with the intention of rendering a history of soul and body's growth".[26] Umrissen ist damit ein literarischer Ansatz, der für die poetische Anlage der *Leaves of Grass* und darin insbesondere für den bereits skizzierten Zusammenhang von Individualität und Kollektivität von entscheidender Bedeutung sein wird. Er steht der vehementen Abgrenzung von Goethe, die Whitman zehn Jahre später notieren wird, deutlich entgegen. In seiner Rezension beschreibt Whitman ein produktives Zusammenspiel von *universeller Einbeziehung*, hier in Bezug auf die millionenfachen Lebensfakten, und *ästhetischer Verarbeitung*, verstanden als formgebende Gestaltung einer persönlichen Entwicklungsgeschichte der Seele und des Körpers („a history of soul and body's growth").

Der konkrete Bezugspunkt für Whitmans Ausführungen ist, so lässt sich vermuten, die Vorrede zu *Truth and Poetry*, das heißt der in Goethes einleitenden Anmerkungen entfaltete Zusammenhang von Einflussbeziehung und Subjektentwicklung. „[T]he wide world, the images of a hundred famous men, who had more or less directly influenced me", „the prodigious fluctuations of general politics" – all diese Eindrücke und Einflüsse seien

---

umfasst. Zur Publikation von Godwins Übersetzung vgl. Göske: The Literary World in the „American Renaissance", S. 283 und S. 292 f.
25 Holloway: The Uncollected Poetry and Prose of Walt Whitman, S. 140.
26 Ebd.

durch den Selbstbiographen hinsichtlich ihrer persönlichkeitsbildenden Kraft für den Künstler zu reflektieren, denn:

> [F]or the main point in biography is, to present the man in all his relations to his time, and to show to what extent it may have opposed or prospered his development, what view of mankind and the world he has shaped from it, and how far he himself, if an artist, poet, or author, may be an external reflection of its spirit.[27]

Der Künstler erscheint demnach als Repräsentant seiner Zeit („the man in all his relations to his time"), der seine Lebenswirklichkeit in ihrer phänomenalen Überfülle zunächst wahrnimmt und auf sich wirken lässt, um auf dieser Grundlage sein Welt- und Menschenbild zu gestalten („view of mankind and the world he has shaped from it"). Dies findet dann wiederum Ausdruck in seinem Dasein als Künstler, der als „external reflection of its spirit" beschrieben wird. Im Zentrum von Goethes autobiographischem Projekt stehe demnach die Frage, wie sich die Vielheit des Erlebten und Erfahrenen zur Einheit seiner Persönlichkeit geformt habe. Auf dieses bei Goethe beschriebene Problem wird Whitman noch in einem späten Gespräch eingehen – und sich dabei auf einen Begriff beziehen, der in der Goethe-Philologie wohlbekannt ist und auch hier bereits Verwendung gefunden hat: „There are persons of the small pietistic turn – of extreme notions in that order – who do pause at Goethe's peccadilloes, amours, – get no further, – know nothing of the *ensemble* – of the man as a whole."[28]

Es ist dieser nicht allein biographisch, sondern auch künstlerisch zu begreifende Bildungs- und Gestaltungsprozess im Zeichen des ‚Ensembles', den Whitman mit den Begriffen ‚to render' oder ‚to filter' bezeichnet. Der poetischen Idee des Kollektiven, die in *Dichtung und Wahrheit* noch nicht begrifflich, aber konzeptuell angelegt ist, nähert sich dieser Ansatz bereits an. Goethe schreibt (hier wiederum in Godwins Übersetzung):

> I was withdrawn from my narrow, private sphere into the wide world, the images of a hundred famous men, who had more or less directly influenced me, came on the scene, and even the prodigious fluctuations of general politics, which upon me, as upon the rest of my contemporaries, had made a profound impression, were to be particularly noticed[.][29]

---

27 Johann Wolfgang Goethe: Truth und Poetry. From My Life, hg. und übersetzt von Parke Godwin, Bd. 1, New York 1846, S. vii f.
28 Whitman im Gespräch am 4. Februar 1890 (WWC 6, S. 282); Hervorhebung im Original.
29 The Autobiography of Goethe, S. vii.

Angesichts solcher Äußerungen scheint Emory Holloways These, wonach Whitman in Goethes Autobiographie eine Idee von Autorschaft und Literatur kennengelernt hat, „which [...] began to shape some parts of the ‚Leaves of Grass'"[30] nicht übertrieben: „[T]he present book review shows that Whitman was longing for a biographical work [...] which should express the entire man very much as his own ‚Leaves of Grass' set out to do."[31] Ebenfalls mit Rekurs auf den erzählerischen Anfang von Goethes Autobiographie skizzieren Richard Ruland und Malcolm Bradbury den kosmologischen Subjektbegriff, der sich Whitman im Zuge seiner Lektüre von *Truth and Poetry* offenbart: Das Buch habe ihm einen Mann „unafraid to portray the universe in terms of himself" vor Augen geführt.[32] Von Goethes Schilderung der Planeten- und Sternenkonstellation während der eigenen Geburtsstunde – „die Sonne stand im Zeichen der Jungfrau [...]; Jupiter und Venus blickten sie freundlich an, Merkur nicht widerwärtig; Saturn und Mars verhielten sich gleichgültig"[33] – zu Whitmans kosmologischer Autorschaftsidee („The known universe has one complete lover and that is the greatest poet")[34] und der grellen Inszenierung seines lyrischen Ich („Walt Whitman, an American [...], a kosmos", V. 499) führt demnach nur ein sehr kurzer Weg.

Vor dem Hintergrund dieser Bezüge wird klarer ersichtlich, warum Whitman in seinen Notaten und Gesprächen einen manifesten Einfluss Goethes mit solcher Entschiedenheit bestritt, vielleicht bestreiten musste. Was geschieht hier? Ob nun bewusst oder unbewusst, geht es Whitman darum, die philologisch ergründbare Beziehung seiner Poetik zu Goethes

---

30   Holloway: The Uncollected Poetry and Prose of Walt Whitman, S. 140 (Kommentar).
31   Ebd.
32   Richard Ruland/Malcolm Bradbury: From Puritarism to Postmodernism. A History of American Literature, New York 1991, S. 170. Die Differenz zwischen Goethes und Whitmans ‚kosmologischem Subjekt' liegt mehr oder weniger auf der Hand: Während Goethe die Sternenkonstellation als eine Art „Naivitätsprognostikum" (FA I/14, S. 1076, Kommentar Müller) zu begreifen scheint und dabei fast ironisch auf einen autobiographischen Topos zurückgreift (konkreter Bezugspunkt ist Girolamo Cardanos *De propria vita* von 1643), vollzieht Whitman eine stilisierende Erhöhung des dichterischen Subjekts, das nun selbst als ‚a kosmos' erscheint.
33   FA I/14, S. 15.
34   LGW, S. 622. Ebenfalls im Vorwort zur Edition der *Leaves* von 1855 heißt es: „The American bards shall be marked for generosity and affection and for encouraging competitors . . They shall be kosmos . . without monopoly or secresy . . glad to pass any thing to any one . . hungry for equals night and day" (LGW, S. 625).

autobiographischem Ansatz zugunsten des Entwurfs einer ‚autochthonen Nationalliteratur',[35] mit ihm selbst als ihrem herausragenden Protagonisten, nachdrücklich zurückzuweisen. Besonders markant geschieht dies in einem regelrecht kämpferischen Satz, der sich ebenfalls in Whitmans nachgelassenen Papieren findet:

> To the genius of America he [Goethe; K.S.] is neither dear nor the reverse of dear. He passes with the general crowd upon whom the American glance descends with ~~a certain~~ ^blending of^ ~~curiosity and~~ indifference. – Our road is our own.[36]

Aber dieses Papier ist noch in weiterer, nämlich in schreibprozessualer Hinsicht signifikant. Angesichts der von Whitman angestrebten Selbstpositionierung erweisen sich die zahlreichen Durchstreichungen und Korrekturen nicht bloß in dieser Handschrift (Abb. 5), sondern in den gesamten Manuskripten zu Goethe als zeichenhaft. Sie erwecken den Eindruck, als lege sich Whitman im Schreiben seine Meinung allererst zurecht, ja als feile er geradezu an der Rhetorik seiner Distanzbewegung. In einem performativ zu verstehenden Sinne präsentieren sich Whitmans Manuskripte somit als ein Experimentierfeld für das, was Esther Shephard bereits 1938 als *Walt Whitman's Pose* bezeichnet hat.[37] Es geht ihm, anders gesagt, um die Formulierung einer Botschaft, die seine Stellung als Dichter der Neuen Welt pointiert und suggestiv zum Ausdruck bringen soll: „Our road is our own."

Und diese Pose ist von entschieden professionellem Charakter: Als Redakteur beim *Brooklyn Daily Eagle*, in den mittleren vierziger Jahren, vermag sich Whitman offenbar noch ganz unvoreingenommen, sogar wohlwollend zu Goethes Autobiographie zu äußern. Sein Abgrenzungsbestreben setzt erst im Jahr 1855 ein, also mit Erscheinen der Erstausgabe von *Leaves of Grass*, und ist somit im Kontext der selbstbetriebenen Genese des Nationalpoeten ‚Walt Whitman' zu betrachten. Dies zeigt sich auch im ambivalenten, gewissermaßen halb-öffentlichen Status der notierten

---

35 Den Begriff ‚autochthon' verwendet Whitman an unterschiedlichen Stellen selbst. Ich beziehe mich hier auf eine Passage aus *A Backward Glance O'er Travel'd Road*. Dort heißt es gegen Ende: „Still further, as long as the States continue to absorb and be dominated by the poetry of the Old World, and remain unsupplied with autochthonous song, to express, vitalize and give color to and define their material and political success, and minister to them distinctively, so long will they stop short of first-class Nationality and remain defective" (LGW, S. 484).

36 Walt Whitman: [Goethe – from about 1750], in: The Walt Whitman Archive, URL: <http://whitmanarchive.org/manuscripts/marginalia/annotations/duk.00178.html>

37 Esther Shephard: Walt Whitman's Pose, New York 1938, hier insb. S. 172.

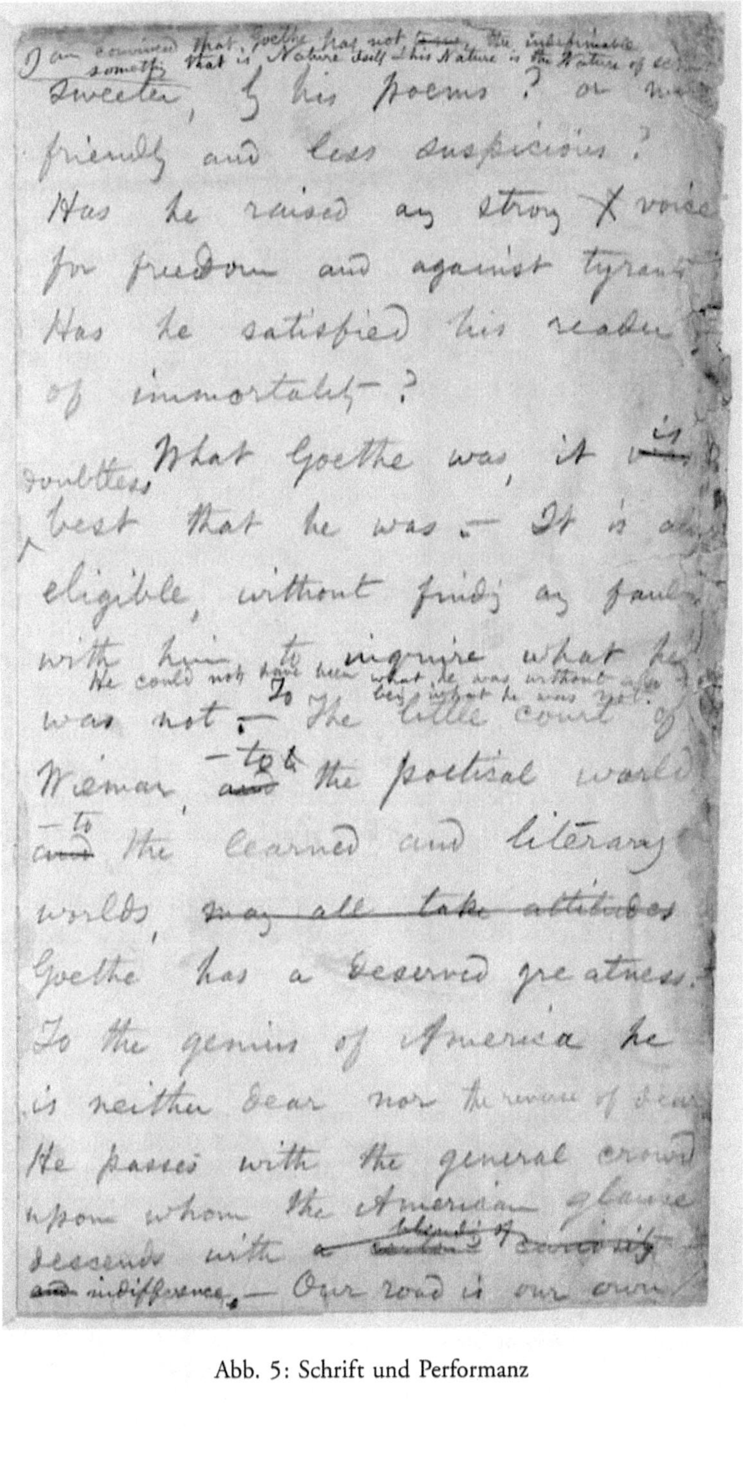
I am convinced that Goethe has not ~~given~~ the indefinable something that is Nature itself this Nature is the Nature of ...
sweeter, of his poems? or more
friendly and less suspicious?
Has he raised any strong voice
for freedom and against tyrants?
Has he satisfied his readers
of immortality?
doubtless What Goethe was, it is
best that he was. – It is always
eligible, without finding any fault
with him, to inquire what he
He could not have been what he was without also being what he was not.
was not. To The little court of
Weimar, ~~and~~ to the poetical world
~~and~~ to the learned and literary
worlds, ~~may all take attitudes~~
Goethe has a deserved greatness.
To the genius of America he
is neither dear nor the reverse of dear.
He passes with the general crowd
upon whom the American glance
descends with a ~~...~~ blank of ~~...~~
~~and~~ indifference. – Our road is our own

Abb. 5: Schrift und Performanz

Selbstaussagen, den bereits Shephard klar benennt: „Whitman must have intended some of these descriptions of himself for prefaces or for anonymous reviews or for use by his friends in writing or speaking about him".[38]

Mit dem Hinweis auf die nationalliterarisch gefärbte Abgrenzung ist die Frage nach Whitmans Goethe-Rezeption allerdings nicht vollständig beantwortet. Die vorgestellte Besprechung von *Truth and Poetry* dokumentiert schließlich nur die unmittelbare Seite dieser Einflussbeziehung. Nicht berücksichtigt bleiben in dieser Optik die vermittelten Einwirkungen auf Whitman, die in erster Linie auf seine Emerson-Lektüre zurückzuführen sind,[39] und auch sie laufen an zentralen Punkten auf den Begriff und die Idee des Ensembles hinaus.

c) Ensemble-Begriffe: Whitman an Emerson, August 1856

Emersons Essays las Whitman erstmals wohl im Sommer 1854,[40] und er stellte später über seine Lektüre fest, erst durch sie habe er zu sich gefunden: „I was simmering, simmering, simmering; Emerson brought me to a boil."[41] Als mögliche Anregungen für die parallel zu diesen Lektüren entstehenden und ein Jahr später in ihrer Erstfassung publizierten *Leaves* werden in der Forschung unterschiedliche Emerson-Essays diskutiert, allen voran *The Poet* mit seiner ins Kunstreligiöse reichenden Hypostasierung des Dichters: „The poet is the sayer, the namer, and represents beauty."[42]

Die gut aufgearbeitete Quellenlage erlaubt eine Betrachtung dieser Einflussbeziehung ausgehend von ihrem Ergebnis. Liest man Whitmans Brief, den er im August 1856 an Emerson schreibt und der im selben Jahr veröffentlichten Zweitauflage der *Leaves of Grass* als Anhang beifügt, so

---

38 Ebd., S. 166.
39 Was wiederum in der mitunter einseitigen Fixierung der Whitman-Philologie auf Emerson nicht in den Blick geraten ist. Zu diesem Problem vgl. Price: Whitman and Tradition, S. 36.
40 Den entscheidenden Hinweis hierauf formulierte John Townsend Trowbridge in seinem Text *Reminiscences of Walt Whitman* von 1902. Der ursprünglich im Februar 1902 in der Zeitschrift *The Atlantic Monthly* publizierte Text ist im Internet abrufbar, URL: <http://www.theatlantic.com/past/docs/unbound/poetry/whitman/walt.htm>
41 Dieses pointierte Zitat entstammt der Erinnerung von Trowbridge: Reminiscences of Walt Whitman.
42 CW III, S. 5. Vgl. für einen Nachweis zahlreicher Parallelstellen Stovall: The Foreground of ‚Leaves of Grass', S. 296–304.

wird deutlich, wie hoch Goethes indirekter Einfluss auf ihn anzusetzen ist – und zwar ohne, dass nur ein einziges Mal dessen Name fiele.

Die Argumentationsstruktur des Briefes folgt Emersons eigener Denk- und auch Schreibbewegung weitgehend, beginnend mit einigen grundlegenden Anmerkungen zur amerikanischen Kultur als einer Kultur des Mannigfachen: „America, grandest of lands in the theory of its politics, in popular reading, in hospitality, breadth, animal beauty, cities, ships, machines, money, credit".[43] Auf den beiläufigen Hinweis „in theory" kommt es hier gerade an; die tatsächlich bereits realisierte Eigenständigkeit der amerikanischen Lebenswelt, „in popular reading, in hospitality, breadth" und so weiter, habe bislang nämlich keine Entsprechung in der Literatur gefunden. Wie aber sollte eine solche Poesie aussehen? Die herkömmlichen poetischen Formen und Gedichte jedenfalls („[o]ld forms, old poems")[44] scheinen Whitman dafür nicht mehr adäquat, weil sie den egalitären, demokratischen Charakter der Vereinigten Staaten nicht angemessen abzubilden vermögen. Hierbei greift Whitman wiederum auf jenen Begriff zurück, den er auch in Bezug auf Goethes Leben verwendet und der bereits zur formalen Analyse der Zeitschrift *Ueber Kunst und Alterthum* (Kap. I.4a) herangezogen wurde:

> Lands of ensemble, bards of ensemble! Walking freely out from the old traditions, as our politics has walked out, American poets and literats recognize nothing behind them superior to what is present with them – recognize with joy the sturdy living forms of the men and women of These States, the divinity of sex, the perfect eligibility of the female with the male, all The States, liberty and equality, real articles, the different trades, mechanics, the young fellows of Manhattan Island, customs, instincts, slang, Wisconsin, Georgia, the noble Southern heart, the hot blood, the spirit that will be nothing less than master, the filibuster spirit, the Western man, native-born perceptions, the eye for forms, the perfect models of made things, the wild smack of freedom, California, money, electric-telegraphs, free-trade, iron and the iron mines – recognize without demur those splendid resistless black poems, the steamships of the sea-board states, and those other resistless splendid poems, the locomotives, followed through the interior states by trains of rail-road cars.[45]

Das als Ensemble begriffene Land, das Whitman hier in seiner ganzen sozialen, geographischen, kulturellen und politischen Verschiedenartigkeit umreißt, verlangt besondere Sänger; solche Sänger nämlich, die in der Lage sind, ‚die Freiheit und die Gleichheit', die als Wesensmerkmale der

---

43 LGG, S. 639.
44 LGG, S. 641.
45 LGG, S. 644.

amerikanischen Kultur begriffen werden, poetisch zum Ausdruck zu bringen. Dabei erweist sich der Brief in formaler Hinsicht als selbstreflexiv: Der mehrere Zeilen umfassende Katalog an konkreten und abstrakten Erscheinungen, der keine syntaktische Hierarchisierung und damit keine semantische Über- oder Unterordnung erkennen lässt, überführt den Zweiklang von ‚Freiheit und Gleichheit' in eine poetische Form.[46] Der Brief wird damit in seinem ensembleartigen Formcharakter also *selbst* zu jenem ‚amerikanischen Gesang', den Whitman auf der Inhaltsebene seines Briefes beschreibt. Kein Geringerer als Jorge Luis Borges hat in einem 1968 an der University of Chicago (frei) gehaltenen Vortrag den sich hier abzeichnenden Zusammenhang prägnant zusammengefasst: „For Walt Whitman, writing a poem to democracy did not mean saying ‚Oh Democracy' and then going on. It meant working out a new pattern."[47] Denkt man dies nur einen Schritt weiter, so bringt sich der Verfasser der *Leaves of Grass* damit selbst in die Stellung eben jenes Sängers, nach dem er in seinem Brief so nachdrücklich ruft – und dessen schöpferische Leistung die „thirty-two Poems", die er seinem Brief an Emerson beilegt, unter Beweis stellen sollen.[48] In dieser Hinsicht begreift sich Whitman ausdrücklich als Erfüller eines von Emerson formulierten Auftrags: „[W]e", also die „young men", denen er sich offenbar selbst zurechnet, „we understand what you have indicated".[49]

Darüber hinaus deutet die Rede vom Ensemble, das sich als ästhetisches Äquivalent zu Goethes kollektivpoetischem „Aggregat" begreifen lässt (Kap. I.3), seinerseits auf eine mereologische Reflexionsebene hin, auf eine mehr oder weniger explizite Problematisierung der Beziehung von Teilen und Ganzem. Und so kann es nicht verwundern, dass Amerika, auf dessen genuine Identität Whitman hinauswill, als ein partikulares Gebilde

---

46 Dem Strukturprinzip des Katalogs werde ich mich noch eingehend in diesem Kapitel widmen.
47 Jorge Luis Borges: Walt Whitman. Man and Myth, in: Critical Inquiry 1.4 (1975), S. 707–718, hier S. 710.
48 LGG, S. 638.
49 LGG, S. 646. Zur rhetorischen Funktion der Pronomina „I" und „We" im Kontext der Repräsentationsstrategien von Whitman und Emerson vgl. Grossman: Reconstituting the American Renaissance, S. S. 88–92. Zu dem sich hier abzeichnenden Zusammenhang von ‚Männlichkeit' und ‚Demokratie', der für Thomas Manns Whitman-Rezeption von herausragender Bedeutung sein wird, siehe außerdem die Ausführungen von Martha C. Nussbaum: Democratic Desire: Walt Whitman, in: A Political Companion to Walt Whitman, hg. von John E. Seery, Lexington, KY 2011, S. 96–130, zur Frage nach den homoerotischen Implikationen von Whitmans Demokratievorstellung insb. S. 101–105.

(„vast proportions of parts") charakterisiert wird,[50] ja gerade *in* dieser Teilstückhaftigkeit liege das Wesen des amerikanischen Nationalcharakters. In diesem Zusammenhang bezieht sich Whitman sowohl auf die Heterogenität der unterschiedlichen Staaten wie auf die ethnische, kulturelle und nationale Diversität ihrer Einwohner:

> With Ohio, Illinois, Missouri, Oregon – with the states around the Mexican sea – with cheerfully welcomed immigrants from Europe, Asia, Africa – with Connecticut, Vermont, New Hampshire, Rhode Island – with all varied interests, facts, beliefs, parties, genesis – there is being fused a determined character, fit for the broadest use for the freewomen and freemen of The States, accomplished and to be accomplished, without any exception whatever – each indeed free, each idiomatic, as becomes live states and men, but each adhering to one enclosing general form of politics, manners, talk, personal style, as the plenteous varieties of the race adhere to one physical form.[51]

Wie ließe sich diese unübersichtliche – und bezeichnenderweise auch hier in Katalogform dargestellte – Überfülle anders denken als ein Ensemble, mit seinen eher schwachen Strukturelementen, die eine lockere und dennoch konsistente Form des Zusammenhalts gewährleisten? Der Begriff des Ensembles ist dabei insofern von entscheidender Bedeutung, als sich in ihm Whitmans Überlegungen zur amerikanischen Kultur und zu einer künftigen amerikanischen Literatur überkreuzen. Dieser Befund ist wichtig: Dem als Ensemble begriffenen *Land* entspricht bei Whitman eine als Ensemble konzeptualisierte *Literatur*, deren elastische Strukturen der Brief in formaler Hinsicht selbst zur Anschauung bringt.

Dabei setzt Whitman eine dezidiert nicht-naturalisierte, nicht-exklusive Idee der Nation voraus; das Ensemble Amerika ist offen für Einwanderer aus sämtlichen Kulturen („cheerfully welcomed immigrants from Europe, Asia, Africa"), die sich ihm eingliedern wollen, ohne dabei – dies betont Whitman – ihre eigene Identität preisgeben zu müssen („each indeed free, each idiomatic"). Vergleichbar offen ist auch die Form des Katalogs: Er inkludiert „vast proportions of parts" und nähert sich damit strukturell der Unabschließbarkeit. Nation und Literatur, Inhalt und Form werden so in ein Korrespondenzverhältnis gesetzt.

Damit lässt sich die bereits umrissene Abgrenzung, die Whitman gegenüber Goethe vollzieht, noch etwas präziser einordnen. „[T]he United States too are founding a literature" – auf diese Unabhängigkeitserklärung in literarischen Dingen, die sich, wie Borges hervorhebt, nicht nur auf das

---

50 LGG, S. 645.
51 LGG, S. 646.

Was, sondern vor allem auch auf das *Wie* der ästhetischen Form bezieht, läuft sein Brief an Emerson an herausgehobener Stelle hinaus.[52] Dies allerdings setze zunächst eine klare Distanzierung von der europäischen „ready-made literature"[53] voraus:

> [A]ll the rich repertoire of traditions, poems, histories, metaphysics, plays, classics, translations, have made, and still continue, magnificent preparations for that other plainly signified literature, to be our own, to be electric, fresh, lusty, to express the full-sized body, male and female – to give the modern meaning of things, to grow up beautiful, lasting, commensurate with America [...].[54]

Im Unterschied zu Emerson, bei dem sich ebenfalls an entscheidender Stelle der Begriff des „ready made" findet („[o]ur country, customs, laws, our ambitions, and our notions of fit and fair, – all these we never made, we found them ready-made; we but quote them"),[55] geht Whitman in Bezug auf die amerikanische Kultur also von keinem *entgrenzten* Zitatcharakter aus. Die europäischen Literaturen, auf die er sich in seiner Äußerung konzentriert, sind vielmehr als Vorstufen zu etwas ganz Neuem, Eigenständigem, Großartigem zu betrachten, als Prolegomena zu einer originalen und distinkten, zu einer *elektrischen* Literatur der Vereinigten Staaten, die nicht mehr zurückverweist auf ihre poetischen Wurzeln in der Alten Welt.

Dass es zu diesem Zweck der vehementen Abgrenzung bedarf, liegt auf der Hand, zumal in Bezug auf eine literarisch-kulturelle Autorität wie Goethe. Hierbei versteigt sich Whitman aber mitunter in eine geradezu kriegerische Rhetorik, wenn er explizit von Zerstörung spricht:

> The genius of all foreign literature is clipped and cut small, compared to our genius, and is essentially insulting to our usages, and to the organic compacts of These States. Old forms, old poems, majestic and proper in their own lands here in this land are exiles; the air here is very strong. Much that stands well and has a little enough place provided for it in the small scales of European kingdoms, empires, and the like, here stands haggard, dwarfed, ludicrous, or has no place little enough provided for it. Authorities, poems, models, laws, names, imported into America, are useful to America today to *destroy* them, and so move disencumbered to great works, great days.[56]

---

52 LGG, S. 639.
53 LGG, S. 639.
54 LGG, S. 639.
55 CW VIII, S. 313 f. (*Quotation and Originality*).
56 LGW S. 641; Hervorhebung K.S.

Obwohl diese Äußerung denkbar weit entfernt ist von einer auf globale Verständigung zielenden Weltliteratur, lassen sich Whitmans Überlegungen zu einer künftigen amerikanischen Dichtung in zumindest dreierlei Hinsicht auf Goethes Idee des Kollektiven beziehen: *erstens* in der spannungsvollen Beziehung von individueller Einheit und kultureller Vielheit, von ‚Ich' und ‚Tausenden von Einzelwesen', ‚I' und ‚multitude'; damit verbunden *zweitens* in Bezug auf die Idee der universellen Inklusion und einer daraus resultierenden Repräsentativität des Dichtersubjekts; schließlich *drittens* im Blick auf ein mereologisch begriffenes Formprinzip der Literatur, das sich in beiden Fällen (bei Goethe vonseiten der Forschung, bei Whitman in einer selbstständigen Formulierung) als ‚Ensemble' beschreiben lässt.[57]

Die denkbare Frage, ob es sich bei diesen Koinzidenzen um entstehungsgeschichtliche Genealogien oder doch eher um strukturelle Analogien handelt, schiene mir indes zu eng gestellt. Vielmehr ist hier ein komplexes Mischungsverhältnis vorauszusetzen, also eine Genese des Whitman'schen Kollektivkonzepts sowohl in direkter als auch indirekter Relation zu Goethe und zu Emerson: Die Lektüre von *Dichtung und Wahrheit* und die zumindest partielle Wahrnehmung auch anderer Goethe-Werke, die sich in den Rezensionen, den handschriftlichen Notizen und überlieferten Gesprächsäußerungen niederschlagen, gehen mit dem extensiven Studium von Emersons Schriften einher, die ihrerseits maßgeblich durch den Einfluss Goethes bestimmt sind: Der Essay über *Goethe, or, the Writer*, den Whitman möglicherweise gelesen hat (der Band über die *Representative Men* war ihm wohl bekannt),[58] bildet hierbei nur die sprichwörtliche Spitze des Eisbergs.

Darin zeigt sich, dass Whitmans nach 1855 einsetzende Abgrenzung von Goethe, anders als von ihm selbst behauptet („here is now […] my opinion of Goethe") und in der Forschung zumeist gesehen, durchaus *nicht* der Status eines abschließenden Urteils zukommt, im Gegenteil, sie resultiert aus eindeutig identifizierbaren Bezügen, die sich mit der Erfindung einer amerikanischen Nationalliteratur jedoch als unverträglich erweisen mussten. Tatsächlich aber gilt für diesen Fall: Brooklyn und Weimar trennen *keine* Welten. Es brauchte, jenseits der primären Goethe-Lektüren, nur des Umwegs über Concord, Massachusetts.

---

57 Vgl. Kap. I.3.
58 Joel Porte: Representative Men. Ralph Waldo Emerson in His Time, New York 1979, S. 314–316.

Angesichts dieser indirekten Einflussbeziehung lässt sich Whitmans nationalbestimmtes Distinktionsbestreben, das mit dem expliziten Ausschluss fremder literarischer Einflüsse einhergeht, gegen den Strich lesen. Das Konzept einer autochthonen amerikanischen Nationalliteratur erweist sich bei näherer Betrachtung nämlich als brüchig. Selbst wenn Whitman dies rhetorisch wirkungsvoll zu verschleiern sucht, sind die *Leaves* ein Stück Weltliteratur, das nur in seinen internationalen Einflussrelationen angemessen verstanden werden kann.[59] Der wortmächtig vollzogene Ausschluss der abendländischen ‚Sänger' aus dem polyphonen ‚Gesang' der Vereinigten Staaten resultiert aus einem Phantasma, das mit den Entstehungsbedingungen moderner Literatur schlicht unvereinbar ist. „National-Literatur will jetzt nicht viel sagen", so hält Goethe mit Blick auf den ‚geistigen Handelsverkehr' seiner Gegenwart fest und zieht daraus die Schlussfolgerung, „die Epoche der Welt-Literatur" sei nun „an der Zeit".[60]

Dieser Epoche und Zeit gehört ohne Zweifel auch Walt Whitman an.

3. *Song of Myself:* Poetik

Wie eng sich Whitman an der von Goethe kommenden und von Emerson aufgegriffenen Kollektivpoetik orientiert, zeigt sich am eindrücklichsten in seinem literarischen Werk selbst. Es zeigt sich, genauer gesagt, in drei unterschiedlichen Aspekten dieses Werks, die allerdings eng aufeinander bezogen sind – und im Folgenden einzeln untersucht werden sollen: zunächst mit Blick auf die Sprechinstanz, die sich mit nur einzelnen Abweichungen als ein kollektives Subjekt im Sinne Goethes und Emersons verstehen lässt; dann in Bezug auf die von Whitman genannte „multitude", deren zahllose Einzelelemente der Sprecher in sich vereint und über das Darstellungsprinzip des Katalogs zum Ausdruck bringt; schließlich hinsichtlich der forciert heterogenen Form des Gesangs, der zusammengesetzt ist aus unterschiedlichsten literarischen und nicht-literarischen Redeweisen, die allesamt historisch vorgeprägt sind.

---

59 Die Forschung hat dies freilich schon längst gesehen. Um einen Eindruck von der Vielzahl und vom Ausmaß dieser internationalen und auch historisch weitausgreifenden Einflussrelationen zu bekommen, siehe etwa die Ausführungen bei Stovall: The Foreground of ‚Leaves of Grass', zu literarischen Einflussrelationen darin insb. Kap. IV, VII sowie X–XVII.
60 FA II/11, S. 224.

a) Subjekt

Es wurde hier bereits eingehend geschildert, wie Emerson in seiner Auseinandersetzung mit Goethe den Boden für den Auftritt des Nationaldichters Walt Whitman bereitet. Dieser wiederum macht sich Emersons mitunter kunstreligiös anmutende Emphase – „[w]e too must write Bibles, to unite again the heavenly and the earthly world" – unverhohlen selbst zueigen.[61] Im *Song of Myself* kommt dies ganz unmissverständlich zum Ausdruck. Wir hören ein Sprecher-Ich, das sich mit überspanntem Selbstbewusstsein als „Walt Whitman, an American, one of the roughs, a kosmos" (V. 499) bezeichnet: „Divine am I inside and out, and I make holy whatever I touch or am touched from" (V. 526).[62] Nun könnte dieses poetologisch-literarische Komplementärverhältnis für sich genommen natürlich dem Zufall geschuldet sein, stünde es nicht im Zusammenhang mit weiteren signifikanten Konvergenzen, die sich ebenfalls auf Emerson und auf diesem Wege bis zu Goethe zurückführen lassen.

Whitman entfaltet in seinem Gedicht ein Konzept von Poesie, das ganz auf sinnlicher Wahrnehmung beruht. „O I perceive after all so many uttering tongues! / And I perceive they do not come from the roofs of mouths for nothing" (V. 110–111): Mit expressionistisch anmutendem Vokabular beschreibt der Sprecher die Vielfalt der Stimmen, die auf ihn einströmen, um etwas später ausdrücklich festzuhalten, dass er all die ihn umgebenden Gedanken in sich aufnehme und in seinen Gesang eingehen lasse, „the thoughts of all men in all ages and lands, they are not original with me" (V. 353). Das heißt, die Gedanken des Sprechers sind, mit Emerson gesagt,

---

[61] Vgl. zu Whitman im Kontext genuin prophetischer, mithin kunstreligiöser Rede Bernadette Malinowski: „Das Heilige sei mein Wort". Paradigmen prophetischer Dichtung von Klopstock bis Whitman, Würzburg 2002, S. 363–406.

[62] Dass das historische vom literarischen Ich – trotz des gleichlautenden Namens – zu unterscheiden ist, versteht sich von selbst. Weil es in der Forschung dennoch immer wieder zu Verwechslungen kommt, die freilich in den *Leaves* selbst angelegt sind, sei hier auf die Feststellung von Borges verwiesen: „I think that we should conceive two Whitmans – one, the rather seedy journalist and man of letters who had read many of the great books, but who had no very fine literary judgment, who worked-in foreign words in his books, who spoke of ‚Camerado,' who called a poem ‚Salut au monde' instead of ‚Greeting to the World,' and so on. And then we think of the other. We think of that semidivine hero of *Leaves of Grass*. But we have to think that they're different. We hardly need to compare one with the other. And Walt Whitman knew all about this because he was [...] the most deliberate of writers, the most self-conscious of poets, although he succeeded, of course, in hiding this fact" (Borges: Walt Whitman, S. 711).

nur eines, nämlich ‚Quotation'. Das sensorische Erfassen und, mehr noch, die sich gleichsam vegetativ vollziehende Wahrnehmung der menschlichen, geistigen und materialen Welt in ihrem gesamten Umfang umschreibt Whitman insgesamt zweimal mit dem Prädikat „breathe" – „breathe the fragrance" (V. 7), „breathe the air" (V. 348).[63] Es ist nahezu die gleiche Formulierung, die Emerson in Bezug auf Goethe verwendet: „Goethe, a man quite domesticated in the century, breathing its air".[64] Und ebenso wie bei Goethe das „Genie" und bei Emerson das nach *Self-Reliance* strebende Subjekt ergibt sich auch bei Whitman die übermenschliche Größe des Sprechers („a kosmos") nicht aus einer autochthonen Selbstschöpfung, sondern aus der besonderen Fähigkeit zur universellen Apperzeption.

Damit wiederum verbindet sich die Vorstellung vom Dichter als einem Filter der von ihm umfassend absorbierten Lebenswelt.[65] Dieser Gedanke wird hier, in erneutem Anschluss an Emerson, als eine Forderung mit universeller Gültigkeit zum Ausdruck gebracht: „You shall listen to all sides and filter them from yourself" (V. 28). Das Prädikat „filter" schließt dabei den Aspekt einer Verwandlung, oder mit Emersons Deutung des Goethe'schen Gedankens gesprochen, einer Erneuerung und Verfeinerung des allumfänglich Wahr- und Aufgenommenen ein. Whitman umschreibt diesen Filterprozess mit der wiederkehrenden Formel „through me":

> Through me many long dumb voices,
> Voices of the interminable generations of slaves,
> Voices of prostitutes and of deformed persons,
> Voices of the diseased and despairing, and of thieves and dwarfs,
> Voices of cycles of preparation and accretion,
> And of the threads that connect the stars – and of wombs, and of the
>   fatherstuff,
> And of the rights of them the others are down upon,

---

63 Vgl. zu diesem als Verständnis des „self" als „a sort of lung, inhaling and exhaling the world" die Ausführungen bei Lewis Hyde: The Gift – Imagination and the Erotic Life of Property, New York 1983, S. 170 f. Ob Hydes Generalisierung dieses Motivs zu einem allgemeinen Strukturprinzip des Gedichts („inhalation and exhalation […] are the structuring elements of the poem") wirklich stichhaltig ist, darf allerdings bezweifelt werden: Dass Whitmans *Song of Myself* in einzelnen und konsequent durchgeführten Strukturmustern gerade nicht aufgeht, ja dieser Art Festlegung konzeptionell zuwiderläuft, werde ich im folgenden Abschnitt näher ausführen.
64 CW IV, S. 156 (*Goethe, or, the Writer*).
65 Die hebt auch Hyde hervor: „Almost everything in the poem happens as a breathing, an incarnate give-and-take, which *filters* the world through the body" (Hyde: The Gift, S. 171; Hervorhebung K.S.).

Of the trivial and flat and foolish and despised,
Of fog in the air and beetles rolling balls of dung.

Through me forbidden voices,
Voices of sexes and lusts .... voices veiled, and I remove the veil,
Voices indecent by me clarified and transfigured.
(V. 509–520)

Gerade der Anspruch, die bislang verstummten, die unterdrückten und verbotenen Stimmen der gesellschaftlich Ausgestoßenen in der literarisch-transfigurierenden Rede zum Sprechen zu bringen, deutet auf eine polyphone und egalitäre, oder wie Whitman wörtlich und immer wieder sagt, auf eine *demokratische* Ausrichtung seiner Poetik hin.[66] Es war gerade dieser Zug, der Whitman auch für afroamerikanische Dichter und Intellektuelle – namentlich etwa für Langston Hughes, den Hauptvertreter der sogenannten *Harlem Renaissance* – anschlussfähig werden ließ: „because his all-embracing words lock arms with workers and farmers, Negroes und whites, Asiatics and Europeans, serfs, and free men, beaming democracy to all".[67]

Vor diesem Hintergrund ist es erstaunlich, dass sich Whitman in seinem demokratischen Credo bis in den Wortlaut hinein selbst wie Goethe ausdrückt, den er in seinen Kommentaren doch ausgerechnet aufgrund seiner vermeintlich ichbezogenen Grundhaltung so scharf verurteilt: „I am of old and young, of the foolish as much as the wise" (V. 326). Zum Vergleich noch einmal der entsprechende Satz von Goethe: „Zu meinen Werken haben Tausende von Einzelwesen das ihrige beigetragen, Toren und Weise, geistreiche Leute und Dummköpfe, Kinder, Männer und Greise". Egalitär ist Whitmans poetologische Selbstzuschreibung aber auch insofern, als er sich dem Kollektiv, das er in sich zu bündeln vorgibt, ausdrücklich selbst zurechnet: „I am of". Dieser explizite Akt der Identifikation findet sich in Goethes Entwurf eines „être collectif" und seiner

---

66 Hierzu weiterhin grundlegend James Edwin Miller: *Leaves of Grass.* America's Lyric-Epic of Self and Democracy, New York 1992. Zum Aspekt der Identifikation des Sprechers „with the lowly and the outcast" (ebd., S. 41) hält Miller fest: „Whitman's universal embrace appears to be a genuine expression of his profound human – and democratic – sympathies, an emphatic realization in effect of the classic statement by the Latin dramatist Terence [...]: ,I am a man: nothing human is alien to me'" (ebd., S. 42). Die oben angeführte Stelle („Through me forbidden voices" usw.) liest Miller vor allem mit Blick auf die sich aus dem Zusammenhang ergebenden sexuellen Konnotationen, die aber mit dem Aspekt des Politischen gleichsam überblendet werden (vgl. ebd., S. 42–44).
67 Langston Hughes: The Ceaseless Rings of Walt Whitman [1946], in: WW, S. 185–188, hier S. 186 f.

Fortschreibung bei Emerson zumindest nicht in dieser Deutlichkeit – und ausdrücklich *nicht* in Bezug auf die bei Whitman mitgenannten Sklaven und Prostituierten, Kranken und Verzweifelten, Diebe und Entstellten.

In anderen Passagen seines Gedichts treibt Whitman diese Identifikation noch weiter, hin zu einer vollumfänglichen Transformation des Selbst:

> I understand the large hearts of heroes,
> The courage of present times and all times;
> How the skipper saw the crowded and rudderless wreck of the steamship, and death chasing it up and down the storm,
> How he knuckled tight and gave not back one inch, and was faithful of days and faithful of nights,
> And chalked in large letters on a board, Be of good cheer, We will not desert you;
> How he saved the drifting company at last,
> How the lank loose-gowned women looked when boated from the side of their prepared graves,
> How the silent old-faced infants, and the lifted sick, and the sharp-lipped unshaved men;
> All this I swallow and it tastes good .... I like it well, and it becomes mine,
> I am the man .... I suffered .... I was there.
> (V. 817–827)

In diesem erzählerisch strukturierten Abschnitt[68] geht es bloß in zweiter Linie um eine nautische Katastrophe, also um „skipper", „steamship", „storm". Vor allem wird hier von einer Selbstverwandlung des Sprechers berichtet, die sich über eine körperliche Aufnahme und dadurch realisierte Aneignung des Geschilderten vollzieht: „All this I swallow and it tastes good .... I like it well, and it becomes mine". Aus dem bloß rational nachvollziehenden Ich („I understand") wird so unversehens ein leibhaftig erlebendes Ich („I am the man"), und es gibt keinen Grund, diese religiös anmutende Geste[69] nicht im buchstäblichen Sinne zu verstehen: Das *einzelne Ich*, das Whitman in seinem Gedicht als Sprechinstanz entwirft, verwandelt sich in *viele Andere*, auch wenn diese Transfiguration nicht immer expliziert, sondern mitunter lediglich konstatiert wird: „I am the

---

68 Köppe/Kindt: Erzähltheorie, S. 43.
69 Von einer „Inkarnation" ist die Rede in Thomas Becknells Eintrag zur Bibel in der *Whitman Encyclopedia* (S. 55), und zwar mit Hinweis auf genau jene oben genannte Stelle. Weitere Literaturhinweise zum höchst ausdifferenzierten Forschungskomplex ‚Whitman und die Bibel' finden sich ebenfalls in dem Eintrag (S. 56).

hounded slave" (V. 834), „I am the mashed fireman with breast-bone broken" (V. 843).[70]

Eingeschlossen sind in das Kollektiv der „many long dumb voices", die den Sprecher durchströmen und die er sich selbstverwandelnd aneignet, nicht allein die Lebenden, sondern ausdrücklich auch die Toten.[71] Es handelt sich um eine Vorstellung, die in Goethes Rede vom „Kollektivwesen" zwar nicht ausformuliert ist, wohl aber mitgedacht werden muss,[72] und die in Emersons Konzept einer Verlebendigung des Vorgefundenen und Aufgenommenen („the record is alive") ebenfalls angedeutet wird: Was literarisch ‚verlebendigt' werden soll, muss schließlich zunächst als ‚verstorben' vorausgesetzt werden. Whitmans Poetik hingegen läuft auf einen regelrechten Totenkult hinaus, der in dem poetologischen Kurzgedicht *Pensive and Faltering* (in der Edition von 1871) nicht ohne Pathos entfaltet wird:

Pensive and faltering,
The words *the Dead* I write,
For living are the Dead,

---

70 Von hier aus ist es auch rezeptionsgeschichtlich nicht weit zu dem von Detering analysierten Spätwerk von Bob Dylan, dessen transfigurativen Grundzug der Sänger mit Sätzen wie „The people in the songs are all me" auf eine Formel bringt – und auf dem Album *Tempest* von 2012 ausgerechnet in der szenischen Inszenierung einer Schiffstragödie, des Untergangs der Titanic, zum Ausdruck kommt (Detering: Die Stimmen aus der Unterwelt, S. 62, dort auch das Dylan-Zitat mit Quellenangabe). Anzumerken ist, dass in Dylans intellektuellem und künstlerischem Kosmos Whitman ohnehin eine zentrale Stellung zukommt, und dies nicht allein, aber wesentlich durch Allen Ginsbergs Vermittlung (hierzu ebd., S. 63).

71 Whitman bezieht dies an anderer Stelle nicht nur auf die ‚Stimmen', sondern auf eine organische Transformation im chemischen Sinne, was in der Forschung bereits mehrfach gesehen worden ist: „[T]he atoms that today compose us once belonged to people of previous generations. Remarkably, these atoms have cycled through multitudes of people stretching back to time and space's inception. The idea that we contain the atoms of multitudes gives new meaning to Whitman's famous line ‚I am large …. I contain multitudes'" (Jack Turner: Whitman, Death, and Democracy, in: Seery: A Political Companion to Walt Whitman, S. 272–295, hier S. 275).

72 Dass es Goethe generell um eine Kommunikation von Vor- und Mitwelt ging, lässt sich aus diesen bekannten Versen aus dem *West-östlichen Divan* erschließen: „Wer nicht von dreytausend Jahren / Sich weiss Rechenschaft zu geben, / Bleib im Dunkeln unerfahren / Mag von Tag zu Tage leben" (FA I/3.1, S. 360). Zu denken ist hier aber auch an die „‚Aura' des eigenhändig Geschriebenen", also die Idee einer Vergegenwärtigung abwesender Menschen durch ihre Handschrift (siehe dazu Schöne: Der Briefschreiber Goethe, S. 11).

> (Haply the only living, only real,
> And I the apparition, I the spectre.)[73]

Der schreibende Dichter wird hier, um es im Vokabular der *Cultural Studies* zu sagen, zu einer ‚Figur des Dritten', die zwischen dem Reich der Lebenden („only living") und der Sphäre der Hingeschiedenen („the Dead") vermittelt.[74] Oder etwas genauer: Im Zuge seines animistisch konzipierten, in seiner auratischen Performanz betonten Schreibakts („The words *the Dead* I write") regt der Sprecher die Toten zum Widergehen an („living are the Dead"), und zwar in der Gestalt des Sprechers selbst, der folgerichtig als Geist oder auch Gespenst („I the apparition, I the spectre") erscheint. Der von Philippe Ariès diskursgeschichtlich rekonstruierte Befund, dass die Religion und mit ihr die Kirche im Zuge der Moderne ihre Alleinstellung als Verwalterin des Totenkults verliert und sich infolgedessen vielfach die Kunst dieser Aufgabe bemächtigt,[75] gilt somit auch für Whitmans Poetik.

Aus dem egalitär-demokratischen, auf universelle Inklusion ausgerichteten und zudem totenkultisch aufgeladenen Ansatz Whitmans leitet sich schließlich ein gesteigerter Anspruch auf dichterische Repräsentativität ab, gipfelnd in der berühmtesten Formel des Gesangs, die einen Zentralbegriff von Emerson aufgreift: „I am large .... I contain multitudes" (V. 1316). Die semantische Nähe zur Rede vom „Kollektivwesen" ist in diesem Vers unübersehbar, allerdings identifiziert Whitman das Kollektiv, das bei Goethe eher unspezifisch bleibt, zum einen mit der amerikanischen Nation, als deren Sprecher er sich versteht: „Walt Whitman, an American, one of the roughs, a kosmos" (V. 497).[76] Zum anderen nennt er die allgemeine Massenhaftigkeit der Moderne als seinen Referenzrahmen; eine Massenhaftigkeit, die er durch den Dichter – und damit durch sich selbst –

---

73 LGG, S. 381.
74 Fassen lässt sich dieser Gedanke unter den von Turner beschriebenen „Inspiration[s] to Creative Immortality" (Turner: Whitman, Death, and Democracy, S. 277–282), die in sämtlichen Spielarten auf einer basalen Auratisierung der Schrift beruhen: „In written words, the self is literally present, whether or not the body that wrote the words is literally living and breathing" (ebd., S. 278).
75 Whitman steht in dieser Hinsicht (und vermutlich *nur* in dieser Hinsicht) in einer Reihe mit modernen Dichtern wie Rainer Maria Rilke, Stéphane Mallarmé, Stefan George oder Ossip Mandelstam, die unter höchst unterschiedlichen literatur- und kulturhistorischen Umständen und in ganz eigener Weise ebenfalls totenkultische Konzeptionen des Gedichts entwickelt haben.
76 Vgl. hier auch den Schlusssatz im Vorwort zur Erstauflage der *Leaves:* „The proof of a poet is that his country absorbs him as affectionally as he has absorbed it" (LGG, S. 636).

stellvertretend repräsentiert sieht: „And mine a word of the modern ....
a word en masse" (V. 484).

*

In der Übersicht zeigt sich, dass sich die Nähe des im *Song of Myself* entworfenen Ich zu Emersons und Goethes Ansätzen in (mindestens) vier Aspekten niederschlägt: in der *Nicht-Originalität* des Dichters und seiner Abhängigkeit von der sinnlich wahrgenommenen und in sich aufgenommenen Lebenswelt; in der *Umwandlung* der absorbierten Lebenswelt in die Kunst; in der *universellen und zugleich egalitären Ausrichtung* sowie dem impliziten Anspruch des Dichters auf *Repräsentativität*. Dass hierbei von einer konkreten Einflussbeziehung auszugehen ist, zeigt sich nicht nur an der sich überschneidenden Lexik (Emerson über Goethe: „breathing its air", Whitman: „breathe the air"), sondern lässt sich auch konzeptuell, das heißt an Whitmans Funktionalisierung des Goethe'schen Modells erkennen. Emersons romantisierende Deutung des „être collectif" liest sich mit Blick darauf fast wie eine Vorlage: Der literarische Text als eine heilige Schrift, die syntheseartig verbinden soll, was in der modernen Welt zerspalten ist in eine unübersichtliche, unübersehbare Vielheit – so bestimmt Emerson den kompensatorischen Auftrag des modernen Autors. Whitman folgt ihm dabei im Grundsatz nach, wenn er die Dichter als „gangs of kosmos" and „prophets en masse"[77] bestimmt, als Vermittler der Verschiedenen („arbiter of the diverse"), als Erfüller des zu Erfüllenden („supplies what wants supplying"),[78] dies nun allerdings in stärker nationalpatriotischer Zuspitzung, was im Vorwort zur Erstauflage der *Leaves* besonders klar zum Ausdruck gebracht wird: „Of all nations the United States with veins full of poetical stuff most need poets and will doubtless have the greatest and use them the greatest. Their Presidents shall not be their common referee so much as their poet shall."[79]

Einerseits liefert Whitman mit dieser Konzeption eine vorwegnehmende Begründung dafür, dass er seine 1860 erschienene dritte Edition der *Leaves* in ihrer materialen Gestalt einer schlicht gebundenen King James-Bibel annähern wird.[80] Andererseits darf aber auch hier der Aspekt

---

77 LGG, S. 634.
78 LGG, S. 620.
79 LGG, S. 619.
80 Vgl. Walt Whitman: Leaves of Grass, 1860. The 150th Anniversary Facsimile Edition, hg. von Jason Stacey, Iowa City 2009, vgl. hierzu S. x im Vorwort des Herausgebers.

des Mereologischen nicht aus dem Blick geraten: Der Dichter als Vermittler des Unterschiedenen – das bedeutet eben *keine* Aufhebung des Mannigfachen zugunsten einer neuen und allumfassenden Totalität. Whitman scheint es vielmehr um einen intermediären Ansatz zu gehen, wie er ähnlich bei Goethe und Emerson konzeptualisiert wird, also um eine Vermittlung von Heterogenität und Totalität, Vielheit und Einheit, die wie im Fall von Goethes *Wanderjahren* oder Emersons *Journals* nicht über eine pauschale Vorstellung von (morphologischer) Organizität entschärft werden sollte.[81] Wie unangemessen das wäre, zeigt sich in einem der charakteristischen Formelemente der *Leaves*, von dem bereits mit Blick auf Emersons selbstreflexiv-zitathafte Essayistik und Whitmans formbewussten Brief an Emerson einführend die Rede war: dem Katalog.

---

[81] Ich beziehe mich hier auf ein naheliegendes Missverständnis. Der Begriff der ‚organischen Demokratie', der in der Whitman-Forschung vielfach kursiert, meint ein bestimmtes Set an Werten und Normen, die als Teil des menschlichen Wesens und darin als Grundlage des sozialen Miteinanders erachtet werden. Eine in diesem Zusammenhang oft zitiert Passage in den *Democratic Vistas* lautet: „Did you, too, O friend, suppose democracy was only for elections, for politics, and for a party name? I say democracy is only of use there that it may pass on and come to its flower and fruits in manners, in the highest forms of interaction between men, and their beliefs – in religion, literature, colleges, and schools – democracy in all public and private life, and in the army and navy" (Walt Whitman: Democratic Vistas, in: Walt Whitman: Prose Works 1892, Bd. 2: Collect and other Prose, hg. von Floyd Stovall, New York 1964, S. 361–426, hier S. 389). Zu einer Verwechslung sollte es hier aber nicht kommen, denn von der Prämisse einer organisch gewachsenen *Gemeinschaft* geht Whitman bei diesem Demokratieverständnis keineswegs aus. Seine Position ist vom radikalen Kommunitarismus ebenso zu unterscheiden wie vom organologischen Nationalismus. In diesem Sinne betont Stephen J. Mack mit Nachdruck: „While it is true that Whitman was moved by an appreciation for the interconnectedness of life, it would nevertheless be a profound error to confuse the concept of organic democracy with the notion of an organic American state: they are radically different, even antithetical, ideas" (Stephen John Mack: The Pragmatic Whitman. Reimagening American Democracy, Iowa City 2002, S. 160–165, hier S. 163). So gesehen scheint es Whitman ähnlich wie den Soziologen seiner Epoche – um aus dem deutschsprachigen Raum nur Ferdinand Tönnies mit seiner wegweisenden Unterscheidung von ‚Gesellschaft' und ‚Gemeinschaft' zu nennen – um eine Differenzierung der gesellschaftlichen Selbstbeobachtung zu gehen. Oder als Negativbefund: Whitmans *Leaves of Grass* demonstrieren, dass die romantische, globale Idee einer organisch gewachsenen Gemeinschaft zur Beschreibung moderner, ausdifferenzierter Gesellschaften schlicht untauglich ist.

b) Form I: Katalog

Der Katalog ist nicht bloß das markanteste, sondern außerdem das in ästhetischer Hinsicht umstrittenste Formprinzip der *Leaves of Grass*.[82] Selbst von Emerson, dessen Essays mitunter selbst katalogartige Züge aufweisen (hierauf wurde in Bezug auf *Quotation and Originality* bereits hingewiesen), ist eine kritische, ja geradezu enttäuschte Äußerung überliefert: „I expect him to make the song of the Nation but he seems to be contented to make the inventories."[83] Aber auch die Whitman-Philologie hat sich beständig und sehr kontrovers mit diesem Formelement befasst. Jenseits der eher schlichten Behauptung, derzufolge es Whitman darum gehe, „to encompass the nation and even the universe",[84] gibt es dabei aber keinen Deutungskonsens.[85]

Ausdrücklich ohne den Anspruch einer umfassenden Neuinterpretation möchte ich Whitmans Kataloge, die einer bis in die Antike zurückreichenden „Poetik des Enumerativen"[86] zuzurechnen sind, als besonders aussagekräftige Spielart der modernen Kollektivpoetik vorstellen. Der Katalog nähert sich in formaler Hinsicht dem Ensemble an, wie es nicht nur Emerson mit Blick auf Goethes Spätwerk beschreibt, sondern auch von Whitman in Bezug auf die Vereinigten Staaten reflektiert wird: als eine schwache Form der Integration diverser Einzelelemente. Wie dieses Strukturprinzip in funktionaler Hinsicht zu interpretieren ist, lässt sich hingegen nicht eindeutig bestimmen – dies erklärt die notorische Vielstimmigkeit der bisherigen Forschung gerade in Bezug auf diesen Aspekt.[87]

---

82 Dies gilt für die Editionen bis 1860, während es in späteren Ausgaben weitgehend in den Hintergrund rückt. Siehe zu dieser formalen Akzentverschiebung John B. Mason: [Art.] Catalogues, in: Whitman Encyclopedia S. 107 f., hier S. 107.
83 Es handelt sich hierbei um eine Gesprächsaussage, die in persönlichen Aufzeichnungen von John Burroughs überliefert ist. Abgedruckt findet sie sich bei Clara Barrus: Whitman and Burroughs, Comrades, Boston/New York 1931, S. 64.
84 Mason: [Art.] Catalogues, S.107.
85 Vgl. das hilfreiche Resümee der in ihrer Gesamtheit faktisch unübersehbar vielfältigen Positionen bei Miller: Walt Whitman's „Song of Myself", S. 141–145.
86 Siehe dazu Sabine Mainberger: Die Kunst des Aufzählens. Elemente zu einer Poetik des Enumerativen, Berlin/New York 2003, darin allerdings nur punktuell zu Whitman auf S. 275, 323, 328 f.
87 Die Spannbreite allein der neueren Forschung reicht von existenzphilosophischen über rezeptionsästhetische Ansätzen bis zur These einer strukturellen Analogizität der poetischen Kataloge in den *Leaves of Grass* und der zeitgenössischen Bibliothekskataloge. Sämtliche Literaturhinweise lassen sich leicht über die Forschungsbibliographie auf der Website des *Walt Whitman Archive* recherchieren.

Hier sei eine Deutung vorgeschlagen, die sich aus der bis zu diesem Punkt nachgezeichneten Filiation der kollektiven Poetik herleitet: Die Kataloge im *Song of Myself* lassen sich als ‚Komplexe des Ganzen' (Goethe), als ‚reichhaltige Synthesen' (Schmitz) verstehen, die einerseits der Überfülle des modernen Lebens, der Vielfalt der amerikanischen Kultur Rechnung tragen sollen, ohne andererseits das Bestreben nach einer zumindest lockeren Einheitsstiftung zu vernachlässigen. Zeigen lässt sich dies am ersten, langen Katalogabschnitt des *Song of Myself*.[88]

Ein Vers, allenfalls zwei Verse, eine Figur oder auch eine Gruppe von Figuren, ein Ereignis oder ein Zustand – das ist das Grundelement des Eingangskatalogs, der folgenderweise einsetzt:

> The pure contralto sings in the organloft,
> The carpenter dresses his plank .... the tongue of his foreplane whistles its
>   wild ascending lisp,
> The married and unmarried children ride home to their thanksgiving dinner,
> The pilot seizes the king-pin, he heaves down with a strong arm,
> The mate stands braced in the whaleboat, lance and harpoon are ready,
> The duck-shooter walks by silent and cautious stretches,
> The deacons are ordained with crossed hands at the altar,
> The spinning-girl retreats and advances to the hum of the big wheel,
> The farmer stops by the bars of a Sunday and looks at the oats and rye,
> The lunatic is carried at last to the asylum a confirmed case,
> He will never sleep any more as he did in the cot in his mother's bedroom;
> The jour printer with gray head and gaunt jaws works at his case,
> He turns his quid of tobacco, his eyes get blurred with the manuscript;
> The malformed limbs are tied to the anatomist's table,
> What is removed drops horribly in a pail;
> The quadroon girl is sold at the stand .... the drunkard nods by the barroom
>   stove,
> The machinist rolls up his sleeves .... the policeman travels his beat ....
>   the gatekeeper marks who pass [...].
> (V. 257–273)

Mit nur wenigen Variationen geht es nach genau diesem Muster weiter, und das über fast siebzig Verse hinweg. Das rhetorische Verfahren ist das

---

Die traditionelleren und in der Forschung immer wieder auftauchenden Deutungsansätze – der Katalog als Ausdrucksform einer demokratischen Poesie, als literarische Umsetzung bestimmter Denkfiguren des Transzendentalismus – finden sich bündig und mit weiteren Nachweisen resümiert bei Mason: [Art.] Catalogues. Auf die für meine Analyse relevanten Forschungspositionen werde ich im Folgenden eingehender zu sprechen kommen.

88 Vielfache Anregungen bezieht die folgende Darstellung aus der kommentierenden Forschungssynthese von Miller: Walt Whitmans „Song of Myself", S. 79–81.

der Parataxe, und zwar in Gestalt einer kumulativen Beiordnung von Hauptsätzen, die zumeist nur durch Kommata voneinander abgetrennt sind. Whitman entwirft so ein Kollektiv an Personen, die nicht bloß gänzlich unverbunden bleiben, sondern zudem als vollkommen gleichwertig erscheinen. Selbst die Mächtigsten von denen, die hier genannt werden, sind Einzelne unter Gleichen: „The President holds a cabinet council, he is surrounded by the great secretaries" (V. 304). Die wohlwollende Zuschreibung sollte hierbei keinen falschen Eindruck erwecken, denn nichts deutet darauf hin, dass die „great secretaries" im Kabinett des amerikanischen Präsidenten den freundlichen Hausmüttern übergeordnet wären, von denen im unmittelbaren Anschluss die Rede ist: „On the piazza walk five friendly matrons with twined arms" (V. 306). Whitmans demokratische Poetik, von der Kritiker schon im 19. Jahrhundert sprachen[89] – sie zeigt sich in diesem Zusammenspiel von Individualität und Egalität sowohl in formaler wie auch in semantischer Hinsicht.[90]

Das horizontale Prinzip des Nacheinanders wird ergänzt durch ein vertikales Prinzip des Gegeneinanders, der mehr oder weniger direkten Kontrastierung also. Die Einzelnen, aus denen sich Whitmans Kollektiv zusammensetzt, erscheinen dadurch nicht bloß als unverbunden und gleichwertig; betont wird außerdem ihre irreduzible Verschiedenheit. In der bereits angeführten Gegenüberstellung von Ministern und Hausmüttern, Männern und Frauen deutet sich dies bereits an. Daneben wird die Kontrastierung von Alten und Jungen („The old husband [...] the young husband", V. 323), Stadt und Land („The city [...] the country", V. 321), Lebenden und Toten („The living ... the dead", V. 322) ins Spiel gebracht. Durch derlei omnipräsente Kontraste wird der Eindruck der ausufernden Diversität, auf deren literarische Darstellung der Katalog abzielt, effektvoll unterstützt.

---

89 Die in diesem Zusammenhang einschlägigen Formulierungen finden sich bereits bei Edward Dowden: The Poetry of Democracy: Walt Whitman, in: The Westminster Review 96 (Juli 1871); URL: <http://whitmanarchive.org/archive2/criticism/reviews/india/westminster.html>
90 Auch dies ist bereits früh erkannt worden; verwiesen sei auch hier auf Dowden, der den Zusammenhang von Demokratie und Katalogtechnik prägnant herausstellt: „No single person is the subject of Whitman's song, or can be; the individual suggests a group, and the group a multitude, each unit of which is as interesting as every other unit, and possesses equal claims to recognition. Hence the recurring tendency of his poems to become catalogues of persons and things" (Dowden: The Poetry of Democracy).

Die wenigen Ausnahmen von dem ansonsten streng durchgehaltenen Grundmuster stechen umso deutlicher ins Auge. Es handelt sich etwa um kurze Kommentierungen des Wahrgenommenen und Geschilderten durch die lyrische Sprechinstanz:

> The young fellow drives the express-wagon .... I love him though I do not know him
> (V. 274)
>
> The prostitute draggles her shawl, her bonnet bobs on her tipsy and pimpled neck,
> The crowd laugh at her blackguard oaths, the men jeer and wink to each other,
> (Miserable! I do not laugh at your oaths nor jeer you)
> (V. 302–304)

Der junge Fahrer des „express-wagon", die von der Menge verhöhnte Prostituierte, ihnen wird in diesen Versen gleichermaßen die Zuneigung des Sprechers zuteil, ohne dass ihm der eine oder die andere näher bekannt wären – er kennt ja nicht einmal ihre Namen. Die kurzen Kommentierungen sagen daher vor allem etwas über ihn selbst aus, sie laufen auf die Bekundung von „love, friendship"[91] hinaus, ja sie bedeuten ein allgemeines *Mitfühlen*, das hier sowohl als persönliche Liebeserklärung wie auch als individuelle Parteinahme erscheint. Dabei sind die vordringlichen Bezugspunkte dieses ‚demokratischen Begehrens'[92] gerade die Kleinen und die Ausgestoßenen der Gesellschaft – ein jesuanisch anmutender Zug, der in den beiden Schlussversen des Katalogs noch einmal aufgegriffen wird:

> And these one and all tend inward to me, and I tend outward to them,
> And such as it is to be of these more or less I am.
> (V. 324–325)

Die zuvor geschilderten Personen und Situationen in ihrer ganzen Überfülle – sie drängen ins Innere des mitfühlenden Sprechers, der sich dadurch seinerseits in das große Kollektiv hineingezogen fühlt. Es handelt sich um

---

[91] Miller: America's Lyric-Epic of Self and Democracy, S. 57, vgl. in diesem Zusammenhang aber auch den gesamten Abschnitt „The Omnisexual Vision of *Leaves*", S. 53–65.

[92] Dieser Begriff bezieht sich auf Nussbaum: Democratic Desire. Dabei ist festzuhalten, dass dieses Begehren, im Gesamtzusammenhang betrachtet, sowohl im geistig-emotionalen wie auch im körperlich-sexuellen Sinne interpretiert wird: „Whitman insistently pursues these themes throughout his career, holding that the appropriate conception of democratic love cannot be articulated without forging a new attitude toward both the body and its sexuality. The poetry of equality must also be erotic, and erotic in a bold and defiant matter" (ebd., S. 97).

eine fast mystische Vorstellung:[93] Die zuvor noch undurchlässig erscheinende Identitätsgrenze zwischen dem Sprecher auf der einen und den von ihm erwähnten Personen auf der anderen Seite verflüssigt sich zunächst („of these more or less I am"); im darauffolgenden Satz, mit dem der neue Abschnitt des Songs einsetzt, diffundiert sie dann vollends: „I am of old and young, of the foolish as much as the wise" (V. 326). Whitmans Katalog mündet also in eine Verbindung, mehr noch: in eine *Verschmelzung* von Ich und Welt, die allerdings – und darauf kommt es entscheidend an – keine Aufhebung der Diversität bedeutet. Von einer neuen, gleichsam fugenlosen Totalität, welche die Bedingungen der modernen Welt hintergehen und zugleich aufheben würde, kann in Bezug auf Whitmans Kataloge keine Rede sein.

Dieses komplexe Verhältnis wird auch in der Rahmung des Katalogs reflektiert. Sowohl den Anfang als auch das Ende bildet das Motiv des Gesangs, beginnend mit der Nennung „der reinen Altstimme" („the pure contralto"), die auf dem Orgelboden erklingt („in the organloft"), schließend mit dem Ich, dem Textsubjekt des *Song of Myself*, das seinen ‚Gesang' nicht bloß im metaphorischen Sinne als solchen verstanden wissen will.[94] Damit mag keine wirklich feste Umgrenzung des Katalogs gegeben sein, aber doch eine nicht ganz beliebige Anfang-Ende-Struktur, in deren Zwischenraum das polyphone Spektrum zu freier Entfaltung kommt. Die prinzipielle Offenheit des Katalogs – seine potenzielle Er-

---

93 Zu derlei mystischen Implikationen die an R.W.B. Lewis (*The American Adam*, 1955) anschließenden Ausführungen bei John B. Mason: Walt Whitman Catalogues. Rhetorical Means for Two Journeys in „Song of Myself", in: American Literature 45.1 (1973), S. 34–49, hier S. 36.

94 Dies wird bereits im Vorwort zur Erstausgabe von 1855 deutlich, in dem nicht nur wörtlich vom ‚amerikanischen Barden' (vgl. LGW, S. 625), sondern auch explizit vom Sänger die Rede ist: „The best singer is not the one who has the most lithe and powerful organ ... the pleasure of poems is not in them that take the handsomest measure and similes and sound" (LGW, S. 623). Die wichtige Frage nach der ‚Stimme' in Whitmans ‚Song' und der generellen Bedeutung von Oralität in seiner Poetik wurde in der Forschung bereits eingehend verhandelt (vgl. als Einführung Larry D. Griffin [Art.]: Human Voice, in: Whitman Encyclopedia, S. 287 f., sowie die Einträge in der kommentierten Forschungsbibliographie auf der Website des *Walt Whitman Archive*). Einzubeziehen ist hierbei auch die Tatsache, dass der Katalog bereits in seinen antiken Ursprüngen stets fest an den Charakter der Mündlichkeit gebunden war (Burkhard Scherer: Mythos, Katalog und Prophezeiung. Studien zu den *Argonautika* des Apollonios Rhodios, Stuttgart 2006, S. 59).

weiterbarkeit ins Unendliche hinein also[95] – wird dadurch nicht unterlaufen. Die Passage erfährt gerade keine undurchlässige Schließung, sondern eine nur eher schwache Eindämmung, die im weiteren Textverlauf immer wieder durch Katalogpassagen ‚durchbrochen' wird. James Warrens erhellende Anmerkung zur metrischen Gestalt der Kataloge, zu deren syntaktischen Parallelismen vor allem, fügt sich in dieses Bild: „[T]he [...] catalogue [...] emphasizes the dynamic, temporal flow of discrete instants".[96]

Für die Lektüre hat dies weitreichende Folgen. Wie liest man einen Katalog? Zwei miteinander verbundene Praktiken sind hierbei entscheidend: das Überfliegen und das Verweilen, die oberflächliche Wahrnehmung des Mannigfachen und die intensive Konzentration auf die Einzelstelle.[97] Auf welche Weise und mit welcher Intensität diese Lesetechniken angewandt werden, bleibt dem Leser frei überlassen. Er kann sich in seinem Vorgehen aber ein Beispiel an dem Sprecher nehmen, der in seiner Weltwahrnehmung beständig zwischen Überblick und Nahbetrachtung wechselt. So ist etwa von den ‚verheirateten und unverheirateten Kindern', die sich auf dem Weg zu einem Thanksgiving Dinner befinden, mit nur einem Vers und im abstrakten Plural die Rede („The married and unmarried children ride home to their thanksgiving dinner", V. 258), während sich der Sprecher dem ‚Verrückten' in gleich zwei Versen und im konkretisierenden Singular zuwendet: „The lunatic is carried at last to the asylum a confirmed case, / He will never sleep any more as he did in the cot in his mother's bedroom" (V. 266 f.). Der Leser kann in seiner

---

95 „The poem uses catalogues of images and vignettes to suggest the open-ended and endlessly varied range of experience within modern life" (Jimmie M. Killingsworth: The Cambridge Introduction to Walt Whitman, Cambridge/New York 2007, S. 34).

96 James Perrin Warren: The Free Growth of Metrical Laws: Syntactic Parallelism in ‚Song of Myself', in: Style 18.1 (1984), S. 27–42, hier S. 36.

97 Ich halte die hier vorgenommene Unterscheidung für schlüssiger als Morettis Annahme hinsichtlich der Kataloglektüre: „You forget the bear searching for honey, and the steamship; but you certainly remember the ubiquity of that American where/everywhere, which passes from place to place without meeting any obstacles. You forget, in other word, the things listed; and you remember, instead, the *form* that holds them together and gives them meaning" (Franco Moretti: Modern Epic. The World-System from Goethe to García Márquez, New York 1995, S. 66; Hervorhebung im Original). Was bei Moretti als Gegenüberstellung erscheint, lässt sich m. E. problemlos zusammendenken: die konzentrierte Memoration von Individuellem *und* die Wahrnehmung der formalbedingten Kohärenz.

Lektüre entsprechend vorgehen, mal die Vielfalt überblickend, mal beim Einzelnen verharrend, wodurch für ihn eine Grundspannung der *Leaves of Grass* geradezu erlebnishaft nachvollziehbar wird: „the unification of disparates [...] that manage to preserve the identities and autonomies of their constituents".[98]

Angesichts dieses dialogischen und dabei zugleich mereologischen Charakters der Kataloge mag es nicht verwundern, dass die Frage nach den im *Song of Myself* manifesten Textstrukturen in der Forschung sehr viele und ganz unterschiedliche Antworten provoziert hat,[99] ohne dass sich eine von ihnen als verbindlicher Tenor durchgesetzt hätte.[100] Eine dergestalt unentschiedene Wahrnehmung aber hat ihren Grund in der intermediären Poetik selbst – dies zeigt sich ganz ähnlich in der verengten Debatte über die Werk- oder Nicht-Werkhaftigkeit der Hefte *Ueber Kunst und Alterthum* (Kap. I.4). Zwischen strenger Systemhaftigkeit und regellosem Chaos angesiedelt, beruht der in solchen Texten realisierte Ansatz auf losen Verknüpfungen, die sich zwar im Einzelnen benennen und beschreiben, nicht aber zu einer widerspruchsfreien Gesamtstruktur zusammenführen lassen. In diesem Sinne beruhen auch die *Leaves* auf einem komplexen Verhältnis von Strukturiertheit und Strukturlosigkeit, das sich zu keiner der beiden Seiten auflösen und dadurch vereindeutigen ließe: „Too much organization would be as detrimental to Whitman's plan for a total image as no organization at all."[101]

c) Form II: Kompilation

Von hier aus möchte ich die Perspektive noch einmal erweitern, und zwar vom Einzelnen des Katalogs hin zum Ganzen des *Song of Myself* – und damit zu einer weiteren, bislang nicht angesprochenen Dimension von Whitmans Kollektivpoetik. In heuristischer Absicht bietet sich dazu ein historischer Umweg an, der aber nicht zuletzt durch den Ursprung sowohl

---

98 Harris: E pluribus unum, S. 72.
99 Vgl. James Perrin Warren: [Art.] Style and Techniques, in: Whitman Encyclopedia, S. 693–696 (mit weiteren Nachweisen). Einen konzisen Überblick auf die von Whitman selbst als experimentell bezeichneten Formen des *Song of Myself* liefert Killingsworth: The Cambridge Introduction to Walt Whitman, S. 26–40.
100 Eine lange Reihe dieser Strukturierungsversuche resümiert Miller: Walt Whitman's „Song of Myself", S. xviii–xxix.
101 Mason: Walt Whitman Catalogues, S. 48.

des Katalogs als auch des literarischen Gesangs in der antiken Epik seine Berechtigung hat.

In seiner 1869 in Basel gehaltenen Antrittsvorlesung über *Homer und die klassische Philologie* formuliert Friedrich Nietzsche eine klare Antwort auf die (bereits in Kap. I.4b mit Blick auf Goethe angesprochene) homerische Frage. Für ihn ist der antike Ependichter kein historisch verbürgtes Individuum, dessen singuläre gestalterische Kraft ein in sich geschlossenes Werk hervorgebracht hätte, sondern vielmehr ein „ästhetisches Urteil".[102] Angesichts der zahlreichen „stofflichen und formalen Widersprüche", die für die *Ilias* und die *Odyssee* kennzeichnend seien, scheint es Nietzsche schlicht unplausibel, eine „Einheit des Dichters" vorauszusetzen. Insbesondere die *Ilias* sei, so der Vorlesende in einer Bemerkung, die vielleicht nicht ohne Grund an Emersons Ausführungen zu Goethes *Faust* (Kap. II.2) erinnert,[103]

> kein Ganzes, kein Organismus, sondern eine Auffädelung, ein Produkt der nach ästhetischen Regeln verfahrenden Reflexion. [...] Die Ilias ist kein Kranz, aber ein Blumengewinde. Es sind möglichst viele Bilder in einen Rahmen gesteckt, aber der Zusammensteller war unbekümmert darum, ob auch die Gruppierung der zusammengestellten Bilder immer eine gefällige und rhythmisch schöne sei.[104]

Nun gibt es anders als im Falle Homers zwar keinen Zweifel an der historischen Faktizität des Dichters Walt Whitman. Ebenfalls unbestritten aber ist die Tatsache, dass der *Song of Myself* nur um den Preis der Entstellung als ein „gefälliges und rhythmisch schönes Ganzes" begriffen werden kann. Und auch die formale Beschreibung der *Ilias*, die Nietzsche in seiner Vorlesung entwickelt, lässt sich in zentralen Aspekten auf Whitmans Texte übertragen: die offene „Auffädelung" von Einzelwahrnehmungen, die Überfülle an „Bildern in einem Rahmen".

---

102 Friedrich Nietzsche: Homer und die klassische Philologie. Ein Vortrag [...], in: ders.: Frühe Schriften. Bd. 5: Schriften der letzten Leipziger und der ersten Basler Zeit 1868–1869, hg. von Carl Koch und Karl Schlechta, München 1994, S. 283–305, hier S. 301.

103 Es wäre reizvoll, der Frage nachzugehen, ob und inwieweit hier tatsächlich von einem Einfluss Emersons ausgegangen werden darf. Dass Nietzsches Studium der Emerson'schen Schriften jedenfalls schon in den frühen sechziger Jahren einsetzt und seine private Bibliothek bereits zu diesem Zeitpunkt dessen Essays zu Goethe und Shakespeare enthielt, lässt sich nachlesen bei Benedetta Zavatta: Historical Sence as Vice and Virtue in Nietzsche's Reading of Emerson, in: Journal of Nietzsche Studies 44.3 (2013), S. 372–397.

104 Nietzsche: Homer und die klassische Philologie, S. 301.

Was für die Leser des Gedichts wohl allenfalls intuitiv wahrnehmbar ist, legt Edwin Miller in seinem als Werkkommentar gestalteten Überblick auf die Ergebnisse aus 130 Jahren Whitman-Philologie en détail offen; er bestimmt, anders und erneut mit Nietzsche gesagt, die einzelnen Blüten in Whitmans textuellem „Blumengewinde". So wird in der Gesamtsicht erkennbar, was in der Forschung mit Rekurs auf Michail Bachtin als ‚Dialogizität'[105] bezeichnet worden ist: In der Zusammensetzung vielfältiger und unterschiedlicher rhetorischer, lyrischer und narrativer Formen, die einen weiten Hallraum in die Geschichte der Literatur, der Religion und Philosophie eröffnen, erweist sich der *Song of Myself* nicht nur als ein experimenteller Text, sondern genauer noch als ein „kollektives aus vielen Teilen zusammengesetztes Werk", um mit Goethe zu sprechen. Whitmans literarische Praxis gerät damit (wiederum) in ein markantes Spannungsverhältnis zur paratextuell entwickelten Zurückweisung der literarischen Tradition als einer irgendwie produktionsrelevanten Größe.

Die literarischen Einzelelemente, die zum kollektiven Text kompiliert werden, lassen sich zum Teil konkret identifizieren. Hier sind zunächst – und vielleicht am wichtigsten – die vielfältigen Anleihen beim epischen Erzählen zu nennen, die in der Forschung bereits eingehend diskutiert worden sind.[106] Und diese Anleihen zeigen sich nicht bloß in Gestalt der Kataloge, die auf die Schiffsbeschreibung im zweiten Gesang der *Ilias* rekurrieren,[107] sondern bereits in den allerersten Versen des Gesangs:

I Celebrate myself,
And what I assume you shall assume,
For every atom belonging to me as good belongs to you

---

105 Dana Phillips: Whitman and Genre. The Dialogic in „Song of Myself", in: Arizona Quarterly 50.3 (1994), S. 31–58. Phillips betont in ihrem Aufsatz besonders die normativ-kritische Akzentuierung des Begriffs ‚Dialogizität': „Dialogism relies on a model of subversive speech as precisely that which *cannot* be contained, much less ‚reconstructed'" (ebd., S. 34). Damit sind zwei Prämissen formuliert, die sich mit dem hier verfolgten Ansatz nicht vertragen: Weder ist es mir um das Subversive der Whitman'schen Poetik zu tun, noch gehe ich von einer *per se* voraussetzbaren Nicht-Rekonstruierbarkeit ihrer formalen Prinzipien aus.
106 Vgl. hierzu die zahlreichen Angaben bei Bill Hardwig: Walt Whitman and the Epic Tradition. Political and Poetical Voices in „Song of Myself", in: Walt Whitman Quarterly Review 17 (2000), S. 166–188, hier S. 185, Anm. 5.
107 Vgl. Mason: [Art.] Catalogues, in: Whitman Encyclopedia, S. 108, sowie Stovall: The Foreground of ‚Leaves of Grass', S. 171–174 (zu Whitmans Homer-Lektüren und deren problematischer Datierung). Ausgehend von der *Ilias* wurde der Katalog zu einem der „markantesten generischen Bausteine im antiken Epos" (Scherer: Mythos, Katalog und Prophezeiung, S. 57).

I loafe and invite my soul,
I lean and loafe at my ease .... observing a spear of summer grass.
(V. 1–5)

Miller spricht von einem „comic bow", den Whitman hier zu den Eingangsversen der *Aeneis* schlage.[108] Wo nämlich in Vergils Epos von Waffen und einem Helden die Rede ist („ARMS, and the man I sing"),[109] spricht Whitman von „a spear of summer grass". Für die kundigen Leser ergibt sich daraus ein Verhältnis der Inkongruenz und damit der Komik: Ohne am pathetischen Gestus der prätextuellen Eingangsrede etwas zu ändern, stellt Whitman dem Kriegshelden der Antike das ungezwungen daherschlendernde, sich selbst verherrlichende Subjekt der Moderne entgegen.[110] Whitmans Gedicht lässt sich von hier aus schlüssig als eine *Kontrafaktur des klassischen epischen Erzählens* begreifen, ja als literarische Ablösung von der antiken Erzähltradition – und darin zugleich als Begründung einer neuen, genuin amerikanischen Epik.[111]

Aber nicht sämtliche formale Anleihen sind rückführbar auf einzelne Prätexte; in den meisten Fällen handelt es sich eher um Rückgriffe auf historisch vorgeprägte Darstellungs- und Erzählkonventionen, die virtuos zu etwas Neuem zusammengesetzt werden. Die Übergänge zwischen diesen textuellen Elementen sind dabei im Regelfall äußerst scharf, sie weisen keinerlei verfugende Übergänge auf, wodurch sich Whitmans Song der literarischen Montagetechnik des 20. Jahrhunderts annähert.[112] Dabei

---

108 Miller: Walt Whitman's „Song of Myself", S. 45.
109 The Works of Virgil. Translated into English Verse by John Dryden, London 1810, Bd. 2, S. 103.
110 Ein Subjekt, das seinerseits Ähnlichkeit mit dem ‚Ich' in Montaignes *Essais* zeigt: „I look within myself", so heißt es dort, „I am only concerned with myself, I reflect on myself, I examine myself, I take pleasure in myself" (zitiert bei Van Wyck Brooks: America's Coming of Age, New York 1915, S. 125).
111 Zu diesem Vorhaben siehe die Ausführungen bei Hardwig: Walt Whitman and the Epic Tradition, insb. S. 174. Der Dichter C.K. Williams hat den Anfang des *Song of Myself* mit Versen des Archilochus verglichen und ist dabei auf erstaunliche Koinzidenzen gestoßen, die möglicherweise mit der genannten Anspielung auf die *Aeneis* überblendet werden (vgl. C.K. Williams: On Whitman, Princeton 2010, S. 48–53).
112 Von einer Annäherung spreche ich insofern, als Whitman keine fremden Textelemente in seinen Song integriert, wie es für die literarische Montagetechnik des 20. Jahrhunderts charakteristisch ist. Der Text beruht in seiner Gesamtstruktur auf heterogenen Bausteinen, die sich zwar auf ‚fremde' Impulse zurückführen lassen, aber allesamt durch den als ‚Filter' konzipierten Dichter hindurchgegangen sind, wodurch sie gewissermaßen eine ‚Autorisierung' erfahren haben. Ich beziehe mich hier auf den weiterhin hilfreichen Definitionsansatz von Viktor Žmegač, der

reicht das kompilatorisch anmutende Formenspektrum, summarisch und mit Hinweis auf exemplarische Belegstellen gesagt, von mystischen Gesängen, die von der Vereinigung des Körpers und der Seele berichten (V. 73–89), über gleichnishafte Episoden mit fast erratischem Symbolcharakter (V. 193–210) bis zu kurzen Erzählsplittern von szenisch-anschaulicher Suggestivität (V. 211–256); es reicht von dialogischen Frage-Antwort-Teilen (V. 89–101) und konversationalen Passagen, in denen der Sprecher ein ‚Du' adressiert (V. 381–393), über snapshot-artige Bilderfolgen in den Katalogen (V. 257–325) bis zu unterschiedlichsten Modi der lyrischen Rede: Whitman verbindet poetologische (V. 422–428) und politische (V. 364–376), melische (V. 429–448) und erotische (V. 439–446), rollenhafte (V. 193–210) und historische (V. 864–889) Gedichte.

Angesichts dieser hier nur anzudeutenden Vielfalt an historisch vorgeprägten Formen lässt sich das, was Goethe über Pedro Calderóns *El principe constante* gesagt hat (und Albrecht Schöne mit Blick auf den *Faust* geltend macht), auch für Whitmans *Song of Myself* konstatieren: „Ja ich möchte sagen, wenn die Poesie ganz von der Welt verlorenginge, so könnte man sie aus diesem Stück wiederherstellen."[113] Dieser Summencharakter bezieht sich bei Whitman allerdings nicht bloß auf die „identifizierbaren und zuschreibbaren literarischen Vorgaben", also „Zitate, Paraphrasen, Anspielungen und Verweise"; er artikuliert sich auch in der „Vielzahl von Aneignungen aus dem Formenarsenal [...], welches sich im kollektiven Besitz der Dichter befindet."[114] Eben dies schlägt sich bei Whitman besonders deutlich nieder; der Titel von Gary Schmidgalls einflussgeschichtlicher Studie – *Containing Multitudes* – bringt diesen Aspekt auf eine Formel: Nicht nur die Sprechinstanz erscheint in Whitmans Gedicht als Knotenpunkt unterschiedlichster, vielfältigster Einwirkungen und Einflüsse, die er in seinen Katalogen in aller Konkretion benennt, sondern auch der Autor selbst und mit ihm wiederum sein Text.[115] Implizit un-

---

Montage versteht als „Verfahren [...], fremde Textsegmente in einen eigenen Text aufzunehmen, sie mit eigenem zu verbinden bzw. zu konfrontieren" (Viktor Žmegač: [Art.] Montage/Collage, in: Moderne Literatur in Grundbegriffen, hg. von Dieter Borchmeyer und dems., Tübingen ²1994, S. 286–291, hier S. 286).
113 FA I/7.2, S. 11.
114 FA I/7.2, S. 12 (Kommentar Schöne).
115 Schmidgall: Containing Multitudes, S. xix. So auch der Artikel in der *Whitman Encyclopedia*: „‚I contain multitudes', anounces the speaker in Whitman's ‚Song of Myself' [...], and any attempt to provide even a basic catalogue of the principal influences upon the poet only confirms his famous boast" (Worley: [Art.] Influences on Whitman, S. 312).

terstreicht Whitman also genau das, was auch Emerson und Goethe in ihrer Auseinandersetzung mit der Idee des Kollektiven betonen: Die als produktive Abhängigkeit gedachte Relation des Autors zu seiner Umwelt wird nicht als *Relativierung* seiner Originalität verstanden, sondern vielmehr als deren notwendige *Bedingung*. Der Aspekt des Einflusses erfährt damit, verglichen mit traditionelleren Vorstellungen von Originalität, eine deutliche Aufwertung.[116]

*

Es ist verblüffend, wie nah Whitman dem bisweilen so scharf abgeurteilten Goethe in seinem Entwurf einer Kollektivpoetik der Moderne bei näherer Betrachtung kommt; verblüffend deshalb, weil neben der erklärtermaßen doch eher sporadischen Goethe-Lektüre vor allem die Vermittlung durch Emersons Schriften für die zahlreichen Überschneidungen verantwortlich zu machen ist. Ich will diese strukturelle Nähe – im Rückgriff auf die Vorbemerkungen zu dieser Studie und eingedenk des von Karl Popper betonten intermediären Charakters der offenen Gesellschaft – an insgesamt fünf Merkmalen verdeutlichen:

1. Sowohl Goethe als auch Whitman entwerfen ein kollektives Ich, das die Überfülle des modernen Lebens nicht nur in sich abbildet. Vielmehr sind die Apperzeption und die Adaptation dieser Überfülle *konstitutiv* für die künstlerische Produktivität des „Kollektivwesens". Ihm fällt damit insofern eine herausragende soziale Rolle zu, als es noch einmal zusammenführt, was in der modernen Welt in zahllosen Fragmenten vorliegt. Dass es hierbei allerdings nicht darum geht, den ausdifferenzierten Zustand der Moderne in einer neuen Totalität aufzuheben, zeigt sich in der poetischen Form der *Leaves*.

2. Whitmans Gesang – dies lässt sich an den Katalogen gut beobachten – beruht auf einem weder vollends unstrukturierten noch gänzlich durchstrukturierten Zusammenhang von Teilen. Zum Ausdruck kommt darin der Anspruch, die fragmentierte Welt der Moderne in den literarischen Text zu integrieren, ohne ihren pluralen und heterogenen Status zu hintergehen. Goethes Ensembleform ist von einem ganz ähnlichen Ansatz getragen: „[H]e collects and sorts his observations from a hundred sides, and combines them into the body as fitly as he can", schreibt Emerson in

---

116 In diesem Sinne Worley: [Art.] Influences on Whitman, S. 315: „The rather paradoxical conclusion one draws from an overview of the principal influences on Whitman is that in large part it is precisely because of the vast numbers of these influences that Whitman is so startlingly original."

Bezug auf diesen Aspekt.[117] Schwache Verfahren der Integration – die Rahmung durch Anfang und Ende, die Paarung oder die Ballung, das Nach- und Gegeneinander von Einzelelementen – sind für diesen Ansatz ebenso charakteristisch wie die Tendenz zur Unabschließbarkeit.

3. Eine mereologische Spannung kennzeichnet auch die Gesamtform des *Song of Myself*, der sich bei näherer Betrachtung als ein Konglomerat aus diversen literarhistorisch vorgeprägten Einzelelementen erweist. Dieser Textcharakter wird dabei nicht als Problem reflektiert, etwa wie in Goethes Überlegungen zur Bruchstückhaftigkeit seines Gesamtwerks; im Gegenteil fügt sich dieser Zuschnitt mit seinen allenfalls grobgefugten Übergängen völlig schlüssig in die poetische Konzeption und vor allem Modernereflexion der *Leaves of Grass*.

4. Die implizite Abwertung der traditionellen Werkästhetik geht bei Whitman mit einer deutlichen Aufwertung der Einzelstelle einher. Dies hat Auswirkungen auf die Lektüre. Während auch Goethe eine deutliche Emphatisierung der textuellen Einzelheiten formuliert, die sich die Leser nach ihrem jeweiligen persönlichem Interesse ‚anverwandeln' sollen, eröffnet Whitman mit dem Katalog zumindest zwei Lektüreformen: das kursorische, rasche Überfliegen und die konzentrierte, innehaltende Einzelstellenlektüre. Der Leseprozess wird somit als Prozess der aktiven Teilhabe begriffen.

5. Der kollektivpoetische Ansatz verbindet sich bei Goethe wie bei Whitman mit einem Diskursideal, das sich zwar nicht hinsichtlich der Akzeptanz gewisser Diskursregeln, wohl aber vom impliziten Konsenszwang der habermasianischen Theorie unterscheidet (dazu im Schlussteil dieser Studie eingehender). Während die späten Hefte der Zeitschrift *Ueber Kunst und Alterthum* im Zeichen einer weltliterarischen ‚Geselligkeit' stehen, zielt Whitman in den *Leaves of Grass* auf die literarische Verwirklichung einer ‚demokratischen Poetik', die vor allem den Aspekt des Egalitären betont. Die Bereitschaft, die Gegensätze und Widersprüche des modernen Lebens zu ertragen, ja sie anzunehmen, ohne sie einer raschen Entproblematisierung und Synthese zuführen zu wollen, ist dabei für beide Fälle charakteristisch.

Gewiss, all diese Befunde rechtfertigen es nicht, Goethe, Emerson und Whitman dergestalt in eins zu lesen, dass die oberflächlich ersichtlichen Differenzen vorschnell aus dem Blick geraten: Die Tatsache, dass zentrale Sujets in Whitmans Dichtung (die Großstadt, Körperlichkeit und Sexualität) wie auch sein rhetorischer Gestus (das Hymnische, Exaltierte,

---

117 CW IV, S. 165.

Parataktische) mit der eher distinguierten Denk- und Schreibhaltung seiner beiden Vorgänger weitgehend unvereinbar ist, steht völlig außer Frage.[118] Dies gilt insbesondere auch für die von Whitman entwickelte Vorstellung eines literarischen Totenkults, den er als Verlebendigung der Verstorbenen in der Performanz des Schreibakts begreift.

Und dennoch: Über die grundsätzlichen Konvergenzen in formaler und funktionaler Hinsicht können – und *sollten* – diese offensichtlichen Divergenzen nicht hinwegtäuschen. Die produktiven Einflussbeziehungen zwischen Goethe, Emerson und Whitman ergeben zweifellos eines der wichtigsten Kapitel in der transatlantischen Literaturgeschichte des 19. Jahrhunderts – mit weitreichenden literarischen Konsequenzen ins 20. Jahrhundert hinein.

4. „Talking back to Whitman": Resonanzen

Die Idee einer kollektiven Poetik ist bei Whitman nicht nur im literarischen Werk selbst realisiert; sie entfaltet sich außerdem in dessen langanhaltender Rezeption in der amerikanischen und internationalen Literatur.[119] Zurückzuführen ist dies auf den dialogischen Ansatz der *Leaves of Grass*, der auf eine aktivierende Einbeziehung, auf eine kreative Beteiligung der Leser am Prozess der Bedeutungserzeugung zielt. Hierbei geht es Whitman schließlich nicht zuletzt um die zukünftigen Dichter, die im Gedicht explizit angesprochen und zu Antworten auf das ihnen vorliegende Werk aufgefordert werden. Angesichts dieser ausdrücklichen Leseraktivierung erweist sich die poetische Wirkungsgeschichte der *Leaves* als bezeichnend, ja als zeichenhaft. Sie lässt sich als ein vielstimmiges ‚Gespräch' begreifen, das die von Whitman aufgeworfenen Fragen – der Literatur, der Nation, der Demokratie – unabgeschlossen fortsetzt und dadurch stets aufs Neue aktualisiert. Es handelt sich, anders gesagt, um einen kollektiven Dialog im Medium der Literatur.

---

118 „Emerson was an intellectual, Whitman a man of feeling", stellt Stovall (The Foreground of ‚Leaves of Grass', S. 304 f.) prägnant fest. Die hier nur angerissenen Divergenzen zu Goethe und Emerson gehen aber auch aus der konzisen Whitman-Darstellung von Helmuth Kiesel (Geschichte der literarischen Moderne. Sprache, Ästhetik, Dichtung im 20. Jahrhundert, München 2004, S. 111 f.) hervor, der den Begriff der modernistischen ‚Entgrenzung' in den Mittelpunkt stellt.

119 Ein überaus reiches, weit über den transatlantischen Bereich hinausreichendes Panoptikum der Whitman-Rezeption zeichnet der von Gay Wilson Allen und Ed Folsom herausgegebene Band *Walt Whitman and the World* (Iowa City 1995).

In der letzten von Whitman erstellten Fassung der *Leaves of Grass* findet sich ein unter dem Titel *Poets to Come* stehendes Gedicht. Es ist Abschied und Aufforderung zugleich:

> Poets to come! orators, singers, musicians to come!
> Not to-day is to justify me and answer what I am for,
> But you, a new brood, native, athletic, continental, greater than before known,
> Arouse! for you must justify me.
>
> I myself but write one or two indicative words for the future,
> I but advance a moment only to wheel and hurry back in the darkness.
>
> I am a man who, sauntering along without fully stopping, turns a casual look upon you and then averts his face,
> Leaving it to you to prove and define it,
> Expecting the main things from you.[120]

Das lyrische Ich, das sich in diesen Versen artikuliert, versteht sich unverkennbar als Stifter eines nachweltlichen Diskurses, der als dialogisch und partizipativ, als prozesshaft und liberal charakterisiert wird. Dies geschieht in vier teils ausdrücklich, teils auch unter der Hand formulierten Argumenten und Setzungen: 1. Das Sprecher-Ich formuliert die explizite Aufforderung an die zukünftigen Dichter, ihm auf seinen ‚Ruf' hin zu ‚antworten' und sein als offen betrachtetes Vorhaben dialogisch zu ‚rechtfertigen'. 2. Damit verbindet sich die mitverhandelte Idee, dass sich das literarische Werk erst in der partizipativen Anverwandlung, in der kreativen Adaptation durch andere, nachfolgende Dichter überhaupt erst zu erfüllen vermag. 3. Der Sprecher scheint keineswegs eine Überführung des unabgeschlossenen Textes in einen geschlossenen Werkzustand anzustreben, im Gegenteil, seine Worte betonen nicht die Vollendung etwa in einem werkemphatischen Sinne, sondern den Charakter der Prozesshaftigkeit, die den lebenslangen Entstehungsprozess der *Leaves of Grass* auch selbst kennzeichnet. 4. Bei alldem betont das Sprecher-Ich seine offene, aufgeschlossene, liberale Haltung gegenüber der Gestalt und dem Gehalt der erhofften Antworten und verzichtet entsprechend auf jeden Versuch einer Steuerung oder gar Vorfestlegung („leaving it to you to […] define it").

Wer sich von hier aus nun der äußerst breiten Whitman-Rezeption zuwendet, wird schnell bemerken, wie bereitwillig, umfangreich und vielstimmig die literarischen ‚Nachfahren' dieser Aufforderung nachgekommen

---

120 LGW, S. 14, zur Entstehungs- und Veröffentlichungsgeschichte des Gedichts siehe auf derselben Seite die Anm. 3.

sind – *they're talking back to Whitman*.[121] Das hervorstechendste rhetorische Merkmal der von Jim Perlman, Ed Folsom und Dan Campion unter dem Titel *Walt Whitman. The Measure of His Song* umfangreich zusammengestellten Gedichte ist denn auch die *invocatio*, die Anrufung. Fünf Ausschnitte, die allesamt Gedichten des 20. Jahrhunderts entnommen sind und sowohl von kanonischen wie auch von heutzutage kaum noch bekannten Dichtern stammen,[122] mögen dies beispielhaft illustrieren:

Ezra Pound: *A Pact*

I make a pact with you, Walt Whitman –
I have detested you long enough.[123]

Edwin Markham: *Walt Whitman*

O shaggy god of the ground, barbaric Pan!
I mix some discords in the chant, and yet
I mix triumphant praises in it, too.[124]

Allen Ginsberg: *A Supermarket in California*

What thoughts I have of you tonight, Walt Whitman,
for I walked down the sidestreets under the trees with a
headache self-concious looking at the full moon.[125]

Theodore Roethke: *The Abyss*

Be with me, Whitman, maker of catalogues:
For the world invades me again,
And once more the tongues begin babbling.[126]

Theodore Weiss: *The Good Grey Poet*

Look to your words, old man,
for the original intelligence, the wisdom
buried in them.[127]

---

121 Ich paraphrasiere den Aufsatztitel von Ed Folsom: Talking Back to Walt Whitman. An Introduction, in: WW, S. xxi–liii.
122 Eine nennenswerte literarische und kritische Rezeption Whitmans setzt in den USA kurz vor dem Ersten Weltkrieg ein – daher die hier vorgenommene Konzentration auf das 20. Jahrhundert.
123 WW, S. 111.
124 WW, S. 165.
125 WW, S. 213.
126 WW, S. 275.
127 WW, S. 309.

„You, Walt Whitman", „barbaric Pan", „old man": Die *invocatio* eröffnet in all diesen Gedichten eine Redesituation, die inhaltlich jeweils ganz unterschiedlich ausgefüllt wird. Dabei lassen sich im Wesentlichen zwei Problembereiche identifizieren:

Zum einen finden sich in den Gedichten vielfältige Kommentierungen und/oder Adaptationen der freien Verse und der Katalogtechnik, die Whitman in die moderne Literatur eingeführt hat (mit selbstreflexiver Wendung in Roethkes Anrufung „Be with me, Whitman, maker of catalogues"). Die Absichten, die sich mit diesen auf den Aspekt der Form bezogenen Anmerkungen und Aneignungen verbinden, sind ganz unterschiedlicher Art. Das hier nur beispiel- und ausschnitthaft anzudeutende Spektrum reicht von Allen Ginsbergs parodistisch-kritischer Inventarisierung eines Supermarkts in Kalifornien („What peaches and what penumbras whole families / shopping at night! / Ailes full of husbands! Wives in the / avocados, babies in the tomatos!") über die Abwendung von der ‚losen Form' bei Richard Eberhart („I praise him not in a loose form, not in outpouring, / Not in a positive acclamation of frenetic belief") bis zu Robert Duncan, der seine eigenen Verse mit den Versen Whitmans komplex überblendet – durch konkrete Zitate ebenso wie durch die Annäherung an dessen lyrischen Redegestus: „Let me join you again this morning, Walt Whitman".[128]

Zum anderen sind diese Reflexionen und Adaptionen der Whitman'schen Formen sehr häufig gekoppelt an die Auseinandersetzung mit dessen enthusiastischer Idee eines demokratischen Amerika. In Hart Cranes Gedicht *Cape Hatteras*, in dem Whitmans modernistische Emphase für Technik und Maschinen als Ausdrucksform des amerikanischen Geistes aufgegriffen wird, lässt sich dies besonders deutlich sehen:

> Our Meistersinger, thou set breath in steel;
> And it was thou who on the boldest heel
> Stood up and flung the span on even wing
> Of that great Bridge, our Myth, whereof I sing![129]

Die auf den Themenkomplex ‚Amerika' bezogenen lyrischen Reaktionen auf Whitman spitzen sich ab den sechziger Jahren des 20. Jahrhunderts in gegenwartskritischer Hinsicht zu. Nennen lässt sich neben Ginsbergs einflussreicher Gedichtsammlung *The Fall of America* unter anderem Louis Simpsons *At the End of the Open Road*, das als eine lange, ernüchterte

---

128 WW, S. 213 (Ginsberg), S. 218 (Eberhart), S. 62 (Duncan).
129 WW, S. 150.

Rückfrage an den literarischen Vorgänger gestaltet ist – und abermals eine Anrufung aufweist:

> Where are you, Walt?
> The Open Road goes to the used-car lot.
>
> Where is the nation you promised?
> These houses built of wood sustain
> Colossal snows,
> And the light above the street is sick to death.[130]

Bereits in dieser freilich vollkommen kursorischen Übersicht auf die lyrische Whitman-Rezeption im 20. Jahrhundert zeigt sich, dass die Metapher des Gesprächs hier ganz buchstäblich verstanden werden muss. Nicht allein im Anrede- und Antwortcharakter der Gedichte manifestiert sich dieser im engeren Sinne dialogische Zug, sondern darüber hinaus im Anschluss an die für Whitman charakteristischen Formen, Motive und Themen.

Entscheidend im Kontext dieser Studie ist dabei vor allem der kollektive Charakter dieses Gesprächs. Denn obwohl es sich um einen äußerst vielstimmigen Dialog handelt, der sich ausgehend von Whitmans Forderung an die *Poets to Come* entfaltet, wirken die von den Sprechern immer wieder verhandelten Aspekte – die Problematisierung des freien Verses, des Katalogs und der Amerika-Emphase vor allem – doch auf lockere Weise strukturierend. Sie etablieren, anders gesagt, einen gewissen kommunikativen Zusammenhalt, ohne zugleich den heterogenen Charakter dieses Gesprächs zu leugnen. Hier ergibt sich also eine verblüffende Analogie von literarischer Praxis und nachweltlicher Reflexion: Ebenso wie Whitmans lyrisches Werk selbst kennzeichnet die lyrische Auseinandersetzung mit diesem Werk eine intermediäre Form, die sich in einem unauflösbaren Spannungsfeld von Hetero- und Homogenität entfaltet. Die Erkenntnisse der Whitman-Forschung, die sich in der Vergangenheit stärker auf individuelle Einflussverhältnisse konzentriert hat (mit Blick auf Allen Ginsberg, T.S. Eliot, Langston Hughes oder W.C. Williams etwa),[131] lassen sich an dieser Stelle ergänzen: Werk und Rezeption sind bei Whitman aufs engste aneinander gekoppelt, ja sie *entsprechen* einander – im diskursiven Charakter des Kollektiven.

---

130 WW, S. 60.
131 Dennis K. Renner: [Art.] Legacy, Whitman's, in: Whitman Encyclopedia, S. 384–388.

IV. Thomas Mann

1. „Das Getümmel überall aufnehmend": Mit Whitman gen Westen

Die Tatsache, dass sich Thomas Mann Anfang der zwanziger Jahre intensiv mit dem amerikanischen Dichter Walt Whitman und dessen Werk auseinandergesetzt hat, ja dass die Begegnung mit Whitman die für ihn wohl „folgenreichste Öffnung zum Westen"[1] darstellt, wie Hans Rudolf Vaget konstatiert – an diesem Befund gibt es in der neueren Forschung kaum noch einen Zweifel.[2] Die entscheidenden Belegstellen hierfür sind zum einen die Rede *Von deutscher Republik* von 1922, in der Thomas Mann Whitman als Repräsentanten einer ‚schwärmerischen Demokratie' heranzieht.[3] Aber auch *Der Zauberberg*, dessen Entstehung zum Zeitpunkt der Whitman-Lektüre bis ins sechste Kapitel vorangeschritten war, ist in diesem Zusammenhang zu nennen.[4] So zitiert Hans Castorp in dem gefühlstrunkenen Walpurgisnachtgespräch verdeckt aus Whitmans Hymnus *I Sing the Body Electric* und unterlegt damit seine „anatomische[] Liebeserklärung"[5] an die ätherisch-schöne Clawdia Chauchat: „Oh, enchantante beauté organique qui ne se compose ni de teinture à l'huile ni de pierre, mais de matière vivante et corruptible, pleine du secret fébrile de la vie et de la pourriture" – und so fort.[6]

---

1 Vaget: Thomas Mann, der Amerikaner, S. 45.
2 Um eine überraschende Konstellation handelt es sich dabei allenfalls auf den ersten Blick: Die äußerst umfang- und einflussreiche Whitman-Rezeption in der modernen deutschsprachigen Literatur ist nicht nur sehr gut aufgearbeitet (Grünzweig: Walt Whitmann, darin zu Thomas Mann S. 119–126), sondern gehört zum literarhistorischen Grundlagenwissen (Kiesel: Geschichte der literarischen Moderne, S. 111–114 und S. 125). Wyslings Handbuch-Kommentar, wonach Whitman in der Rede *Von deutscher Republik* nur „am Rande" eine Rolle spiele, muss angesichts der neueren Forschung als überholt bezeichnet werden (Hans Wysling: [Art] *Der Zauberberg*, in: Thomas Mann-Handbuch I, S. 397–421, hier S. 400).
3 Vgl. dazu Gary Schmidgall: Suppressing the Gay Whitman in America: Translating Thomas Mann, in: Walt Whitman Quarterly Review 19.1 (2001), S. 18–39.
4 So, mit Hinweis auf einen Brief an Ernst Bertram vom 8. Juli 1922, Hermann Kurzke (GKFA 15.2, S. 347).
5 Robert K. Martin: Walt Whitman und Thomas Mann, in: Forum Homosexualität und Literatur 5 (1988), S. 59–68, hier S. 64. Zu dieser intertextuellen Relation zuvor Joel A. Hunt: The Stylistics of a Foreign Language: Thomas Mann's Use of French, in: The Germanic Review 32.1 (1957), S. 19–34, hier insb. S. 29.
6 GKFA 5.1, S. 519; zu dieser Referenz siehe auch GKFA 5.2, S. 261 f. (Kommentar Neumann). Übersetzt lautet die Passage: „Oh bezaubernde organische Schönheit,

Angesichts der weitreichenden intellektuellen und literarischen Folgen, die sich für die Forschung mit Thomas Manns Whitman-Lektüre verbinden (im Gegensatz übrigens zu der ebenfalls in diesen Zeitraum fallenden Auseinandersetzung mit Emersons *The Poet*),[7] erstaunt das allenfalls punktuelle Interesse an der in diesem Zusammenhang entscheidenden Nachlass-Quelle: Nirgendwo lässt sich schließlich besser nachvollziehen, mit welchem Interesse, mit welchen Fragen und Vorannahmen sich Thomas Mann dem amerikanischen Dichter zugewandt hat als in der von seinem Freund Hans Reisiger übersetzten und herausgegebenen Werkauswahl,[8] die Thomas Mann in einer Briefrezension als eine „große, wichtige, ja heilige Gabe" und Gegenstand der fortwährenden Lektüre bezeichnet hat: „Ich nehme die beiden Bände immer wieder zur Hand, seit sie bei mir sind, lese hier und dort, habe die biographische Einleitung gleich in extenso gelesen".[9] Es scheint mir daher geboten, zunächst einen Schritt hinter die feststehenden Deutungsmuster der neueren Forschung wie auch hinter Thomas Manns eigene Äußerungen zu Whitman zurückzugehen und mich diesen zwei Bänden der Reisiger'schen Werkauswahl zuzuwenden.

Schon bei der nur oberflächlichen Durchsicht der Bücher, mit ihren diversen Annotationen und Marginalien, wird schnell ersichtlich, dass sich Thomas Manns Leseinteresse keineswegs ausschließlich, ja wohl nicht einmal an erster Stelle auf die in der Forschung immer wieder genannte Verbindung von Homoerotik und Demokratie gerichtet hat.[10] Man betrachte gleich die erste Anstreichung einer langen und in unserem Zu-

---

die weder aus Ölfarbe noch aus Stein besteht, sondern aus lebender und zerstörbarer Materie, voll des febrilen Geheimnisses des Lebens und der Verwesung" (GKFA 5.1, S. 1097).

7 Für Detering vollzieht sich diese Auseinandersetzung „noch weitgehend im Kontext der Spannung von Künstler- und Bürgertum" (Detering: Thomas Manns amerikanische Religion, S. 47).

8 Walt Whitmans Werke in zwei Bänden. Ausgewählt, übertragen und eingeleitet von Hans Reisiger, Berlin 1922. Hierzu allerdings bereits Vincent Cosentino: Walt Whitman's Influence on Thomas Mann, the „Non-Political" Writer, in: Vergleichen und Verändern. Festschrift für Helmut Moketat, hg. von Albrecht Goetze und Günther Pflaum, München 1970, S. 224–242, sowie Detering: Thomas Manns amerikanische Religion, S. 47–59.

9 Der offene Brief an Hans Reisiger ist am 16. April 1922 in der *Frankfurter Zeitung* erschienen (GKFA 15.1, S. 494 f., hier S. 494).

10 Ebenfalls in Abgrenzung von diesem eingebürgerten Deutungsmuster Detering: Thomas Manns amerikanische Religion, S. 50.

sammenhang einschlägigen Passage in Reisigers Einleitung, die sich mit Whitman und Manhattan auseinandersetzt:

> Im stetig werdenden Gefühl [...] in der eigenen Brust und im lebendigen Ausströmen dieses Gefühls durch die gesunde, warme Leibhaftigkeit seines Körpers hindurch schlenderte er [also Whitman; K.S.] in wacher, elektrisch bebender Lässigkeit durch das Getümmel der brausenden Stadt, überall aufnehmend, Licht, Schatten, Laute, Farben, Gutes und Böses wie mit empfindlichen Antennen in sich empfangend, und überall Wohlgefühl, Sympathie, Magnetismus verschenkend, an geistige Menschen wie an das einfache Volk, Freund mit allen [...]. Er kannte die Kapitäne und Mannschaften der Fährboote, war befreundet mit den Omnibuskutschern und liebte es leidenschaftlich, neben ihnen hoch auf dem Bock sitzend durch das vielgestaltige Gewühl des Broadway zu fahren. Er ging in die Theater, den Zirkus, die Bibliotheken und Museen; er war unter der Volksmenge, die im Jahre 1842 Dickens bewillkommnete oder staunend die erste Lokomotive bejubelte, die auf dem neuen Schienenstrang von Bufallo her ankam. Er besuchte Gerichtssäle, Gefängnisse, Bordells, – durch keinen Schatten irgendeines Vorurteils von irgendeinem Menschenwesen geschieden, gar keines Vorurteils fähig, sondern immer nur schauend, mitfühlend, aufnehmend, im stillen Besitz jenes wunderbaren Etwas, das sich in keine Dumpfheit menschlichen Für und Wider hineinzerren läßt, sondern durch alles hindurchgeht wie der Geist wachgewordenen Lebens selber, während sein Herz schon in stummer Sprache die Worte redete, die er noch nicht in Laute zu übersetzen vermochte [...].[11]

In bündiger Form resümiert Reisiger hier einige Grundaspekte des Kollektiven bei Walt Whitman: einmal die egalitäre und liberale Haltung des Dichters sämtlichen Erscheinungsformen der modernen Welt gegenüber („gar keines Vorurteils fähig"); dann seine Bereitschaft und Fähigkeit zur ebenso hochsensiblen wie universellen Wahrnehmung und Aufnahme dieser Überfülle („Licht, Schatten, Laute, Farben, Gutes und Böses wie mit empfindlichen Antennen in sich empfangend"); schließlich die Überführung des umfangreich Wahrgenommenen in sprachliche Formen („während sein Herz schon in stummer Sprache die Worte redete").

Das Leseinteresse, das sich in der Anstreichung dieser Passage dokumentiert, lässt sich durch einen weiteren Befund bestätigen und noch genauer erfassen. Thomas Mann stößt im Zuge seiner Lektüre der *Democratic Vistas* (hier: der *Demokratischen Ausblicke*) nämlich erneut auf den Aspekt des Intermediären als eines sozialen Leitprinzips – und greift wiederum zum Stift. Dabei zeigt sich, dass sich die bei Whitman entwickelten Reflexionen über den Einzelnen und die Gemeinschaft ebenso

---

11 Walt Whitmans Werke, Bd. 1, S. XXXII; Randanstreichung von Thomas Mann.

treffend auf die Kollektividee beziehen lassen wie die von Thomas Mann angestrichenen Überlegungen in Reisigers Einleitung, denen zufolge der Dichter mit seinen „empfindlichen Antennen" das „Getümmel" der gesamten Lebensumwelt „überall" in sich „aufnimmt":

> Diese Idee des vollkommenen Individualismus ist es in der Tat, die der Idee der Gemeinschaft am tiefsten <u>Charakter und Farbe</u> gibt. Denn wir begünstigen eine starke Vergemeinschaftung und einen starken Zusammenschluß hauptsächlich oder ausschließlich deshalb, um die Unabhängigkeit der Einzelmenschen zu stärken, gleichwie wir auf der Einheit der Union unter allen Umständen bestehen, um den Rechten der Einzelstaaten die vollste Lebensfähigkeit und Freiheit zu sichern, deren jedes genau so wichtig ist wie das Recht der Nation, der Union.[12]

Betrachtet man diese zwei Befunde – die angestrichene Passage zum kollektiven Ich, den markierten Abschnitt zum Verhältnis von Individualität und Kollektivität – versuchsweise im Zusammenhang, so lässt sich eines zumindest tentativ festhalten: In Thomas Manns eingehender Whitman-Lektüre scheint sich ein *transatlantischer Rücktransfer* abzuzeichnen. Die von Goethe in Bezug auf seine späte Poetik und die Kontur seines Gesamtwerks entwickelte, durch Emerson auf die Gesellschaft und Literatur des jungen Amerika bezogene und durch Whitman in avancierteste literarische Formen überführte Idee des Kollektiven findet über Thomas Mann den Weg zurück in die Alte Welt.

Denkt man von diesem vorläufigen Befund aus einen Schritt weiter, so stellt sich die Frage nach den *Konsequenzen* des sich hier abzeichnenden literatur- und ideengeschichtlichen Re-Imports: Was genau folgt für Thomas Mann – für sein Denken und sein Schreiben – aus der Lektüre-Begegnung mit Whitman? Bei dieser Frage setzt meine zweigliedrige These an, die sich am klarsten anhand des in dieser Studie bereits erprobten Analysemusters ‚Problem/Lösung' bzw. ‚Frage/Antwort' umreißen lässt.[13] Ich beziehe mich dabei auf die bereits genannten Texte, deren jeweilige

---

12 Ebd., S. 34; Randanstreichung und Unterstreichung von Thomas Mann. Diese Eintragung versieht Thomas Mann außerdem mit dem Zusatz „Novalis" am Textrand (vgl. Abb. 7 auf S. 233). Die sich in der Lektüre vollziehende Überblendung von Whitman und Hardenberg ist konstitutiv für die Republikrede – und wird im Folgenden noch eingehende Aufmerksamkeit erfahren.

13 Verwiesen sei hier auf Abschnitt 1 der Vorbemerkungen. Als produktiv erweist sich außerdem die problemgeschichtliche Perspektive auf den *Zauberberg* in der Untersuchung von Jens Ewen: Moderne ohne Tempo. Zur literaturgeschichtlichen Kategorisierung Thomas Manns – am Beispiel von *Der Zauberberg* und *Unordnung und frühes Leid*, in: Wortkunst ohne Zweifel? Aspekte der Sprache bei Thomas Mann, hg. von Katrin Max, Würzburg 2013, S. 77–99.

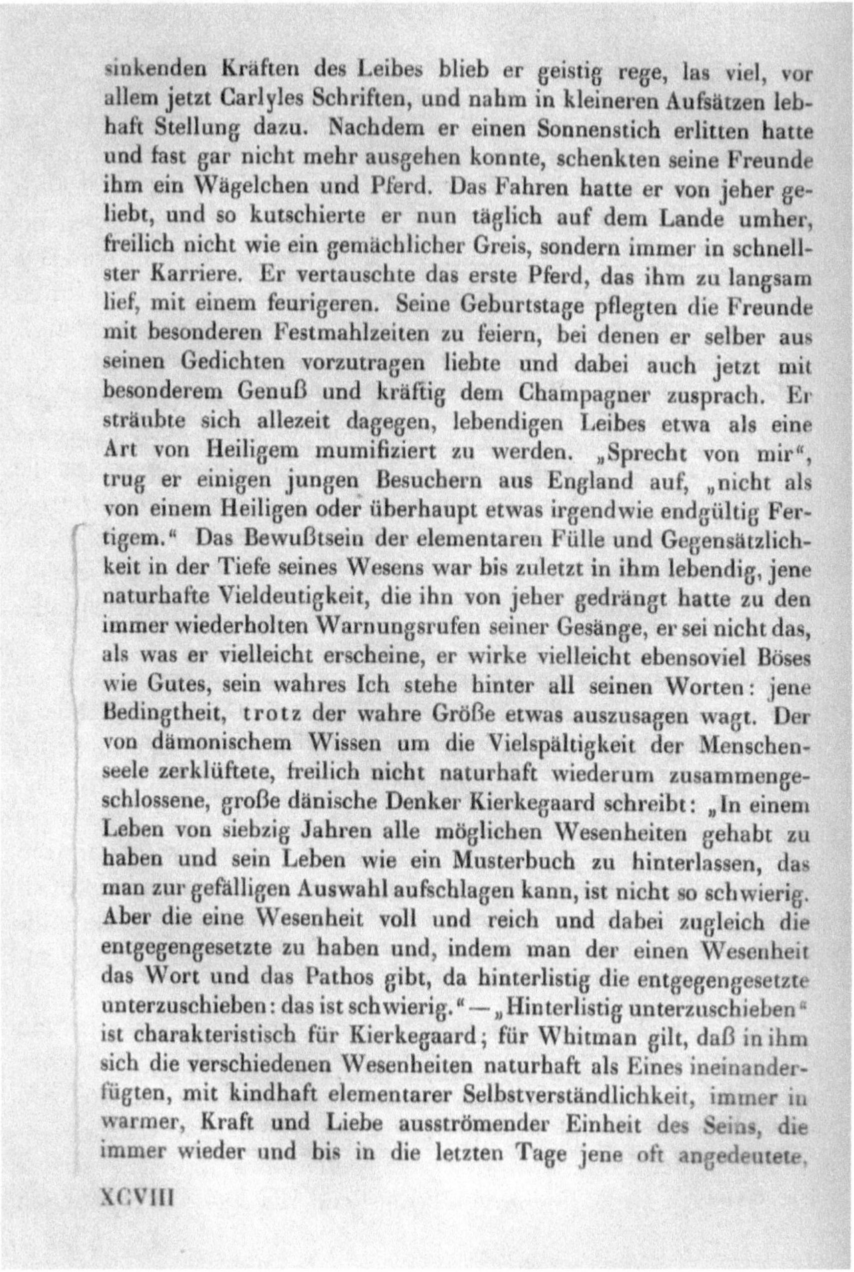

sinkenden Kräften des Leibes blieb er geistig rege, las viel, vor allem jetzt Carlyles Schriften, und nahm in kleineren Aufsätzen lebhaft Stellung dazu. Nachdem er einen Sonnenstich erlitten hatte und fast gar nicht mehr ausgehen konnte, schenkten seine Freunde ihm ein Wägelchen und Pferd. Das Fahren hatte er von jeher geliebt, und so kutschierte er nun täglich auf dem Lande umher, freilich nicht wie ein gemächlicher Greis, sondern immer in schnellster Karriere. Er vertauschte das erste Pferd, das ihm zu langsam lief, mit einem feurigeren. Seine Geburtstage pflegten die Freunde mit besonderen Festmahlzeiten zu feiern, bei denen er selber aus seinen Gedichten vorzutragen liebte und dabei auch jetzt mit besonderem Genuß und kräftig dem Champagner zusprach. Er sträubte sich allezeit dagegen, lebendigen Leibes etwa als eine Art von Heiligem mumifiziert zu werden. „Sprecht von mir", trug er einigen jungen Besuchern aus England auf, „nicht als von einem Heiligen oder überhaupt etwas irgendwie endgültig Fertigem." Das Bewußtsein der elementaren Fülle und Gegensätzlichkeit in der Tiefe seines Wesens war bis zuletzt in ihm lebendig, jene naturhafte Vieldeutigkeit, die ihn von jeher gedrängt hatte zu den immer wiederholten Warnungsrufen seiner Gesänge, er sei nicht das, als was er vielleicht erscheine, er wirke vielleicht ebensoviel Böses wie Gutes, sein wahres Ich stehe hinter all seinen Worten: jene Bedingtheit, trotz der wahre Größe etwas auszusagen wagt. Der von dämonischem Wissen um die Vielspältigkeit der Menschenseele zerklüftete, freilich nicht naturhaft wiederum zusammengeschlossene, große dänische Denker Kierkegaard schreibt: „In einem Leben von siebzig Jahren alle möglichen Wesenheiten gehabt zu haben und sein Leben wie ein Musterbuch zu hinterlassen, das man zur gefälligen Auswahl aufschlagen kann, ist nicht so schwierig. Aber die eine Wesenheit voll und reich und dabei zugleich die entgegengesetzte zu haben und, indem man der einen Wesenheit das Wort und das Pathos gibt, da hinterlistig die entgegengesetzte unterzuschieben: das ist schwierig." — „Hinterlistig unterzuschieben" ist charakteristisch für Kierkegaard; für Whitman gilt, daß in ihm sich die verschiedenen Wesenheiten naturhaft als Eines ineinanderfügten, mit kindhaft elementarer Selbstverständlichkeit, immer in warmer, Kraft und Liebe ausströmender Einheit des Seins, die immer wieder und bis in die letzten Tage jene oft angedeutete,

XCVIII

Abb. 6: Thomas Mann annotiert Reisiger/Whitman

Entstehung in der Forschung immer wieder in engster Beziehung zu Thomas Manns Whitman-Lektüre gesehen worden ist, ohne dass ihr argumentativer Zusammenhang bereits schlüssig rekonstruiert worden wäre:

1. Indem *Der Zauberberg* die „große Konfusion" des Geistes als eine „allgemeine Überkreuzung und Verschränkung" von „Prinzipien", „Aspekten" und „Gegensätzen" darstellt,[14] die in erbitterten Streit und schließlich auch in faktische Gewalt mündet (man denke hier vor allem an den zunehmend militanten Konflikt zwischen Naphta und Settembrini), wird eine epochenspezifische Krise beschrieben, deren Lösung nur in einer kollektiven Selbst- und Welthaltung gesehen wird, die sich für die Figuren allerdings als nicht umsetzbar erweist. Whitman ist für diese Lösungsidee – ohne dass dies der Forschung bereits aufgefallen wäre – ein zentraler Referenzpunkt, was sich sowohl mit Blick auf die Argumentation wie auch anhand entsprechender Parallelstellen nachweisen lässt. Dabei wird im Roman weniger die inhaltliche Spezifik der konkurrierenden Weltdeutungen als vielmehr deren totalitärer Geltungsanspruch ausgestellt. Oder um es noch weiter zuzuspitzen: Im *Zauberberg* inszeniert Thomas Mann die moderne Vielstimmigkeit als ein tiefgreifendes, in letzter Konsequenz auch gewalterzeugendes Problem.

2. Was sich nun im Roman als Lösung für diese Problemkonstellation lediglich andeutet (vor allem in dem entscheidenden Abschnitt „Schnee", der in gleich mehrfacher Hinsicht konkrete Whitman-Bezüge aufweist), wird in der Rede *Von deutscher Republik* zu einem Zentralthema, nämlich der Versuch einer Entschärfung der ‚großen Konfusion' im Modus des Kollektiven. Dies meint im Einzelnen: die angestrebte Abwendung vom radikal-konsequenten Denken durch die Bejahung der Vielstimmigkeit als einer unhintergehbaren Daseinsbedingung des modernen Subjekts; die erhoffte Befreiung von der Zielidee einer allumfassenden Synthese zugunsten einer heterogenitätstoleranten Haltung der ‚Mitte'.

Mit diesem Interpretationsversuch ist der wissenschaftliche Befund einer ‚fundamentalen Differenz' zwischen Thomas Manns ‚essayistischen Interventionen' einerseits und seiner ‚künstlerischen Praxis' andererseits, der in der Forschung mitunter konstatiert wird, zwar nicht vollends aufgehoben.[15] Aber die beispielsweise von Todd Kontje vertretene, scharfe These, wonach *Der Zauberberg* und die Rede *Von deutscher Republik* in

---

14 GKFA 5.1, S. 705.
15 Todd Kontje: The Cambridge Introduction to Thomas Mann, Cambridge u. a. 2011, S. 70.

einem bruchhaften Verhältnis zueinander stünden,[16] muss wohl doch zurückgewiesen werden: Der Roman schildert ein fatales Konfliktszenario, und die Rede reagiert darauf mit einem politischen Lösungsversuch; der entweder implizite (im Falle des *Zauberberg*) oder auch explizite Bezug auf Whitman (in der Rede *Von deutscher Republik*) ist dabei in beiden Fällen essenziell. Mit anderen Worten: Was sich hier abzeichnet, sind die gattungs- und textübergreifenden Strukturen eines in sich konsistenten Sinn- und Werkzusammenhangs.[17] Diesen gedanklichen Zusammenhang zu rekonstruieren und abschließend in modernitätsspezifischer Hinsicht zu kontextualisieren – darum soll es auf den nachfolgenden Seiten gehen.

2. Erzählstruktur und Stimmenvielfalt: *Der Zauberberg*

Der Problemgehalt des *Zauberberg* lässt sich aus mindestens drei verschiedenen Perspektiven in den Blick nehmen, die allesamt auf entsprechende Denkfiguren, Argumentationsmuster und Formulierungen bei Whitman zurückzuführen sind. Ich will dies zunächst in Hinsicht auf den *erzählerischen Aufbau* des Romans und dabei insbesondere auf die Entwicklung der Figuren sowie die von ihnen repräsentierten Ideen zeigen; dann anhand der Inszenierung einer für die Figurenkonzeption charakteristischen *inneren Polyphonie*, verstanden als Neben- und Gegeneinander unterschiedlicher und in sich widerspruchsvoller Gedanken und ‚Stimmen'; schließlich hinsichtlich der im Roman implizit mitverhandelten *funktionalen Dimension* von Literatur. Dies lässt sich mit einer kurzen, ins

---

16 So etwa Kontje in seiner Einführung in das Gesamtwerk Thomas Manns: „Mann is deadly serious when he urges his fellow Germans to throw their support behind the fledging Republic, but [!] in *The Magic Mountain*, direct polemics yield to negative dialectics that are not resolved into a final unambiguous synthesis" (Kontje: The Cambridge Introduction to Thomas Mann, S. 71). Ähnlich argumentiert Max, wenn sie die „ironisch erzählte[] *Zauberberg*-Geschichte mit im Vagen belassenem Ausgang" dem „klar artikulierten Bekenntnis Manns zur Republik" kontrastiert (Katrin Max: [Art.] Der Zauberberg, in: Thomas Mann-Handbuch II, S. 32–42, hier S. 33).

17 Vgl. zur „Annahme über die Einheitlichkeit von Sinn" als Element der klassischen Werkästhetik Steffen Martus: [Art.] Werk, in: Lauer/Ruhrberg (Hg.): Lexikon Literaturwissenschaft, S. 354–357, hier S. 354. Ähnlich argumentiert auch Thomas Mann selbst, wenn er in seiner Rede ohne ausdrückliche Nennung seines Romans nahelegt: „[E]s könnte Gegenstand eines Bildungsromans sein, zu zeigen, daß das Erlebnis des Todes zuletzt ein Erlebnis des Lebens ist, daß es zum Menschen führt" (GKFA 15.1, S. 558).

Allgemeine ausgreifenden Abschlussreflexion verbinden: Wie verhält sich Thomas Manns literarische und diskursive Verhandlung des Kollektiven in Relation zu seiner historischen Genese bei Goethe, Emerson und vor allem Whitman?

a) Narration

Susan Sontag begreift den von ihr zeitlebens hochgeschätzten Roman *The Magic Mountain* als herausragendes Beispiel einer modernen Ideenliteratur. In ihrem autobiographischen Essay *Pilgrimage* von 1987, der sich ihrer jugendlichen Begegnung mit dem Nobelpreisträger Ende der vierziger Jahre widmet, führt sie in diesem Sinne aus: „There on the mountain, characters were ideas and ideas were passions".[18] Damit überträgt die Essayistin eine Gedankenfigur auf Thomas Manns Roman, die für die amerikanische Literaturkritik in der zweiten Hälfte des 20. Jahrhunderts insgesamt von zentraler Bedeutung ist[19] und in ganz ähnlichem Sinne von Lionel Trilling, einem wichtigen Impulsgeber Sontags, hervorgehoben wird: „All great characters exist in part by reason of the ideas they represent."[20]

Die hier beschriebene Identifikation von Ideen und Figuren trifft einen wichtigen Aspekt des *Zauberberg*, ohne dass sie – was bei Sontag unberücksichtigt bleibt – in einem statischen Sinne zu verstehen wäre. Zumindest die erzählerische Bewertung der für die Romanhandlung wichtigsten Ideenträger, also Settembrini und Naphta, ist narrativ strukturiert, sie geht also von einem Ausgangszustand aus, durchläuft einen Wandel und mündet schließlich in eine Endsituation.[21] Um den *Zauberberg* als Ideenroman zu verstehen, wie es Sontag in Anschluss an Trilling vorschlägt, muss diese Erzählstruktur im Einzelnen nachvollzogen werden.

---

18 Susan Sontag: Pilgrimage [1987], in: A Companion to Thomas Mann's *The Magic Mountain*, hg. von Stephen D. Dowden, Columbia, SC 1999, S. 221–239, hier S. 227.
19 Siehe Greif: The Age of the Crisis of Man, S. 104–109.
20 Das Zitat findet sich in dem Aufsatz *Art and Fortune* von 1948 (Trilling: The Liberal Imagination, S. 255–280, hier S. 227). Zur wegweisenden Bedeutung Trillings für die junge Susan Sontag siehe eingehender Kai Sina: Susan Sontag und Thomas Mann, Göttingen ²2017, S. 32–35.
21 Vgl. wiederum die narratologische Minimaldefinition des Erzählbegriffes bei Köppe/Kindt: Erzähltheorie, S. 43.

Naphta und Settembrini stehen zunächst – so komplex und paradox sich ihre weltanschaulichen Positionen im Einzelnen selbst ausnehmen[22] – in einem scharf umrissenen Kontrastverhältnis. Die Ideen, die sie repräsentieren, sind bekannt: Während der vom Judentum zum Katholizismus konvertierte und den Jesuiten nahestehende Naphta als Anhänger eines mittelalterlichen, kommunistischen, auf pervertierte Weise religiösen Totalitarismus gezeichnet ist, erscheint Settembrini als liberaler Freimaurer und radikaler Befürworter eines aufgeklärten Weltstaates. Einzuschränken ist der vollkommen agonale Zug dieser Figurenkonstellation lediglich in einem Punkt, der für die Problemlage des Romans allerdings von erheblicher Tragweite ist, denn: „So radikal die beiden ‚Widersacher' ihre Ideen gegeneinander profilieren, kommen sie doch in der Befürwortung des Krieges und des Streits überein."[23]

Was Reinhard Mehring hier richtig betont, bedarf weiterer Differenzierung. Während nämlich Naphta ohne jede Zweideutigkeit den „Schrecken zum Heile der Welt und zur Gewinnung des Erlösungsziels"[24] propagiert, beginnt Settembrini in den letzten Kapiteln des Romans, die katastrophalen Folgen einer solchen Welt- und Geschichtsanschauung durchaus zu befürchten. Für einige Forscher macht ihn dies bereits zu einem Fürsprecher der Demokratie.[25] Bei genauerer Betrachtung erweist sich seine Haltung jedoch als ziemlich ambivalent, ja vielleicht sogar als inkonsequent, und dies nicht bloß vor dem Hintergrund seiner kriegerischen Streitlust:[26] Die von Settembrini angestrebte Errichtung des „Weltbund[es] der Freimaurer", von der noch am Ende des sechsten Kapitels die Rede ist, soll ja ausdrücklich nach dem „religiöse[n] Bekenntnis" des „Écrasez l'infâme" erfolgen und ist folglich nur schwer ohne den Einsatz

---

22 Dies gilt freilich insbesondere für die Figur des Naphta, deren innere Widersprüchlichkeit in der Forschung oft benannt worden ist – besonders klar etwa bei Anthony Grenville: „In his very being, Naphta, ex-Jewish, ex-Marxist Jesuit, is precisely a combination of antitheses [...]. Similary, in his politics Naphta brings together what appear to be elements from irreconcilably hostile ideologies" (Anthony Grenville: „Linke Leute von rechts". Thomas Mann's Naphta and the Ideological Confluence of Radical Right and Radical Left in the Early Years of the Weimar Republic, in: Thomas Mann's *The Magic Mountain*. A Casebook, hg. von Hans Rudolf Vaget, Oxford/New York 2008, S. 143–170, hier S. 146).
23 Reinhard Mehring: Thomas Mann. Künstler und Philosoph, München 2001, S. 95.
24 GKFA 5.1, S. 609.
25 Wysling: [Art.] *Der Zauberberg*, S. 405.
26 Siehe z. B. GKFA 5.1, S. 140.

von Gewalt zu denken.[27] Damit repräsentiert Settembrini ebenfalls – wenn auch nicht mit jenem für Naphta so charakteristischen Totalitarismus – einen „geschichtsphilosophischen Antimodernismus", den Odo Marquard so umschreibt (und zugleich verurteilt): „Wo die[] finalisierende Geschichtsphilosophie ihren utopischen Traum zur Direktive der Wirklichkeit gemacht hat, hat sie – *fiat utopia, pereat mundus* – Unheil angerichtet."[28]

Entscheidend für meine Argumentation ist nun, dass es bei dieser im Ganzen doch einigermaßen klaren Aufteilung der Figuren und Positionen nicht durchgehend bleibt. Insbesondere der Abschnitt „Operationes spirituales" im sechsten Kapitel des Romans – also genau jenes Kapitels, für das ein potenzieller Whitman-Einfluss konstatiert werden darf[29] – läuft auf eine vollkommene Verwirrung nicht nur der Ansichten, sondern auch des Sprechens und Denkens hinaus. Für Hans Castorp, der diesen Prozess gezwungenermaßen aus der Beobachterperspektive wahrnimmt, verbindet sich damit eine grundlegende Einsicht, ja auch ein innerer Wandel, dem eine zumindest temporäre Valenz zukommt.

Der „inkorrekte[] Jesuit" auf der einen und der „Ritter […] der Gesundheit und des Lebens" auf der anderen Seite – im Laufe ihrer sehr ausführlich und überaus hitzig geführten Disputation erweist sich diese ideenbezogene Gegenüberstellung von Naphta und Settembrini als nicht länger tragfähig.[30] Der kommentierende Erzähler benennt diese Verunklarung mit unmissverständlichen Worten:

> Aber dabei war keine Ordnung und Klärung, nicht einmal eine zweiheitliche und militante; denn alles ging nicht nur gegeneinander, sondern auch durcheinander, und nicht nur wechselseitig widersprachen sich die Disputanten, sondern sie lagen in Widerspruch auch mit sich selbst.[31]

---

27 GKFA 5.1, S. 777. Damit greift der Erzähler eine Position Settembrinis auf, die sich ähnlich bereits im ersten Drittel des Romans findet, dort mit Bezug auf die „Idee des Menschen": Die Forderung, dass man als „Humanist" gegen alles in „Rebellion" zu treten habe, „was die Idee des Menschen besudel[t] und entwürdig[t]" (GKFA 5.1, S. 241) – diese wohl bewusst unbestimmte Forderung lässt den Einsatz von Gewalt ebenfalls als legitim erscheinen. Dieser Zug der Figurenkonstellation Naphta/Settembrini wird gut beschrieben bei Paolo Panizzo: Die Verführung der Worte. Naphta und Settembrini auf dem *Zauberberg*, in: Max (Hg.): Wortkunst ohne Zweifel?, S. 129–147, hierzu S. 140 f.
28 Odo Marquard: Philosophie des Stattdessen Studien, Stuttgart 2000, S. 98.
29 So informiert Kurzke im Kommentar zur Republikrede mit Rekurs auf einen Brief Thomas Manns an Ernst Bertram vom 8. Juli 1922 (GKFA 15.2, S. 347).
30 GKFA 5.1, S. 701 f.
31 GKFA 5.1, S. 702.

Die agonale Ordnung der Figuren und Positionen, die bis zu diesem Zeitpunkt noch vorherrscht, weicht nun also einem diskursiven ‚Durcheinander und Gegeneinander' von Schlagworten, Argumenten, Meinungen. Aber was bedeutet dies im narrativen Zusammenhang? Die von Naphta und Settembrini zuvor vertretenen „Weltdeutungssysteme",[32] die gleichermaßen mit universellen, exklusiven und absoluten Geltungsforderungen daherkamen, erweisen sich infolge der überhitzt geführten „Operationes spirituales" als inkonsistent und instabil. Dies wird in der erzählerischen Darstellung des Streits sehr deutlich, wenn auch nicht ausdrücklich benannt:

> Die Gestalt! sagte er, und Naphta sagte hochtrabender Weise: „Der Logos!" Aber der, welcher vom Logos nichts wissen wollte, sagte „Die Vernunft!", während der Mann des Logos „die Passion" verfocht. Das war konfus. „Das Objekt!" sagte der eine, und der andere: „Das Ich!" Schließlich war sogar von „Kunst" auf der einen und „Kritik" auf der anderen Seite die Rede und jedenfalls immer wieder von „Natur" und „Geist" und davon, was das Vornehmere sei, vom „aristrokratischen Problem".[33]

In satirisch gefärbten Passagen wie diesen, deren möglicherweise intertextuell-kommentierendes Verhältnis zu Thomas Manns essayistischen Schriften noch zu ergründen wäre,[34] geht es nicht um die literarische Bebilderung der modernen Sprachkrise.[35] Vielmehr wird hier geschildert,

---

32 Ich übernehme diesen Begriff von Jens Ewen, der in seinem ausgezeichneten Eintrag zur Ironie im Thomas Mann-Handbuch betont, dass „[s]eit dem *Zauberberg* [...] in Thomas Manns Texten weniger Künstlerprobleme als Fragen nach der Geltungsfähigkeit von Weltdeutungssystemen im Vordergrund stehen" (Jens Ewen: [Art.] Ironie, in: Thomas Mann-Handbuch II, S. 308–310, hier S. 309).
33 GKFA 5.1, S. 702.
34 In diesem Sinne ließe sich vielleicht die hier angegebene Passage mit ihren Schlagworten „Kunst" und „Geist" vergleichend neben die Notizen zu dem geplanten Grundlagenessay über *Geist und Kunst* legen.
35 Nietzsches für die Literatur der Moderne insgesamt außerordentlich wirkmächtige Schrift *Über Wahrheit und Lüge im außermoralischen Sinne* von 1873, die Christian Baier in diesem Zusammenhang ins Spiel bringt, leugnet eine prinzipielle Unverbundenheit von sprachlichem Ausdruck und bezeichnetem Gegenstand, weshalb alle Sprache immer schon als ‚metaphorisch' zu bezeichnen sei. In diesem universalistischen Anspruch scheint mir aber ein grundlegender Unterschied zu den Disputationen des *Zauberberg* vorzuliegen: Naphta und Settembrini streiten über *bestimmte* abstrakte Begrifflichkeiten, die sich einer semantischen Fixierung immer schon entziehen (Geist, Leben, Tod, Natur usw.). Dass der Roman *insgesamt* von einer Sprachkritik im Sinne Nietzsches grundiert ist, scheint mir hingegen nicht plausibel. Vgl. Christian Baier: Der Zerfall der Worte und die Brüchigkeit

wie die ‚große Konfusion' eine ‚große Entwertung' nach sich zieht: Durch die Betonung der Widersprüchlichkeit des Gesagten kommt es zu einer ‚inneren Depotenzierung', durch die satirische Darstellung zur ‚äußeren Relativierung' von ‚Ausschließlichkeitsansprüchen'.[36] Die Leser geraten damit in den Kernbereich dessen, was die Forschung mit Rekurs auf Thomas Manns eigenen Begriff als „Ironie" bezeichnet. Die klarste Darstellung des Ironieprinzips, das bei Thomas Mann in einer intrikaten Beziehung zu der von Wolfgang Preisendanz rekonstruierten Tradition humoristischer Erzählweisen im Poetischen Realismus steht,[37] findet sich bei Jens Ewen – und sein wichtigster Bezugspunkt ist ebenfalls der *Zauberberg*:

> Der Roman stellt [...] konträre Weltdeutungskonzepte einander gegenüber und zeigt [...] wie ihr Anspruch auf Allgemeingültigkeit im sozialen Bereich [...] unberechtigt und nicht legitimierbar ist. Die Ironie hat in diesem Modell die Funktion, beide Seiten in einem Schwebezustand zu halten, der ein Ungleichgewicht zugunsten einer Variante ausschließt, der aber auch ein synthetisches Denken unmöglich macht, in dem sich die Wirkungen beider Seiten gegenseitig aufheben würden [...].[38]

These und Antithese laufen in diesem Roman also gerade auf *keine* Synthese hinaus, sondern bleiben in ihrem konträren Charakter bestehen, und zwar in Form eines unauflösbaren Spannungsverhältnisses (dieser Begriff ist voraussetzungsfreier und scheint mir daher passender als die romantisch vorgeprägte Rede von einem „Schwebezustand"). Eine Schlussfolgerung in ganz ähnlichem Sinne zieht auch Hans Castorp, wenngleich im Zustand eines deutlich verminderten Bewusstseins, nämlich im Traum. Geschildert wird dies im Abschnitt „Schnee", der sich unmittelbar an die „Operationes spirituales" anschließt. Aus einer betont distanzierten Perspektive heraus fasst er hier das sichere Urteil: „[S]ie" – er bezieht sich damit gleichermaßen auf Naptha wie auch Settembrini – „sind beide Schwätzer." Und weiter: „Ihr Streit und ihre Gegensätze sind selber nur ein guazzabuglio und ein

---

der Zeichen. Polyvalenz als Strukturprinzip in Thomas Manns Roman *Der Zauberberg*, in: Max (Hg.): Wortkunst ohne Zweifel?, S. 100–128.

36 Welsch: Unsere postmoderne Moderne, S. 218.
37 Wolfgang Preisendanz: Humor als dichterische Einbildungskraft. Studien zur Erzählkunst des poetischen Realismus, München ²1976. Zu der Bedeutung des Humors für Thomas Manns Werk und dessen teils klar differenzierende, teils aber auch synonymische Verwendung des Ironie- und Humorbegriffs vgl. den Überblick von Julia Schöll: [Art.] Humor, in: Thomas Mann-Handbuch II, S. 305–307.
38 Ewen: Moderne ohne Tempo, S. 92.

verworrener Schlachtenlärm, wovon sich niemand betäuben läßt, der nur ein bißchen frei im Kopfe ist und fromm im Herzen."³⁹ Aus dem sich bislang unterordnenden Schüler wird zumindest in diesem Traummoment ein überlegener Ironiker, der zwar keine vollständige „Disqualifizierung", wohl aber eine deutliche „Relativierung" der von den Pädagogen vertretenen Positionen vollzieht.⁴⁰

Aber diese neu erlangte Freiheit in geistigen Dingen erschöpft sich nicht in der skeptischen Betrachtung der Streitenden als „Schwätzer", sondern beruht zudem auf einer positiven Erkenntnis – der Erkenntnis, dass sich das menschliche Dasein und Denken nicht in schlichten Gegensätzen wie „Tod oder Leben – Krankheit, Gesundheit – Geist und Natur" auflösen lässt, wie sie ja gerade im Mittelpunkt der Debatten von Naphta und Settembrini stehen.⁴¹ Stattdessen kommt hier ein Begriff ins Spiel, der nicht nur für den Roman, sondern für Thomas Manns politisches Denken im Ganzen von zentraler Bedeutung ist: „[I]n der Mitte ist des homo Dei Stand – inmitten zwischen Durchgängerei und Vernunft – wie auch sein Staat ist zwischen mystischer Gemeinschaft und windigem Einzeltum."⁴² Die *Aufwertung* des Intermediären, das hier als eine Grundbedingung des individuellen und des sozialen Lebens verstanden wird (genauer: als Vermittlung „zwischen Geist und triebhafter Natur, oder freudianisch: zwischen Über-Ich und Es"),⁴³ geht in Hans' Überlegungen also mit einer *Abwertung* des Denkens in klaren oppositionellen Konstellationen einher. Dass die Idee des Mittleren dabei ihrerseits in engstem

---

39 GKFA 5.1, S. 747.
40 Siehe zu diesem Aspekt der Ironie bei Thomas Mann erneut Ewen: [Art.] Ironie, S. 309.
41 GKFA 5.1, S. 747.
42 GKFA 5.1, S. 747. Dass diese Zentralstelle im Kommentar der *Großen kommentierten Frankfurter Ausgabe* nicht eigens berücksichtigt worden ist, kann durchaus als Versäumnis bewertet werden. Ich werde im Folgenden noch eingehender auf den Mittebegriff bei Thomas Mann zu sprechen kommen; anhand seiner sich wandelnden Semantik lässt sich der problematische Denkweg von den *Betrachtungen eines Unpolitischen* (mit ihren Überlegungen zur ‚deutsche Mitte') über den *Zauberberg* bis zur Rede *Von deutscher Republik* nämlich schlüssig nachvollziehen. Siehe zum Mittebegriff bei Thomas Mann in seinen unterschiedlichen Semantiken die (recht knappen) Ausführungen von Frank Fechner: Thomas Mann und die Demokratie. Wandel- und Kontinuität der demokratierelevanten Äußerungen des Schriftstellers, Berlin 1990, S. 336–338.
43 Heinrich Detering: Thomas Manns prekärer Humanismus, in: Prekäre Humanität. Im Auftrag des Direktoriums der Salzburger Hochschulwochen als Jahrbuch hg. von Gregor Maria Hoff, Innsbruck/Wien 2016, S. 213–232, hier S. 221.

Zusammenhang mit dem Konzept der Ironie zu sehen ist, ja dass sie geradezu synonymisch ineinander aufgehen, hat Thomas Mann in seiner Abhandlung über *Goethe und Tolstoi* mit Nachdruck betont: „Ironie ist das Pathos der Mitte ... Sie ist auch ihre Moral, ihr Ethos. [...] Fruchtbare Schwierigkeit der Mitte, du bist Freiheit und Vorbehalt!"[44]

Ausgehend von diesen Reflexionen über das Intermediäre bzw. das Ironische lässt sich nun auf Walt Whitman schauen, das heißt genauer: in die von Reisiger herausgegebene Werkausgabe in Thomas Manns Nachlassbibliothek. Hierbei zeigen sich nämlich gleich mehrere argumentative Entsprechungen und auch Parallelstellen, auf deren Grundlage sich stichhaltig untermauern lässt, was in Robert K. Martins Aufsatz eher allgemeine Vermutung bleibt und in der übrigen Forschung gänzlich unerkannt geblieben ist:[45] dass nämlich gerade der Abschnitt „Schnee", dessen betonte „Lebensfreundlichkeit" in der Regel mit Theodor Fontane und dem *Stechlin* in Verbindung gebracht wird, in wesentlichen Aspekten von Thomas Manns Beschäftigung mit Whitman profitiert hat.[46] Dies zeigt sich in vier, jeweils philologisch greifbaren Befunden:

1. „Je inbrünstiger eine Empfindung ist, um so tiefer verwandelt sie alle fragwürdige Verläßlichkeit in Traum, in Staunen und Wunder": Reisigers Satz, der ein längeres Zitat aus der Gedichtgruppe *Calamus* in den *Leaves of Grass* einleitet, liest sich geradezu wie eine Überschrift zum Schneetraum.[47] Aber auch was auf diesen Satz folgt, findet seine Entsprechung im *Zauberberg*, nämlich die gewichtige Aufhebung des Gegensatzes von Leben und Tod, der für die gesamte vorherige Romanhandlung von konstitutiver Bedeutung ist (und zwar nicht nur in Gestalt des von Thomas Mann vielfach beschriebenen Grundmotivs einer ‚Sympathie mit dem Tode', sondern auch in der narrativen und motivischen Bezugnahme auf Styx, Lethe und Hades, vor allem im einleitenden Abschnitt „Ankunft").[48] Die

---

44 GKFA 15.1, S. 934 f.
45 So konstatiert Martin eher unscharf, dass „die Überwindung der romantischen Assoziation von Liebe und Tod", die sich im Zuge des Schneetraums artikuliert, durch Whitman zum „beherrschenden Thema" des Romans geworden sei (Martin: Walt Whitman und Thomas Mann, S. 62).
46 Zu Theodor Fontane als „Gewährsmann in Sachen ‚Lebensfreundlichkeit'" und seiner Bedeutung für den *Zauberberg* vgl. Wolfgang Schneider: [Art.] Humanität und Lebensfreundlichkeit, in: Thomas Mann-Handbuch II, S. 304–305. Siehe zu den zahlreichen Anspielungen, Verweisen, Bezügen insbesondere im Abschnitt „Schnee" GKFA 5.2, S. 304–321 (Kommentar Neumann).
47 Walt Whitmans Werke in zwei Bänden, Bd. 1, S. LXXIII.
48 Dazu mit entsprechenden Literaturhinweisen GKFA 5.2, S. 129 f. (Kommentar Neumann).

Anstreichungen des Lesers bekunden ein Interesse an eben diesem Aspekt: „O ich glaube, nicht für das Leben singe ich hier mein Lied der Liebenden, – <u>für den Tod</u> wohl muß es sein; / Denn wie ruhevoll, feierlich schwillt er empor in das Reich der Liebenden, / <u>Tod oder Leben erscheint mir dann gleich</u>, meine Seele mag sich nicht entscheiden".[49] Worauf es hier in erster Linie ankommt, ist die wechselseitige Abhängigkeit von Leben und Tod, ja die Vermischung zweier nur vermeintlich getrennter Seinszustände. Im *Zauberberg* heißt es so: „Die Durchgängerei des Todes ist im Leben, es wäre nicht Leben ohne sie".[50]

2. In Hans' utopischer Lagebestimmung eines Staatswesens „zwischen mystischer Gemeinschaft und windigem Einzeltum"[51] wird formelhaft ausgeführt, was Reisiger in seiner Einführung als Whitmans Begriff von „Demokratie" bezeichnet – und was Thomas Mann in seinem Exemplar ebenfalls mit einer Anstreichung am Textrand versieht: „Die Demokratie soll nichts Geringeres sein, als die menschliche S p h ä r e, in der ihre Einzelnen miteinander leben, eine neue Erdenluft, die […] zwischen Allen und von Allen zu Allen fluten läßt."[52] Auf derselben Buchseite ist auch die Rede vom „Traum der Erde", die mit Hans' schillerndem „Traumgedicht vom Menschen" sogar begrifflich korreliert.[53] Sowohl die inhaltliche Aussage als auch der emphatische Gestus weisen dabei zurück auf Whitman: „Nicht nur das halbe Ziel des Individualismus, der isoliert; sondern auch die andere Hälfte, die da ist Zusammengehörigkeit und Liebe, die verschmilzt."[54] Dass Thomas Mann in seiner bereits erwähnten Briefrezension ebenfalls diese bei Whitman entfaltete Idee von Demokratie in den Vordergrund stellt, fügt sich in das sich hier abzeichnende Bild.[55]

3. Auch die im Roman manifeste Engführung von intellektueller Freiheit („frei im Kopfe") und Frömmigkeit („fromm im Herzen"), die vor der Verwirrung im „Streit" der menschengemachten „Gegensätze" schützen soll,[56] findet eine Entsprechung bei Whitman bzw. Reisiger. Demnach setze die Demokratie nicht bloß einen „freie[n], vollentfaltete[n] Men-

---

49 Walt Whitmans Werke in zwei Bänden, Bd. 1, S. LXXXIII; Unterstreichungen und Randanmerkung von Thomas Mann.
50 GKFA 5.1, S. 747.
51 GKFA 5.1, S. 747.
52 Walt Whitmans Werke in zwei Bänden, Bd. 1, S. LXXXVI; mit Randanstreichung von Thomas Mann.
53 Ebd., S. LXXXVI; GKFA 5.1, S. 748.
54 Ebd., S. LXXXVI.
55 GKFA 15.1, S. 494.
56 GKFA 5.1, S. 747.

schen" voraus, der die „politischen Rechte und Freiheiten [...] trägt und ausübt". Als gleichsam vitalisierendes Element müsse außerdem „die einzige, würdigste Erhöherin von Mensch und Staat" hinzukommen: „Denn im Herzen der Demokratie ruht letzten Endes das religiöse Element."[57] Die hier vollzogene Korrelation ist nicht nur für die „emphatische[ ] Demokratievorstellung" der Republikrede von zentraler Bedeutung (hierüber wird im folgenden Abschnitt noch eingehend zu sprechen sein),[58] sondern hat auch für den Schneetraum eine konstitutive Funktion.

4. Die Entschärfung gedanklicher Oppositionen im Zeichen des Intermediären setzt der Roman als nötige Voraussetzung für die Entstehung einer „verständig-freundliche[n] Gemeinschaft"[59] von Einzelnen voraus. An genau dieser Stelle „ruht" das soeben besagte „religiöse Element" der Demokratie, die sich somit als „liberal-humanistische Neudeutung" des christlichen Liebesgebots verstehen lässt – und darin als „religiöse Überhöhung der Demokratie im Geiste der amerikanischen Aufklärung und Romantik."[60] Im Abschnitt „Schnee" ist von der „Güte und Menschenliebe" die Rede, aus der allein ein „schöne[r] Menschenstaat[ ]" erwachsen könne.[61] Bei Whitman/Reisiger ist in ähnlichem Sinne die Rede von der „erhöhte[n] Demokratie" als „einer Gemeinschaft voll entfalteter, selbstbewußter und selbstbeherrschter, liebevoller Menschen".[62]

Mit der sich hier abzeichnenden Lösung des in „Operationes spirituales" entfalteten Konflikts ist nun bekanntlich keineswegs die narrative Endsituation des Romans erreicht. Die unaufhebbare Vielheit des menschlichen Daseins, das „Traumgedicht" der Demokratie, das Zusammenwirken von individueller Freiheit und religiöser Erhöhung, die soziale Liebe als Kernprinzip gelingender Gemeinschaftlichkeit – mit all diesen großen und erkennbar von Whitman inspirierten Einsichten des Schneetraums ist es im weiteren Handlungsverlauf nicht weit her, ja weniger noch: Das mit größtem Pathos inszenierte Transformationsereignis wird gleich darauf wieder rückgängig gemacht.[63] So zieht Hans Castorps

---

57 Walt Whitmans Werke in zwei Bänden, Bd. 1, S. LXXXVI; mit Randanstreichung von Thomas Mann.
58 Detering: Thomas Manns amerikanische Religion, S. 55.
59 GKFA 5.1, S. 748.
60 Detering: Thomas Manns amerikanische Religion, S. 55.
61 GKFA 5.1, S. 748.
62 Walt Whitmans Werke in zwei Bänden, Bd. 1, S. LIII.
63 Inwieweit es vor diesem Hintergrund überhaupt sinnvoll erscheint, den *Zauberberg* einen Bildungsroman zu nennen, bleibe hier dahingestellt. Eine interessante Diskussion dieses Problems, die vor allem die Konzeptualisierung von Männ-

Rückkehr in die „hochzivilisierte Atmosphäre" des Berghofs unweigerlich den Rückfall in kognitive Ermüdung nach sich: „Was er gedacht, verstand er schon diesen Abend nicht mehr so recht."[64] Was aber folgt aus diesem Nicht-Verstehen für die semantische Ordnung der literarisch entworfenen Welt?

Die intermediäre Haltung, die Hans im Zuge seiner Schnee-Reflexionen entwickelt, wird in Gänze aus der Diegese getilgt, ohne dass sie irgendeine Nachwirkung hätte hervorrufen können – und damit eine zumindest potenziell wirksame Gegenkraft zum konsequenten, radikalen Denken, wie es vor allem Naphta, über weite Strecken aber auch Settembrini repräsentiert. Genauer und mit erneutem Bezug auf Whitman: Was hier verlorengeht, ist die Einsicht in die unreinen Mischungsverhältnisse des menschlichen Daseins; das Ideal einer Demokratie als harmonischer Verbindung von „Einzeltum" und „Gemeinschaft"; der Gleichklang von individueller Freiheit und vitalisierender Religiosität; die Vorstellung einer universell empfundenen Liebe als Grundprinzip des sozialen Miteinanders.

Eine bedeutsame Präfiguration legt dabei nahe, worauf dieser Wegfall in letzter Konsequenz hinausläuft. So finden sich bereits im Abschnitt „Operationes spirituales" vielfältige Metaphern aus dem militärischen Bereich: Vom „Waffenlärm" ist da die Rede, vom „konfuse[n] Schlachtengetümmel", und auch im Abschnitt „Schnee" spricht der Erzähler vom „Schlachtenlärm".[65] Es entsteht also der Eindruck, dass in den Streitereien zwischen Naphta und Settembrini bereits durchgespielt wird, was später auf weltpolitischer Bühne grausam zur Realität werden soll – nämlich der Krieg, mit seiner chaotischen Klangwelt der Gewalt und der Zerstörung:

> Donner brüllt, die nassen Lüfte erfüllt, zerrissen von scharfem Singen, wütend höllenhundhaft daherfahrendem Heulen, das seine Bahn mit Splittern, Spritzen, Krachen und Lohen beendet, von Stöhnen und Schreien, von Zinkgeschmetter, das bersten will, und Trommeltakt, der schleuniger, schleuniger treibt ...[66]

---

lichkeit in den Blick nimmt (und hiervon ausgehend eine klare Distanz des Romans zu den konventionellen Bildungsnarrationen des 19. Jahrhunderts beschreibt), findet sich bei Todd Kontje: Modern Masculinities on *The Magic Mountain*, in: Thomas Mann's *The Magic Mountain*. A Casebook, hg. von Hans Rudolf Vaget, Oxford/New York 2008, S. 71–93, hier S. 81–83).
64 GKFA 5.1, S. 751.
65 GKFA 5.1, S. 705, 706, 747.
66 GKFA 5.1, S. 1080.

Dadurch, dass der Erzähler den Krieg hier vordringlich in seiner auditiven Qualität schildert, wird den Lesern nahegelegt, einen übergreifenden Sinnzusammenhang mit genau jenem Waffen-und Schlachtenlärm herzustellen, den Naphta und Settembrini in ihrem Streit erzeugen. Die Abschnitte „Operationes spirituales" und „Schnee" sind demnach in *explikativer Hinsicht* auf das katastrophische Ende des Romans und damit auf den Weltkrieg als realhistorisches Ereignis bezogen. Worauf dieser Erklärungszusammenhang im Einzelnen hinausläuft, lässt sich vor dem Problemhintergrund dieser Studie versuchsweise so formulieren: Es ist das Scheitern einer kollektiven Selbst- und Weltauffassung nach dem Vorbild Whitmans, das für den sich zusehends radikalisierenden Streit und letztlich auch für den Krieg verantwortlich gemacht wird.

Dieser latente Kausalzusammenhang aber muss genauer betrachtet werden, und zwar anhand jener für die Roman- und Figurenkonzeption charakteristischen Polyphonie.

b) Polyphonie

Wenn vom Aspekt der Vielstimmigkeit im *Zauberberg* die Rede ist, so lässt sich das zunächst in einem ganz buchstäblichen Sinne verstehen: Polyphon ist der Roman auf den ersten Blick nämlich in seiner eklatanten Vielzahl an Figurenstimmen, die streckenweise miteinander, aber immer wieder auch durcheinander sprechen und dabei unterschiedlichste weltanschauliche Haltungen, philosophische Ansichten, ideologische Positionen vertreten. Verstärkt wird dieser Effekt noch durch den extensiven Gebrauch verschiedener Sprachen und Dialekte (mitunter sogar in der Rede einzelner Figuren),[67] die den Roman zum repräsentativen Werk einer polylingualen Dichtung in der Moderne machen.[68]

---

67 So etwa, den Bereich des Lallens und der Zitation zusätzlich mit einbeziehend, im Falle Settembrinis: „Und während die sich auf den Heimweg machten, fing er an, lateinische Verse in italienischer Aussprache vorzutragen, unterbrach sich jedoch, als irgendein junges Mädchen, eine Tochter des Städtchens, wie es schien, und durchaus nicht sonderlich hübsch, ihnen entgegenkam, und verlegte sich auf ein schwerenöterhaftes Lächeln und Trällern: ‚T, t, t', schnalzte er. ‚Ei, ei, ei! La, la, la! Du süßes Käferchen, willst du die Meine sein? Seht doch, ‚es funkelt ihr Auge in schlüpfrigem Licht', zitierte er – Gott wußte, was es war – und sandte dem verlegenen Rücken des Mädchens eine Kußhand nach. Das ist ja ein rechter Windbeutel, dachte Hans Castorp" (GKFA 15.1, S. 97).

Ungeachtet dieser offensichtlichen Befunde betont die Forschung allerdings meist stärker die Vielstimmigkeit des Romans in einem übertragenen Sinne. Dies zeigt sich besonders deutlich bei Eckhard Heftrich, der das „Spiel mit überlieferter Literatur"[69] im *Zauberberg* einer akribischen Durchleuchtung unterzogen hat und dabei en détail nachweisen konnte, dass und wie in diesem Roman die ‚Stimmen' von Homer, Vergil und Dante, Luther, Goethe und Novalis, Schopenhauer, Nietzsche und Richard Wagner weltliterarisch ‚zusammenklingen'. Aber auch die narratologisch geschulte Thomas Mann-Forschung hat einen Begriff von Polyphonie entwickelt: Für Tom Kindt ergibt sich die Vielstimmigkeit des Romans aus einem „Verfahren der intertextuellen Referenz und der literarischen Montage". Er geht dabei insbesondere auf die charakteristische Verwendung von Leitmotiven im *Zauberberg* ein, die als „autonome Bedeutungsebene" in einem „komplexen, nicht selten spannungsreichen Verhältnis" zur dominanten Erzählerrede stehen.[70]

Nun könnte die nähere Analyse sowohl der buchstäblichen Polyphonie als auch der Vielstimmigkeit im übertragenen Sinne für diese Studie gleichermaßen erträglich sein. Dennoch will ich hier einen anderen Akzent setzen, der noch etwas näher an den Problembereich des Kollektiven und damit an Whitman heranführt. Hierzu bietet es sich zunächst an, auf eines der polyphonen Hauptwerke der Weltliteratur zurückzugreifen, von dem auch hier bereits die Rede war (Kap. I.3, Kap. II.2), nämlich auf Goethes *Faust*, den Thomas Mann mit dem Kapitel „Walpurgisnacht" als wichtigen Bezugstext seines Romans selbst ins Spiel bringt. An diesem Stück lässt sich nicht bloß sehr anschaulich nachvollziehen, dass literarische Polyphonie im *äußeren Sinne* als eine Vielzahl von divergenten Stimmen im Text verstanden werden kann. Darüber hinaus können literarisch Figuren selbst als vielstimmig konzipiert sein, und gerade auf diese *innere Polyphonie* kommt es mir hier nun besonders an. Zunächst also *Faust*, erster Teil, Gretchens Gebet im Dom:

Gretchen
Weh! Weh!
Wär' ich der Gedanken los,

---

68 Kiesel: Geschichte der literarischen Moderne, S. 9; neben dem *Zauberberg* nennt Kiesel James Joyce' *Ulysses*.
69 Eckhard Heftrich: Zauberbergmusik. Über Thomas Mann, Frankfurt am Main 1975, S. VIII.
70 Tom Kindt: [Art.] Narratologie, in: Thomas Mann-Handbuch II, S. 352–355, hier S. 354.

Die mir herüber und hinüber gehen
Wider mich!⁷¹

Es geht in diesem Monolog um sehr viel mehr als um lästige Zerstreuung. Das innere Besetzt-Sein durch fremde Gedanken bedeutet für Gretchen eine tiefgreifende Infragestellung ihrer personalen Integrität; in diesem Sinne betont auch die Forschung: „Faust has taught her many other words, and many thoughts. But it is a poisoned gift[.]"⁷² Ein Schnittpunkt unterschiedlicher Gedanken zu sein, die nicht die eigenen Gedanken sind (in der englischen Übersetzung der Passage wird dies noch deutlicher: „thoughts / that move across and through me"),⁷³ erzeugt für Gretchen ein seelisches Leiden („Weh! Weh!"), das nun möglichst rasch einer Heilung zugeführt werden soll: „Wär' ich der Gedanken los".

In höchst verdichteter Form wird hier ein Problem umrissen, das vergleichbar im *Zauberberg* zur Entfaltung kommt. So betont der Erzähler in den „Operationes spirituales" schließlich nicht allein das „Gegeneinander" und „Durcheinander" der Stimmen von Naptha und Settembrini, über die von Erzählerseite festgestellt wird, dass sie sich „wechselseitig widersprachen". Er hebt außerdem hervor, dass die Streitenden „in Widerspruch [...] mit sich selbst [lagen]",⁷⁴ dass also gleich mehrere, in logischer Hinsicht unvereinbare Gedanken durch sie „herüber und hinüber" gehen, wie es in *Faust* heißt. Dem ausführlich kommentierenden Erzähler ist dieser Aspekt offenbar besonders wichtig:

> Settembrini hatte oft genug rednerische Vivats auf die „Kritik" ausgebracht, wo er nun das Gegenteil davon, welches die „Kunst" sein sollte, als das adelige Prinzip in Anspruch nahm; und während Naphta mehr als einmal als Verteidiger des „natürlichen Instinktes" aufgetreten war, gegen Settembrini, der Natur als die „dumme Macht", das bloße Faktum und Fatum traktiert hatte, wovor Vernunft und Menschenstolz nicht abdanken durften, faßte jener nun Posto auf seiten des Geistes und der „Krankheit", allwo Adel und Menschheit einzig zu finden seien, indes dieser sich zum Anwalt der Natur und ihres Gesundheitsadels aufwarf, uneingedenk aller Emanzipation. Nicht weniger verworren stand es mit dem „Objekt" und dem „Ich", ja, hier war die Konfusion, die übrigens immer dieselbe war, sogar am heillosesten und buch-

---

71 FA I/7.1, S. 164 (V. 1394–1397).
72 Moretti: Modern Epic, S. 57.
73 Zit. nach ebd., S. 57. An dieser Stelle nur nebenher der Hinweis: „through me" ist eine wiederkehrende Formulierung in Whitmans *Song of Myself*, darauf wurde hier bereits hingewiesen (Kap III.3): „Through me many long dumb voices", „Through me forbidden voices" – und so weiter.
74 GKFA 5.1, S. 702.

stäblich derart, daß niemand mehr wußte, wer eigentlich der Fromme und wer der Freie war.⁷⁵

In dieser Art geht es noch über mehr als zwei Druckseiten weiter; „das Kolloquium war uferlos", so hält der Erzähler beim Auseinandergehen der Disputanten fest. Aber warum kommen Naphta und Settembrini in ihrer Disputation zu keinem Ende? Der Erzähler beantwortet diese Frage im Prinzip selbst, nur gehen seine Worte im Redeschwall der beiden Pädagogen nahezu unter. Folgt man dem Erzähler, so trägt das Streitgespräch den Charakter eines ausdauernden Ringens, eines wortreichen Bestrebens, „sich zwischen den Gegensätzen zu entscheiden [...], sie als Präparate gesondert und sauber zu halten."⁷⁶ Es ist eben diese Vorstellung von gedanklicher Reinheit, es ist das angestrebte *Ideal eines sauberen Denkens*, das den Streit der beiden in Gange hält – und sich im Zuge dessen als unerreichbar erweist. Statt gedanklicher Sauberkeit und Reinheit tritt schließlich ein Zustand ‚heilloser Verworrenheit', also gleichsam der intellektuellen Verschmutzung ein.

Von zentraler Bedeutung ist hierbei nun, dass Naphta und Settembrini, ähnlich wie Gretchen in *Faust*, unter diesem Zustand ernstlich zu leiden scheinen. Der Erzähler lässt auch in dieser Hinsicht keine Zweideutigkeit aufkommen: „Es war [...] die große Konfusion, und Hans Castorp meinte zu sehen, daß die Streitenden weniger erbittert gewesen wären, wenn sie ihnen selbst nicht beim Streite die Seele bedrückt hätte."⁷⁷ Dieser Punkt ist wichtig: Die „große Konfusion", auf die später im Roman mit den Kapitelüberschriften „Der große Stumpfsinn" und „Die große Gereiztheit" zurückverwiesen wird, erscheint hier nicht bloß als ein Problem im Äußeren, sondern auch im Inneren der Figuren, ja ganz ausdrücklich als ein Problem der „Seele". Vergleichbar mit Gretchen machen Naphta und Settembrini die Erfahrung, in ihren Gedanken nicht eins mit sich zu sein, das heißt, sie erfahren sich als *dissoziiert* – und sind keineswegs dazu bereit, diesen Zustand schlicht hinzunehmen, ihn möglicherweise gar zu begrüßen. Bemerkenswert ist dabei vor allem, welche Schlüsse sich hieraus für Naphta ergeben: Selbst für den Anhänger der ‚dialektischen Inversion'⁷⁸ ist nunmehr ein Maß an Ambiguität und Komplexität erreicht, das kaum

---

75 GKFA 5.1, S. 702.
76 GKFA 5.1, S. 705.
77 GKFA 5.1, S. 705.
78 Kontje: The Cambridge Introduction to Thomas Mann, S. 71.

noch erträglich ist und als tiefgreifende Irritation der Sprache, Gedanken, ja des Selbst empfunden wird.[79]

Vor diesem Hintergrund erweist sich das vornehmliche „Schweigen"[80] des im siebten Roman-Kapitel auftretenden Mynheer Peeperkorn als signifikant – und dies nicht nur, weil seine despektierliche Bezeichnung der zwei wortgewaltigen Pädagogen als „Schwätzerchen" mit Hans Castorps Rede von den „Schwätzern" im Zuge seines Schneetraums begrifflich korreliert.[81] Mehr noch repräsentiert der Holländer im Ganzen eine antiintellektuelle Lebensform und Geisteshaltung: „Peeperkorn", so fasst Hans Wysling die Charakterisierung dieser Figur treffend zusammen, „steht für das esse, nicht für das operari, das Sein, nicht das Meinen – er kann und will gar nicht reden, seine Sprache ist Un-Sprache. Er ist nicht durch Worte groß, sondern durch seine Vitalität, seine Lebens- und Genußkraft."[82]

Hält man sich nun aber vor Augen, wie es mit dieser zwischen Bacchus, Dionysos und *Ecce Homo* angelegten Figur, wie es mit Brot und Wein als Leitkoordinaten des rauschhaften Lebens endet,[83] so erweist sich der stumme Vitalismus gegenüber dem beredten Intellektualismus keineswegs als tragfähige Alternative: Peeperkorn ist eine „Karikatur", „sein ‚Programm' bleibt eine Skurrilität", und – dies vor allem – „er scheitert".[84] Der Schauplatz dieses Scheiterns ist dabei weniger jener im Wald gelegene Wasserfall, in dem Peeperkorn seine unverständlichen Reden deklamiert,[85] als vielmehr die für ihn wesensbestimmende Sexualität: Mit seiner Impotenz verliert Peeperkorn nicht nur seine „Zeugungsfähigkeit", sondern

---

79 Dieses in das Gesamtbild freilich schwer zu integrierende Detail übersieht Baier (Der Zerfall der Worte und die Brüchigkeit der Zeichen, S. 105), wenn er Naphta anhand eines Zitats aus dem späten Kapitel „Große Gereiztheit" eine „Sucht nach geistiger Bezweifelung, Verneinung und Verwirrung" (GKFA 5.1, S. 1045) attestiert. Auch in Hinsicht auf seinen negativ-destruktiven Spieltrieb in geistigen Dingen erweist sich die Figur des Naphta als hochambivalent – was allerdings vollkommen seinem Selbstbild entspricht: „Gegensätze […] mögen sich reimen. Ungereimt ist nur das Halbe und Mediokre" (GKFA 5.1, S. 609). Zu diesem Aspekt der Figurenkonzeption siehe auch die differenzierten Bemerkungen von Grenville: „Linke Leute von rechts", S. 146.
80 GKFA 5.1, S. 853.
81 GKFA 5.1, S. 869, 747.
82 Wysling: [Art.] *Der Zauberberg*, S. 416.
83 Siehe zur anspielungsreichen Figurencharakterisierung GKFA 5.2, S. 353 (Kommentar Neumann).
84 Hermann Kurzke: Thomas Mann. Epoche – Werk – Wirkung. 2., überarbeitete Auflage, München 1991, S. 206.
85 GKFA 5.1, S. 938–940.

auch seine „Lebenserfüllung", er ist, anders gesagt, seinem eigenen „Selbstgefühl nicht mehr gewachsen", was denn auch konsequenterweise in den Suizid führen muss.[86]

Mit Peeperkorn aber stirbt zugleich der an Friedrich Nietzsche geschulte Vitalismus als zumindest denkbarer Gegenentwurf zu jener intellektuellen Unordnung, in der sich Naphta und Settembrini verfangen – und zwar mit zunehmend drastischen Konsequenzen: Ihr Versuch, über den Weg des militant geführten Streits zu ‚Ordnung und Sauberkeit' in der ‚Unterscheidung von Gegensätzen' zu gelangen, führt zu einer deutlichen Verschärfung der ‚große Konfusion'.[87] Die Zuspitzung des Streits bis zur faktischen Gewalt – bis zum Pistolenduell also – erscheint aus dieser Sicht naheliegend. Aber auch hier ist näher ins Detail zu gehen: Wie und warum genau kommt es zu dieser Eskalation?

Mit dem Duell verbindet sich das Ziel, so erläutert Settembrini gegenüber Castorp, zum ‚Abstrakten, Gereinigten, Ideellen'[88] zurückzukehren, womit die oben genannte Zielvorgabe der gedanklichen Reinheit erneut aufgegriffen wird. Der Weg hierhin aber führe allein über den „körperliche[n] Kampf", der als „Rückkehr zum Urstande der Natur" verstanden wird.[89] Der Zusammenhang, der hier konstruiert wird, entspricht präzise der Ideologie der Vorkriegszeit. Es ist die Idee einer Säuberung und Befreiung des Geistes auf dem Wege der Gewalt.[90] Erst in der allerletzten Minute scheint Settembrini hiervor selbst zurückzuschrecken, als er gegenüber Hans Castorp entschieden verkündet: „Mein Freund, ich werde nicht töten. Ich werde es nicht." Sich dem Pistolenduell zu entzie-

---

86 Kurzke: Thomas Mann, S. 191.
87 Auffällig ist dabei, dass die reinheitsbezogene Forderung an das eigene Denken an keiner Stelle *selbst* zum Gegenstand der kritischen Auseinandersetzung wird – zumindest nicht vonseiten der Disputanten. Die konfliktentschärfende Idee, dass der Widerspruch immer schon zum Menschsein gehöre und daher die Vorstellung intellektueller Reinheit *als solche* zu problematisieren wäre, ziehen erstaunlicherweise weder Naphta noch Settembrini in Erwägung.
88 GKFA 5.1, S. 1060.
89 GKFA 5.1, S. 1060.
90 Am dichtesten werden diese Ideologie und Rhetorik freilich bei Thomas Mann selbst resümiert. Einschlägig sind hier vor allem die *Gedanken im Kriege*, die im November 1914 erscheinen (GKFA 15.1, S. 137–141). Zur intellektuellen Entwicklung Thomas Manns im hier relevanten Zeitraum siehe das Kapitel „Im Krieg der Gedanken" bei Heinrich Detering: „Juden, Frauen und Litteraten". Zu einer Denkfigur beim jungen Thomas Mann, Frankfurt am Main 2005, S. 167–186.

hen, kommt für ihn aber ebenfalls nicht in Frage – aus „Ehre".⁹¹ Naphta hingegen wird in seiner Rechtfertigung der bewaffneten Auseinandersetzung noch handfester als sein Gegenspieler; weil die Äußerungen des Anderen als widerspruchserzeugende Irritationen des eigenen Denkens empfunden werden, erscheint die Tilgung eben dieses Anderen in letzter Konsequenz als unvermeidlich: „Ich bin Ihnen im Weg, Sie sind es mir, – gut denn, wir werden den Austrag dieser kleinen Differenz an den gehörigen Ort verlegen."⁹²

Ohne dass es an einer einzigen Stelle ausdrücklich benannt würde, ist damit eine implizite Erklärungsfolie für das katastrophische Ende des Romans und damit für den Ausbruch des Krieges gegeben. Es geht dem Roman offenkundig darum, „mit Hilfe [...] eines individuellen Sachverhalts überindividuelle, soziale Probleme der [...] Zeit zur Darstellung [zu] bringen und [zu] deuten";⁹³ es handelt sich, anders gesagt, um ein „allegorische[s] Geschehen",⁹⁴ das hier entfaltet wird. Damit wird auch ersichtlich, worin der explikative Bezug der „Operationes spirituales" zum Romanende besteht: In der Radikalität ihres Denkens, in ihrem Streben nach intellektueller Reinheit, kurz gesagt: im angestrengten Versuch, *die innere Polyphonie stillzustellen*, repräsentieren Thomas Manns Figuren „[d]en mörderischen Zug der Zeit".⁹⁵ In eben dieser erklärenden Verknüpfung der ‚großen Konfusion' mit dem ‚großen Krieg' besteht der eingangs angesprochene Sinnzusammenhang, der sich in der leitmotivischen Engführung von intellektuellem und militärischem Schlachtenlärm bereits abzeichnet.

Von hier aus lässt sich Hans' Schneetraum noch einmal aus etwas anderer Perspektive in den Blick nehmen – und mit ihm der bereits explizierte Bezug auf Whitman. Noch einmal: Zu welcher Einsicht gelangt Castorp im Zuge seines Traumes? Er erkennt und anerkennt das Menschsein in seinen unsauberen Mischverhältnissen. „[I]n der Mitte ist des homo Dei Stand" – aus dieser Sicht geht das Leben gerade nicht in Gegensätzen, in schlichten Entweder-Oder-Relationen auf, sondern es beruht auf undeutlichen Sowohl-als-auch-Konstellationen, auf Zuständen des geistigen In- und Durcheinanders also. Die innere Polyphonie erscheint

---

91 GKFA 5.1, S. 1067.
92 GKFA 5.1, S. 1057. Die Rede von einer „kleinen Differenz" kann die grundsätzliche Dramatik der Situation kaum verschleiern.
93 Ewen: Moderne ohne Tempo, S. 94.
94 Mehring: Thomas Mann, S. 95.
95 Ebd.

aus dieser Sicht nicht als ein Problem, das dringlich einer Lösung zugeführt werden muss, sondern als *conditio humana*, als anthropologische Unausweichlichkeit, der sich Naphta und Settembrini vergeblich zu widersetzen versuchen. Sie repräsentieren damit aber genau den Gegensatz zu jenem elastischen Subjekt der *Leaves of Grass*. Anstatt die heterogene Vielheit der Gedanken gelassen zu bejahen, verneinen und bekämpfen Naphta und Settembrini die innere Polyphonie mit radikaler Vehemenz. Zwar streicht Thomas Mann die in diesem Zusammenhang einschlägigen Verse – „Widersprech ich mir selbst? / Nun gut, so widersprech ich mir selbst. / (Ich bin weiträumig, enthalte Vielheit)" – in seiner Ausgabe der *Grashalme* nicht eigens an.[96] In Reisigers Vorwort aber findet sich eine sinngemäße Äußerung, die außerdem eine entsprechende Lektürespur aufweist (siehe Abb. 6 auf S. 199):

> Das Bewußtsein der elementaren Fülle und Gegensätzlichkeit in der Tiefe seines [Whitmans; K.S.] Wesens war bis zuletzt in ihm lebendig, jene naturhafte Vieldeutigkeit [...]. Der von dämonischem Wissen um die Vielspältigkeit der Menschenseele zerklüftete, freilich nicht naturhaft wiederum zusammengeschlossene, große dänische Denker Kierkegaard schreibt: „In einem Leben von siebzig Jahren alle möglichen Wesenheiten gehabt zu haben und sein Leben wie ein Musterbuch zu hinterlassen, das man zu gefälliger Auswahl aufschlagen kann, ist nicht so schwierig. Aber die eine Wesenheit voll und reich und dabei zugleich die entgegengesetzte zu haben und, indem man der einen Wesenheit das Wort und das Pathos gibt, da hinterlistig die entgegengesetzte unterzuschieben: das ist schwierig." – „Hinterlist unterzuschieben" ist charakteristisch für Kierkegaard; für Whitman gilt, daß in ihm sich die verschiedenen Wesenheiten naturhaft als Eines ineinanderfügten, mit kindhaft elementarer Selbstverständlichkeit, immer in warmer, Kraft und Liebe ausströmender Einheit des Seins [...].[97]

In Whitman fügen sich, Reisiger zufolge, „alle möglichen Wesenheiten" bruchlos in „Eines", in ihrer ganzen „elementaren Fülle" und trotz ihrer „Gegensätzlichkeit" und „Vieldeutigkeit". Exakt diese gelassene Inkorporation des Heterogenen und Widersprüchlichen gelingt Naphta und Settembrini aber gerade nicht; die „Vielspältigkeit der Menschenseele" bedeutet für sie ein buchstäblich existenzielles Problem. In diesem Sinne findet sich in dem von Reisiger herangezogenen Kierkegaard-Text (also in der *Unwissenschaftlichen Nachschrift*) ein Satz, der sich wie eine ausdrückliche Verneinung oder zumindest Infragestellung der von Whitman so betont gelassen vertretenen Widerspruchstoleranz liest: „Eines zu denken, und

---

96 Walt Whitmans Werke in zwei Bänden, Bd. 2, S. 83.
97 Ebd., Bd.1, S. XCVIII; Randanstreichung von Thomas Mann.

alles andere vergessen zu haben, ist nicht schwierig, aber das Eine zu denken und im selben Augenblick das Entgegengesetzte bei sich zu haben, und beides in Existenz zu vereinigen, das ist schwierig."[98] Der Weg zu einer ‚weiträumigen' – also zu einer kollektiven – Seins- und Weltauffassung, zu der Hans über den Begriff des Mittleren zumindest für die Zeit seines Schneetraums gelangt, erscheint von dieser Position fast aus unüberwindlich.

c) Funktion

Wie schon bei Goethe und Emerson erschöpfen sich Whitmans Überlegungen nicht in politischen, zeitkritischen und im weiteren Sinne weltanschaulichen Aspekten. Sie stehen vielmehr in unmittelbarem Zusammenhang mit weitreichenden Überlegungen zur Funktion und zur Form einer neuen Literatur (anhand seines in programmatischer Hinsicht doppeldeutigen Ensemble-Begriffs [Kap. III.2c] habe ich dies hier bereits nachgezeichnet). Dass Thomas Mann gerade die im engeren Sinne poetologischen Abschnitte bei Whitman mit besonderem Interesse zur Kenntnis genommen hat, weisen erneut einige Randanstreichungen nach – wie etwa diese in Reisigers Übersetzung der *Democratic Vistas*:

> Das Problem der Menschheit in der ganzen zivilisierten Welt von heute ist, von genügend hoher Warte aus betrachtet, sozial und religiös und muß letzten Endes von der Literatur in Angriff genommen und behandelt werden. Nie war ein solches Bedürfnis nach etwas vorhanden wie hier in den Staaten nach dem Dichter der Moderne oder dem großen Literatus der Moderne [...].[99]

‚In Angriff genommen und behandelt werden': Ohne dass der *Zauberberg* in einer solchen „Indienstnahme"[100] der Literatur für das demokratische Ethos gänzlich aufginge, ist die Zielsetzung des Romans mit Whitmans

---

98 Sören Kierkegaard: Philosophische Brosamen und Unwissenschaftliche Nachschrift. Unter Mitwirkung von Niels Thulstrup und der Kopenhagener Kierkegaard-Gesellschaft hg. von Hermann Diem und Walter Rest. Aus dem Dänischen von B. und S. Diderichsen. Vollständige Ausgabe, München 2005, S. 522 f. Im Kontext der breiten Kierkegaard-Rezeption in der deutschsprachigen Literatur der Moderne akzentuiert Reisiger – folgt man der von Wiebe vorgeschlagenen Typologie – die Dimension des Existenziellen (vgl. Christian Wiebe: Der witzige, tiefe, leidenschaftliche Kierkegaard. Zur Kierkegaard-Rezeption in der deutschsprachigen Literatur bis 1920, Heidelberg 2012, S. 407.).
99 Walt Whitmans Werke in zwei Bänden, Bd. 1, S. 23; Randanstreichung von Thomas Mann.
100 Detering: Thomas Manns amerikanische Religion, S. 55.

poetologischer Formulierung doch recht schlüssig zusammenzubringen. Worauf läuft die Erzählung am Ende schließlich hinaus? Indem sie die intellektuellen und diskursiven Prinzipien der ‚großen Gereiztheit' offenlegt und ihre gewaltsamen, kriegerischen Folgen erzählerisch zur Darstellung bringt, führt sie die Leser zu einer Erkenntnis *ex negativo*, und zwar in genau zwei Schritten. Einerseits läuft der Roman auf eine implizite Absage an das radikale, konsequente Denken in Gegensätzen hinaus, die sich mit einem imperativischen Lehrsatz aus der *Dialektik der Aufklärung* umschreiben lässt: „[D]er Logik spotten, wenn sie gegen die Menschheit ist."[101] Andererseits wird im Zuge dessen die Mitte als eine dem Leben gemäße Haltung profiliert, welche die unvermeidlichen Inkonsequenzen des menschlichen Daseins – die intellektuellen und emotionalen Widersprüche, Mehrdeutigkeiten, Mischzustände – mit „Güte und Menschenliebe"[102] hinzunehmen weiß. Dies allerdings bleibt im Roman eine nur momentane Idee, die sich für Hans Castorp als uneinlösbar, ja nicht einmal als memorierbar erweist.

Und doch zeigt sich gerade hier die *kollektivpoetische Signatur des Romans*, und zwar erstens in dem teils explizit, teils implizit konturierten Subjektbegriff: In der Entschärfung von Gegensätzen durch eine intermediäre Perspektive sowie in der Konzeption des Ich als Träger einer Vielheit von Gedanken und Empfindungen trifft sich Thomas Mann mit Walt Whitman und steht damit zugleich indirekt in Verbindung zu Goethe und Emerson. Darüber hinaus entwickelt der Roman zweitens eine Idee von demokratischer Staatlichkeit, die in einer ‚verständig-freundlichen' Mittelstellung zwischen radikalem Individualismus und totalitärer Synthese angesiedelt ist. Dabei kommt insbesondere der sozialen Liebe – im universalistischen Sinne verstanden – nicht nur bei Whitman, sondern auch bei Thomas Mann eine entscheidende Funktion zu: Nur sie allein vermag aus der Vielheit der Einzelnen, deren freie Entfaltung nicht etwa eingeschränkt, sondern im Gegenteil befördert wird, das kollektive Gebilde der demokratischen Gemeinschaft zu erzeugen.

---

101 Max Horkheimer/Theodor W. Adorno: Dialektik der Aufklärung. Philosophische Fragmente [1944/69], hg. von Rolf Tiedemann, Frankfurt am Main 1981, S. 248.
102 GKFA 5.1, S. 748.

3. Zwischen den Gegensätzen: *Von deutscher Republik*

Eines der zentralen Probleme des *Zauberberg* besteht im Versagen einer kollektiven Selbst- und Weltauffassung im Sinne Whitmans – auf dieses Ergebnis läuft die hier vorgestellte Interpretation im Kern hinaus. Wenn nun aber, wie eingangs behauptet, die im Jahr 1922 gehaltene Rede *Von deutscher Republik* auf diese Problemkonstellation als ein Lösungsansatz bezogen sein sollte, so müsste sich eine Art inhaltliches Korrespondenzverhältnis bestimmen lassen. Oder etwas genauer: Die Rede müsste einen Ansatz *gelingender Kollektivität* enthalten, also eine positiv besetzte Idee von heterogener Vielheit und lockerer Einheitsstiftung, die sowohl das einzelne Subjekt als auch die soziale Gemeinschaft beträfe.

Bevor ich Thomas Manns Rede nach diesem Aspekt befrage, noch ein Wort zum Textstatus, und zwar gerade auch im Verhältnis zum *Zauberberg*. Wo nämlich der Roman implizit, also im Umkehrschluss auf die Notwendigkeit der Kollektivität als eines modernen Selbst- und Gemeinschaftsmodells hinausläuft, bezieht die Republikrede – gehalten im Berliner Beethovensaal aus Anlass des 60. Geburtstags von Gerhart Hauptmann, der allerdings selbst nicht zugegen war – eine explizite Position gegenüber der gesellschaftspolitischen Realität der Weimarer Republik: In Abgrenzung zum kriegerischen Monarchismus der vorangegangenen *Betrachtungen eines Unpolitischen* tritt Thomas Mann nun für „die Republik als deutsche Lebensform"[103] ein und versucht diese seiner national gesinnten Zuhörerschaft plausibel zu machen, wozu er unter anderem – und zwar wie schon im „Schnee"-Kapitel – auf Walt Whitman zurückgreift. Dies wiederum geht mit dem Rekurs auf den von Abraham Lincoln geprägten Begriff der „Einheit der Union"[104] einher, den Thomas Mann kurzerhand auf die Situation der Weimarer Republik überträgt. Aber: Ist mit diesen ersten Indizien zugleich schon ein Bezug auf die Idee des Kollektiven gegeben?

Ansetzen möchte ich bei der über Jahrzehnte verfestigten Behauptung, an Walt Whitman habe Thomas Mann in erster Linie die Verbindung von Demokratie und Homosexualität interessiert. Aus dieser Perspektive erscheint Whitman nämlich meist nur als ein weiterer Impulsgeber neben Hans Blüher mit seiner Schrift über *Die Rolle der Erotik in der männlichen Gesellschaft*, was seinem Stellenwert für die Republikrede keineswegs ge-

---

103 Stefan Rehm: [Art.] *Von deutscher Republik* (1922), in: Thomas Mann Handbuch II, S. 162–164, hier S. 163.
104 GKFA 15.1, S. 540.

recht wird: Der Name des amerikanischen Dichters fällt in ihr schließlich insgesamt neunzehnmal.[105] Aber auch die philologische Forschung gibt Anlass zur Skepsis am etablierten Forschungskonsens: Vor allem die Beiträge von Vincent Cosentino[106] und Heinrich Detering haben gezeigt, dass sich die zahlreichen Marginalien in der nachgelassenen Reisiger-Ausgabe deutlich weniger auf Aspekte der „Männer- und Knabenliebe" als vielmehr auf Whitmans „religiöse und [...] anthropologische Begründung des Demokratiebegriffs" beziehen.[107]

Aus den sich hier andeutenden Befunden ergeben sich für diese Studie weitreichende Anschlussfragen. Zum einen: Kommt die bei Whitman formulierte „Überzeugung von der Einheit des Menschengeistes, aus der sich jene soziale und politische Gemeinschaft der vielen Einzelnen ergeben müsse",[108] auch in der Rede *Von deutscher Republik* zum Tragen? Und, falls dies der Fall sein sollte, auf welche Weise? Und wie lässt sich dies schließlich auf den im *Zauberberg* entfalteten Problemzusammenhang eines gewaltsam scheiternden Welt- und Selbstbezugs im Zeichen des Kollektiven rückbeziehen?

Mein Antwortversuch untergliedert sich in drei Schritte. Zunächst gilt es den offensichtlichsten Schnittpunkt zwischen dem Roman und der Rede in den Blick zu nehmen, also die Idee der Mitte, von der hier wie dort explizit gesprochen wird. Daran anschließend will ich die im Vortrag entfaltete Idee von Kollektivität rekonstruieren, wobei eingehend über Thomas Manns schwierige Affiliation von deutscher Romantik und amerikanischer Demokratie zu sprechen sein wird; hieran lässt sich zudem der entscheidende Unterschied zwischen der Idee des Kollektiven und der romantischen Theorie herausarbeiten, der für diese Arbeit im Ganzen von Bedeutung ist. Während in Hinsicht auf diese beiden Aspekte allenfalls

---

105 Grünzweig: Walt Whitmann, S. 121. Dass der diskursiven Verbindung von Demokratie und Homosexualität wesentliche Bedeutung für das in der Rede entfaltete Staatskonzept zukommt, bleibt allerdings unumstritten. In der Rede wird eine Staatsform umrissen, in der, so heißt es bei Thomas Mann, „das allgültig geglaubte Gesetz der Geschlechterpolarität sich als ausgeschaltet, als hinfällig erweist, und in der wir Gleiches mit Gleichem, reifere Männlichkeit mit aufschauender Jugend [...] oder junge Männlichkeit mit ihrem Ebenbilde zu leidenschaftlicher Gemeinschaft verbunden sehen" (GKFA 15.1, S. 553). Mir geht es hier lediglich um die Ausschließlichkeit, mit der dieser Aspekt in der bisherigen Forschung verhandelt wird. Vgl. in dieser Hinsicht auch die Interpretationen von Martin (Walt Whitman und Thomas Mann) sowie Grünzweig (Walt Whitmann, S. 119–126).
106 Cosentino: Walt Whitman's Influence on Thomas Mann, S. 226–232.
107 Detering: Thomas Manns amerikanische Religion, S. 50, 54.
108 Ebd., S. 53.

wissenschaftlicher Differenzierungsbedarf besteht, scheint mir die performative Dimension der Rede bislang noch weitgehend unberücksichtigt. Entscheidend ist dieser Aspekt aber insofern, als Thomas Mann in seiner Rede probeweise vorführt, wie sich ein demokratischer Diskurs entfalten könnte, der sich vom militanten Streitverfahren Naphtas und Settembrinis wesentlich unterscheidet.

Im Zuge dieser Darlegung wird sich nicht nur die oft konstatierte Bedeutung der romantischen Theorie für die Republikrede relativieren und damit ihr gängiges Verständnis als bloße Mediatisierung einer „deutschen romantische[n] Tradition der Kultur mit der Demokratie".[109] Darüber hinaus wird sich zeigen, dass Thomas Mann im Jahr 1922 auf seinem intellektuellen und politischen „Weg nach Westen"[110] bereits sehr viel weiter fortgeschritten ist, als er seinen nationalgesinnten Zuhörern, ja möglicherweise auch sich selbst bereits einzugestehen vermag.

a) Intermediarität

Der Begriff der „deutschen Mitte", den Thomas Mann immerhin zweimal in seiner Rede *Von deutscher Republik* anführt, nennt Hermann Kurzke „[e]ine Syntheseformel".[111] Es gehe dem Redner mit dieser Formulierung um „[d]as Deutschtum im Sinne einer ‚deutschen Mitte' als Synthese von Nord und Süd, Ost und West".[112] Von hier aus sei es wiederum nicht weit zum Schneetraum des *Zauberberg* mit seinem Wort von „der Mitte als des homo Dei Stand"; von einer „Beziehung"[113] zwischen Rede und Roman spricht Kurzke allgemein. Was aber ist damit insinuiert? Die textübergreifende Homogenität und Stabilität des Mittebegriffs soll die These untermauern, derzufolge Thomas Mann in seiner erklärten Wandlung zum „Vernunftrepublikaner" im Grunde doch weiterhin ein „Herzensmonar-

---

109 Tim Lörke: [Art.] Politik, in: Thomas Mann-Handbuch II, S. 264–265, hier S. 264.
110 Vaget: Thomas Mann, der Amerikaner, S. 41.
111 GKFA 15.2, S. 354.
112 GKFA 15.2, S. 241. Der Aspekt der Synthese wird auch betont von Heftrich: Zauberbergmusik, S. 312: „Die vereinigende Mitte zu finden und zu schaffen ist die Aufgabe des deutschen Geistes", so wird Thomas Manns argumentative Intention dort resümiert.
113 GKFA 15.2, S. 361 (Kommentar Kurzke).

chist" geblieben sei.[114] Der Begriff der „deutschen Mitte" findet sich schließlich bereits – im Sinne eben jener „ideologischen Topographie",[115] von der Kurzke in Bezug auf die Republikrede spricht – in den *Betrachtungen eines Unpolitischen*.[116]

Bei dieser synoptisch vorgehenden Lektüre gerät nun allerdings leicht die sehr folgenreiche Umdeutung des Intermediären aus dem Blick, die Thomas Mann zu Beginn der zwanziger Jahre vollzieht. In diesem Sinne hat Walter Müller-Seidel überzeugend die Notwendigkeit einer werkgeschichtlichen Differenzierung betont:

> Thomas Mann hat in den *Betrachtungen eines Unpolitischen* viel Mißverständliches über die[ ] Mitte gesagt; er hat sie in nationaler Aufwallung die deutsche Mitte genannt. Darum geht es im *Zauberberg* nicht, wenn von der Mitte als des Homo Dei Stand gesprochen wird. Die hier in Frage stehende Mitte ist deutbar als die Mitte des Menschen der Moderne überhaupt.[117]

Im *Zauberberg* meint der Mittebegriff demnach also etwas grundlegend anderes als die „Synthese von Nord und Süd, Ost und West" – etwas anderes auch als die geschichtsphilosophische Idee eines „Dritten Reiches", verstanden als „Versöhnung von Geist und Macht, Politik und Kultur",[118] wie sie in den *Betrachtungen* entworfen wird. Müller-Seidel zufolge geht es im Roman vielmehr um die „Zwischenstellung" des Subjekts in der modernen Welt insgesamt, um dessen Stellung an einem „Ort [...] zwischen den Gegensätzen".[119] Mit der hier vorgestellten Lektüre des Abschnitts „Schnee" – als einer an Whitman orientierten Aufwertung des Intermediären, als Einsicht in die unvermeidlichen Mischverhältnisse des menschlichen Daseins – stimmt dies schlüssig überein. Aber welcher Weg

---

114 Die in der Forschung vielfach zitierten Begriffe gehen zurück auf einen 1919 in der *Neuen Rundschau* erschienenen Aufsatz des Historikers Friedrich Meinecke; hier zit. nach Kurzke: Thomas Mann, S. 184. Eingehend zu diesem Aspekt das Kapitel „Vernunftrepublikaner" bei Manfred Görtemaker: Thomas Mann und die Politik, Frankfurt am Main 2005, S. 43–61.
115 Kurzke: Thomas Mann, S. 164.
116 Dass sich vergleichbare Reflexionen bereits in Thomas Manns frühen Erzählungen finden – in *Tonio Kröger* vor allem – findet bei Kurzke keine Erwähnung (s. dazu im Überblick Bernd Hamacher: [Art.] Norden – Süden/Osten – Westen, in: Thomas Mann-Handbuch II, S. 259–261).
117 Walter Müller-Seidel: Degeneration und Décadence: Thomas Mann auf dem Weg zum *Zauberberg*, in: Poetik und Geschichte. Viktor Žmegač zum 60. Geburtstag, hg. von Dieter Borchmeyer, Tübingen 1989, S. 118–135, hier S. 134.
118 Mehring: Thomas Mann, S. 188. Zur Korrelation von ‚deutscher Mitte' und ‚drittem Reich' siehe GKFA 15.2, S. 354 (Kommentar Kurzke).
119 Müller-Seidel: Degeneration und Décadence, S. 134.

führt von Müller-Seidels auf den *Zauberberg* bezogenen Überlegungen zu der hier in Frage stehenden Rede *Von deutscher Republik?*

Bei genauerer Betrachtung des Redetextes fällt auf, dass es Thomas Mann allenfalls implizit auf eine im engeren Sinne politische oder staatstheoretische Semantik des Mittebegriffs anzukommen scheint.[120] Stattdessen dehnt er sein Bedeutungsspektrum – ähnlich wie es auch im *Zauberberg* geschieht – in den Bereich des Allgemeinmenschlichen aus. Als Synonym wird von Thomas Mann der für sein Gesamtwerk bedeutsame Begriff der „Humanität"[121] ins Spiel gebracht, der seinerseits in engem Zusammenhang steht mit der Rede von „Liebe" und „Güte" im Roman. Die entscheidende Passage findet sich ganz am Ende des Vortrags; die „Humanität" wird dort als eine „nationale Sache" bezeichnet:

> Zwischen ästhetizistischer Vereinzelung und würdelosem Untergang des Individuums im Allgemeinen; zwischen Mystik und Ethik, Innerlichkeit und Staatlichkeit; zwischen todverbundener Verneinung des Ethischen, Bürgerlichen, des Wertes und einer nichts als wasserklar-ethischen Vernunftphilisterei ist sie [also die Humanität; K.S.] in Wahrheit die deutsche Mitte, das Schön-Menschliche, wovon unsere Besten träumten. Und wir huldigen ihrer positiven Rechtsform, als deren Sinn und Ziel wir die Einheit des politischen und des nationalen Lebens begriffen haben, indem wir unsere noch ungelenken Zungen zu dem Rufe schmeidigen: „Es lebe die Republik!"[122]

Betrachtet man diese – aufgrund ihres etwas angestrengten, ersichtlich um Eindruck bemühten Nominalstils – sehr verdichtete Passage etwas genauer, so lassen sich insgesamt zwei miteinander verquickte Argumente unterscheiden:

Erstens wird die allgemeine Grundhaltung des Dazwischen als positive Verwirklichung menschlicher Grundeigenschaften verstanden. Damit wird implizit eben jener „Abschied vom Prinzipiellen" (Odo Marquard) vollzogen, auf den auch der Schneetraum in seiner letzten, wenn auch bald schon vergessenen Konsequenz hinausläuft („zwischen Durchgängerei und Vernunft", „zwischen mystischer Gemeinschaft und windigem Einzeltum"). Die Gegensatzpaare, von denen Thomas Mann dabei im Einzelnen ausgeht, wirken zumindest in *dieser* Hinsicht eher unkonkret. Die Rede plädiert nicht im spezifischen, sondern im universellen Sinne für das In-

---

120 Ansatzpunkt der Rede ist vielmehr – so behauptet jedenfalls Mehring: Thomas Mann, S. 186 – die zeitgenössische Debatte um „Kulturstaatlichkeit bzw. um den Staat als ‚Kulturstaat'".
121 Siehe hierzu die Rekonstruktion des Humanitätsproblems von Detering: Thomas Manns prekärer Humanismus, insb. S. 221–223.
122 GKFA 15.1, S. 559.

termediäre. Es geht ihr um die Akzeptanz einer Vielheit an Wirklichkeiten, die sich in schlichten Binarismen gerade nicht erschöpft.

Zweitens wird die Republik und mit ihr die Demokratie als diejenige „positive Rechtsform" bestimmt, die allein dem Wesen des intermediären Menschen angemessen ist, weshalb ihr zu „huldigen" sei – eine auffällig emphatische Formulierung, die sich mit der These eines bloßen Vernunftrepublikanismus bei Thomas Mann kaum vereinbaren lässt.[123] Zu ganzer Entfaltung kommt der als Vielheit gedachte Mensch allein in der republikanischen Demokratie, das heißt „diesseits der linken oder rechten Radikalismen" in einer politischen „Kultur der Mitte".[124]

Neben dieser zugleich anthropologischen sowie kulturbezogenen Reflexion über das Intermediäre bemüht sich Thomas Mann außerdem um eine ideengeschichtliche Konturierung des Begriffs – namentlich in seiner Bezugnahme auf die Romantik, die hier in Gestalt des Novalis in Erscheinung tritt:

> Novalis glaubt nicht an eine „Vereinigung auf dem Standpunkt des gemeinen Bewußtseins". Weltliche Mächte, meinte der katholisierende Romantiker, können sich nicht selbst ins Gleichgewicht setzen; ein drittes Element, das weltlich und überirdisch zugleich ist, könne allein diese Aufgabe lösen, – der hierarchische Gedanke, die Idee der Kirche. Allein was sollen uns solche Träume? Wissen wir nicht von einem anderen „Dritten", das ebenfalls „weltlich und überirdisch", das heißt sozial und innerlich, menschlich und aristokratisch zugleich ist und zwischen Romantizismus und Aufklärung, zwischen Mystik und Ratio eine schöne und würdige, – man darf es sagen: eine *deutsche* Mitte hält? Und war es, zornige Freunde, nicht dies Element, das ich mit jenem Buchwerk, in wirklicher Lebensnot nach rechts und links, ja, unter schwerstem Druck, mehr noch nach links, als nach rechts, verteidigte: Das Element der *Humanität?*[125]

Es sind erneut gleich mehrere Argumente, die Thomas Mann in dieser zentralen Passage seiner Rede miteinander verbindet, ja durch syntaktische und terminologische Verdichtung geradezu verschmilzt. Um zwei Aspekte geht es dabei im Kern:

---

123 Die These eines „Vernunftrepublikanismus" bezieht sich eher (vgl. etwa Mehring: Thomas Mann, S. 189) auf einen Gestus nüchterner Akzeptanz, der die Rede *Von deutscher Republik* zumindest in Teilen charakterisiert: „[D]er Staat, ob wir wollen oder nicht, – er ist uns zugefallen. In unsere Hände ist er gelegt, in die jedes Einzelnen; er ist unsere Sache geworden, die wir gut zu machen haben, und das eben ist die Republik, – etwas anderes ist sie nicht" (GKFA 15.1, S. 525).
124 Marquard: Philosophie des Stattdessen S. 102.
125 GKFA 15.1, S. 535.

Gegen Novalis' romantischen Traum und damit gegen das Phantasma einer „Vereinigung" der modernen Dissoziation bestimmt Thomas Mann eine Haltung realistischer Diesseitigkeit; gegen die Aufhebung aller intellektuellen und kulturellen Gegensätze durch die Reinstallation eines hierarchischen Staatsmodells, das hier mit der katholischen Kirche identifiziert wird (hierbei nimmt Thomas Mann durchaus vereinfachend Bezug auf Novalis' Schrift über *Die Christenheit oder Europa*),[126] setzt der Redner das Prinzip des Intermediären, das auf einer Entschärfung und dadurch ermöglichten Vermittlung von Gegensätzen beruht. Seine begriffliche Chiffre für dieses Prinzip lautet: „Humanität".

Außerdem bemüht sich der Redner mit seinen Ausführungen zu ‚deutscher Mitte' bzw. ‚Humanität' zumindest oberflächlich „um die Konstruktion einer geistigen Kontinuität" von den *Betrachtungen eines Unpolitischen* („jenem Buchwerk") zur Rede *Von deutscher Republik*.[127] Die in der Forschung breit verhandelte und weiterhin umstrittene Frage, ob es ihm damit tatsächlich gelingt, den „radikale[n] Wandel"[128] seiner Position erfolgreich zu überspielen, ja ob darin überhaupt das *Ziel* seines rhetorischen Vorgehens besteht, darf hier aber zunächst dahingestellt bleiben (sie wird später im Abschnitt zur performativen Dimension der Rede erneut aufgegriffen). Wichtig für meine Argumentation ist zunächst nur die Identifikation von Humanität und Intermediarität als solche, weil sie als Gegenmodell zu der im *Zauberberg* entworfenen Korrelation von radikalem Denken und gewaltsamer Eskalation begriffen werden kann.

---

126 Warum vereinfachend? Novalis' Schrift ist, wie Gerhard Schulz betont und Thomas Mann unterschlägt, „nicht als Versuch zu wirklicher Geschichtsschreibung gemeint, sondern, wie ja überhaupt die Reflexion auf vergangene christliche Frömmigkeit im 18. Jahrhundert, als eine intellektuelle Übung auf der Suche nach Gesetzen der Geschichte, und hier insbesondere als eine Art Experiment in romantischer ‚Universalpoesie'; Geschichte wurde zu einer neuen Mythologie umfunktioniert um eines ‚Ewigen Friedens' wegen" (Gerhard Schulz: Romantik. Geschichte und Begriff, 2., durchgesehene Auflage, München 2002, S. 54). Hier zeichnet sich bereits ab, was mit Blick auf Thomas Manns Adaptation der romantischen Ideen ingesamt anzumerken ist (und hier sogleich noch eingehender ausgeführt wird), nämlich die Missachtung ihres regulativen Charakters.

127 Görtemaker: Thomas Mann und die Politik, S. 54.

128 Siehe auch hierzu Görtemaker: Thomas Mann und die Politik, S. 52 f. Zu Thomas Manns argumentationsstrategischem Ansatz in der Rede *Von deutscher Republik* vgl. außerdem Mehring: Thomas Mann, S. 187. Ob die Rede vom ‚radikalen Wandel' in Bezug auf die Republikrede überhaupt angebracht ist, diskutiert demgegenüber Tim Lörke: Thomas Manns republikanische Wende?, in: Thomas Mann Jahrbuch 29 (2016), S. 71–86.

Hierzu wiederum passt es, dass Thomas Mann den Begriff der „Humanität" in seinem offenen Brief an Reisiger mit Whitmans Demokratiebegriff gleichsetzt: „[D]enn ich sehe wohl, daß, was Whitman *‚Demokratie'* nennt, nichts anderes ist, als was wir, altmodischer, ‚Humanität' nennen."[129] Das Prinzip des Mittleren erscheint demgegenüber als das Grundprinzip einer „Deutschheit", die als „liberal im menschlichsten Sinne" verstanden wird, als „kulturmilde" und „würdig-friedfertig."[130] So gesehen, kleidet die Republikrede Hans Castorps „Traumgedicht vom Menschen" in ein gesellschaftspolitisches Gewand.

b) Kollektivität

Der Gedanke einer kollektiven, genauer: einer *pluralen* Subjektivität, der sich mit der Vorstellung des Intermediären implizit verbindet, wird in der Rede ausdrücklich zum Thema. Der Bezug auf Novalis verbindet sich dabei nicht bloß mit dem bereits im Frühwerk auftretenden Motiv des hamletischen Erkenntnisekels,[131] sondern auch – und darauf kommt es hier an – mit dem Verweis auf Whitman:

> Erkenntnis, wie es scheint, braucht nicht unbedingt hamletischen Ekel am Erkannten und seine Vernichtung im Erkenntnisekel zu bedeuten, wie bei Nietzsche; sie kann bejahend sein. Und Novalis ist mit solchen Gedanken dem Amerikaner sehr nahe, der gesagt hat, im Herzen der Demokratie ruhe letzten Endes das religiöse Element, und der sich als Sänger wie als Schriftsteller verliebt zeigt in das Wort „en masse", – gleich dem Novalis, der daraus nicht mehr und nicht weniger als eine mystische Formel macht. Er träumt von menschlicher Unsterblichkeit „en masse", dem höheren, zusammengesetzten Menschen, dem Genius. Pluralität, sagt er, sei Genius. Jede Person, die aus Personen bestehe, sei eine Person in der zweiten Potenz oder ein Genius [...]. Er stellt Betrachtungen an über das Leben und Denken „en masse" und findet, wenn Symphilosophie, gemeinschaftlich Denken möglich sei, so sei ein gemeinschaftlicher Wille, *die Realisierung großer, neuer Ideen* möglich.[132]

---

129 GKFA 15.1, S. 494.
130 GKFA 15.1, S. 517.
131 In *Tonio Kröger* stellt der Protagonist gesprächsweise fest: „Es gibt etwas, was ich Erkenntnisekel nenne, Lisaweta: Der Zustand, in dem es dem Menschen genügt, eine Sache zu durchschauen, um sich bereits zum Sterben angewidert (und durchaus nicht versöhnlich gestimmt) zu fühlen, – der Fall Hamlets, des Dänen, dieses typischen Litteraten" (GKFA 2.1, S. 276). Für weitere Belegstellen und ihre Auswertung vgl. Kurzke: Thomas Mann, S. 102.
132 GKFA 15.1, S. 542 f.; Hervorhebung im Original.

Tatsächlich verblüfft die hier beschriebene – und sich bis auf entsprechende Lesespuren in den *Democratic Vistas* zurückführbare (Abb. 7) – Nähe von deutscher Romantik und amerikanischer Demokratie zunächst. Aber sie vermag auf den ersten Blick zu überzeugen, zumal sich auch Novalis' Vorstellung eines Ich-Pluralismus mit dem politischen Ideal des Republikanismus verbindet, „wo der Staat die Hauptangelegenheit jeder Person ist, und jeder sein Dasein und seine Bedürfnisse, seine Tätigkeiten und seine Einsichten mit denen einer weitverbreiteten Gesellschaft verbunden, sein Leben an ein gewaltiges Leben geknüpft fühlt".[133]

Thomas Manns zugespitzte Formulierungen – „dem Amerikaner sehr nahe", „gleich dem Novalis" – rufen jedoch auch Widerspruch hervor, schließlich unterscheidet sich die romantische Vorstellung von pluraler Identität von der bei Whitman beschriebenen Kollektivität in ihrem regulativen Charakter, das heißt in ihrer Ausrichtung auf ein letztlich stets unerreichbares, immer nur annäherungsweise realisierbares Geschichtsziel.[134] Das bedeutet für die Republikrede: Was Thomas Mann in seinen Überlegungen stillschweigend unter den Tisch fallen lässt, das ist der *geschichtsphilosophische Zug*, der sich mit Novalis' Reflexionen charakteristisch verbindet. Das ästhetische Verfahren von Novalis' Fragmentensammlung *Glauben und Liebe*, die sich Thomas Mann nicht über seine wesentlichen Romantik-Vermittler Georg Brandes und Ricarda Huch, sondern über die intensive Lektüre des in seiner Nachlassbibliothek befindlichen Primärtextes angeeignet hat,[135] fußt entsprechend auf einem sehr grundlegenden Vorbehalt: „Die ganze Repraesentation beruht auf einem Gegenwärtig machen – des Nicht Gegenwärtigen und so fort – (Wunderkraft der *Fiction*.) Mein Glauben und Liebe beruht auf *Repraesentativem Glauben*."[136] An anderer Stelle scheint es sogar, als würde Novalis

---

133 GKFA 15.1, S. 544.
134 Die hier zugrundeliegende Geschichtsauffassung, schreibt Mähl, „betrachtet das Zukunftsziel der Geschichte als einen Imperativ oder, erkenntnistheoretisch gesprochen, als eine regulative Idee, die das menschliche Denken und Handeln bestimmen und leiten soll, ohne daß die empirische Vollendung in absehbarer Zeit erhofft werden könnte" (Mähl: Die Idee des goldenen Zeitalters, S. 543).
135 Grundlage hierfür war der dritte und vierte Band der *Sämmtlichen Werke* des Novalis (s. die genauen Angaben in GKFA 15.2, S. 885). Von dieser Lektüre zeugen insgesamt dreizehn (!) Exzerptseiten (vgl. GKFA 5.2, S. 346 f.).
136 Novalis: Schriften. Die Werke Friedrich von Hardenbergs, hg. von Richard Samuel in Zusammenarbeit mit Hans-Joachim Mähl und Gerhard Schulz, 3., nach den Handschriften ergänzte, erweiterte und verbesserte Auflage, Stuttgart 1977 ff., Bd. 3, S. 421 (hier Nr. 782). Die Äußerung stammt aus dem *Allgemeinen Brouillon*, sie bezieht sich aber – wie eindeutig markiert wird – auf *Glauben und Liebe*.

in antizipierender Hinsicht auf eben solche Leser wie Thomas Mann antworten, wenn er unmissverständlich feststellt: „Wer hier mit seinen historischen Erfahrungen angezogen kömmt, weiß gar nicht, wovon ich rede, und auf welchem Standpunct ich rede; dem sprech ich arabisch, und er thut am besten, seines Wegs zu gehen".[137]

In diesen von Novalis formulierten Vorbehalten bestätigt sich das, was Matthias Löwe in seiner differenzierten Untersuchung zu Thomas Manns Auseinandersetzung mit der Romantik unter anderem in der Republikrede so beschrieben hat:

> Thomas Mann [...] verwechselt gerade Symbol und Symbolisiertes, wenn er die regulative Gemeinschaftsidee des romantischen Republikanismus auf ein empirisches Phänomen überträgt, auf die Weimarer Republik. Er unterschlägt bei seiner Hardenberg-Deutung, dass es sich beim romantischen Republikanismus und dem pluralen Ich um absolute Postulate handelt, über die Frühromantiker nur im Modus der Sehnsucht sprechen, indem sie ihr ewiges Verfehlt-Werden in der Empirie kommunizieren.[138]

Folgt man Löwes Ausführungen, so liest Thomas Mann in seiner Rede durchaus waghalsig zusammen, was tatsächlich nur auf den ersten Blick zusammengehört.[139] Wenn Novalis vom pluralen Ich spricht, meint er damit *gerade nicht* das empirische Subjekt mit all seinen inneren Widersprüchen und die historisch gegebene Wirklichkeit, auf die Thomas Mann in seiner Rede – und im Blick auf seine eigene Biografie – eigentlich hinauswill. Wo es Novalis im romantischen Sinne um die ‚Konstruktion einer erhofften Tendenz'[140] zu tun ist, bezieht sich der von Thomas Mann herbeizitierte Whitman auf die moderne amerikanische Lebenswirklichkeit, *ohne* diese irgendeinem geschichtsphilosophischen Telos zu unterwerfen. Es ist eben dieser Befund einer prononcierten Diesseitigkeit, einer ausgeprägten Tendenz zur Realitätsbejahung, von der Whitmans Schreibprojekt, ja von der die Idee der Kollektivpoetik insgesamt getragen ist – und der sich vom romantischen „Ungenügen" an der Wirklichkeit, aus dem die

---

137 Novalis: Schriften, Bd. 2, S. 488 (hier Nr. 15).
138 Matthias Löwe: ‚Romantik' bei Thomas Mann. Leitbegriff, Rezeptionsobjekt, Strukturphänomen, in: Im Schatten des Lindenbaums. Thomas Mann und die Romantik. hg. von Jens Ewen u. a., Würzburg 2016, S. 21–70, hier S. 44.
139 Von einer „eigenwillige[n] und problematische[n] Konstruktion", von einem „prekäre[n] Verhältnis" spricht in diesem Zusammenhang auch Vaget: Thomas Mann, der Amerikaner, S. 44.
140 Löwe: ‚Romantik' bei Thomas Mann, S. 44.

„Sehnsucht nach Ausdehnung, Erweiterung, nach dem Ganzen" erwächst, deutlich unterscheidet.[141]

Die weiterführende Frage, die sich hieraus ergibt, liegt nun einigermaßen nahe: Wie kann Thomas Mann in der Rede *Von deutscher Republik* behaupten, es gäbe für ihn mit Blick auf die *Betrachtungen eines Unpolitischen* „nichts Wesentliches"[142] zurückzunehmen? Zumal er die abgründige Radikalität des romantischen Denkens – „Krieg ist Romantik"[143] – in seine damaligen Überlegungen doch ausdrücklich mit einbezieht?

Die frühere Ablehnung *und* die gegenwärtige Befürwortung der Demokratie werden in der Republikrede in einem geistesgeschichtlichen Kontinuum verortet, das mit einem äußerst weit gedehnten und in sich widerspruchsvollen Begriff von Romantik identifiziert wird. Zu dieser begrifflichen Funktionalisierung hat wiederum Löwe eine aufschlussreiche These entwickelt. Demnach wolle Thomas Mann mit der expliziten Bezugnahme auf seine intellektuelle Entwicklung *seinerseits* ein Beispiel für die romantische Idee der Ich-Pluralität geben; es gehe ihm darum, die „humanisierende und demokratisierende Wirkung von biographischen Spannungen" anhand der eigenen Person anschaulich zu machen.[144] In diesem Sinne erneuert Thomas Mann in seiner Rede die Idee vom „Ich als einer Aufgabe", von der er in seinem ebenfalls 1922 gehaltenen Vortrag über *Bekenntnis und Erziehung* spricht,[145] und bezieht sie für sich und seine Zuhörer auf die politische Situation seiner Zeit: „Mit dem pluralen Ich der Romantiker formuliert er [...] ein Identifikationsangebot für jene Gegner der Weimarer Republik, die die Niederlage im Ersten Weltkrieg, den

---

141 Lothar Pikulik: Frühromantik. Epoche – Werke – Wirkung. 2., bibliographisch ergänzte Auflage, München 2000, S. 135. Allenfalls bei Emerson finden sich romantische Denkfiguren, die sich mit zumindest sporadischen Novalis-Kenntnissen verbinden (vgl. Richardson: The Mind on Fire, S. 377 und 458). Hierbei aber geht es bezeichnenderweise nicht um den bei Thomas Mann genannten „demokratische[n] Pluralism" von „amerikanischer Frische" (GKFA 15.1, S. 544), sondern in erster Linie um eine kunstreligiöse Hypostasierung des Dichters.
142 GKFA 15.1, S. 533.
143 GKFA 15.1, S. 519.
144 Löwe: ‚Romantik' bei Thomas Mann, S. 39.
145 Dort in literaturbezogener Hinsicht: „[E]ben dies Gefühl der Verbesserungs- und Vervollkommnungsbedürftigkeit, diese Empfindung des eigenen Ich als einer *Aufgabe*, einer sittlichen, ästhetischen, kulturellen Verpflichtung, *objektiviert* sich im Helden des autobiographischen Bildungs- und Entwicklungsromans" (GKFA 15.1, S. 484; Hervorhebung im Original).

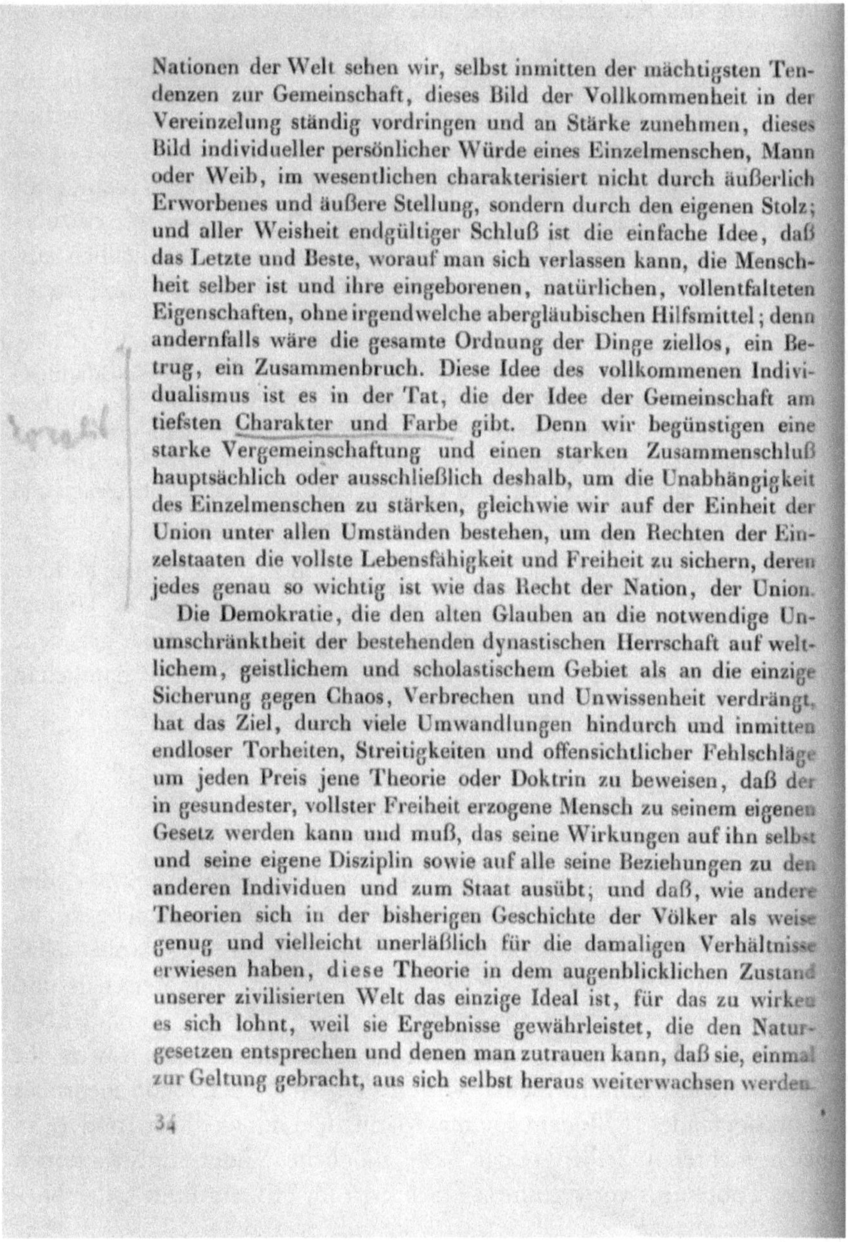

Nationen der Welt sehen wir, selbst inmitten der mächtigsten Tendenzen zur Gemeinschaft, dieses Bild der Vollkommenheit in der Vereinzelung ständig vordringen und an Stärke zunehmen, dieses Bild individueller persönlicher Würde eines Einzelmenschen, Mann oder Weib, im wesentlichen charakterisiert nicht durch äußerlich Erworbenes und äußere Stellung, sondern durch den eigenen Stolz; und aller Weisheit endgültiger Schluß ist die einfache Idee, daß das Letzte und Beste, worauf man sich verlassen kann, die Menschheit selber ist und ihre eingeborenen, natürlichen, vollentfalteten Eigenschaften, ohne irgendwelche abergläubischen Hilfsmittel; denn andernfalls wäre die gesamte Ordnung der Dinge ziellos, ein Betrug, ein Zusammenbruch. Diese Idee des vollkommenen Individualismus ist es in der Tat, die der Idee der Gemeinschaft am tiefsten Charakter und Farbe gibt. Denn wir begünstigen eine starke Vergemeinschaftung und einen starken Zusammenschluß hauptsächlich oder ausschließlich deshalb, um die Unabhängigkeit des Einzelmenschen zu stärken, gleichwie wir auf der Einheit der Union unter allen Umständen bestehen, um den Rechten der Einzelstaaten die vollste Lebensfähigkeit und Freiheit zu sichern, deren jedes genau so wichtig ist wie das Recht der Nation, der Union.

Die Demokratie, die den alten Glauben an die notwendige Unumschränktheit der bestehenden dynastischen Herrschaft auf weltlichem, geistlichem und scholastischem Gebiet als an die einzige Sicherung gegen Chaos, Verbrechen und Unwissenheit verdrängt, hat das Ziel, durch viele Umwandlungen hindurch und inmitten endloser Torheiten, Streitigkeiten und offensichtlicher Fehlschläge um jeden Preis jene Theorie oder Doktrin zu beweisen, daß der in gesundester, vollster Freiheit erzogene Mensch zu seinem eigenen Gesetz werden kann und muß, das seine Wirkungen auf ihn selbst und seine eigene Disziplin sowie auf alle seine Beziehungen zu den anderen Individuen und zum Staat ausübt; und daß, wie andere Theorien sich in der bisherigen Geschichte der Völker als weise genug und vielleicht unerläßlich für die damaligen Verhältnisse erwiesen haben, diese Theorie in dem augenblicklichen Zustand unserer zivilisierten Welt das einzige Ideal ist, für das zu wirken es sich lohnt, weil sie Ergebnisse gewährleistet, die den Naturgesetzen entsprechen und denen man zutrauen kann, daß sie, einmal zur Geltung gebracht, aus sich selbst heraus weiterwachsen werden.

34

Abb. 7: Novalis in den *Democratic Vistas?*

Untergang des Kaiserreichs und den Versailler Vertrag als schweren lebensgeschichtlichen Bruch erfahren haben."[146]

Aber auch in Bezug auf dieses Argument muss einschränkend hinzugefügt werden: Indem Thomas Mann den Wandel seiner politischen Ansichten von den *Betrachtungen eines Unpolitischen* zur Rede *Von deutscher Republik* im Sinne der romantischen Ich-Pluralität auszulegen sucht, ohne dabei den Vorbehalt des Regulativen in seine Betrachtung mit einzubeziehen, begeht er eine klare Fehllektüre. Novalis warnt schließlich ausdrücklich vor einer „Verwechselung des Symbols mit dem Symbolisirten", denn:

> auf ihre[r] Identisirung – auf de[m] Glauben an wahrhafte, vollst[ändige] Repraesentation – und Relation des Bildes und des Originals – der Erscheinung und der Substanz – auf der Folgerung von äußerer Aehnlichkeit – auf durchgängige innre Übereinstimmung und Zusammenhang – kurz auf Verwechselungen von Sub[ject] und Obj[ect] beruht der ganze Aberglaube und Irrthum aller Zeiten.[147]

Wiederum: Eines anderen Beispiels und Vorbilds als Whitman hätte es auch in dieser Hinsicht eigentlich nicht gebraucht; worum es Thomas Mann geht, wird in dessen auf die empirische Realität, auf das gegebene Subjekt bezogenen Satz „Ich bin weiträumig, enthalte Vielheit" nämlich in der Tat, um mit Novalis zu sprechen, *identisiert* und *repräsentiert*.

c) Performanz

Thomas Manns Rede folgt im Ganzen einer Rhetorik der *persuasio*, dies wird gleich in den ersten Sätzen deutlich: Nach der Ansprache des zu ehrenden Gerhart Hauptmann, bei der Feierstunde am 13. Oktober selbst gar nicht zugegen, wendet sich der Redner an seine Zuhörerschaft und antizipiert zugleich deren ablehnende Reaktion: „Kommilitonen! (,Nanu?') Ich rede euch an, akademische Jugend, namentlich soweit ihr mit scharrender Unruhe meine Worte zu begleiten euch schon mehrmals bemüßigt fandet."[148] Indem Thomas Mann nicht nur an dieser, sondern an gleich mehreren Stellen seiner Rede mögliche Widerstandsreaktionen seines Publikums vorwegnimmt („Scharren im Hintergrunde", „Verbrei-

---

146 Löwe: ,Romantik' bei Thomas Mann, S. 39.
147 Novalis: Schriften, Bd. 3, 397 (hier Nr. 685).
148 GKFA 15.1, S. 516.

tete Unruhe", "Man scharrt"),[149] die aber allesamt "fiktiver Natur"[150] sind, inszeniert er den Berliner Beethovensaal als eine "Kampfarena".[151] Aber wie genau verläuft der hier veranstaltete ‚Kampf' – und wie geht er vor allem aus?

Überblickt man den Redetext im Ganzen, so zeigt sich eine im narrativen Sinne rekonstruierbare Verlaufsform: Die imaginierte Ablehnung, die sich zu Beginn der Rede vermeintlich in Unruhe und Scharren zum Ausdruck bringt, verstummt im weiteren Verlauf zusehends und schlägt am Ende – so die innere Logik des Vortrags – in allgemeine Zustimmung um. Dabei scheint der vorsichtige, zurückhaltende, *rollenhafte* Gestus der Schlussworte wohl zu Recht eher zustimmungsfähig als ein emphatisch-proklamatorischer Tonfall. So fordert Thomas Mann abschließend, einer „positiven Rechtsform [zu huldigen], als deren Sinn und Ziel wir die Einheit des politischen und des nationalen Lebens begriffen haben, indem wir unsere noch ungelenken Zungen zu dem Rufe schmeidigen: ‚Es lebe die Republik!'"[152]

Die betonte Nüchternheit und rationale Sachlichkeit („begriffen") passen zum Grundanliegen der Rede; das erklärte Ziel, das Thomas Mann in ihr verfolgt, wurde hier bereits benannt: „Mein Vorsatz ist, ich sage es offen heraus, euch, sofern das nötig ist, für die Republik zu gewinnen und für das, was Demokratie genannt wird".[153] Auf das in diesem Satz ausdrücklich benannte ‚Gewinnen-Wollen', das sich gleich in den ersten Sätzen der Rede in dreifacher Wiederholung findet,[154] kommt es besonders an. Blickt man von hier aus nämlich auf den *Zauberberg* zurück, auf die erbitterten Streitgespräche zwischen Naphta und Settembrini vor allem, so tut sich ein markanter Unterschied zur Rede *Von deutscher Republik* auf: Wo ein Redner seine Zuhörer für seine Sache gewinnen will, möchte er ihnen gerade nichts aufzwingen oder ihre Position gar auslöschen, um so zu

---

149 GKFA 15.1, S. 515, 517, 519.
150 GKFA 15.2, S. 349 (Kommentar Kurzke).
151 Löwe: ‚Romantik' bei Thomas Mann, S. 23. Grünzweig interpretiert die von Thomas Mann erwähnten Publikumsreaktionen als einen faktischen Widerstand („[d]ie Zuhörerschaft [...] war nicht recht zufrieden") und unterschätzt dabei, meine ich, den inszenatorisch-performativen Charakter der Rede (Grünzweig: Walt Whitmann, S. 124).
152 GKFA 15.1, S. 559.
153 GKFA 15.1, S. 522.
154 „[I]ch werde zu Ende reden und Herz und Geist daran setzen, sie" – gemeint ist die „deutsche Jugend" – „zu *gewinnen*. Denn *gewonnen* muß sie werden, soviel ist sicher, und ist auch zu *gewinnen*, da sie nicht schlecht ist, sondern nur stolz und vertrotzt in ihren scharrenden Teilen" (GKFA 15.1, S. 514; Hervorhebung K.S.).

einem in letzter Konsequenz gewaltsamen ‚Austrag der Differenz' (Naphta) zu gelangen. Eine in dieser Weise auf Verständigung zielende Haltung setzt voraus, dass die Sichtweise des Anderen zunächst einmal *wahrgenommen* wird – und sei es über kommunikative Akte wie Unruhe oder Scharren. Die daran anschließenden Gedankenschritte sind unmittelbar an diese Wahrnehmung gekoppelt, nämlich einerseits das Zugeständnis eines prinzipiellen Eigenrechts jeder Meinungsäußerung und andererseits die Einnahme einer relativierenden Haltung gegenüber der eigenen Position und ihres Geltungsanspruchs. Settembrini und Naphta vermögen weder das eine noch das andere – mit den bekannten Konsequenzen. Demgegenüber überführt die Republikrede den Erkenntnisgehalt des Schneetraums in eine konkrete Diskurspraxis, die sich durchaus als Gegenmodell zum verworrenen ‚Waffenlärm' nicht nur auf dem *Zauberberg*, sondern auch auf den Schlachtfeldern des großen Krieges verstehen lässt.[155]

Aber der hier erkennbare Lösungscharakter der Rede bezieht sich noch auf einen weiteren Aspekt, nämlich auf das Problem einer demokratischen Intellektualität, die Thomas Mann in seinem Vortrag anhand der eigenen Person performativ in Szene setzt. Schauen wir noch einmal auf den *Zauberberg* zurück: Woran genau scheitern Naphta und Settembrini? An der Integration unterschiedlicher, sich widersprechender Sichtweisen in die eigene Person; sie scheitern an der Selbstauffassung als kollektive Subjekte, an der Akzeptanz einer inneren Polyphonie im Sinne Whitmans. Um zu demonstrieren, wie sich die Rede zu diesem Problem verhält, will ich nachzeichnen, wie genau Thomas Mann seine Wandlung vom monarchistischen Kriegsbefürworter zum Redner der demokratischen Republik begründet und welche Folgen sich daraus für die wissenschaftliche Bewertung dieses Sachverhalts ergeben.

---

155 Löwe würdigt den oft übersehenen ‚Performance-Charakter' der Rede ebenfalls. Hierbei kommt es allerdings zu einer gewissen Überbetonung des ‚Kampfcharakters'. Die von Thomas Mann inszenierte Rednerposition wird bei Löwe so pointiert: „[I]m direkten Angesicht eines (konstruierten) Gegners, der schon mit den Füßen scharrt, kommt man mit psychologischer Skepsis und romantischer Ironie nicht allzu weit, sondern in dieser Situation braucht man eine ‚weltanschauliche Waffe', d. h. für wahr gehaltene Ideen und Normen, die Halt geben" (Löwe: ‚Romantik' bei Thomas Mann, S. 45). Von Thomas Manns ausdrücklich benanntem Bestreben, seine Zuhörer von seiner Position zu überzeugen, ja sie für sich und seine Ansichten *gewinnen* zu wollen, ist dabei keine Rede, weshalb auch der Schluss, den Löwe aus seinen Beobachtungen zieht, allenfalls halb zu überzeugen vermag: „Er [also Thomas Mann] firmiert als nationale Gewissensinstanz, die im Augenblick der Bedrohung kämpferisch für Demokratie und Republik eintritt" (ebd.).

Bei genauerer Betrachtung des Redetextes zeigt sich, was in dieser Studie in ganz anderer Hinsicht bereits mehrfach beschrieben worden ist, nämlich die lockere Strukturhaftigkeit des Kollektiven. In diesem Sinne betont der Redner einen festen Rahmen an Werten und Normen, in dem sich unterschiedlichste Positionen frei entfalten, entwickeln und verwandeln können. Entsprechend deutlich weist er die Vermutung der intellektuellen Beliebigkeit von sich: Der Wandel trägt den Zweck keineswegs in sich (oder dient nur der Verhinderung gedanklicher Erstarrung), sondern folgt einem festen Set abstrakter Prinzipien; genannt werden unter anderem die ‚Wahrheit', der ‚Konservatismus', die ‚Humanität', das ‚Nationale'. Auf dieser Grundlage lässt sich für ihn selbst der auf den ersten Blick stark diskontinuierlich anmutende Denkweg von den *Betrachtungen eines Unpolitischen* zur Rede *Von deutscher Republik* durchaus rechtfertigen: „Ich gab meine Wahrheit und ich gebe sie heute"; „[s]o nötig es vielleicht ist [..,] daß in gewissen Perioden alles in Fluß gebracht werde, um neue notwendige Mischungen hervorzubringen [...], so unentbehrlich ist es jedoch ebenfalls, die Krise zu mildern und die totale Zerfließung zu behindern";[156] „war es [...] nicht dies Element, das ich mit jenem Buchwerk [...] verteidigte: Das Element der Humanität";[157] „[d]ie Republik – als ob das nicht immer noch Deutschland wäre".[158]

Innerhalb eines äußerst breit gesteckten Wertehorizontes werden also verschiedenste und durchaus gegensätzliche Ansichten vereint, ohne dass hierdurch der jeweilige Grundwert verleugnet oder gar verraten würde. Vom prinzipienfixierten Phantasma gedanklicher Ordnung und Sauberkeit, dem Naphta und Settembrini vergeblich anhängen, weiß diese Haltung folglich nichts, im Gegenteil: Die gedankliche Unreinheit wird bis zu einem bestimmten Grad hingenommen, wobei es auf diesen Grad entscheidend ankommt. Damit lässt sich der Ansatz der Republikrede an das Problem des Kollektiven zurückbinden: Der Vortrag entfaltet eine spannungsvolle Balance von Mannigfaltigkeit und Einheitlichkeit, Diversität und Totalität.

Dieses Beharren auf dem Prinzip der Kollektivität scheint mir in der germanistischen Diskussion über den Wandel des politischen Thomas Mann nicht angemessen berücksichtigt; das wissenschaftliche Bestreben, in dieser Frage zu einer *sauberen* Ja/Nein-Bewertung zu gelangen, trägt dem

---

156 GKFA 15.1, S. 533; Hervorhebung im Original hier getilgt (Thomas Mann zitiert zustimmend einen Novalis-Aphorismus).
157 GKFA 15.1, S. 535; Hervorhebung im Original hier getilgt.
158 GKFA 15.1, S. 529.

unsauberen Charakter der Gedanken, die Thomas Mann in seiner Rede entwickelt, keine Rechnung. Dies gilt auch für den Versuch, dem Redner eine Argumentationsstrategie zu unterstellen, die bemüht den Eindruck von intellektueller Kontinuität erwecken will.[159] Die Selbstrechtfertigung, die Thomas Mann in seiner Rede formuliert, dergestalt als rhetorisches Täuschungsmanöver zu bewerten, wird der Komplexität ihrer Herleitung kaum gerecht. Darüber hinaus ergibt sich hier ein Begründungsdefizit: Das vermeintliche Streben nach gedanklicher Beständigkeit erklärt sich schließlich nicht aus sich heraus. Wer immer also behauptet, Thomas Mann verleugne bewusst die inhärenten Widersprüche seiner Denkbewegung, um so den Anschein gedanklicher Beständigkeit zu erzeugen, müsste zunächst die Relevanz genau *dieses* Wertes für den Redner explizieren.

Was sich hingegen mit Blick auf die Rede diskutieren lässt, ist das Problem der sachlichen Plausibilität – genau dies wurde hier mit Blick auf den Referenzrahmen ‚deutsche Romantik' unternommen. Widerlegt ist der Redner aber auch damit nicht. Denn worum geht es Thomas Mann im Kern? Um die performative Inszenierung einer Denkbewegung, die offen genug ist, um intellektuellen Wandel zuzulassen, ohne zugleich die Bindung an eine fundamentale Werteordnung aufzugeben. Es geht ihm, anders gesagt, um die persönliche Exemplifizierung einer gedanklichen Elastik, die ein hohes Maß an Heterogenitätstoleranz aufweist – und selbst die sehr viel spätere Komisierung der eigenen Person als „Wanderredner der Demokratie"[160] nicht wirklich paradox erscheinen lässt.

Was dennoch verwundert, ist die Tatsache, dass und wie Thomas Mann schon wenige Jahre nach der Republikrede von den dort formulierten Positionen wieder abrücken wird. Schon in der *Pariser Rechenschaft* von 1926 heißt es ja in deutlicher Abgrenzung von Republik und Demokratie: „Was heute für Europa not täte, wäre die aufgeklärte Diktatur."[161] Und in *Kultur und Sozialismus* (1928) betont Thomas Mann, dass die *Betrachtungen eines Unpolitischen* „ästhetisch, als Dichtung genommen", weit

---

159 Mehring: Thomas Mann, S. 187.
160 E 6, S. 233 (*Der Künstler und die Gesellschaft*). Etwas anders erkennt Löwe (‚Romantik' bei Thomas Mann, S. 45) in diesem Kommentar aus dem Jahr 1952 ein ‚Abflauen' der früheren Demokratiebegeisterung (konkreter Bezugspunkt der Äußerung sind Thomas Manns Redneraktivitäten während der Zeit des amerikanischen Exils). Genau besehen, kommentiert Thomas Mann aber lediglich den *Redegestus*, der ihm im biografischen Rückblick exaltiert anmutet, nicht aber den *Redeinhalt*.
161 GKFA 15.1, S. 1134.

überzeugender ausgefallen seien „als jene väterliche Ermunterung zur Republik, mit der sein Verfasser ein paar Jahre danach eine störrige Jugend überraschte".[162]

Man muss vielleicht nicht so weit gehen, in diesen Belegen eine Herabstufung der in der Republikrede formulierten Konzepte – der ‚deutschen Mitte', der ‚inneren Republik' – zu regulativen Postulaten zu erkennen, womit sich Thomas Mann gleichsam nachträglich einer romantischen Geschichtsauffassung in Novalis' Sinne annäherte. Was sich hier aber zweifellos abzeichnet, ist eine prozesshafte Transformation des Demokratiebegriffs bei Thomas Mann: Die Rede *Von deutscher Republik* erscheint in dieser Hinsicht als ein Ausgangspunkt für eine langanhaltende und ungradlinige Suchbewegung – bis hin zu jener relativ konstanten Bestimmung der Demokratie als „Güte, Gerechtigkeit und Sympathie von *oben*". Ihre Legitimität bezieht diese Idee einerseits aus einer überpersönlichen, als transzendent begriffenen Kultur („Wenn aber Beethoven singt: ‚Seid umschlungen, Millionen, diesen Kuß der ganzen Welt!', *das* ist Demokratie"),[163] die sich andererseits in bestimmten, zur demokratischen Führung berufenen Persönlichkeiten verkörpert, so vor allem in dem von Thomas Mann so bewunderten „Rollstuhl-Cäsar"[164] Franklin D. Roosevelt. Zwischen diesen Überlegungen und der Republikrede von 1922, in der noch sehr viel nüchterner vom „grundangenehme[n]" und „bescheiden-würdige[n]" „Vater Ebert" als einem „Bürger unter Bürgern" die Rede ist,[165] liegt aber nichts Geringeres als die Erfahrung des Faschismus.

4. Kollektivität und Moderne: Abgrenzungen und Schlüsse

Ausgehend von dem bisher nachgezeichneten Problem- und Lösungszusammenhang, in dem Thomas Manns *Zauberberg* und seine Rede *Von deutscher Republik* stehen, lässt sich die Optik abschließend noch etwas weiter öffnen: einerseits in Hinsicht auf Thomas Manns intellektuelle und literarische Entwicklung seit 1918, in deren Kontext seine Auseinandersetzung mit Whitman einzuordnen ist; und andererseits mit Blick auf

---

162 E 3, S. 55.
163 E 5, S. 233 (*Schicksal und Aufgabe*); Sperrung als Kursivierung umgesetzt.
164 Vaget: Thomas Mann, der Amerikaner, S. 89 ff.
165 GKFA 15.1, S. 539.

die für diese Studie zentralen Fragen nach dem modernitätsspezifischen Charakter des Kollektiven.

a) Rolle und Rede

Geht man vom *Zauberberg* und der Republikrede zurück zum Frühwerk Thomas Manns, namentlich zu den Überlegungen zur *Gesellschaftlichen Stellung des Schriftstellers in Deutschland* aus dem Jahr 1910, so artikuliert sich dort noch ein gänzlich anderes, ja gegensätzliches Autorschafts- und Literaturverständnis. „Der literarische Geist", so Thomas Mann gegen Ende seines Artikels,

> ist die vornehmste, die höchste Offenbarung des Menschengeistes überhaupt. Er ist es, der das Verständnis für alles Menschliche weckt, der Sittigung, Veredelung, Bildung verbreitet, der die Schwächung dummer Überzeugungen und Werturteile betreibt und, während er die Sittlichkeit verfeinert und reizbar macht, zugleich doch zum Zweifel, zur Gerechtigkeit und Güte erzieht. Seine öffentliche Geltung kann nicht hoch genug sein [...].[166]

Höher lässt sich die soziale Stellung des Dichters, die gleichermaßen geistesaristokratisch (‚vornehm') und kunstreligiös (‚Offenbarung') geprägt ist, nicht ansetzen.

Dies hat auch in den literarischen Werken des Frühwerks Niederschlag gefunden, in der Novelle *Tonio Kröger* etwa, wo der „wirkliche[]" Künstler in den „Zügen eines Fürsten" erkannt wird, „der in Civil durch eine Volksmenge schreitet." Konstitutiv für seinen Stand sei der „Gegensatz zu den anderen, den Gewöhnlichen, den Ordentlichen [...], der Abgrund von Ironie, Unglaube, Opposition, Erkenntnis, Gefühl".[167] Nur aus dieser Stellung heraus lässt sich für Tonio schreiben, nur so lässt sich die Stellung des ‚literarischen Geistes' in der Gesellschaft begründen. Aber die Novelle exemplifiziert auch die Probleme, die mit einer derart elitär-exzeptionellen Dichter-Konzeption einhergehen: So gesteht Tonio ein, dass er „oft sterbensmüde" sei, „das Menschliche darzustellen, ohne am Menschlichen teilzuhaben". Das heißt, die „stolze[] Leidenschaft",[168] die dem Dichter zugeschrieben wird, erhebt zwar die Kunst in den Stand des Adels. Dabei aber handelt es sich um den „ganzen *kranken* Adel der Litteratur".[169] Für

---

166 E I, S. 122.
167 GKFA 2.1, S. 272 f.
168 GKFA 2.1, 272.
169 GKFA 2.1, S. 279; Hervorhebung K.S.

den jungen Thomas Mann sind große individuelle Leistungen in der Kunst ohne schöpferische Dekadenz nicht denkbar.

Nun erfährt dieser am Maßstab vollkommener Exzeptionalität orientierte Künstlerbegriff bereits in den *Betrachtungen eines Unpolitischen* eine grundlegende Umdeutung. Sichtbar wird dies vor allem in der zuletzt geschriebenen Vorrede von 1918, in der sich der Verfasser um eine „Selbstrevision" der im Haupttext dargelegten Ideen von 1914 bemüht.[170] Hierbei kommt es nicht nur zur Betonung der Rollenhaftigkeit seiner Äußerungen, die später auch für die performative Inszenierung der Republikrede entscheidend sein wird, sondern auch – wenn auch nur andeutungsweise – zur Bestimmung des Dichters als einer kollektiven Instanz:

> Es redet hier Einer, der, wie es im Texte heißt, nicht gewohnt ist, zu reden, sondern reden zu lassen, Menschen und Dinge, und der also reden „läßt" auch da noch, wo er unmittelbar zu reden scheint *und meint*. Ein Rest von Rolle, Advokatentum, Spiel, Artisterei, Über der Sache stehen, ein Rest von Überzeugungslosigkeit und jener dichterischen Sophistik, welche den Recht haben läßt, der eben redet, und der in diesem Falle ich selbst war, – ein solcher Rest blieb zweifellos überall […].[171]

Anders als die *Betrachtungen*, die als das Ergebnis individueller und dabei zugleich inszenierter Rede begriffen werden, interpretiert Thomas Mann die vorangegangenen, wohl im engeren Sinne literarischen Werke im Sinne des Kollektiven: als das Resultat von „Menschen und Dingen", die vom Autor lediglich zur Sprache gebracht, deren Rede in Schrift übertragen worden ist. Hierbei geht Thomas Mann gar soweit, den wahrhaftigen Selbstausdruck eines Dichters als bloße Fiktion abzutun: Er *scheint*, er *meint* nur selbst zu sprechen; tatsächlich aber ist er als Sprachrohr für viele Andere zu begreifen.

In der Vorrede zu den *Betrachtungen* zeichnet sich somit ab, auf welch fruchtbaren Boden die Whitman-Lektüre Anfang der zwanziger Jahre bei Thomas Mann gefallen ist – und wie sie für dessen intellektuelle und literarische Entwicklung zu bewerten ist: als Bestärkung in einem Prozess der schriftstellerischen und poetologischen Selbstreflexion, der bereits einige Jahre früher einsetzt und in dem Whitman als begriffsgebende Instanz fungiert.

---

170 Alexander Honold: [Art.] *Betrachtungen eines Unpolitischen*, in: Thomas Mann-Handbuch II, S. 156–162, hier S. 156.
171 GKFA 13.1, S. 14.

Dies hat Nachwirkungen über den Zeitpunkt der Republikrede hinaus. Am nähesten kommt Thomas Mann einer Whitman'schen Auffassung des Dichters als „multitude" wohl in seiner im Oktober 1926 gehaltenen Rede zur Gründung der Sektion für Dichtkunst an der Preußischen Akademie der Künste – und zwar *ohne* den Namen des amerikanischen Dichters in ihr nur einmal zu erwähnen. Die skizzierte Umdeutung seines schriftstellerischen Selbstverständnisses klingt dabei im Hintergrund mit, wird aber ebenfalls nicht ausdrücklich zum Thema:

> Jeder Künstler, besonders jeder Dichter von Wirkung, macht sie einmal, wenn nur erst gewisse Jahre bohemehafter Absolutheit und Beziehungslosigkeit vorüber sind. Ich sage es mit den einfachsten Worten. Er entdeckt, zuerst mit Unglauben, dann mit wachsender Freude und Rührung, daß seine Einsamkeit und Beziehungslosigkeit eine *Täuschung* war, eine *romantische* Täuschung, wenn sie wollen. Er entdeckt, daß er ein Ausdruck war, ein Mundstück; daß er für viele sprach, als er für sich, nur von sich zu sprechen glaubte. Er entdeckt, daß er allenfalls empfindlicher und ausdrucksreicher ist als die Mehrzahl der anderen, aber nicht anders, nicht fremd, nicht wirklich einsam, daß Kunst- und Geisteswerke nicht nur sozial *genossen*, sondern auch schon sozial *empfangen*, konzipiert werden: in einer tiefen, abenteuerlichen Einsamkeit, die sich, wer hätte es gedacht, als eine besondere Form der Gesellschaftlichkeit, *als soziale Einsamkeit* entpuppt. [...] Der deutsche Dichter entdeckt seine Sozialität.[172]

Thomas Mann entwirft den Dichter als ein „être collectif", indem er seine intensiv-apperzeptive (,empfindlich') und zugleich eloquent-artikulierende (,ausdrucksreich') Funktion für eine Vielheit der Anderen hervorhebt – als deren „Mundstück". Um einen ,abenteuerlichen' Vorgang handelt es sich dabei in der Tat: Anders als bei Whitman wirft sich dieses Kollektivwesen schließlich nicht hinein in das bunte Gewimmel des modernen Lebens, um aus einer auf universellen Empfang eingestellten Position heraus zu schreiben, sondern es verharrt in Distanz, ja in „Einsamkeit" sogar. Gerade darin aber soll sich die für ihn charakteristische „Sozialität" erweisen. Wie ist das zu verstehen? Thomas Mann scheint hier eine *wesensmäßige Inkorporation* jener Vielen und Anderen vorauszusetzen, die durch den Dichter hindurchsprechen, und zwar selbst dort, wo er „für sich, nur von sich" zu sprechen meint. Hieraus wiederum leitet sich ein starker Anspruch des Dichters auf Repräsentativität ab: als „ein Organ des nationalen Lebens", und dies keineswegs nur „offiziell-redensartlich",[173] sondern in einem ganz buchstäblichen Sinne.

---

172 E III, S. 42; Sperrungen als Kursivierungen umgesetzt.
173 E III, S. 42.

Mit welcher Konstanz Thomas Mann bei dieser Konzeption des Dichters bleiben wird, welche Modifikationen sie im Laufe der Jahrzehnte erfährt und wie sie außerdem in literarischer Hinsicht produktiv wird, ließe sich ausgehend von diesen kursorischen Bemerkungen aus weiter erforschen – mit Blick auf seinen späten Roman *Lotte in Weimar* etwa, in dem Goethes Selbstverständnis als Kollektivwesen literarisch ins Bild gesetzt wird. Ich beziehe mich hierbei vor allem auf das zentrale siebte Kapitel des Romans: Der lange Monolog, den Goethe hier spricht, erweist sich insofern als ein kollektiver Text, als in ihm heterogene Versatzstücke ganz unterschiedlicher Provenienz zu einem Ganzen zusammengesetzt sind.[174]

Zu denken ist aber auch an die von Thomas Mann Mann fürs amerikanische Lesepublikum erstellte und mit einem langen Vorwort versehene Goethe-Auswahl, die 1948 unter dem Reihentitel *The Permanent Goethe* erschienen ist. Die Auswahl, so lässt sich als These formulieren, bildet ein wahres Kollektivwesen ab, und der Bezug zu Amerika könnte expliziter nicht sein. So wie Thomas Manns auf Emerson rekurrierende Einleitung[175] mit dem berühmten Vers „America, you fare much better" beendet wird, so schließt die gesamte Anthologie mit eben diesem Gedicht (nun in Stephen Spenders Übertragung) ab: „AMERICA, you're better off than / Our continent, the old."[176] Nicht nur kommt Goethes 1827 entstandenes Gedicht *Den Vereinigten Staaten* im Ton der Übersetzung und in seiner Aussage vergleichbaren Versen bei Walt Whitman verblüffend nahe. Auch darf man wohl davon ausgehen, dass es Thomas Mann mit der Rahmung seiner Anthologie durch gerade *dieses* Gedicht auf einen impliziten Kommentar zur Nachkriegsgegenwart sowie einen positiven Appell an seine amerikanische Leserschaft ankommt. Zum Ausdruck kommt dies inbesondere in der zweiten Strophe:

> Use well the present and good luck to you
> And when your children begin writing poetry
> Let them guard well in all they do
> Against knight- robber- and ghost-story.[177]

---

174 Identifiziert werden die ‚aggregathaft' verbundenen Partikel im – entsprechend extensiven – Kommentar von Werner Frizen (GKFA 9.2, S. 482–691).
175 The Permanent Goethe. Edited, Selected and with an Introduction by Thomas Mann, New York 1948, S. xli. Grundlegende Informationen zur Entstehung und zum Aufbau der Goethe-Anthologie finden sich Hinrich Siefken: Thomas Mann Edits Goethe: „The Permanent Goethe", in: The Modern Language Review 77.4 (1982), S. 876–885.
176 The Permanent Goethe, S. xliii und S. 655.
177 The Permanent Goethe, S. 655.

b) Dezentralität als Normalzustand

Um Thomas Manns Stellung im Kontext der Moderne klarer zu konturieren,[178] lässt sich erneut auf seinen Kernbegriff der demokratischen Mitte eingehen, der literatur- und ideengeschichtlich sehr gut abgrenzbar ist. Ich will hierzu mit einigen kurzen Anmerkungen zu einem besonders einschlägigen Autor ansetzen, dem Thomas Mann zeitlebens mit großer Distanz und auch Skepsis begegnet ist und der in seinem Werk vergleichbar prominent, aber eben mit ganz anderer Akzentuierung von der Mitte spricht.[179]

Faszination aus Fremdheit, so lässt sich das große Interesse der heutigen literarischen Öffentlichkeit für den Dichter Stefan George wohl erklären. Denn tatsächlich gibt es wohl keinen Schriftsteller von kanonischem Rang, dessen Antworten auf die Herausforderungen der modernen Lebenswelt aus unserer Sicht ferner lägen. Georges kritische Auseinandersetzung mit dem Begriff der Mitte zeigt dies wie in einem Brennglas: „Der frühe George hat die Mitte gehasst, weil er den Bürger hasste", so hält Ernst Osterkamp in seiner Studie über Georges *Poesie der leeren Mitte* fest.[180] Zur Debatte steht also nichts Geringeres als das Fundament einer demokratisch verfassten Gesellschaft, was in einem Gedicht aus dem *Siebenten Ring* denn auch besonders klar zum Ausdruck kommt, und zwar in Form eines restaurativen Phantasmas:

> EINEM PATER
> Kehrt wieder kluge und gewandte väter !
> Auch euer gift und dolch ist bessre sitte
> als die der gleichheit-lobenden verräter.
> Kein schlimmrer Feind der Völker als DIE mitte![181]

---

178 Dazu mit vordringlichem Fokus auf ästhetische Fragen Matthias Löwe: „Freund, es geht nicht mehr." Thomas Mann und die Normativität der ästhetischen Moderne, in: Thomas Mann Jahrbuch 29 (2006), S. 9–29. Die einschlägigen, durchaus kontroversen Forschungspositionen werden referiert bei Moritz Baßler: [Art.] Moderne, in: Thomas Mann-Handbuch II, S. 328–329.

179 Zur Konstellation Thomas Mann/Stefan George siehe Wiebke Buchner: Die Gottesgabe des Wortes und des Gedankens. Kunst und Religion in den frühen Essays Thomas Manns, Würzburg 2011, S. 120–143.

180 Ernst Osterkamp: Poesie der leeren Mitte. Stefan Georges Neues Reich, München 2010, S. 130.

181 Stefan George: Werke. Ausgabe in vier Bänden. Vollständige Ausgabe. Nachdruck der von Robert Boehringer hg. Ausgabe […], München 1983, Bd. 2, S. 107.

Der wortgewaltigen Abfertigung von „Bürgertum, Gleichheit und Mitte" – für George sind dies offenkundig mehr oder weniger austauchbare Begriffe – steht hier „ein dezidiert vormodernes, feudales Ordnungsmodell" gegenüber,[182] in dem „kluge und gewandte väter" (gemeint sind die Jesuiten) ihren als natürlich begriffenen Herrschaftsanspruch erkennen und auch wahrnehmen. Die Welt der „gleichheit-lobenden verräter" wird demgegenüber mit einer „zum sozialen Prinzip gewordenen Lebenszerstörung"[183] in Verbindung gebracht, deren ganzes Ausmaß George wenige Jahre später von zweien seiner ‚Jünger' hat umreißen lassen:

> Nach weiteren fünfzig jahren fortgesetzten fortschritts werden auch diese lezten reste alter substanzen verschwunden sein, wenn es keine andern mehr als mit dem fortschrittlichen makel zur welt gekommene gibt, wenn durch verkehr, zeitung, schule, fabrik und kaserne die städtisch fortschrittliche verseuchung bis in die fernste weltecke gedrungen und die satanisch verkehrte, die Amerikawelt, die ameisenwelt sich endgültig eingerichtet hat.[184]

Bei dieser von hasserfülltem Ressentiment getragenen Ablehnung der modernen Bürgerwelt, die George auf den Begriff der Mitte zulaufen lässt, bleibt es im Zuge der weiteren Werkentwicklung allerdings nicht – auch dies arbeitet Osterkamp klar heraus. Im Spätwerk erfährt das Intermediäre vielmehr eine grundlegende Umsemantisierung. So ist Georges ‚Neues Reich' nirgendwo anders angesiedelt als in einer intermediären Sphäre, die nun aber nicht mehr als ein nivellierender Graubereich des bürgerlich-demokratischen Lebens verstanden wird, sondern als ein Sinnzentrum, um das sich die ausdifferenzierte, dissoziierte Gesellschaft der Moderne zu reorganisieren, ja zu *rezentralisieren* vermag. Und wie schon die Anrufung der jesuitischen Patres, deren Herrschaft der junge George herbeiwünscht, so wird auch die frohe Botschaft von der neuen Mitte im Modus des Poetischen zum Ausdruck gebracht. „Wer ist dein Gott?", so wird am Ende der lyrischen Einleitung zum *Stern des Bundes* ein religiöses Bekenntnis eingefordert, und das Textsubjekt antwortet mit psalmierenden Worten:

> Der gott ist das geheimnis höchster weihe
> Mit strahlen rings erweist er seine reihe :

---

182 Osterkamp: Poesie der leeren Mitte, S. 130 f.
183 Ebd., S. 131.
184 [Friedrich Gundolf/Friedrich Wolters:] Einleitung der Herausgeber, in: Jahrbuch für die geistige Bewegung 3 (1912), S. III–VIII, hier S. VIII.

> Der sohn aus sternenzeugung stellt ihn dar
> Den neue mitte aus dem geist gebar. [185]

Was in diesen Versen geschieht, läuft auf eine unverhohlene „Totalverwerfung der Moderne"[186] hinaus. Infolge der Offenbarung eines metaphysischen Prinzips – mit dem „sohn aus sternenerzeugung" ist niemand anderes als der Kindgott Maximin gemeint – verliert die „knechtende gegenwart" ihr „alleinrecht" und hat sich nunmehr „einer anderen richte zu bequemen".[187] Die erlösende Wirkung auf seinen Kreis beschreibt George in Worten, die der heutigen Esoterik durchaus nicht fremd sind:

> In uns kehrte die ruhe wieder die jeden *seinen mittelpunkt* finden liess und der mut die verworrenen bürden abzuwerfen und zu versenken im einheitlichen meer. Wir fühlten wie geringfügig alle streite der länder · alle leiden der kasten werden vorm dämmerschauer der grossen erneuungstaten: wie alle brennenden fragen der gesellschaften in wesenenlose finsternis verblassen wenn nach jeder ewigkeit den irdischen sich ein erlöser offenbart.[188]

Dass mit den „verworrenen bürden", von denen hier die Rede ist, der kritische Geist des modernen Subjekts gemeint ist (also: der „zerlegende[] dünkel", der den „untergang des Heiligtumes" nach sich zieht),[189] geht aus diesen Ausführungen nur wenig verdeckt hervor: Kritik und Offenbarung, Skepsis und Unterwerfung stehen bei George in einem streng antagonistischen Verhältnis.[190] Der inhärente Bruch besteht hierbei allerdings darin, dass Georges Ablehnung der gesellschaftlichen Ausdifferenzierung im Allgemeinen auch die Poesie im Besonderen betreffen müsste. Tatsächlich ist die Stilisierung der Literatur zum Medium einer soteriologischen Rezentralisierung ja überhaupt erst denkbar, wenn man die Poesie als unabhängigen Teilbereich der sozialen Welt betrachtet. Indem George der Literatur die Funktion zuweist, durch die Verkündung eines ‚Neuen Reiches' der Gesellschaft eine ‚Neue Mitte' geben und dadurch die soziale Ausdifferenzierung aufheben zu können, verkennt er die Tatsache, dass sein

---

185 George: Werke, Bd. 2, S. 134.
186 Osterkamp: Poesie der leeren Mitte, S. 134.
187 So heißt es in der Vorrede zu *Maximin* (George: Werke, Bd. 2, S. 306).
188 George: Werke, Bd. 2, S. 306; Hervorhebung K.S.
189 Ebd., S. 302.
190 Zwar wird dieses Gesamtbild hier und da geöffnet, durch liedhaft vorgetragene Schönheits- und Liebesvisionen etwa, die in der Lage sind, dem in Zweifel gezogenen Ich eine gewisse Stabilität zu geben. Eine Aufhebung von Mitte, Kreis und Reich leitet sich aber nicht daraus ab. Eingehend wird diese Ambivalenz beschrieben bei Dirk von Petersdorff: Fliehkräfte der Moderne. Zur Ich-Konstitution in der Lyrik des 20. Jahrhunderts, Tübingen 2005, S. 129–137.

literarischer Sprechakt *selbst* an eben diese Ausdifferenzierung gebunden ist. Sein Unternehmen erweist sich damit in letzter Konsequenz als paradox.[191]

Thomas Mann bildet mit seinen Reflexionen zum Intermediären nicht bloß einen Kontrast, sondern den präzisen Gegensatz zum George'schen Modell, genauer noch, im *Zauberberg* und in der Rede *Von deutscher Republik* erfährt eben das eine Aufwertung, was bei George zunächst nur abgelehnt und später überwunden werden soll: eine dezentralisierte Gegenwart der Moderne. Dies zeigt sich brisant am Amerika-Bezug: Wo George von seinen Jüngern das Bild einer ‚satanisch verkehrten Amerikawelt' verbreiten lässt, die in ihrer unübersichtlichen Vielheit und egalitären Sozialstruktur einer ‚Ameisenwelt' gleichgesetzt wird,[192] steht der Mittebegriff bei Thomas Mann in unmittelbarer, zustimmender Verbindung zur amerikanischen Literatur- und Denkgeschichte, namentlich zu Walt Whitman, den er lediglich in rechtfertigender Absicht mit deutscher Romantik und Novalis assoziiert.

Nicht nur im Rahmen der breiten Whitman-Rezeption in Deutschland kommt Thomas Mann damit eine besondere Stellung zu (was Grünzweig und andere in ihrer einseitigen Betonung des Homosexualitätsaspekts in der Republikrede nicht angemessen würdigen). Darüber hinaus hebt sich seine Position von der „Dominanz eines speziellen deutschen Weges durch die Moderne" deutlich ab, der sich in Anlehnung an Dirk von Petersdorffs epochengeschichtliche Reflexionen so beschreiben lässt: Während Stefan George eine unverhohlene „Geringschätzung von gesellschaftlicher Dif-

---

191 Dieser widersprüchliche Charakter zeigt sich anders auch darin, dass sich Stefan Georges „Poesie der Rezentrierung" (Osterkamp: Poesie der leeren Mitte, S. 129) nirgendwo so deutlich niederschlägt wie in seinem Gedicht über *Goethes lezte Nacht in Italien*, das den Band *Das Neue Reich* eröffnet. Bereits in der ersten Strophe ist die Rede von einem Paar, das sich „Mitten [!] im laub-rund" versammelt, um ebendort „umschlungen den grossen schwur" zu tun: „Mächtig durch der finsteren bräuche gewalt / Heben sie nun ihre häupter für herrschaft und helle. / Staunend hört ihren heldengesang die verklärung / Ewiger räume · dann trägt ihn der duftige wind / Über das schlummernde land und die raunende see" (George: Werke, Bd. 2, S. 181). Die hier beschriebene Konstellation könnte von Goethe, den George in seinem Gedicht „den plötzlichen Moment der Ausgießung einer göttlichen Kraft" (Osterkamp: Poesie der leeren Mitte, S. 125) erfahren lässt, nicht weiter entfernt sein. Verwiesen sei nur global auf meine Ausführungen zur intermediären Poetik der *Wanderjahre*, zum kulturpoetischen Vermittlungsprojekt der Zeitschrift *Ueber Kunst und Alterthum* und zum weitläufigen Themenkomplex ‚Weltliteratur' (in Kapitel I.3 und 4).
192 Womit freilich nicht die Absenz von sozialer Rangordnung gemeint sein kann, sondern wohl eher ein vermeintlich unzivilisierter, gewissermaßen eusozialer Charakter des amerikanischen Gesellschaftssystems.

ferenz" repräsentiert, was zugleich mit der „Hochschätzung" eines zentralisierten, als „Einheit" gedachten Gesellschaftssystems und mit „besonders starken kunstreligiösen Tendenzen" einhergeht, gelangt Thomas Mann zu einer Position, die „Heterogenität als Normalzustand moderner Gesellschaften akzeptiert" und in der republikanischen Demokratie ihre angemessene Realisationsform erkennt.[193]

Dieses allgemeine Ergebnis lässt sich auf die in dieser Studie nachgezeichnete Genese einer kollektiven Poetik als einer Literatur der offenen Gesellschaft beziehen. Aus dem bereits bei Goethe und Emerson angelegten Diskursideal und der von Whitman auf den Begriff der Demokratie gebrachten Vielstimmigkeit der modernen Welt zieht Thomas Mann konkrete politische Konsequenzen, die sowohl das Subjekt als auch den Staat, also die ‚äußere' und die ‚innere' Republik betreffen. Die schwärmerische Idee von Demokratie, die er bei Whitman kennenlernt, wird dadurch gleichsam vom Kopf auf die Füße gestellt. Dies wiederum geht damit einher, dass die für seine Vorgänger so essenzielle Frage nach einer kollektiven Ästhetik eher in den Hintergrund rückt. Das Intermediäre ist für Thomas Mann in erster Linie ein *anthropologischer Begriff*, aus dem er gesellschaftspolitische Konsequenzen zieht, und weniger eine *ästhetische Herausforderung* wie im Falle Goethes, Emersons oder Whitmans.[194]

Mit dieser Akzentsetzung verbindet sich eine grundlegend andere Wirkungsabsicht: Wo es Goethe, Emerson und Whitman um eine durch die Leser zu vollbringende, beide Seiten gleich berücksichtigende Vermittlung von Einzelnem und Ganzem zu tun ist, zielt Thomas Mann auf einen rationalen Nachvollzug von Argumenten – mit Blick auf den Problemzusammenhang des *Zauberberg* wie auch auf den Lösungsversuch in der Rede *Von deutscher Republik*. Es geht ihm, anders gesagt, nicht um eine Verstrickung der Leser in ‚reichhaltige Synthesen' oder in einen ‚Komplex des Ganzen', der einer Einübung in die kommunikativen Verhältnisse einer sich ausdifferenzierenden modernen Kultur und der Vermittlung der ihr eigenen Komplexität dienen soll, sondern um eine rational nachvollziehbare Begründung des kollektiven Subjekts und seines demokratischen Staates als zeitgemäße Notwendigkeiten. Der Roman *und* die Rede, die gleichermaßen auf einer literarischen bzw. performativen Inszenierung von

---

193 Enzensberger/Petersdorff: Wie soll man Geschichte(n) schreiben?, S. 44.
194 Dass diese Zurückhaltung zugleich aus einer formalen Erschöpfung des Romans um 1920 resultiert, der ja durch die avantgardistische Experimentalphase um 1900 bereits hindurchgegangen ist, kann dabei nicht ausgeschlossen werden.

innerer Polyphonie beruhen, erscheinen in diesem Zusammenhang als beispiel- und vorbildgebende Umsetzungen.

Schlussbetrachtungen

Anstatt die Ergebnisse meiner Untersuchung in sämtlichen Details zu resümieren, will ich einige der Fäden, die bereits in den Vorbemerkungen ausgelegt worden sind, noch einmal aufgreifen. Dies geschieht in drei nur lose miteinander verbundenen Ansätzen: zunächst aus dem Blickwinkel der *Goethe-Forschung*, womit auch die Frage nach der transatlantischen Dimension des Kollektiven berührt wird; dann mit Bezug auf die *ästhetische Theorie*, in deren Zentrum das formale Problem von Einheit und Vielheit steht; schließlich in Hinsicht auf das in dieser Studie mehrfach angesprochene, theoretisch aber bisher nicht weiter reflektierte *Diskursideal*. In der Zusammenschau dieser recht heterogenen Blickrichtungen ergibt sich bestenfalls ein Gesamtbild, das eine gewisse Einheit der Ergebnisse bezeugt, ohne zugleich die Divergenzen und Details der einzelnen Untersuchungen in Gänze zu überdecken – durchaus im Sinne der kollektiven Poetik selbst.

1. Ein „Verhältnis des Anagramms"

So ungewohnt, vielleicht überraschend sich manche der werkgenetischen Einflussbeziehungen ausnehmen mögen, die in diesem Buch nachgezeichnet worden sind – geht man noch einmal zurück an den Anfang, zum späten Goethe also, so stellt sich die transatlantische Karriere des Kollektivkonzepts als naheliegend, ja als *folgerichtig* dar. Hätte man Goethe die Frage gestellt, wo auf der Welt er das Ideal des Kollektiven als Gesellschaftsform bereits verwirklicht sähe, so wäre seine Antwort mit ziemlicher Sicherheit diese gewesen: in den Vereinigten Staaten von Amerika. Oder um es weniger mutmaßend zu formulieren: Was Emerson in den Mittelpunkt seiner Konzeption einer neuen amerikanischen Dichtung stellt, was sich von dort aus in Whitmans lyrische Selbstreflexion eingetragen hat und dann so bestimmend für Thomas Manns literarisch und essayistisch ausformulierte Vorstellung einer vielstimmigen Demokratie werden sollte – im Grunde ist all dies bei Goethe bereits angelegt und vorgedacht, es musste eigentlich nur zusammengesetzt werden.

Ich will diesen Zusammenhang, im Sinne eines Resümees und einer Vorgeschichte der kollektiven Poetik zugleich, in einigen Zügen skizzieren. Dazu werde ich nur einige Befunde aus dem vielschichtigen Problemkomplex ‚Goethe und Amerika' herausgreifen, der sich nicht nur in den literarischen Werken sowohl der Sturm-und-Drang-Periode als auch des Spätwerks, sondern ebenso in vielerlei Lektüren (zum Beispiel der Romane von James Fenimore Cooper), in geologischen Studien und sogar in der persönlichen Besuchspraxis niederschlägt.[1]

Ganz am Ende seines Aufsatzes über die „Lebensreise" des Wilhelm Meister, der gerade mit Blick auf die für den Roman so bedeutsame Auswanderer-Thematik aufschlussreich ist, formuliert Hans-Jürgen Schings eine wichtige Frage: „Ist es, nebenbei bemerkt, wirklich nur Zufall, daß der – 1829 neu hinzugekommene – Name ‚Makarie' und das – 1829 neu bewertete – ‚Amerika' exakt buchstabengleich sind, zueinander im Verhältnis des Anagramms stehen?"[2] Schings scharfsinnige Beobachtung wurde in der Forschung bislang nicht weiterführend diskutiert, und das obwohl es seit längerer Zeit schon eine hohe Sensibilität für die bisweilen durch „geringste Buchstaben- und Silbenbiegung"[3] verschlüsselten Namen in Goethes Werken gibt (verwiesen sei hier besonders auf Heinz Schlaffers einschlägige Untersuchung über „Namen und Buchstaben" in den *Wahlverwandtschaften*).[4] Aufgegriffen wurde Schings Frage erst in den letzten Jahren, und zwar von Safia Azzouni, deren Ausführungen in den Kern auch dieser Studie führen. Azzouni schreibt: „Als Problem, Versuch, aber auch Hoffnung ist die ‚Denkart' des Kollektiven in Makarie gestaltet."[5] Diese beherzte Ineinssetzung von Amerika und Makarie nicht bloß über den *Handlungsverlauf* (zur Erinnerung: Makarie finanziert das Auswandererprojekt als eine Reise „zu

---

1 Vgl. die Literaturhinweise bei Erhard Bahr: [Art.] Amerika, in: Goethe-Handbuch, Bd. 4/1, S. 30–33. Einen guten, facettenreichen Überblick bietet außerdem Walter Hinderer: Goethe und Amerika, in: Goethe und das Zeitalter der Romantik, hg. von dems., Würzburg 2002, S. 489–505.
2 Hans-Jürgen Schings: „Gedenke zu wandern". Wilhelm Meisters Lebensreise, in: Der Buchstab tödt – der Geist macht lebendig. Festschrift zum 60. Geburtstag von Hans-Gert Roloff […], hg. von James Hardin und Jörg Jungmayr, Bern 1992, Bd. 2, S. 1029–1044, hier S. 1041.
3 FA I/3.1, S. 197 (*Noten und Abhandlungen zu besserem Verständnis des West-östlichen Divans*).
4 Heinz Schlaffer: Namen und Buchstaben in Goethes „Wahlverwandtschaften", in: Jahrbuch der Jean-Paul-Gesellschaft 7 (1972), S. 84–102.
5 Azzouni: Kunst als praktische Wissenschaft, S. 240.

einem neuen Leben und Denken"),⁶ sondern außerdem über das *Konzept des Kollektiven* bedarf allerdings einer detaillierteren Erläuterung.

In welcher Hinsicht die als „geheime[s] Zentrum des ganzen Geschehens"⁷ und zugleich als „primär [...] geistiges Phänomen" entworfene Makarie für eine Denkart des Kollektiven steht, lässt sich nicht allein an ihren Handlungen erkennen, an ihrer Eigenheit also, Tätigkeiten „mit anderen oder durch andere" zu vollziehen.⁸ Darüber hinaus wird Makarie in Bezug auf ihre soziale Wirkung mit der Kollektividee in Verbindung gesetzt.⁹ Wie keine andere Figur in Goethes Roman steht sie für „eine[] gelungene[] Vermittlung von Individuum und Gemeinschaft",¹⁰ was der Erzähler voller Bewunderung so beschreibt:

> Einige allgemeine Betrachtungen werden hoffentlich hier am rechten Orte stehen. Das Verhältnis sämtlicher vorübergehenden Personen zu Makarien war vertraulich und ehrfurchtsvoll, alle fühlten die Gegenwart eines höheren Wesens, und doch blieb in solcher Gegenwart einem jeden die Freiheit ganz in seiner eigenen Natur zu erscheinen. Jeder zeigt sich wie er ist, mehr als je vor Eltern und Freunden, mit einer gewissen Zuversicht, denn er war gelockt und veranlaßt nur das Gute, das Beste was an ihm war an den Tag zu geben, daher beinahe eine allgemeine Zufriedenheit entstand.¹¹

Es sind Begriffe der Sozialität („sämtlicher vorübergehenden Personen", „alle fühlten die Gegenwart") und der Individualität („einem jeden die Freiheit", „ganz in seiner eigenen Natur"), die hier stark verdichtet zusammengeführt werden. Aber wie genau? Die allgemeinen Betrachtungen, die der Erzähler in diesem Abschnitt anstellt, lassen sich zurückführen auf die mereologische Grundformel, von der schon in den Vorbemerkungen zu dieser Studie die Rede war; auch in Makaries erzählerischer Charakterisierung geht es um nichts anderes als um das Verhältnis von *The One and the Many*, also um die Idee einer gesellschaftlichen Einheit, die der Individualität des Einzelnen nicht entgegensteht, sondern sie, ganz im Ge-

---

6   Ebd. Eher nebenbei wird auf das Anagramm Makarie/Amerika hingewiesen bei Christina Salmen: „Die ganze merkwürdige Verlassenschaft". Goethes Entsagungspoetik in *Wilhelm Meisters Wanderjahren*, Würzburg 2004, S. 25 f.
7   FA I/10, S. 1233 (Kommentar Neumann/Dewitz).
8   Azzouni: Kunst als praktische Wissenschaft, S. 201.
9   Dies wird, soweit ich sehe, bei Azzouni eher implizit betont, wenn von Makaries kollektiver Gesinnung die Rede ist: „Makarie vertraut nicht auf ein beschränktes ‚Ich', sondern sucht das ‚Wir' und lebt in ihm" (Azzouni: Kunst als praktische Wissenschaft, S. 204).
10 Claudia Schwamborn: Individualität in Goethes „Wanderjahren", Paderborn u. a. 1997, S. 39.
11 FA I/10, S. 732.

genteil, noch zu befördern scheint. Aus dieser Balance wiederum ergibt sich ein Zustand „allgemeiner Zufriedenheit", der jeden Einzelnen dazu anregt, „das Beste, was an ihm war, an den Tag zu geben". Makarie steht also nicht bloß für ein intellektuelles Prinzip, sondern zudem für ein durchaus utopisch gezeichnetes Sozialmodell,[12] das sich gut zusammenlesen lässt mit Goethes Kollektivbegriff, vor allem hinsichtlich des mit ihm verbundenen Diskursideals: *Makarie verkörpert und bewirkt eine gelingende Gemeinschaft der Einzelnen und Verschiedenen.*

Dass sich für Goethe mit dieser idealen Vorstellung ein Grundprinzip insbesondere der amerikanischen Gesellschaft verbindet, deutet sich nicht ausschließlich in Makaries anagrammatischer Namensgebung an. Es lässt sich außerdem anhand entsprechender Stellungnahmen aus derselben Werkphase belegen. Aufschlussreich ist in diesem Zusammenhang ein bislang eher wenig beachtetes Stück aus den *Maximen und Reflexionen*, das sich der religiösen Vielfalt im fernen „Neu York" widmet; die Informationen dazu entnimmt Goethe dem Reisetagebuch, das Herzog Bernhard von Sachsen-Weimar-Eisenach während seiner Reise durch Nordamerika in den Jahren 1825/26 angefertigt hat:

> In Neu York sind neunzig verschiedene Religionen, christliche Confessionen, von welchen jede auf ihre Art Gott und den Herrn bekennt, ohne weiter an einander irre zu werden. In der Naturforschung, ja in jeder Forschung, müssen wir es so weit bringen; denn was will das heißen daß jedermann von Liberalität spricht und den andern hindern will nach seiner Weise zu denken und sich auszusprechen?[13]

Die so beschriebene Vielfalt an Religionen, die in der prosperierenden Stadt am Hudson River aufeinandertreffen und zusammenkommen, stellt die gesellschaftliche Einheit also nicht in Frage, im Gegenteil, hier ist ein erstaunlicher Zustand des sozialen Friedens erreicht. An anderer Stelle äußert sich Goethe geradezu enthusiastisch über die – durch moderne Verkehrsinnovationen zukünftig noch gesteigerte – Pluralität an religiösen Lebensformen: „In Neuyork sagt man finden sich neunzig christliche

---

12 Bernd Hamacher: Frauengestalten in Goethes Werk. Stella, Iphigenie, Makarie und andere, in: Goethe und die Frauen, hg. von der Ortsvereinigung Hamburg der Goethe-Gesellschaft in Weimar, Dößel 2010, S. 32–60, hier S. 55 f.

13 FA I/13, S. 98. Das Tagebuch von Herzog Bernhard, das wesentlichen Einfluss hatte auf Goethes Amerika-Bild (und dessen literarische Repräsentation in den *Wanderjahren*), liegt nun erstmals in einer vollständigen Edition vor: Das Tagebuch der Reise durch Nord-Amerika in den Jahren 1825 und 1826, hg. von Walter Hinderer und Alexander Rosenbaum, Würzburg 2017, darin die New York-Passage, auf die sich Goethe in *Maximen und Reflexionen* bezieht, auf S. 255.

Kirchen abweichender Confession, und nun wird diese Stadt, besonders seit Eröffnung des Eriekanals, überschwänglich gränzenlos reich"[14] Verantwortlich für diesen sozialen Frieden sei eine allgemein geteilte Haltung der „Liberalität", die nun auch im Bereich des Säkularen wünschenswert sei: im Rahmen einer von allen Denk- und Sprechverboten befreiten Wissenschaft nämlich, womit Goethe wenig verschlüsselt auf den Streit um die Farbenlehre anspielt.[15] New York, das ist für Goethe ein *stadtgewordenes Kollektivwesen*, das über den amerikanischen Kontext hinaus als Vorbild auch für andere Bereiche des sozialen Lebens dienen könnte und sollte.

Bei dieser Reflexion des Kollektiven als eines vielversprechenden Sozialprinzips, das sich mit Makarie/Amerika verbindet, belässt es Goethe allerdings nicht, sondern er dehnt seine Reflexionen konsequent auf den Bereich der Poetik aus. So besteht Makaries „Hauptinteresse" ausgerechnet im „Sammeln" und im „Vereinigen von Gesammeltem",[16] was in erster Linie in der Aphorismenkollektion *Aus Makariens Archiv* zum Ausdruck kommt. Und ganz ähnlich wie in dem hier vorgestellten Heft der Zeitschrift *Ueber Kunst und Alterthum* finden sich auch in Makaries Archiv einige selbstreferenzielle Passagen – wie zum Beispiel die in semantischem Zusammenhang stehenden Aphorismen Nr. 75 und 76:

> Wissenschaften entfernen sich im Ganzen immer vom Leben und kehren nur durch einen Umweg wieder dahin zurück.

> Denn sie sind eigentlich Kompendien des Lebens; sie bringen die äußern und innern Erfahrungen in's Allgemeine, in einen Zusammenhang.[17]

Der Kernbegriff dieser Sätze, der Begriff des Kompendiums, steht für Goethe in engstem Zusammenhang mit dem Begriff des Kollektiven; dies wurde hier bereits an seiner Besprechung von Kunckels *Ars Vitraria Experimentalis* gezeigt (Kap. I.2). Jenseits der buchstäblichen Wortbedeutung[18] ist das Kompendium für Goethe genau jene Text- und Buchform, in der Vielfältiges und Unterschiedliches (,äußere und innere Erfahrungen') zusammengestellt und zugleich als Gesamtheit miteinander verbunden werden (,in's Allgemeine, in einen Zusammenhang bringen'). Das Einzelne verliert sich dabei nicht im Ganzen oder löst sich gar in ihm auf, sondern

---

14 FA I/13, S. 72.
15 Dazu Müller: „Mehr Licht", Kap. II.1.
16 Azzouni: Kunst als praktische Wissenschaft, S. 205.
17 FA I/10, S. 757.
18 Als „zusammenfassendes Lehrbuch (zum Gebrauch für Studierende), das das Wichtigste, die wesentlichen Zusammenhänge eines bestimmten (wiss) Fachgebietes vermittelt" (GWb, Bd. 5, Sp. 546).

kommt, im Gegenteil, in ihm erst angemessen zur Geltung. Was Makarie als *Person* in intellektueller und sozialer Hinsicht verkörpert, findet im ästhetischen Charakter ihres *Archivs*, das heißt im vielstimmigen Zusammenhang aus Einzelheiten, also seine ästhetische Entsprechung.

Dieser Befund aber ist für das Verständnis des Romanexperiments insgesamt von zentraler Bedeutung. In der mereologischen Anlage von Makaries Archiv zeigt sich „das Konstruktionspinzip des Goethe'schen Romans selbst", wie die Kommentatoren der *Frankfurter Ausgabe* zurecht betonen: „[I]m Bereich Makaries [stoßen] geistiges Ordnungsprinzip der Goetheschen Welt und poetologisches Prinzip seiner Romankonstruktion aufeinander."[19] Aber von welchem „poetologischen Prinzip" ist hier die Rede? Ohne selbst den Begriff zu verwenden, ist hier eben jene intermediäre Poetik des Kollektiven angesprochen, von der in sämtlichen Einzeluntersuchungen dieser Studie die Rede war: „als lebendige und irisierende Beziehung *zwischen* Aphorismus und Roman, *zwischen* lakonischem Einzelsatz und erzählter Geschichte."[20] Eine starre Form der Geschlossenheit im Sinne der traditionellen Werkästhetik widerspräche diesem Ansatz natürlich vollkommen, und vielleicht liegt darin auch ein guter Ansatzpunkt für eine Interpretation der umstrittenen Schlussworte des Romans: „Ist fortzusetzen."[21] Die kollektive Poetik, die in den *Wanderjahren* selbstreflexiv entfaltet wird, lässt sich *per se* nur vorläufig abschließen; ohne je das Bestreben nach Einheitsbildung gänzlich aufzugeben, zielt sie auf eine fortschreitende Integration des Heterogenen.

Liest man diesen Befund zusammen mit den Beobachtungen zur Konstellation Makarie/Amerika, so zeigt sich, dass der poetische Text – sei es der ‚aggregathafte' Roman, sei es ein ‚Kompendium', ein ‚Archiv' aus Aphorismen oder auch das ‚Ensemble' des Zeitschriftenheftes – für Goethe offenbar beides zugleich ist, nämlich Ausdrucksform *und* Reflexionsmedium des Kollektiven als eines sozialen *und* ästhetischen Grundproblems. Und gerade in dieser doppelten Hinsicht liegt aus amerikanischer Perspektive ein besonderes Attraktionspotenzial. Was Goethe gesellschaftlich reflektiert und literarisch produktiv werden lässt, entspricht präzise dem, was Harris als die bis zum heutigen Tage zentrale Herausforderung der amerikanischen Kultur begreift: „the American attempt to construct unity upon the basis of a difference-requirement as a specific instance of a more

---

19 FA I/10, S. 1075.
20 FA I/10, S. 1075; Hervorhebung K.S.
21 FA I/10, S. 774. Vgl. kurz zu den unterschiedlichen Deutungsperspektiven FA I/10, S. 1272 (Kommentar Neumann/Dewitz).

general and fundamental contradiction between an epistemological imperative to unity and the representational inevitability of differentiation."[22]

2. Das „schwierige Ganze"

Was in Goethes späten Selbstaussagen zu Literatur, Gesellschaft und Wissenschaft, in seinen poetischen Werken und publizistischen Projekten so äußerst vielschichtig entworfen ist, lässt sich mit einem Begriff des amerikanischen Architekten und Architekturtheoretikers Robert Venturi als „Verpflichtung auf das schwierige Ganze"[23] begreifen. Worum geht es dabei? Venturi entwirft die Theorie einer „komplexe[n] und widerspruchsreiche[n] Architektur [...], die von dem Reichtum und der Vieldeutigkeit moderner Lebenserfahrung zehrt."[24] Setzt man hier für den Begriff der ‚Architektur' den des ‚Textes' ein, so hat man eine ebenso allgemeine wie treffende Beschreibung nicht nur der Goethe'schen Kollektivpoetik, sondern zugleich auch ihrer Adaptationen und Modifikationen bei Emerson, Whitman und Thomas Mann.

Venturi grenzt seinen Ansatz von zwei Seiten aus ab: einerseits vom traditionellen Ideal einer ästhetischen Ganzheit, die nur „um den Preis der Ausgrenzung von Komplexität"[25] zu erreichen sei; und andererseits von einer Ästhetik der vollständigen Dezentrierung, die in ein „eklektische[s] Potpourri"[26] von Einzelheiten mündete. Die Idee des „schwierigen Ganzen" beruht für Venturi stattdessen auf der „prekären", gegebenenfalls sogar „inkonsistenten" Relation von individuellen Elementen, und hierbei dürfe auch das „Ungelöste" nicht ausgeschlossen werden.[27] Bemerkenswert ist dieser Ansatz insofern, als der Wert der ästhetischen Ganzheit hier offenbar „frei von den Charakteren der substanziellen Setzung und Geschlossenheit" gedacht wird, und zwar im Sinne einer offenen, durchlässigen, einer *elastischen* Form.[28] Die konkreten Muster, die Venturi hierbei aus archi-

---

22 Harris: E pluribus unum, S. 4.
23 Robert Venturi: Komplexität und Widerspruch in der Architektur [amerik. Orig. 1966], hg. von Heinrich Klotz, Gütersloh u. a. 2003, S. 136. Im amerikanischen Original lautet die Phrase: „The Obligation Toward the Difficult Whole".
24 Ebd., S. 23.
25 Ebd., S. 158.
26 So Welsch: Unsere postmoderne Moderne, S. 119, dem ich auch den Hinweis auf Venturis Schrift verdanke.
27 Venturi: Komplexität und Widerspruch, S. 130.
28 Welsch: Unsere postmoderne Moderne, S. 122.

tektonischer Sicht im Blick hat, sind etwa diese: „gegenläufige Beziehungen, gleichwertige Kombinationen, über sich hinaus weisende Fragmente und bewußte Dualismen".[29] Vergleichbar ist in dieser Studie die Rede gewesen von textuellen ‚Paarungen und Ballungen' (bei Goethe), von zitathaften ‚Kompilationen' (bei Emerson), von ‚Katalogen' des/der Gleichen (bei Whitman), vom inneren und äußeren ‚Gegen- und Durcheinander' heterogener Stimmen (bei Thomas Mann). Gleichermaßen ist damit keine formale Beliebigkeit oder entgrenzte Offenheit erreicht, sondern ein spannungsreiches, sich immer wieder neu ausbalancierendes Verhältnis von Einheit und Vielheit.

Nun ist Venturi selbstredend kein Zeitgenosse des 19. oder des frühen 20. Jahrhunderts, sondern einer der wichtigsten Vertreter eines gemäßigten Postmodernismus.[30] Was aber sagt es über die Kollektivpoetik aus, dass sich ihr ästhetisches Kernprinzip mit einem theoretischen Ansatz aus der Architekturtheorie des mittleren 20. Jahrhunderts so treffend zusammenlesen lässt?

Zum einen zeigt sich aus dieser Perspektive die bemerkenswerte Innovativität der Kollektivpoetik, die zwar angeschlossen ist an die Hauptströmungen der Literatur im 19. Jahrhundert (man denke hier nur an die rekurrenten Bezüge auf das romantische Denken), davon aber unabhängig einen vollkommen eigenen Modus der Modernereflexion herausgebildet hat, wobei gleichberechtigt und zugleich untrennbar eine ästhetische und eine soziale Dimension miteinander verbunden sind. Dass die Protagonisten dieser Studie nicht den literarischen und intellektuellen Mainstream ihrer jeweiligen Gegenwart repräsentieren, steht dabei außer Frage: Wenn Wolfgang Welsch in seiner klassischen Studie über *Unsere postmoderne Moderne* ausgerechnet an Goethe darlegt, dass und wie in seinem Werk eine generelle „Inkommensurabilität" als „Lebenswahrheit und Elixier der Kunst" erkennbar wird,[31] so betont er damit den unzeitgemäßen Charakter von dessen Kollektivpoetik. Ähnlich gilt dies für Thomas Mann, dessen starke Aufwertung in der literarischen Öffentlichkeit, so vermutet Dirk von Petersdorff, vielleicht nicht zufällig mit der „postmoderne[n] Ablösung" von den geschichtsphilosophisch überformten Ästhetiken des 20. Jahrhunderts zusammengefallen ist.[32] In beiden Fällen zeigt sich au-

---

29 Venturi: Komplexität und Widerspruch, S. 161.
30 Seine Theorie hat allerdings durchaus über die Architektur hinaus Gehör gefunden. Vgl. Welsch: Unsere postmoderne Moderne, S. 119–125.
31 Ebd., S. 125.
32 Petersdorff/Enzensberger: Wie schreibt man Geschichte(n)?, S. 44.

ßerdem, wie wenig sinnvoll es ist, die Idee des Kollektiven kurzerhand mit Aspekten der romantischen Theorie ineinszusetzen: Sieht man von Emersons kompensatorischem Synthesestreben und kritischer Gegenwartsdiagnostik einmal ab (Kap. II.2b), kommen die kollektivpoetischen Entwürfe, die in dieser Arbeit nachgezeichnet wurden, ohne jeden kulturkritischen Akzent und folglich auch ohne jedes geschichtsphilosophische Einheitsverlangen aus, und sei es bloß im ironisch-regulativen Sinne des von Thomas Mann herbeizitierten Novalis.

Zum anderen gibt es in der Literaturwissenschaft, meine ich, für die mittlere Formensprache der kollektiven Poetik weder ein etabliertes Beschreibungsinventar noch ein rechtes Gespür, was sich auf zwei Gründe zurückführen lässt: zum einen auf die konventionell starre Entgegensetzung von Werk und Fragment, Totalität und Dissoziation, die den Blick für den dazwischen liegenden Bereich der literarischen Ästhetik tendenziell verstellt (dies zeigt sich nicht nur in der germanistischen Debatte über den vermeintlichen Werkcharakter der Hefte *Ueber Kunst und Alterthum* [Kap. I.3], sondern auch in Bezug auf die strittige Literarizität der Kataloge [Kap. II.3b] in Whitmans *Leaves of Grass*); und zum anderen auf die poststrukturalistische Debatte in der Literaturtheorie, deren Akteure zwar in immer neuen Varianten eine ‚Dezentrierung des Sinns' beschrieben, damit aber nur eine individuelle und zudem äußerst radikale Position innerhalb des vielseitigen Spektrums an postmodernen Sichtweisen bezogen haben. Die moderate Idee einer ‚offenen Einheit',[33] wie sie Venturi denkt, hat in der literaturwissenschaftlichen Diskussion kein mir bekanntes Pendant.

Dies hat auch Auswirkungen auf die Wahrnehmung und Bewertung von Autorschaft. Das kollektive Autorsubjekt im emphatischen Sinne nämlich, wie es bei Goethe, Emerson, Whitman und Thomas Mann gedacht wird, lässt sich mit der radikalen Abwertung des Autors zum bloßen *écrivant* und *scripteur* eines „Gewebe[s] von Zitaten aus unzähligen Stätten der Kultur"[34] nicht erfassen. Worum es hierbei im Kern geht, ist wiederum auf mittlerer Ebene angesiedelt: Nicht allein die universelle Wahrnehmung und Aufnahme der vorgefundenen Wirklichkeit konstituiert das „être collectif", sondern zugleich seine Fähigkeit zur ästhetischen Gestaltung, zur avancierten Formgebung dieser Überfülle. Dies hat zwar kaum noch etwas zu tun mit der traditionellen Idee der Genieästhetik, von der sich der späte Goethe – mit Blick auf die Geschichte seiner eigenen Autorschaft – denn

---

33 Siehe Welsch: Unsere postmoderne Moderne, S. 126–128.
34 Barthes: Der Tod des Autors, S. 190.

auch klar absetzt. Eine vollständige *Auflösung* des kreativen Schöpfungspotenzials in den Bereich der Intertextualität aber wird hier ebensowenig proklamiert.

Aber es ist nicht nur aus ästhetischer Sicht erhellend, die kollektivpoetischen Ansätze, die ich in diesem Buch nachgezeichnet habe, aus dem Blickwinkel Venturis zu betrachten. Was dieser außerdem klar benennt, ist die ethische Dimension, die sich mit der Idee des ‚schwierigen Ganzen' immer schon verbindet: Ausdrücklich um eine „Haltung"[35] sei er in seiner Architektur bemüht. Worin aber besteht diese? Venturi ist auch in diesem Punkt sehr klar: In der „Verwirklichung der schwer erreichbaren Einheit im Mannigfachen", in der Erzeugung einer „Vielfalt" bei gleichzeitiger Verpflichtung auf die „Ganzheit".[36]

3. Die „Haltung" des Kollektiven

Die Forderung nach einer vernunftgeleiteten Begründung von Normen und einer Regulation des Diskurses durch das bessere Argument, die Bestimmung der öffentlichen Meinung als ein Produkt von Dialog und Diskussion – die wegweisende Bedeutung dieser unter dem Begriff der „Diskursethik" zusammengefassten Aspekte für die Begründung und Herausbildung einer demokratischen Öffentlichkeit in der Bundesrepublik ist unbestritten. Ohne Zweifel ist Jürgen Habermas einer der wichtigsten intellektuellen Impulsgeber der offenen Gesellschaft. Vielfach und breit kritisiert wurde allerdings die Zielidee, an der er seine Diskurstheorie ausrichtet und die er besonders prägnant ausbuchstabiert in seinen 1971 veröffentlichten *Vorbereitenden Bemerkungen zu einer Theorie der kommunikativen Kompetenz* (aus der zehn Jahre später die zweibändige *Theorie des kommunikativen Handelns* hervorgehen sollte).[37] Ich will diesen Ansatz wie auch die Kritik an ihm zumindest knapp skizzieren, um auf dieser Grundlage die von Venturi angesprochene „Haltung" des Kollektiven noch etwas klarer zu bestimmen.

„Verständigung", so heißt es gleich im ersten Satz der *Vorbereitenden Bemerkungen*, sei ein „normativer Begriff", denn: „Jede Verständigung

---

35 Venturi: Komplexität und Widerspruch, S. 23.
36 Ebd., S. 24.
37 Prägnant rekonstruiert – und mentalitätsgeschichtlich kontextualisiert – wird dies bei Walter Reese-Schäfer: Jürgen Habermas, Frankfurt am Main/New York ²1994, S. 119–124.

bewährt sich an einem wahren Konsensus, oder sie ist keine wirkliche Verständigung."[38] Die Antwort auf die naheliegende Frage, woran sich ein solcher „wahrer Konsensus" bemessen sollte, fällt dabei erklärtermaßen nicht-ontologisch aus. Für Habermas darf ein Diskursteilnehmer

> dann und nur dann einem Gegenstand ein Prädikat zusprechen, wenn auch jeder andere, der in ein Gespräch mit mir eintreten *könnte*, demselben Gegenstand das gleiche Prädikat zusprechen *würde*. […] Die Bedingung für wahre Aussagen ist die potenzielle Zustimmung *aller* anderen. Jeder andere müßte sich überzeugen können, daß ich dem Gegenstand das Prädikat *p* berechtigterweise zuspreche, und müßte mir zustimmen können.[39]

Entscheidend ist für Habermas, dass jeder Diskursteilnehmer die „Fähigkeit" besitzen müsse, „zwischen Sein und Schein, Wesen und Erscheinung, Sein und Sollen zuverlässig zu unterscheiden, um kompetent die Wahrheit von Aussagen, die Wahrhaftigkeit von Äußerungen und die Richtigkeit von Handlungen zu beurteilen."[40] Allein der „Idiot",[41] der zu jener ‚zuverlässigen Unterscheidung' und ‚kompetenten Beurteilung' nicht in der Lage ist, muss von der konsensualen Wahrheitsfindung ausgeschlossen werden; im Sinne der griechischen Ursprungsbedeutung des Begriffes ἰδιώτης muss er eine aus der politischen Öffentlichkeit ausgeschlossene Privatperson bleiben.[42] Die Bestimmung dessen, wer und was ein „Idiot" sei, das heißt die „Beurteilung der Kompetenz möglicher Beurteiler", delegiert Habermas dabei ihrerseits an den Diskurs: „[D]ie Beurteilung der Beurteilungskompetenz [müßte sich] ausweisen an einem

---

38 Jürgen Habermas: Vorbereitende Bemerkungen zu einer Theorie der kommunikativen Kompetenz, in: ders./Niklas Luhmann: Theorie der Gesellschaft oder Sozialtechnologie – was leistet die Systemforschung?, Frankfurt am Main 1971, S. 101–141, hier S. 123; Hervorhebung im Original.
39 Ebd., S. 124.
40 Ebd., S. 135.
41 Ebd., S. 129.
42 Begrifflich weniger voraussetzungsreich („Idiot") ist das Habermas-Handbuch in seiner Darstellung dieses Aspekts: „[W]ir betrachten Personen in dem Maße als rational, in dem sie fähig sind, im Falle einer jeweiligen Herausforderung das, was sie glauben, tun und sagen, mit Gründen zu rechtfertigen. In diesem Sinne als Zurechnungsfähigkeit verstandene Rationalität ist somit eng an die Fähigkeit zur Teilnahme an argumentativen Praktiken gebunden, d. h. an Praktiken der durch Begründungen und Argumente geleisteten Kritik und Rechtfertigung von problematisch gewordenen Ansprüchen" (Cristina Lafont: [Art.] Kommunikative Vernunft, in: Habermas-Handbuch, hg. von Hauke Brunkhorst u. a., Stuttgart 2009, S. 176–187, hier S. 177).

Konsensus der Art, für dessen Bewertung Kriterien gerade gefunden werden sollen."[43]

Besonders vehement kritisiert wurde Habermas' Theorie von Jean-François Lyotard und Odo Marquard, die sich auf je eigene Weise mit ihrer „vorgebliche[n] Universalität"[44] auseinandersetzen: Lyotard, indem er die Annahme, „daß alle Sprecher über Regeln oder über die für alle Sprachspiele universell gültigen Metapräskriptionen einig werden können, obwohl diese selbstverständlich heteromorph sind und heterogenen pragmatischen Regeln zugehören",[45] als eine nicht nur „unschuldige, sondern folgenschwere Illusion"[46] beschreibt; und Marquard, indem er Habermas unterstellt, einer Homogenisierung des „Besondere[n]" zugunsten des „Allgemeine[n]" das Wort zu reden. Er schreibt:

> [I]n diesem universalistischen Diskurs ist Vielheit – die Vielfalt der Meinungen – nur als Ausgangskonstellation gestattet; Bewegung der Kommunikation ist nur als Abbau der Vielfalt – der Vielfalt der Meinungen – gerechtfertigt; und sein Endzustand – der universalistische Konsens – ist einer, bei dem niemand mehr anders denkt als die anderen, so daß dort die Vielheit der Teilnehmer gerade überflüssig wird zugunsten jenes einen Teilnehmers, der dann genügt, um jene Meinung zu hegen, die dann sowieso als einzige herrscht. Der idealdiskursive Konsens ist die Rache des Solipsismus an seiner diskursiven Überwindung.[47]

Die Betrachtung der hier nur in einzelnen Positionen umrissenen Kontroverse, auf die Habermas übrigens vermittelnd reagiert hat,[48] ist insofern ertragreich, als sie einer Konkretisierung des kollektivpoetischen Diskursideals dienlich sein kann. Ähnlich wie Habermas' Kritiker betonen schließlich auch die Vertreter der Kollektivpoetik die irreduzible Vielfalt

---

43 Habermas: Vorbereitende Bemerkungen, S. 135.
44 Welsch: Unsere postmoderne Moderne, S. 229.
45 Jean-François Lyotard: Das postmoderne Wissen [franz. Orig. 1979], hg. von Peter Engelmann, Wien 2012, S. 189.
46 Welsch: Unser postmoderne Moderne, S. 229.
47 Marquard: Einheit und Vielheit, S. 9.
48 Vgl. seinen Beitrag zu dem von Marquard unter dem Titel „Einheit und Vielheit" organisierten Kongress für Philosophie im Jahr 1987 (Jürgen Habermas: Die Einheit der Vernunft und die Vielheit ihrer Stimmen, in: Einheit und Vielheit. XIV. Kongreß für Philosophie, hg. von Odo Marquard, Hamburg 1990, S. 11–35). Reese-Schäfer stellt zu diesem Aufsatz fest, in ihm habe sich „die Tonlage von Habermas' Denken geändert". Stärker betone er in ihm „die Chancen der Pluralität". Gleichwohl beharre Habermas weiterhin darauf, „daß ein grundlegendes Einverständnis gerade die Bedingung der Möglichkeit von Vielfalt ist" (Reese-Schäfer: Jürgen Habermas, S. 120).

der Stimmen, Ansichten, Meinungen, die sich unter keinen Umständen der entdifferenzierenden Synthese im Sinne eines ‚wahren Konsensus' zuführen lassen. Im bloßen Beharren auf Pluralität gehen die kollektivpoetischen Modelle allerdings ebenso nicht auf, im Gegenteil, dem Streben nach einer gewissen Form der Einheit wird in ihnen genauso Rechnung getragen wie der unaufhebbaren Eigenwürde des und der Einzelnen. Gewährleistet werden soll dies durch zweierlei Aspekte: einerseits durch die prinzipielle Akzeptanz der Heterogenität als Normalzustand des modernen Lebens; anderseits durch die Vermeidung streitbefördernder Extrempositionen, also durch die Entschärfung argumentativer Zuspitzungen, die der Vielschichtigkeit und Vielfalt des menschlichen Daseins und Denkens ohnehin niemals gerecht werden können.

Man kann die beiden Aspekte, die zwei Seiten derselben Medaille darstellen, vielleicht so auf eine Formel bringen: Das kollektivpoetische Diskursideal beruht auf einer Minderung von Simplizität bei gleichzeitiger Hinnahme von Komplexität. Das dahinterstehende, als erstrebenswert gesetzte Bild von Gemeinschaft beruht folglich weder auf der Idee einer Totalität, die auf eine Tilgung individueller Divergenz zielte, noch läuft es auf eine rein individualistische Partikularisierung hinaus, die jeden Versuch der Einheitsbildung als Totalitarismus interpretierte. Es geht, um abschließend zum Anfang dieser Studie zurückzukehren, um eine sich stets aufs Neue ausbalancierende Spannung von Vielheit und Einheit, die weder zu der einen noch zu der anderen Seite hin auflösbar wäre – und damit um die Kerndynamik der offenen Gesellschaft, wie sie Karl Popper denkt: als ein vermittelndes Drittes zwischen der geschlossenen Gesellschaft, verstanden als eine auf dem vormodernen Prinzip der Organizität fußende „Stammesgesellschaft", und der abstrakten Gesellschaft, „in der alle Geschäfte von isolierten Individuen ausgeführt werden."[49] Die offene Gesellschaft, im Sinne Poppers, ist eine Gemeinschaft der vielen Einzelnen und Verschiedenen, und sie folgt, mit Marquard, der Maxime des „angstfreien Andersseindürfens für alle."[50]

Die mereologische Idee einer Poetik und Ethik im Zeichen des Kollektiven wird bei Goethe, Emerson, Whitman und Thomas Mann mit ganz unterschiedlichen und jeweils höchst implikationsreichen Begriffen belegt: von ‚Liberalität' ist bei dem einen die Rede, von ‚Demokratie' oder ‚Amerika' bei den anderen. Bei aller konkretisierenden Zuspitzung auf eine Haltung, Staatsform oder Nation sollte ein grundlegender Zug des Kol-

---

49 Popper: Die offene Gesellschaft und ihre Feinde, Bd. 1, S. 234 f.
50 Marquard: Philosophie des Stattdessen, S. 90.

lektiven hierbei allerdings nicht aus dem Blick geraten: Es geht sämtlichen der hier behandelten, der amerikanischen wie der deutschen Autoren darum, *mit ihrer Gegenwart zurande zu kommen*, es geht ihnen um künstlerische und darin zugleich lebensbezogene Verfahrensweisen, die ebenso wenig auf ein regressives ‚Nein' wie auf ein schlicht affimierendes ‚Ja' zu der herausfordernden Komplexität der Moderne hinauslaufen.

Bezeugt wird diese Haltung durch die literarischen ‚Ensembles' und ‚Aggregate', von denen in dieser Studie die Rede war. Versteht man die Moderne in diesem Sinne als Frage, so erscheint die individualisierende Kollektivpoetik als eine Antwort, die ihre Brisanz bis heute nicht eingebüßt hat – und von der aus vielfältige Spuren zu anderen Autoren führen, sei es zu Whitman-Rezipienten wie Allen Ginsberg, T.S. Eliot, Langston Hughes und W.C. Williams oder zu den deutschsprachigen Expressionisten um Johannes Schlaf, Arno Holz und Franz Werfel, ja möglicherweise sogar bis zu Hans Magnus Enzensberger (mit seinem Zeitschriftenprojekt *Trans-Atlantik* zum Beispiel). Bestenfalls ließe sich in einer dergestalt erweiterten Optik bestätigen, was in dieser Studie an der konkreten Rezeptionslinie Goethe, Emerson, Whitman und Thomas Mann sichtbar gemacht werden sollte, nämlich der Stellenwert des Kollektiven als eines wesentlichen Form- und Diskursprinzips der offenen Gesellschaft und, damit verbunden, der modernen Literatur.

Siglen und Abkürzungen

CW
Ralph Waldo Emerson: The Collected Works, hg. von Alfred R. Ferguson, Cambridge, MA u. a. 1971–2013.

DVjs
Deutsche Vierteljahrsschrift für Literaturwissenschaft und Geistesgeschichte

E
Thomas Mann: Essays, hg. von Hermann Kurzke und Stephan Stachorski, Frankfurt am Main ²2002.

EL
Ralph Waldo Emerson: The Early Lectures, Bd. 1: 1833–1836, hg. von Stephen E. Whicher und Robert Spiller, Cambridge, MA 1966.

FA
Johann Wolfgang Goethe: Sämtliche Werke, Briefe, Tagebücher und Gespräche (Frankfurter Ausgabe), hg. von Friedmar Apel, Hendrik Birus, Anne Bohnenkamp u. a., Frankfurt am Main 1985–2003.

GKFA
Thomas Mann: Große kommentierte Frankfurter Ausgabe. Werke – Briefe – Tagebücher, hg. von Heinrich Detering, Eckhard Heftrich, Hermann Kurzke u. a., Frankfurt am Main 2001 ff.

Goethes Gespräche
Goethes Gespräche. Eine Sammlung zeitgenössischer Berichte aus seinem Umgang, auf Grund der Ausgabe und des Nachlasses von Flodoard Freiherrn von Biedermann ergänzt und hg. von Wolfgang Herwig. Fünf Bd. in sechs Teilbd., München 1998.

Goethe-Handbuch
Goethe-Handbuch in vier Bd., hg. von Bernd Witte, Theo Buck, Hans-Diedrich Dahnke u. a., Stuttgart/Weimar 1996–2011.

GWb
Goethe-Wörterbuch, hg. von der Berlin-Brandenburgischen Akademie der Wissenschaften, der Akademie der Wissenschaften zu Göttingen und der Heidelberger Akademie der Wissenschaften, Stuttgart 1978 ff.; URL: <http://gwb.uni-trier.de/de>

JMN
Ralph Waldo Emerson: Journals and Miscellaneous Notebooks, hg. von William Gilman, Alfred R. Ferguson, Merrell R. Davis u. a., Cambridge, MA 1960–1982.

Komparatistik-Handbuch
Handbuch Komparatistik, hg. von Rüdiger Zymner und Achim Hölter, Stuttgart/Weimar 2013.

KuA
Ueber Kunst und Alterthum

LGW
Walt Whitman: *Leaves of Grass* and Other Writings. Authoritative Texts, Other Poetry and Prose, Criticism, hg. von Michael Moon, New York u. a. 2002.

RLW
Reallexikon der deutschen Literaturwissenschaft. Neubearbeitung des Reallexikons der deutschen Literaturgeschichte, hg. von Klaus Weimar, Harald Fricke und Jan-Dirk Müller, Berlin/New York 1997–2003.

Thomas Mann-Handbuch I
Thomas Mann Handbuch, hg. von Helmut Koopmann, 3., aktualisierte Auflage, Frankfurt am Main 2005.

Thomas Mann-Handbuch II
Thomas Mann Handbuch. Leben – Werk – Wirkung, hg. von Andreas Blödorn und Friedhelm Marx, Stuttgart 2015.

WA
Goethes Werke. Fotomechanischer Nachdruck der [...] 1887–1919 erschienenen Weimarer Ausgabe oder Sophien-Ausgabe, München 1987.

Whitman Encyclopedia
The Routledge Endyclopedia of Walt Whitman, hg. von J.R. LeMaster und Donald D. Kummings, New York u. a. 2011.

WW
Walt Whitman. The Measure of His Song [1981], hg. von Jim Perlman, Ed Folsom und Dan Campion, Duluth, MN 2014.

WWC
Horace Traubel: With Walt Whitman in Camden. Bd. 1–9, New York u. a. 1906–1996.

Quellen- und Literaturverzeichnis

Adorno, Theodor W.: Ästhetische Theorie, Frankfurt am Main 1970.
Adorno, Theodor W.: Spätstil Beethovens [1937], in: ders.: Musikalische Schriften IV. Moments musicaux. Impromptus, Frankfurt am Main 2003, S. 13–17.
Allen, Barry: Postmodern Pragmatism and Skeptical Hermeneutics: Richard Rorty and Odo Marquard, in: Contemporary Pragmatism 10.1 (2013), S. 91–111.
Allen, Gay Wilson/Folsom, Ed (Hg.): Walt Whitman and the World, Iowa City 1995.
Apel, Friedmar/Greif, Stefan: [Art.] *Ueber Kunst und Alterthum*, in: Goethe-Handbuch, Bd. 3, S. 619–639.
Austin, Sarah: Characteristics of Goethe: From the German of Falk, von Müller, etc., London 1833.
Azzouni, Safia: Kunst als praktische Wissenschaft. Goethes *Wilhelm Meisters Wanderjahre* und die Hefte *Zur Morphologie*, Köln u. a. 2011.
Bahr, Erhard: [Art.] Amerika, in: Goethe-Handbuch, Bd. 4/1, S. 30–33.
Baier, Christian: Der Zerfall der Worte und die Brüchigkeit der Zeichen. Polyvalenz als Strukturprinzip in Thomas Manns Roman *Der Zauberberg*, in: Max (Hg.): Wortkunst ohne Zweifel?, S. 100–128.
Barrus, Clara: Whitman and Burroughs, Comrades, Boston/New York 1931.
Barthes, Roland: Der Tod des Autors [franz. Orig. 1968], in: Texte zur Theorie der Autorschaft, hg. von Fotis Jannidis u. a., Stuttgart 2000, S. 185–193.
Baßler, Moritz: [Art.] Moderne, in: Thomas Mann-Handbuch II, S. 328–329.
Becknell, Thomas: [Art.] Bible, in: Whitman Encyclopedia, S. 55–56.
Berman, Marshall: All that is Solid Melts into Air. The Experience of Modernity, New York 1988.
Bez, Martin: Goethes „Wilhelm Meisters Wanderjahre". Aggregat, Archiv, Archivroman, Berlin/Boston 2013.
Birus, Hendrik: „Im Gegenwärtigen Vergangenes". Die Wiederbegegnung des alten mit dem jungen Goethe, in: Der junge Goethe. Genese und Konstruktion einer Autorschaft, hg. von Waltraud Wiethölter, Tübingen/Basel 2001.
Birus, Hendrik: *Le temps présent est l'arche du Seigneur*. Zum Verhältnis von Gegenwart, Geschichte und Ewigkeit beim späten Goethe, München 2009.
Birus, Hendrik/Bohnenkamp, Anne/Bunzel, Wolfgang (Hg.): Goethes Zeitschrift *Ueber Kunst und Alterthum*. Von den *Rhein- und Mayn-Gegenden* zur Weltliteratur, Göttingen 2016.
Birus, Hendrik: Komm. zu *Ueber Kunst und Alterthum* I–II, in: FA I/20.
Bloom, Harold: Mr. America, in: The New York Review of Books, 18. November 1983, S. 19–24.

Bloom, Harold (Hg.): Ralph Waldo Emerson. Modern Critical Views, New York 1985.
Bohnenkamp, Anne: „Versucht's zusammen eine Strecke." Goethes Konzept einer ‚Weltliteratur' als Form europäischer Geselligkeit?, in: Einsamkeit und Geselligkeit um 1800, hg. von Susanne Schmidt, Heidelberg 2008, S. 177–191.
Bohnenkamp, Anne: Komm. zu *Ueber Kunst und Alterthum* V–VI, in: FA I/22.
Borges, Jorge Luis: Walt Whitman. Man and Myth, in: Critical Inquiry 1.4 (1975), S. 707–718.
Braungart, Georg/Dembeck, Till: [Art.] Wissenschaft, in: Handbuch Literaturwissenschaft. Gegenstände – Konzepte – Institutionen, hg. von Thomas Anz, Bd. 1: Gegenstände und Grundbegriffe, Stuttgart 2007, S. 407–419.
Brooks, David: Obama, Gospel and Verse, in: The New York Times, 26. April 2007, S. A25.
Brooks, Van Wyck: America's Coming of Age, New York 1915.
Buchner, Wiebke: Die Gottesgabe des Wortes und des Gedankens. Kunst und Religion in den frühen Essays Thomas Manns, Würzburg 2011.
Buell, Lawrence: Transcendentalist Catalogue Rhetoric: Vision versus Form, in: American Literature 40 (1968), S. 325–339.
Buschmeyer, Matthias: Epos, Philologie, Roman. Friedrich August Wolf, Friedrich Schlegel und ihre Bedeutung für Goethes „Wanderjahre", in: Goethe-Jahrbuch 125 (2008), S. 64–79.
Butcher, Fanny: The Literary Spotlight, in: Chicago Sunday Tribune, 19. Juni 1949, Teil 4, S. 7.
Carranza, Daniel/Sina, Kai: Goethe, „the last universal man". Zur amerikanischen Erfindung eines neuen Humanismus nach 1945, in: Löwe/Streim (Hg.): ‚Humanismus' in der Krise, S. 253–267.
Cavell, Stanley: Thinking of Emerson [1979], in: Estimating Emerson. An Anthology of Criticism, hg. von David LaRocca, London 2013, S. 681–695.
Conrad, Sebastian/Eckert, Andreas: Globalgeschichte, Globalisierung, multiple Modernen: Geschichtsschreibung der modernen Welt, in: Globalgeschichte. Theorien, Ansätze, Themen, hg. von dens. u. a., Frankfurt am Main/New York 2007.
Corrigan, John Michael: American Metempsychosis. Emerson, Whitman, and the New Poetry, New York 2012.
Cosentino, Vincent: Walt Whitman's Influence on Thomas Mann, the „Non-Political" Writer, in: Vergleichen und Verändern. Festschrift für Helmut Moketat, hg. von Albrecht Goetze und Günther Pflaum, München 1970, S. 224–242.
Cromphout, Gustaaf van: Emerson's Modernity and the Example of Goethe, Columbia, MO 1990, S. 11.
Dainat, Holger: Zwischen Nationalphilologie und Geistesgeschichte. Der Beitrag der Komparatistik zur Modernisierung der deutschen Literaturwissenschaft, in: Germanistik und Komparatistik. DFG-Symposion 1993, hg. von Hendrik Birus, Stuttgart/Weimar, S. 37–53.
Dameron, J. Lasley: Emerson's „Each and All" and Goethes „Eins und Alles", in: English Studies. A Journal of English Language and Literature 67.4 (1986), S. 327–330.

Danneberg, Lutz/Vollhardt, Friedrich (Hg.): Wie international ist die Literaturwissenschaft? Methoden- und Theoriediskussion in den Literaturwissenschaften. Kulturelle Besonderheiten und interkultureller Austausch am Beispiel des Interpretationsproblems (1950–1990), Stuttgart/Weimar 1996.
Danneberg, Lutz: [Art.] Einfluß, in: RLW, Bd. 1, S. 424–426.
Detering, Heinrich: „Juden, Frauen und Litteraten". Zu einer Denkfigur beim jungen Thomas Mann, Frankfurt am Main 2005.
Detering, Heinrich: Thomas Manns amerikanische Religion. Theologie, Politik und Literatur im amerikanischen Exil, Frankfurt am Main 2012.
Detering, Heinrich: Thomas Manns prekärer Humanismus, in: Prekäre Humanität. Im Auftrag des Direktoriums der Salzburger Hochschulwochen als Jahrbuch hg. von Gregor Maria Hoff, Innsbruck/Wien 2016, S. 213–232.
Detering, Heinrich: Die Stimmen aus der Unterwelt. Bob Dylans Mysterienspiele, München 2016.
Detering, Heinrich/Tan, Yuan: Goethe und die chinesischen Fräulein, Göttingen 2018.
Dimock, Wai Chee: Through Other Continents. American Literature across Deep Time, Princeton 2008.
Döblin, Alfred: Schriftstellerei und Dichtung, in: ders.: Schriften zur Ästhetik, Poetik und Literatur, hg. von Erich Kleinschmidt, Olten/Freiburg 1989, S. 199–209.
Doležel, Lubomir: Geschichte der strukturalen Poetik. Von Aristoteles bis zur Prager Schule. Aus dem Engl. von Norbert Greiner, Dresden/München 1999.
Dotzler, Bernhard J.: Ueber Kunst und Reproduzierbarkeit. Media & Science in Goethes *Ueber Kunst und Alterthum*, in: Versuchsanordnungen 1800, hg. von Sabine Schimma und Joseph Vogl, Zürich/Berlin 2009, S. 127–142.
Dowden, Edward: The Poetry of Democracy: Walt Whitman, in: The Westminster Review 96 (Juli 1871); URL: <http://whitmanarchive.org/archive2/criticism/reviews/india/westminster.html>
Dumont, Etienne: Souvenirs sur Mirabeau et les deux premières assemblées législatives, London 1832.
Ehrmann, Daniel: „unser gemeinschaftliches Werk". Zu anonymer und kollektiver Autorschaft in den „Propyläen", in: Goethe-Jahrbuch 131 (2014), S. 30–38.
Eibl, Karl: Komm. zu den Gedichten 1756–1799, in: FA I/1.
Engel, Manfred: Der Roman der Goethezeit, Bd 1: Anfänge in der Klassik und Frühromantik: Transzendentale Geschichten, Stuttgart/Weimar 1993.
Enzensberger, Hans Magnus/Petersdorff, Dirk von: Wie soll man Geschichte(n) schreiben? Tübinger Poetik-Dozentur 2013, hg. von Dorothee Kimmich und Philipp Alexander Ostrowicz, Künzelsau 2014.
Ewen, Jens: Moderne ohne Tempo. Zur literaturgeschichtlichen Kategorisierung Thomas Manns – am Beispiel von *Der Zauberberg* und *Unordnung und frühes Leid*, in: Max (Hg.): Wortkunst ohne Zweifel?, S. 77–99.
Ewen, Jens: [Art.] Ironie, in: Thomas Mann-Handbuch II, S. 308–310.
Fauser, Markus: Das Gespräch im 18. Jahrhundert. Rhetorik und Geselligkeit in Deutschland, Stuttgart 1991.
Fechner, Frank: Thomas Mann und die Demokratie. Wandel- und Kontinuität der demokratierelevanten Äußerungen des Schriftstellers, Berlin 1990.

Fleig, Horst: Komm. zu Goethes Briefen, Tagebüchern und Gesprächen 1823–1828 und 1828–1832, in: FA II/10 und II/11.
Fluck, Winfried/Sollors, Werner (Hg.): German? American? Literature? New Directions in German-American Studies, New York u. a. 2002.
Folsom, Ed: Talking Back to Walt Whitman. An Introduction, in: WW, S. xxi–liii.
Ford, Mark: Trust Yourself: Emerson and Dylan, in: Do You Mr. Jones? Bob Dylan with the Poets and Professors, hg. von Neil Corcoran, London 2002, S. 127–142.
Frizen, Werner: Komm. zu *Lotte in Weimar*, in: GKFA 9.2.
Fuller, Margaret: Goethe, in: The Dial 2.1 (1841), S. 1–41.
Fuller, Margaret: Menzels View of Goethe, in: The Dial 1.3 (1841), S. 340–347.
Funke, Erich: The Goethe Year (1949) in the USA, in: The German Quarterly 24.1 (1951), S. 22–31.
Gadamer, Hans-Georg: Wahrheit und Methode. Grundzüge einer philosophischen Hermeneutik [1960], Tübingen 2010.
Gamm, Hans-Jochen: [Art.] Entsagung, in: Goethe-Handbuch, Bd. 4/1, S. 268–270.
Gamper, Michael: Kollektive Autorschaft/Kollektive Intelligenz 1800–2000, in: Jahrbuch der deutschen Schillergesellschaft 45 (2001), S. 380–403.
George, Stefan: Werke. Ausgabe in vier Bänden. Vollständige Ausgabe. Nachdruck der von Robert Boehringer hg. Ausgabe […], München 1983.
Gerber, Georg/Leucht, Robert/Wagner, Karl (Hg.): Transatlantische Verwerfungen – Transatlantische Verdichtungen. Kulturtransfer in Literatur und Wissenschaft 1945–1989, Göttingen 2012.
Gervinus, Georg Gottfried: Geschichte der deutschen Dichtung, Leipzig 1874.
Geulen, Eva: Serialization in Goethe's Morphology, in: Compar(a)ison. An International Journal of Comparative Literature 29 (2013), S. 53–70.
Gloy, Karen: Komplexität. Ein Schlüsselbegriff der Moderne, München 2014.
Goethe, Johann Wolfgang: Truth und Poetry. From My Life, hg. und übersetzt von Parke Godwin, Bd. 1, New York 1846.
[Goethe, Johann Wolfgang:] The Permanent Goethe. Edited, Selected and with an Introduction by Thomas Mann, New York 1948.
[Goethe Bicentennial Foundation:] Goethe Bicentennial Convocation and Music Festival 1949, [Chicago] 1949.
[Goethe, Johann Wolfgang/Zelter, Carl Friedrich:] Der Briefwechsel zwischen Goethe und Zelter. Im Auftrag des Goethe- und Schiller-Archivs nach den Handschriften hg. von Max Hecker, Bern 1970.
Göske, Daniel: The Literary World in the „American Renaissance" and the International Context of American Studies, in: The International Turn in American Studies, hg. von Marietta Messmer und Armin Paul Frank, Frankfurt am Main 2015, S. 271–301.
Goodman, Russell [Art.] Transcendentalism, in: The Stanford Encyclopedia of Philosophy (Fall 2015 Edition), hg. von Edward N. Zalta, URL: <http://plato.stanford.edu/archives/fall2015/entries/transcendentalism>
Görtemaker, Manfred: Thomas Mann und die Politik, Frankfurt am Main 2005.

Grave, Johannes: Der „ideale Kunstkörper". Johann Wolfgang Goethe als Sammler von Druckgraphiken und Zeichnungen, Göttingen 2006.
Greenham, David: Emerson's Transatlantic Romanticism, New York 2006.
Greif, Mark: The Age of the Crisis of Man. Thought and Fiction in America 1933–1973, Princeton/Oxford 2015.
Greif, Stefan/Ruhlig, Andrea: Komm. zu *Ueber Kunst und Alterthum* III–IV, in: FA I/21.
Grenville, Anthony: „Linke Leute von rechts". Thomas Mann's Naphta and the Ideological Confluence of Radical Right and Radical Left in the Early Years of the Weimar Republic, in: Vaget (Hg.): Thomas Mann's *The Magic Mountain*, S. 143–170.
Griffin, Larry D. [Art.]: Human Voice, in: Whitman Encyclopedia, S. 287–288.
Grondin, Jean: Hermeneutik, Göttingen 2009.
Grossmann, Jay: Reconstituting the American Renaissance. Emerson, Whitman, and the Politics of Representation, Durham/London 2003.
Grünzweig, Walter: Walt Whitmann [sic]. Die deutschsprachige Rezeption als interkulturelles Phänomen, München 1991.
[Gundolf, Friedrich/Wolters, Friedrich:] Einleitung der Herausgeber, in: Jahrbuch für die geistige Bewegung 3 (1912), S. III–VIII.
Habermas, Jürgen: Vorbereitende Bemerkungen zu einer Theorie der kommunikativen Kompetenz, in: ders./Niklas Luhmann: Theorie der Gesellschaft oder Sozialtechnologie – was leistet die Systemforschung?, Frankfurt am Main 1971, S. 101–141.
Habermas, Jürgen: Die Einheit der Vernunft und die Vielheit ihrer Stimmen, in: Einheit und Vielheit. XIV. Kongreß für Philosophie, hg. von Odo Marquard, Hamburg 1990, S. 11–35.
Hahn, Karl-Heinz: Goethes Zeitschrift „Ueber Kunst und Alterthum", in: Goethe-Jahrbuch 92 (1975), S. 128–139.
Hamacher, Bernd: [Art.] Norden – Süden / Osten – Westen, in: Thomas Mann-Handbuch II, S. 259–261.
Hammond, Andrew (Hg.): Cold War Literature. Writing the Global Conflict, London/New York 2006.
Hardwig, Bill: Walt Whitman and the Epic Tradition. Political and Poetical Voices in „Song of Myself", in: Walt Whitman Quarterly Review 17 (2000), S. 166–188.
Harris, W.C.: E Pluribus Unum. Nineteenth American Literature and the Constitutional Paradox, Iowa City 2005.
Hederich, Benjamin: Gründliches mythologisches Lexikon, Leipzig 1770.
Heftrich, Eckhard: Zauberbergmusik. Über Thomas Mann, Frankfurt am Main 1975.
Henkel, Arthur: Entsagung. Eine Studie zu Goethes Altersroman, Tübingen 1954.
Herzog Bernhard von Sachsen-Weimar-Eisenach: Das Tagebuch der Reise durch Nord-Amerika in den Jahren 1825 und 1826, hg. von Walter Hinderer und Alexander Rosenbaum, Würzburg 2017.
Hinderer, Walter: Goethe und Amerika, in: Goethe und das Zeitalter der Romantik, hg. von Alexander von Bormann und dems., Würzburg 2002, S. 489–505.

Hoff, Karin/Sandberg, Anna/Schöning, Udo (Hg.): Literarische Transnationalität. Kulturelle Dreiecksbeziehung zwischen Skandinavien, Deutschland und Frankreich im 19. Jahrhundert, Würzburg 2015.
Honold, Alexander: [Art.] *Betrachtungen eines Unpolitischen*, in: Thomas Mann-Handbuch II, S. 156–162.
Hopkins, Vivian C.: The Influence of Goethe on Emerson's Aesthetic Theory, in: Philological Quarterly 27/28 (1948), S. 325–344.
Horkheimer, Max/Adorno, Theodor W.: Dialektik der Aufklärung. Philosophische Fragmente [1944/1969], hg. von Rolf Tiedemann, Frankfurt am Main 1981.
Hübner, Rolf: Goethes Zeitschrift ‚Ueber Kunst und Alterthum'. Untersuchung und Erschließung, Diss. Jena 1968.
Hughes, Langston: The Ceaseless Rings of Walt Whitman [1946], in: WW, S. 185–188.
Hunt, Joel A.: The Stylistics of a Foreign Language: Thomas Mann's Use of French, in: The Germanic Review 32.1 (1957), S. 19–34.
Hutchins, Robert M./Niebuhr, Reinhold/Shuster, George N.: Goethe and the Unity of Mankind Today. An NBC Radio Discussion, in: The University of Chicago Roundtable [Transkript] 579, 24. April 1949, S. 1–11.
Hutchins, Robert M.: Goethe and the Unity of Mankind, in: Goethe and the Modern Age. The International Convocation at Aspen, Colorado 1949, hg. von Arnold Bergstraesser, Chicago 1950, S. 385–402.
Hyde, Lewis: The Gift – Imagination and the Erotic Life of Property, New York 1983.
Jefferson, Thomas: Declaration of Independence, in: The Declaration of Independence. Four 1776 Versions, hg. von Whitfield J. Bell, Philadelphia 1976.
Jehle, Peter: [Art.] Kollektiv, in: Historisch-kritisches Wörterbuch des Marxismus, hg. von Wofgang Fritz Haug u. a., Bd 7/II: Knechtschaft bis Krise des Marxismus, Berlin 2010, Sp. 1108–1116.
Kant, Immanuel: Kritik der reinen Vernunft. Studienausgabe, hg. von Ingeborg Heidemann, Stuttgart 1966/2013.
Kierkegaard, Sören: Philosophische Brosamen und Unwissenschaftliche Nachschrift. Unter Mitwirkung von Niels Thulstrup und der Kopenhagener Kierkegaard-Gesellschaft hg. von Hermann Diem und Walter Rest. Aus dem Dänischen von B. und S. Diderichsen. Vollständige Ausgabe, München 2005.
Kiesel, Helmuth: Geschichte der literarischen Moderne. Sprache, Ästhetik, Dichtung im 20. Jahrhundert, München 2004.
Killingsworth, Jimmie M.: The Cambridge Introduction to Walt Whitman, Cambridge/New York 2007.
Kindt, Tom/Müller, Hans Harald: Dilthey gegen Scherer. Geistesgeschichte contra Positivismus. Zur Revision eines wissenschaftshistorischen Stereotyps, in: DVjs 74.4 (2000), S. 685–709.
Kindt, Tom: [Art.] Narratologie, in: Thomas Mann-Handbuch II, S. 352–355.
Kindt, Tom: [Art.]: Interpretation und Komparatistik, in: Komparatistik-Handbuch, S. 168–170.
Kloppenberg, James T.: Reading Obama. Dreams, Hope, and the American Political Tradition, Princeton 2011.

Koepke, Wulf: Lifting the Cultural Block: The American Discovery after World War I – Ten Years of Critical Commentary in the Nation and the New Republic, in: The Fortune of German Writers in America, hg. von Wolfgang Elfe u. a., Columbia, SC 1992, S. 81–98.
Köppe, Tilmann/Kindt, Tom: Erzähltheorie. Eine Einführung, Stuttgart 2014.
Kontje, Todd: Modern Masculinities on *The Magic Mountain*, in: Vaget (Hg.): Thomas Mann's *The Magic Mountain*, S. 71–93.
Kontje, Todd: The Cambridge Introduction to Thomas Mann, Cambridge u. a. 2011.
Krämer, Olav: Intention, Korrelation, Zirkulation. Zu verschiedenen Konzeptionen der Beziehung zwischen Literatur, Wissenschaft und Wissen, in: Literatur und Wissen. Theoretisch-methodische Zugänge, hg. von Tilmann Köppe, Berlin/New York 2011, S. 77–115.
Kunckel, Johann: Ars Vitraria Experimentalis, Oder Vollkommene Glasmacher-Kunst […], Frankfurt am Main/Leipzig 1679.
Kundera, Milan: The Curtain. An Essay in Seven Parts. Aus dem Franz. von Linda Asher, New York u. a. 2008.
Kurzke, Hermann: Thomas Mann. Epoche – Werk – Wirkung. 2., überarbeitete Auflage, München 1991.
Kurzke, Hermann: Komm. zu *Von deutscher Republik*, in: GKFA 15.2, S. 345–363.
Lafont, Cristina: [Art.] Kommunikative Vernunft, in: Habermas-Handbuch, hg. von Hauke Brunkhorst u. a., Stuttgart 2009, S. 176–187.
Lamping, Dieter: Die Idee der Weltliteratur. Ein Konzept Goethes und seine Karriere, Stuttgart 2010.
Lauer, Gerhard/Ruhrberg, Christine (Hg): Lexikon Literaturwissenschaft. 100 Grundbegriffe, Stuttgart 2013.
Lenz, Franziska: Kollektive Arbeitsweisen in der Lyrikproduktion von Goethe: „Nur durch Aneignung fremder Schätze entsteht ein Großes", Würzburg 2013.
Leypoldt, Günter: Cultural Authority in the Age of Whitman. A Transatlantic Perspective, Edinburgh 2009.
Lörke, Tim: [Art.] Politik, in: Thomas Mann-Handbuch II, S. 264–265.
Lörke, Tim: Thomas Manns republikanische Wende?, in: Thomas Mann Jahrbuch 29 (2016), S. 71–86.
Löwe, Matthias: ‚Romantik' bei Thomas Mann. Leitbegriff, Rezeptionsobjekt, Strukturphänomen, in: Im Schatten des Lindenbaums. Thomas Mann und die Romantik. hg. von Jens Ewen u. a., Würzburg 2016, S. 21–70.
Löwe, Matthias: „Freund, es geht nicht mehr." Thomas Mann und die Normativität der ästhetischen Moderne, in: Thomas Mann Jahrbuch 29 (2016), S. 9–29.
Löwe, Matthias/Streim, Gregor (Hg.): ‚Humanismus' in der Krise. Debatten und Diskurse zwischen Weimarer Republik und geteiltem Deutschland, Berlin/Boston 2017.
Lübbe, Hermann: Geschichtsbegriff und Geschichtsinteresse. Analytik und Pragmatik der Historie, Basel/Stuttgart 1977.

Lübbe, Hermann: Wortgebrauchspolitik. Zur Pragmatik der Wahl von Begriffsnamen, in: Herausforderungen der Begriffsgeschichte, hg. von Carsten Dutt, Heidelberg 2003, S. 65–80.
Lützeler, Paul Michael: Transatlantische Germanistik. Kontakt, Transfer, Dialogik, Berlin/Boston 2013.
Lyotard, Jean-François: Das postmoderne Wissen [franz. Orig. 1979], hg. von Peter Engelmann, Wien 2012.
Maas, Christel-Maria: Margaret Fullers transnationales Projekt. Selbstbildung, feminine Kultur und amerikanische Nationalliteratur nach deutschem Vorbild, Göttingen 2006.
Maatsch, Jonas: Morphologie und Moderne. Zur Einleitung, in: Morphologie und Moderne. Goethes ‚anschauliches Denken' in den Geistes- und Kulturwissenschaften seit 1800, hg. von dems., Berlin/Boston 2014, S. 1–15.
Mack, Stephen John: The Pragmatic Whitman. Reimagening American Democracy, Iowa City 2002.
Mähl, Hans-Joachim: Die Idee des goldenen Zeitalters im Werk des Novalis. Studien zur Wesensbestimmung der frühromantischen Utopie und zu ihren ideengeschichtlichen Voraussetzungen, Heidelberg 1965.
Mainberger, Sabine: Die Kunst des Aufzählens. Elemente zu einer Poetik des Enumerativen, Berlin/New York 2003.
Malinowski, Bernadette: „Das Heilige sei mein Wort". Paradigmen prophetischer Dichtung von Klopstock bis Whitman, Würzburg 2002.
[Mann, Thomas:] Thomas Mann an Ernst Bertram. Briefe aus den Jahren 1910–1955, hg., kommentiert und mit einem Nachwort versehen von Inge Jens, Pfullingen 1960.
Manning, Susan/Taylor, Andrew (Hg.): Transatlantic Literary Studies. A Reader, Baltimore 2007.
Marquard, Odo: Einheit und Vielheit. Statt einer Einführung in das Kongreßthema, in: Einheit und Vielheit. XIV. Kongreß für Philosophie, hg. von dems., Hamburg 1990, S. 1–10.
Marquard, Odo: Philosophie des Stattdessen. Studien, Stuttgart 2000.
Marquard, Odo: Frage nach der Frage, auf die die Hermeneutik die Antwort ist [1981], in: ders.: Abschied vom Prinzipiellen. Philosophische Studien, Stuttgart 2010, S. 117–146.
Martin, Robert K.: Walt Whitman und Thomas Mann, in: Forum Homosexualität und Literatur 5 (1988), S. 59–68.
Martus, Steffen: Werkpolitik. Zur Literaturgeschichte kritischer Kommunikation vom 17. bis ins 20. Jahrhundert, Berlin/New York 2007.
Martus, Steffen: [Art.] Werk, in: Lauer/Ruhrberg (Hg.): Lexikon Literaturwissenschaft, S. 354–357.
Mason, John B.: Walt Whitman's Catalogues. Rhetorical Means for Two Journeys in „Song of Myself", in: American Literature 45.1 (1973), S. 34–49.
Mason, John B.: [Art.] Catalogues, in: Whitman Encyclopedia, S. 107–108.
Matthiessen, F.O.: American Renaissance. Art and Expression in the Age of Emerson and Whitman [1941], London 1965.
Matussek, Peter: Goethe. Zur Einführung, Hamburg ²2002.

Max, Katrin (Hg.): Wortkunst ohne Zweifel? Aspekte der Sprache bei Thomas Mann, Würzburg 2013.
Max, Katrin: [Art.] *Der Zauberberg*, in: Thomas Mann-Handbuch II, S. 32–42.
Mayer, Mathias: Selbstbewußte Illusion. Selbstreflexion und Legitimation der Dichtung im „Wilhelm Meister", Heidelberg 1989.
McCarthy, John A.: Emerson, Goethe und die Deutschen, in: Goethe Yearbook 7 (1994), S. 177–193.
McFarland, Thomas: Originality & Imagination, Baltimore/London 1985.
Mehne, Philipp: Bildung versus Self-Reliance? Selbstkultur bei Goethe und Emerson, Würzburg 2008.
Mehring, Reinhard: Thomas Mann. Künstler und Philosoph, München 2001.
Meier, Albert: Goethe. Dichtung – Kunst – Natur, Stuttgart 2011.
Messmer, Marietta/Frank, Armin Paul (Hg.): The International Turn in American Studies, Frankfurt am Main 2015.
Middell, Matthias: Kulturtransfer und transnationale Geschichte, in: Dimensionen der Kultur- und Gesellschaftsgeschichte. Festschrift für Hannes Siegrist zum 60. Geburtstag, hg. von dems., Leipzig 2007.
Miller, Edwin Haviland: Walt Whitman's „Song of Myself": A Mosaic of Interpretations, Iowa City 1989.
Miller, James Edwin: *Leaves of Grass*. America's Lyric-Epic of Self and Democracy, New York 1992.
Moretti, Franco: Modern Epic. The World-System from Goethe to García Márquez, New York 1995.
Most, Glenn W.: Criticism and Crisis, in: DVjs 89.4 (2015), S. 602–607.
Mueller, Vollmer, Kurt: „Every Ship Brings a Word". Cultural and Literary Transfer from Germany to the United States in the First Half of the Nineteenth Centur, in: KulturPoetik 3.2 (2003), S. 155–172.
Mueller-Vollmer, Kurt: Transatlantic Crossings and Transformations. German-American Cultural Transfer from the 18th to the End of the 19th Century, Frankfurt am Main 2015.
Müller, Olaf L.: Mehr Licht. Goethe mit Newton im Streit um die Farben, Frankfurt am Main 2015.
Müller-Seidel, Walter: Degeneration und Décadence: Thomas Mann auf dem Weg zum *Zauberberg*, in: Poetik und Geschichte. Viktor Žmegač zum 60. Geburtstag, hg. von Dieter Borchmeyer, Tübingen 1989, S. 118–135.
Müller, Klaus-Detlef: Komm. zu *Dichtung und Wahrheit*, in: FA I/14.
Nebrig, Alexander/Zemanek, Evi (Hg.): Komparatistik, Berlin 2012.
Neumann, Gerhard/Dewitz, Hans-Georg: Komm. zu *Wilhelm Meisters Wanderjahre*, in: FA I/10.
Neumann, Michael: Komm. zu *Der Zauberberg*, in: GKFA 5.2.
Nietzsche, Friedrich: Homer und die klassische Philologie. Ein Vortrag […], in: ders.: Frühe Schriften. Bd. 5: Schriften der letzten Leipziger und der ersten Basler Zeit 1868–1869, hg. von Carl Koch und Karl Schlechta, München 1994, S. 283–305.

Novalis: Schriften. Die Werke Friedrich von Hardenbergs, hg. von Richard Samuel in Zusammenarbeit mit Hans-Joachim Mähl und Gerhard Schulz, 3., nach den Handschriften ergänzte, erweiterte und verbesserte Auflage, Stuttgart 1977 ff.

Nussbaum, Martha C.: Democratic Desire: Walt Whitman, in: Seery (Hg.): A Political Companion to Walt Whitman, S. 96–130.

Obuchowski, Peter A.: Emerson and Science. Goethe, Monism, and the Search for Unity, Great Barrington, MA 2005.

Osterhammel, Jürgen: Die Verwandlung der Welt. Eine Geschichte des 19. Jahrhunderts, München 2008.

Osterkamp, Ernst: Einsamkeit. Goethe, die Kunst und die Wissenschaft im Jahrzehnt nach Schillers Tod. Eine werkbiographische Skizze, in: Ereignis Weimar – Jena. Gesellschaft und Kultur um 1800 im internationalen Kontext, hg. von Lothar Ehrlich und Georg Schmidt. Köln u. a. 2008, S. 101–115.

Osterkamp, Ernst/Wellbery, David: Deutscher Geist. Ein amerikanischer Traum, Marbach 2010.

Osterkamp, Ernst: Neue Zeiten – neue Zeitschriften. Publizistische Projekte um 1800, in: ders.: „Der Kraft spielende Übung". Studien zur Formgeschichte der Künste seit der Aufklärung, hg. von Jens Bisky u. a., Göttingen 2010, S. 172–188.

Osterkamp, Ernst: Poesie der leeren Mitte. Stefan Georges Neues Reich, München 2010.

Osterkamp, Ernst: Humanismus und Goethe-Feier 1932/1949. Kontinuität und Diskontinuität, in: Löwe/Streim (Hg.): ‚Humanismus' in der Krise, S. 23–38.

Padeken, Dirk: „Genius Suffers no Fiction". Zur Goethe-Rezeption im amerikanischen Transzendentalismus, in: ZENAF Arbeits- und Forschungsberichte 1/2002, S. 45–65.

Panizzo, Paolo: Die Verführung der Worte. Naphta und Settembrini auf dem *Zauberberg*, in: Max (Hg.): Wortkunst ohne Zweifel?, S. 129–147.

Parker, Theodore: German Literature, in: The Dial. Magazine for Literature, Philosophy, and Religion 1.3 (1841), S. 315–339.

Petersdorff, Dirk von: Fliehkräfte der Moderne. Zur Ich-Konstitution in der Lyrik des 20. Jahrhunderts, Tübingen 2005.

Petersdorff, Dirk von: Was Götter und Geister noch zu sagen haben. Überlegungen zur Funktion religiöser Semantik in Goethes Lyrik, in: Jahrbuch des freien deutschen Hochstifts 2014, S. 24–47.

Phillips, Dana: Whitman and Genre. The Dialogic in „Song of Myself", in: Arizona Quarterly 50.3 (1994), S. 31–58.

Pikulik, Lothar: Frühromantik. Epoche – Werke – Wirkung, 2., bibliographisch ergänzte Auflage, München 2000.

Pochmann, Henry A.: German Culture in America. Philosophical and Literary Influences 1600–1900, Madison 1957.

Popper, Karl: Die offene Gesellschaft und ihre Feinde [engl. Orig. 1945], Bern 1957.

Porte, Joel: Representative Man. Ralph Waldo Emerson in His Time, New York 1979.

Preisendanz, Wolfgang: Humor als dichterische Einbildungskraft. Studien zur Erzählkunst des poetischen Realismus, München ²1976.
Price, Kenneth: Whitman and Tradition. The Poet in his Century, New Haven/London 1990.
Raabe, Paul: Goethes Umschlag zu „Kunst und Alterthum". Mit einem ungedruckten Brief und einer Skizze Goethes, in: ders.: Bücherlust und Lesefreuden. Beiträge zur Geschichte des Buchwesens im 18. und frühen 19. Jahrhundert, Stuttgart 1984, S. 251–256.
Rauscher, Anton: [Art.] Kollektivismus, Kollektiv, in: Historisches Wörterbuch der Philosophie, hg. von Joachim Ritter und Karlfried Gründer, Bd. 4: I-K, Darmstadt 1976, Sp. 884–886.
Reese-Schäfer, Walter: Jürgen Habermas, Frankfurt am Main/New York ²1994.
Rehm, Stefan: [Art.] *Von deutscher Republik* (1922), in: Thomas Mann-Handbuch II, S. 162–164.
Renner, Dennis K.: [Art.] Legacy, Whitman's, in: Whitman Encyclopedia, S. 384–388.
Richardson, Robert D.: Emerson. The Mind on Fire, Berkeley u. a. 1995.
Richter, Sandra: Eine Weltgeschichte der deutschsprachigen Literatur, München 2017.
Rohde, Carsten: Spiegeln und Schweben. Goethes autobiographisches Schreiben, Göttingen 2006.
Rorty, Richard: Kontingenz, Ironie und Solidarität, Frankfurt am Main ¹¹2016.
Rosenwald, Lawrence: Emerson and the Art of the Diary, New York/Oxford 1988.
Ruland, Richard/Bradbury, Malcom: From Puritarism to Postmodernism. A History of American Literature, New York 1991.
Salmen, Christina: „Die ganze merkwürdige Verlassenschaft". Goethes Entsagungspoetik in *Wilhelm Meisters Wanderjahren*, Würzburg 2004.
Scherer, Burkhard: Mythos, Katalog und Prophezeiung: Studien zu den *Argonautika* des Apollonios Rhodios, Stuttgart 2006.
Scherer, Wilhelm: Goethe-Philologie [1877], in: ders.: Aufsätze über Goethe, Berlin 1886, S. 1–27.
Schings, Hans-Jürgen: „Gedenke zu wandern". Wilhelm Meisters Lebensreise, in: Der Buchstab tödt – der Geist macht lebendig. Festschrift zum 60. Geburtstag von Hans-Gert Roloff [...], hg. von James Hardin und Jörg Jungmayr, Bern 1992, Bd. 2, S. 1029–1044.
Schings, Hans-Jürgen: Das Wollen ist der Gott der Zeit. Goethe sucht die Weltliteratur in „Kunst und Altertum", in: Frankfurter Allgemeine Zeitung, 3. November 1999, S. 50.
Schlaffer, Heinz: Namen und Buchstaben in Goethes „Wahlverwandtschaften", in: Jahrbuch der Jean-Paul-Gesellschaft 7 (1972), S. 84–102.
Schmidgall, Gary: Suppressing the Gay Whitman in America: Translating Thomas Mann, in: Walt Whitman Quarterly Review 19.1 (2001), S. 18–39.
Schmidgall, Gary: Containing Multitudes. Walt Whitman and the British Literary Tradition, London 2014.
Schmitz, Hermann: Goethes Altersdenken im problemgeschichtlichen Zusammenhang, Bonn 2008 (Reprint der Erstausgabe von 1959).

Schnädelbach, Herbert: Kritik der Kompensation, in: Kursbuch 91 (1988), S. 35–45.
Schneider. Wolfgang: [Art.] Humanität und Lebensfreundlichkeit, in: Thomas Mann-Handbuch II, S. 304–305.
Schöll, Julia: [Art.] Humor, in: Thomas Mann-Handbuch II, S. 305–307.
Schöne, Albrecht: Goethes Farbentheologie, München 1987.
Schöne, Albrecht: Komm. zu *Faust*, in: FA I/7.2.
Schöne, Albrecht: Der Briefeschreiber Goethe. 2., durchgesehene Auflage, München 2015.
Schöning, Udo: Die Internationalität nationaler Literaturen. Bemerkungen zur Problematik und ein Vorschlag, in: Internationalität nationaler Literaturen, hg. von dems., Göttingen 2000, S. 9–43.
Schottlaender, Rudolf: Goethes Formen der Hindeutung auf das „Schöpferische", in: Goethe-Jahrbuch 89 (1972), S. 62–80.
Schulz, Gerhard: Romantik. Geschichte und Begriff, 2., durchgesehene Auflage, München 2002.
Schwamborn, Claudia: Individualität in Goethes „Wanderjahren", Paderborn u. a. 1997.
Seery, John E. (Hg.): A Political Companion to Walt Whitman, Lexington, KY 2011.
Shephard, Esther: Walt Whitman's Pose, New York 1938.
Siefken, Hinrich: Thomas Mann Edits Goethe: „The Permanent Goethe", in: The Modern Language Review 77.4 (1982), S. 876–885.
Sina, Kai: Wir sind viele. Zum Konzept dichterischer Kollektivrede bei Goethe, Ralph Waldo Emerson und Walt Whitman, in: Comparatio. Zeitschrift für Vergleichende Literaturwissenschaft 5.2 (2013), S. 181–203.
Sina, Kai/Spoerhase, Carlos (Hg.): Nachlassbewusstsein. Literatur, Archiv, Philologie 1750–2000, Göttingen 2017.
Sina, Kai: Susan Sontag und Thomas Mann, Göttingen ²2017.
Sontag, Susan: Acceptance Speech, in: Friedenspreis des Deutschen Buchhandels 2003, hg. vom Börsenverein des Deutschen Buchhandels, Frankfurt am Main 2003, S. 7–13.
Sontag, Susan: Pilgrimage [1987], in: A Companion to Thomas Mann's *The Magic Mountain*, hg. von Stephen D. Dowden, Columbia, SC 1999, S. 221–239.
Spoerhase, Carlos: Das Format der Literatur. Praktiken materieller Textualität zwischen 1740 und 1830, Göttingen 2018.
Stovall, Floyd: The Foreground of ‚Leaves of Grass', Charlottesville, VA 1974.
Tatlock, Lynne/Erlin, Matt (Hg.): German Culture in Nineteenth-Century America. Reception, Adaptation, Transformation, Rochester, NY u. a. 2005.
Tatlock, Lynn: German Writing, American Reading. Women and the Import of Fiction 1866–1917, Columbus, OH 2012.
Tauber, Christine: [Art.] *Ueber Kunst und Alterthum*, in: Goethe-Handbuch, Bd. 3 der Supplemente, S. 414–429.
Thomé, Horst: [Art.] Werk, in: RLW, Bd. 3, S. 832–834.
Titzmann, Michael: [Art.] Poetik, in: Literaturlexikon. Begriffe, Realien, Methoden, hg. von Volker Meid, Gütersloh/München 1993, S. 216–222.

Trilling, Lionel: The Opposing Self. Nine Essays in Criticism, New York 1955.
Trilling, Lionel: The Liberal Imagination [1950], neu hg. von Louis Menand, New York 2008.
Trommler, Frank/Shore, Elliott (Hg.): The German-American Encounter. Conflict and Cooperation Between Two Cultures 1800–2000, New York u. a. 2001.
Trowbridge, John Townsend: Reminiscences of Walt Whitman, in: The Atlantic 89.2 (1902), URL: <http://www.theatlantic.com/past/docs/unbound/poetry/whitman/walt.htm>
Turner, Jack: Whitman, Death, and Democracy, in: Seery (Hg.): A Political Companion to Walt Whitman, S. 272–295.
Vaget, Hans Rudolf (Hg.): Thomas Mann's *The Magic Mountain*. A Casebook, Oxford/New York 2008.
Vaget, Hans Rudolf: Thomas Mann, der Amerikaner. Leben und Werk im amerikanischen Exil 1938–1952, Frankfurt am Main 2011.
Varzi, Achille: [Art.] Mereology, in: The Stanford Encyclopedia of Philosophy (Spring 2016 Edition), hg. von Edward N. Zalta, URL: <http://plato.stanford.edu/archives/spr2016/entries/mereology>
Venturi, Robert: Komplexität und Widerspruch in der Architektur [amerik. Orig. 1966], hg. von Heinrich Klotz, Gütersloh u. a. 2003.
[Vergil:] The Works of Virgil. Translated into English Verse by John Dryden, London 1810.
Vogel, Stanley M.: German Literary Influence on the American Transcendentalists, New Haven 1955.
Voßkamp, Wilhelm: „Jeder sey auf seine Art ein Grieche! Aber er sey's." Zu Goethes Romantikkritik in der Zeitschrift *Ueber Kunst und Alterthum*, in: Goethe und das Zeitalter der Romantik, hg. von Walter Hinderer und Alexander von Bormann, Würzburg 2002, S. 121–132.
Warren, James Perrin: The Free Growth of Metrical Laws: Syntactic Parallelism in ‚Song of Myself', in: Style 18.1 (1984), S. 27–42.
Warren, James Perrin: [Art.] Style and Techniques, in: Whitman Encyclopedia, S. 693–696.
Weisbrod, Bernd: Das doppelte Gesicht Amerikas in der Weimarer Republik, in: Amerika und Deutschland. Ambivalente Begegnungen, hg. von Frank Kelleter und Wolfgang Knöbl, Göttingen 2005, S. 194–210.
Wellbery, David: Interpretation versus Lesen. Posthermeneutische Konzepte der Texteröterung, in: Danneberg/Vollhardt (Hg.): Wie international ist die Literaturwissenschaft?, S. 123–138.
Wellbery, David: Einblicke ins Archiv. Aus transnationaler und ästhetischer Perspektive, in: Osterkamp/Wellbery: Deutscher Geist. Ein amerikanischer Traum, S. 31–66.
Wellbery, David: Zur Methodologie des intuitiven Verstandes. Anmerkungen zu Eckart Försters Goethelektüre, in: Übergänge – diskursiv oder intuitiv? Essays zu Eckart Försters „Die 25 Jahre der Philosophie", hg. von Johannes Haag und Markus Wild, Frankfurt am Main 2013, 259–274.
Wellbery, David: Form und Idee. Skizze eines Begriffsfeldes um 1800, in: Morphologie und Moderne. Goethes ‚anschauliches Denken' in den Geistes- und

Kulturwissenschaften seit 1800, hg. von Jonas Maatsch, Berlin/Boston 2014, S. 17–42.
Welsch, Wolfgang: Unsere postmoderne Moderne [1987], Berlin ^{7}2008.
Werle, Dirk: Frage und Antwort, Problem und Lösung. Zweigliedrige Rekonstruktionskonzepte literaturwissenschaftlicher Ideenhistoriographie, in: Scientia Poetica 13 (2009), S. 255–303.
Wickes, Steve: Why Goethe? Why 1949? Why Aspen?, 14. Januar 2013, URL: <https://www.aspen-institute.org/videos/why-goethe-why-1949-why-aspen>
Wiebe, Christian: Der witzige, tiefe, leidenschaftliche Kierkegaard. Zur Kierkegaard-Rezeption in der deutschsprachigen Literatur bis 1920, Heidelberg 2012.
Winkleman, Kenneth J.: A Matter of Principle: The Influence of America's Declaration of Independence on Post-Declaration Literature, in: McNair Scholars Research Journal 10.1 (2014), S. 81–92.
Whitley, Edward: American Bards. Walt Whitman and Other Unlikely Candidates for National Poet, Chapel Hill 2010.
Whitman, Walt: [Goethe's Complete works], in: The Walt Whitman Archive, URL: <http://whitmanarchive.org/manuscripts/marginalia/annotations/duk.00184.html>
Whitman, Walt: [Goethe – from about 1750], in: The Walt Whitman Archive, URL: <http://whitmanarchive.org/manuscripts/marginalia/annotations/duk.00178.html>
[Whitman, Walt:] The Uncollected Poetry and Prose of Walt Whitman, hg. von Emory Holloway, Garden City, NY 1921.
[Whitman, Walt]: Walt Whitmans Werke in zwei Bänden. Ausgewählt, übertragen und eingeleitet von Hans Reisiger, Berlin 1922.
Whitman, Walt: Democratic Vistas, in: Walt Whitman: Prose Works 1892, Bd. 2: Collect and Other Prose, hg. von Floyd Stovall, New York 1964, S. 361–426.
Whitman, Walt: Leaves of Grass, 1860. The 150th Anniversary Facsimile Edition, hg. von Jason Stacey, Iowa City 2009.
Wilentz, Sean: Bob Dylan in America, New York u. a. 2010.
Williams, C.K.: On Whitman, Princeton 2010.
Winkler, Markus: [Art.] Nationalphilologien und Komparatistik, in: Komparatistik-Handbuch, S. 190–193.
Worley, Sam: [Art.] Influences on Whitman, in: Whitman Encyclopedia, S. 312–316.
Wysling, Hans: [Art] *Der Zauberberg*, in: Thomas Mann-Handbuch I, S. 397–421.
Zavatta, Benedetta: Historical Sence as Vice and Virtue in Nietzsche's Reading of Emerson, in: Journal of Nietzsche Studies 44.3 (2013), S. 372–397.
Žmegač, Viktor: [Art.] Montage/Collage, in: Moderne Literatur in Grundbegriffen, hg. von Dieter Borchmeyer und dems., Tübingen ^{2}1994, S. 286–291.
Zymner, Rüdiger [Art.]: Deutschland und der deutsche Sprachraum, in: Komparatistik-Handbuch, S. 34–39.

Abbildungsnachweise

Vorsatztitel: Die Fotografie zeigt die Zentrale der Zimmervermittlung für die Teilnehmer der Goethe-Konferenz in Aspen, Colorado, 1949. Mit freundlicher Genehmigung der Aspen Historical Society, Hofmann Collection.

Abb. 1: [Goethe Bicentennial Foundation:] Goethe Bicentennial Convocation and Music Festival 1949, [Chicago] 1949, S. 2.

Abb. 2: Cornelis Cort: *Die Befreiung Angelicas durch Ruggero*, nach einer Zeichnung von Tizian.

Abb. 3: Johann Kunckel: Ars Vitraria Experimentalis, Oder Vollkommene Glasmacher-Kunst, Frankfurt am Main/Leipzig 1679, Frontispiz.

Abb. 4: *Ueber Kunst und Alterthum*, Heft VI.1, Digitale Sammlungen der Herzogin Anna Amalia Bibliothek, Klassik Stiftung Weimar, URN: <urn:nbn:de:gbv:32 – 1 – 10010643101>

Abb. 5: http://whitmanarchive.org/manuscripts/marginalia/figures/duk.00178.003.jpg

Abb. 6: Walt Whitmans Werke in zwei Bänden. Ausgewählt, übertragen und eingeleitet von Hans Reisiger, Berlin 1922, Bd. 1, S. XXXII. Mit freundlicher Genehmigung der S. Fischer Verlage GmbH, Frankfurt am Main.

Abb. 7: Walt Whitmans Werke in zwei Bänden, Bd. 1, S. 34. Mit freundlicher Genehmigung der S. Fischer Verlage GmbH, Frankfurt am Main.

Register

Das Register verzeichnet sämtliche im Fließtext erwähnten Namen und Primärwerke, z.T. auch Quellen. Forschungsbeiträge sind hingegen nicht in das Register aufgenommen worden. Im Falle Goethes, Emersons, Whitmans und Thomas Manns wurden lediglich die behandelten Werke erfasst. Außerdem wurden die Beiträge aus den Heften *Ueber Kunst und Alterthum* nicht einzeln ins Register integriert. Namen und Werke, die in den Fußnoten genannt werden, sind nur in Ausnahmefällen berücksichtigt worden.

Adorno, Theodor W.   33, 125f.
Alexander der Große   124
Alighieri, Dante   213
– *Divina Commedia*   67
Ariès, Philippe   172
Aristoteles   7
Auerbach, Erich   31
Austin, Sarah   8, 118, 140
Azzouni, Safia   63, 70, 252

Bachtin, Michail   183
Bakunin, Michail   15
Bancroft, George   31
Barthes, Roland   18
– *La mort de l'auteur*   44, 130, 259
Beethoven, Ludwig van   126
Bell, Henry   139
Birus, Hendrik   71–74, 101
Bloom, Harold   110, 136, 153
Blüher, Hans   222
Bohnenkamp, Anne   71, 75f.
Borges, Jorge Luis   162f., 167
Bradbury, Malcom   157
Brandes, Georg   230

Calderón, Pedro
– *El principe constante*   185
Campion, Dan   190
Carlyle, Thomas   110
Cavell, Stanley   133f., 136
Cooper, James Fenimore   252
Cort, Cornelis   47, 49, 52f., 64

Cosentino, Vincent   223
Cotta, Johann Friedrich   55
Cousin, Victor   8
Crane, Hart
– *Cape Hatteras*   191

Danneberg, Lutz   22
D'Alembert, Jean le Rond
– *Encyclopédie*   78, 81f.
Deleuze, Gilles   57
Detering, Heinrich   17, 223
Diderot, Denis
– *Encyclopédie*   78, 81f.
Döblin, Alfred   14
Doležel, Lubomir   7, 62
Dumont, Étienne
– *Souvenirs sur Mirabeau*   42–45, 47, 67
Duncan, Robert   191
Dylan, Bob   17f., 171

Eberhart, Richard   191
Eckermann, Johann Peter   54, 64, 90
Eliot, T.S.   192, 264
Emerson, Ralph Waldo
– *Chaucer*   109, 114f., 117, 127
– *Compensation*   122
– *Goethe, or, the Writer*   8, 114, 118–129, 165
– *Humanity of Science*   141
– *Journals*   11, 34, 113, 137–144, 174

- *Letters and Social Aims* 109
- *Nature* 110, 128
- *Quotation and Originality* 6, 11, 109, 114, 129–137, 142f., 175
- *Representative Men* 118f., 165
- *Self-Reliance* 11, 109, 113, 144, 168
- *The American Scholar* 143
- *The Individual* 112
- *The Over-Soul* 122f.
- *The Poet* 122, 160, 196
- *The Transcendentalist* 111
- *Thoughts on Modern Literature* 114–118

Engel, Manfred 12
Enzensberger, Hans Magnus
- *TransAtlantik* 264
Espagne, Michel 25
Ewen, Jens 206

Fichte, Johann Gottlieb 111
Fluck, Winfried 28
Folsom, Ed 190
Fontane, Theodor
- *Der Stechlin* 208
Frommann, Carl Friedrich Ernst 73
Fuller, Margaret 111, 116, 127

Gadamer, Hans-Georg 33, 55
George, Stefan 244–247
- *Der siebente Ring* 244
- *Stern des Bundes* 245f.
Gervinus, Georg Gottfried 71
Ginsberg, Allen 17, 171, 192, 264
- *A Supermarket in California* 190f.
- *The Fall of America* 192
Godwin, Parke 154
Goethe, Johann Wolfgang
- *Dichtung und Wahrheit* 11, 61, 150, 153–160, 165
- *Die Wahlverwandtschaften* 252
- *Den Vereinigten Staaten* 243
- *Faust* 10, 16, 34, 66–69, 71f., 75, 86, 97, 99, 104, 115, 123–126, 147f., 182, 185, 213–215
- *Hefte zur Naturwissenschaft überhaupt, besonders zur Morphologie* 50

- *Maximen und Reflexionen* 81, 88, 254f.
- *Die Metamorphose der Pflanzen* 80, 141
- *Propyläen* 62f., 68, 104
- *Studien nach Spinoza* 61
- *Ueber Kunst und Alterthum* 10, 41f., 47, 71–105, 125, 148, 161, 181, 187, 255, 259
- *Von deutscher Baukunst* 69f.
- *Vorklage* 59, 61, 64, 68, 88
- *West-östlicher Divan* 71f., 171
- *Wiederholte Spiegelungen* 85f.
- *Wilhelm Meisters Wanderjahre* 10, 64–66, 68–72, 97, 117, 125f., 142, 174, 252–256
- *Zur Farbenlehre* 77, 79, 82, 255
- *Zur Morphologie* 70
Greif, Stefan 71
Grünzweig, Walter 149, 247
Guattari, Félix 57

Habermas, Jürgen 22, 187, 260–262
Hahn, Karl-Heinz 102
Händel, Georg Friedrich 52
Harris, W.C. 7, 256
Hauptmann, Gerhart 222, 234
Hederich, Benjamin
- *Gründliches mythologisches Lexikon* 45–47, 53
Heftrich, Eckhard 213
Hegel, Georg Wilhelm Friedrich 149
Heidegger, Martin 133
Heine, Heinrich 149
Henkel, Arthur 58
Herder, Johann Gottfried 13, 31, 149
Herzog Bernhard von Sachsen-Weimar-Eisenach 254
Hoff, Karin 25
Holz, Arno 12, 264
Homer 87f., 213
- *Ilias* 182f.
- *Odyssee* 182
Hoover, Herbert C. 1
Huch, Ricarda 230
Hughes, Langston 169, 264
Hutchins, Robert M. 1, 3–6, 16

Jefferson, Thomas
– *Declaration of Independence* 144

Kästner, Erich 98
Kant, Immanuel 65 f., 80, 111
Kerouac, Jack 17
Kierkegaard, Sören
– *Unwissenschaftliche Nachschrift* 219 f.
Kindt, Tom 9, 213
Kontje, Todd 200
Köppe, Tilmann 9
Krämer, Olav 24
Kristeva, Julia 18, 44
Kummings, Donald 149
Kunckel, Johannes
– *Ars Vitraria Experimentalis* 47, 50–53, 64, 255
Kundera, Milan 100
Kurzke, Hermann 224 f.

Lamping, Dieter 30
Lavater, Johann Caspar 52
LeMaster, J.R. 149
Lincoln, Abraham 222
Löwe, Matthias 231 f.
Luther, Martin 213
– *Colloquia Mensalia* 139
Lützeler, Paul Michael 25
Lyotard, Jean-François 262

Mann, Thomas
– *Bekenntnis und Erziehung* 232
– *Betrachtungen eines Unpolitischen* 222, 225, 228, 232, 234, 237 f., 241
– *Der Zauberberg* 12, 34, 195, 200–226, 228, 235 f., 239 f., 247 f.
– *Die gesellschaftliche Stellung des Schriftstellers in Deutschland* 240
– *Gedanken im Kriege* 217
– *Goethe und die Demokratie* 116
– *Goethe und Tolstoi* 208
– *Hans Reisigers Whitman-Werk* 196
– *Kultur und Sozialismus* 238
– *Lotte in Weimar* 243
– *Pariser Rechenschaft* 238

– *Rede zur Gründung der Sektion für Dichtkunst der Preußischen Akademie der Künste* 242
– *Schicksal und Aufgabe* 239
– *The Permanent Goethe* 243
– *Tonio Kröger* 225, 229, 240
– *Von deutscher Republik* 12, 26, 195, 200 f., 210, 222–242, 247–249
Markham, Edwin
– *Walt Whitman* 190
Marquard, Odo 19–21, 55, 58, 204, 226, 262 f.
Martin, Robert K. 208
Martus, Steffen 57–59
McFarland, Thomas 143 f.
Mehring, Reinhard 203
Meyer, Ernst 80, 101
Meyer, Johann Heinrich 78, 94, 101
Miller, Edwin 183 f.
Mitropoulos, Dimitri 3
Montaigne, Michel de 118, 184
Most, Glenn W. 31
Mueller-Vollmer, Kurt 28, 30, 119
Müller-Seidel, Walter 225 f.

Napoleon Bonaparte 118
Newton, Isaac 78 f.
Niebuhr, Reinhold 3–6, 8, 16
Nietzsche, Friedrich 133, 213, 217
– *Homer und die klassische Philologie* 182 f.
– *Über Wahrheit und Lüge im außermoralischen Sinne* 205
Novalis [Friedrich von Hardenberg] 12 f., 26, 213, 227–234, 237, 239, 247, 259
– *Die Christenheit oder Europa* 228
– *Glauben und Liebe* 230

Obama, Barack 3, 21
Ortega y Gasset, José 2
Osterhammel, Jürgen 26
Osterkamp, Ernst 5, 30, 244 f.

Parker, Theodore 26, 111
Parmenides 19
Perlman, Jim 190
Petersdorff, Dirk von 60, 247, 258

Platon 19, 118f.
Pochmann, Henry A. 28
Popper, Karl 4f., 21, 104, 129, 186, 263
Pound, Ezra
– *A Pact* 190
Preisendanz, Wolfgang 206

Ranke, Leopold von 8
Raumer, Friedrich von 92
Reisiger, Hans 196–199, 208–210, 219f., 223, 229
Richardson, Robert D. 109f., 118
Ritter, Joachim 19
Rochlitz, Johann Friedrich 64–66
Roethke, Theodore
– *The Abyss* 190
Roosevelt, Franklin D. 239
Rorty, Richard 34, 60
Rosenwald, Lawrence 140f.
Rubinstein, Artur 3
Ruhlig, Andrea 71
Ruland, Richard 157

Schelling, Friedrich Wilhelm Joseph 111
Scherer, Wilhelm 23
Scherer, [?] 101
Schiller, Friedrich 13, 75, 92f., 100
Schings, Hans-Jürgen 71, 252
Schlaf, Johannes 12, 264
Schlaffer, Heinz 252
Schlegel, Friedrich 52, 111
Schmidgall, Gary 185
Schmitz, Hermann 85, 89, 100, 124, 176
Schöne, Albrecht 16, 67f., 79, 104, 115, 185
Schopenhauer, Arthur 213
Schweitzer, Albert 2
Shakespeare, William 118f.
Shephard, Esther 158, 160
Shuster, George N. 3
Simpson, Louis
– *At the End of the Open Road* 191f.
Solger, Karl Wilhelm 92f., 95, 100
Sollors, Werner 28
Sontag, Susan 27, 154, 202

Soret, Frédéric 8, 39, 42f., 114, 144
Spender, Stephen 243
Spinoza, Baruch de 80
Steinbach, Erwin von 69
Stovall, Floyd 149, 154
Swedenborg, Emanuel 118

Thoreau, Henry David 134
Tieck, Ludwig 92
Titzmann, Michael 14
Tizian [Tiziano Vecellio] 47f., 49, 53
Trilling, Lionel 18, 202

Vaget, Hans Rudolf 195
Venturi, Robert 257–260
Vergil 213
– *Aeneis* 184
Vogel, Stanley M. 112

Wagner, Richard 213
Warren, James 180
Weiss, Theodore
– *The Good Grey Poet* 190
Wellbery, David 30, 32f., 62f.
Welsch, Wolfgang 60, 212, 258
Werfel, Franz 264
Werner, Michael 25
Whitman, Walt
– *A Backward Glance O'er Travel'd Roads* 152f., 158
– *Calamus* 208
– *Democratic Vistas* 174, 197f., 220f., 230, 233
– *I Sing the Body Electric* 195
– *Leaves of Grass* 12, 16f., 34, 60, 67, 147f., 155, 158, 160, 162, 166, 173–175, 181, 186–189, 208, 219, 259
– *Letter to Ralph Waldo Emerson* 160–166
– *Pensive and Faltering* 171f.
– *Poets to Come* 189
– *Song of Myself* 11, 17, 36, 147, 150, 166–188
Wilde, Oscar 131
Wilder, Thornton 2
Williams, W.C 192, 264
Wordsworth, William 138–140

– *Sonnets dedicated to Liberty* 138
Wysling, Hans 216

Zelter, Carl Friedrich 47, 50, 52, 56

Dank

Mein Dank gilt an erster Stelle Heinrich Detering. Von ihm ging nicht nur der erste Impuls zu dieser Arbeit aus – konkret mit der Frage, ob ich mich an einer von ihm im Jahr 2012 veranstalteten Tagung über die Bedeutung des Unitarismus in religions-, kultur- und eben auch literaturhistorischer Hinsicht beteiligen wollte. Darüber hinaus war er es, der mich nachdrücklich dazu aufgefordert hat, den auf der Tagung präsentierten Ideen zu Goethe, Emerson und Whitman weiter nachzugehen. Ohne diese Initiative im Besonderen und seine langjährige ideelle und praktische Förderung im Allgemeinen wäre dieses Buch nicht zustandegekommen.

Verfasst wurde die Studie hauptsächlich während eines durch die Alexander von Humboldt-Stiftung ermöglichten Forschungsaufenthaltes an der University of Chicago im Jahr 2015/16. David Wellbery war mir dort nicht nur ein überaus herzlicher Gastgeber, sondern auch ein inspirierender Gesprächspartner. Unser gemeinsam im März 2016 organisiertes transatlantisches Humboldt-Kolleg über Goethes Spätwerk war ein Höhepunkt dieses bis heute gedanklich nachwirkenden Jahres.

Mit Tom Kindt befand ich mich über den gesamten Denk- und Schreibprozess hinweg in vertrauensvollem wissenschaftlichen Austausch. Dankbar bin ich dafür, dass ich im Gespräch mit ihm meine oft nur versuchsweise formulierten Ideen ordnen und weiterdenken durfte. Das war nicht nur in der Sache stets hilfreich, sondern auch persönlich ermutigend.

An der Friedrich-Schiller-Universität Jena, an der ich im Wintersemester 2016/17 vertretungsweise tätig war, habe ich die letzten Teile dieser Arbeit geschrieben. Dirk von Petersdorff und Matthias Löwe waren für mich während dieser Zeit wichtige Gesprächspartner (und sind es seither geblieben). In diesen Zeitraum fällt auch meine Begegnung mit Daniel Göske, ohne dessen amerikanistischen Zuspruch ich das Buch nicht hätte beruhigt abschließen können. Schließlich verdanke ich Karin Hoff wesentliche methodische Anregungen in puncto Komparatistik und Kulturtransfer.

Der Philosophischen Fakultät der Georg-August-Universität Göttingen lag diese Studie im Mai 2017 in einer ersten Fassung als Habilitationsschrift vor. Franziska Kreuzpaintner war mir bei der Herstellung der

Buchfassung behilflich. Für rasche und unbürokratische Hilfestellung bin ich dem Thomas Mann Archiv in Zürich, namentlich Rolf Bolt, und der Aspen Historical Society, mit ihrer Archivarin Anna Scott, zu großem Dank verpflichtet. Dass sich Ernst Osterkamp und Christiane Witthöft dazu bereit erklärt haben, die Studie in die Reihe der *Quellen und Forschungen zur Literatur- und Kulturgeschichte* aufzunehmen, freut und ehrt mich sehr. Beim de Gruyter-Verlag wurde die Entstehung des Buches von Anja Michalski, Marcus Böhm, Anett Rehner und Susanne Rade konstruktiv begleitet.

Maren Ermisch stand mir in den letzten Jahren nicht nur freundschaftlich-kollegial zur Seite, sie hat auch die erste Fassung dieses Buches kritisch gegengelesen und kommentiert. Außerdem verdanke ich Anke Detken, Gerhard Kaiser, Friederike Reents, Carlos Spoerhase und Jan Wiele zahlreiche Anregungen und wichtige Kommentare. Meiner Familie schließlich, die für dieses Buch zeitweise zu einer amerikanischen Familie wurde, sei dieses Buches gewidmet – meiner äußerst geduldigen Mitdenkerin und -leserin Tina Lütje und unseren Söhnen David, Jonathan und Jakob.

Göttingen, im Oktober 2019

www.ingramcontent.com/pod-product-compliance
Lightning Source LLC
Chambersburg PA
CBHW031800220426
43662CB00007B/474